PETER DER GROSSE

PETRUS PRIMUS
RUSSORUM IMPERATOR

Erich Donnert

PETER DER GROSSE

Koehler & Amelang

Leipzig

Meiner Frau für langjährige Unterstützung

ISBN 3–7338–0031–1

VORBEMERKUNG

Peter der Große war bereits zu Lebzeiten Gegenstand geschichtlicher Betrachtung, und er ist es bis heute geblieben. Die seitdem immer wieder vorgebrachten unterschiedlichen Beurteilungen seines Lebens und Wirkens haben schon den Altmeister russischer Geschichtsdarstellung, Wassili Ossipowitsch Kljutschewski, Anfang der achtziger Jahre des 19. Jahrhunderts zu der ironischen Bemerkung veranlaßt: »Jeder, der unsere Vergangenheit ein wenig philosophisch betrachten wollte, hielt es für ein Gebot des wissenschaftlichen Anstands, sein Urteil über das Wirken Peters abzugeben.«

Ungeachtet der unübersehbaren Fülle von Werken über Peter I., die in nahezu allen Sprachen vorliegen, fehlt es noch immer an einer gleichmäßig dicht fundierten, wissenschaftlich erschöpfenden Biographie dieser bedeutenden Persönlichkeit der Weltgeschichte. Dieser Umstand erklärt sich aus der bislang ungenügenden Aufbereitung des Quellenmaterials, das sich zu einem großen Teil noch in den Archiven befindet. Das vorliegende Werk beruht auf langjähriger Beschäftigung mit dem Gegenstand. Es sucht die Bedürfnisse eines breiten Leserkreises zu befriedigen und ein selbständiges Urteil zu ermöglichen.

Erich Donnert

INHALT

DAS ERBE

Das 17. Jahrhundert, in dem Peter der Große zur Welt kam, stand in Rußland bereits deutlich im Zeichen der Auseinandersetzung zwischen dem Neuen und dem Alten. Freilich litt das Zarenreich noch immer stärkstens unter den Nachwirkungen des 250jährigen Tatarenjochs und der kriegerischen Aktionen schwedischer und polnischer Heere, die noch zu Beginn des Säkulums weite Teile des Landes verwüstet hatten. Als entwicklungshemmender Faktor kam hinzu, daß die Staatsgewalt um die Mitte des 17. Jahrhunderts die Schollenbindung der russischen Bauern rechtlich verankerte, wodurch die Rückständigkeit des Landes im Vergleich zu den fortgeschritteneren Staaten Mittel- und Westeuropas noch größer wurde. Besonders bemerkbar machte sich ebenso, daß das Zarenreich faktisch keinen Zugang zu den Weltmeeren besaß; denn das Weißmeer lag nicht nur weit ab von den Landeszentren, sondern war infolge von Vereisung auch nur wenige Monate im Jahr schiffbar. Ungeachtet dessen schufen die sich mehr und mehr verdichtende Einheit des Landes und die stärker werdende Manufakturproduktion die Voraussetzungen für eine raschere Aufwärtsentwicklung Rußlands.

Wichtige Reformansätze ergaben sich unter Zar Alexej Michajlowitsch, der 1645 den Thron bestieg. Wie sein Vater Michail Fjodorowitsch zeichnete sich Alexej nicht eben durch besondere Begabung, Willensstärke und Ideenreichtum aus. Wie dieser kam der 1629 geborene Alexej Michajlowitsch zur Regierung, als er fast noch ein Knabe war. Seine Persönlichkeit erschien freilich reicher ausgestattet als die seines Vorgängers und ließ sowohl nach innen als auch nach außen energische Züge keineswegs vermissen. In den ersten Jahren seines Zartums lag die Regentschaft Alexejs faktisch in den Händen seines Erziehers, Schwagers und Günstlings, des Bojaren Boris Iwanowitsch Morosow, von dem der junge Herrscher auch seine Bildung erhielt. Jedoch bereits zu Beginn der 50er Jahre griff der Monarch spürbarer in die Staatsgeschäfte ein und schuf sich durch Einrichtung der zentralen Kanzlei für Geheime Staatsangelegenheiten ein wichtiges Kontrollorgan, das ihn in die Lage versetzte, die Regierung weitgehend selbständig auszuüben. Alexej konzipierte persönlich wichtige Staatserlasse und bearbeitete selbständig in Bittschreiben gekleidete Klagen, Vorschläge und Forderungen. Gleichzeitig nahm er an den Kriegshandlungen bei Smolensk, Wilna und

Zar Michail Fjodorowitsch,
der Großvater Peters I.

Riga teil und leitete ebenso persönlich die diplomatischen Verhandlungen mit Schweden und Polen.

Die ersten Jahre der Regierungszeit Alexej Michajlowitschs standen im Zeichen von Volkserhebungen in Stadt und Land. Die Ursachen hierfür lagen in der verstärkten sozialen Bedrückung der Bauern und der Erhöhung der Steuerlasten für die Städter, die dem Volk insbesondere durch das Willkürregime Morosows aufgebürdet wurden. Die Folge waren Stadtaufstände, so 1648 in Moskau, Tomsk, Sol Wytschegodsk und Ustjug Weliki, 1650 in Pskow und Nowgorod. Unter dem Druck der Volksbewegung sah sich Zar Alexej genötigt, den Semski Sobor, die Landesversammlung, einzuberufen und 1649 ein Reichsgesetzbuch, das Sobornoje Uloshenije, zu erlassen.

Das neue Gesetzbuch trug der innenpolitischen Situation Rechnung, in der sich Rußland zu diesem Zeitpunkt befand. So wurde in Kapitel 11, betitelt »Gericht über Bauern«, verlangt, entlaufene Bauern »mit ihren Brüdern, Kindern, Neffen und Enkeln sowie deren Frauen und Kindern, mit allem Vieh und mit dem Getreide, das noch auf den Feldern steht, und mit dem schon ausgedroschenen Getreide von ihrem Fluchtort den Personen zurückzugeben, denen sie entlaufen sind, nach den Grundbüchern und ohne Verjährungsfrist«. Auch durfte künftig niemand mehr fremde Bauern aufnehmen und bei sich behalten. Mit dieser Festlegung war die Bindung der russischen Bauern an den Boden, die Leibeigenschaft, Gesetz geworden.

Eine wichtige Neuerung enthielt das Uloshenije auch in Gestalt der Verfügung, die den kirchlichen Institutionen jeglichen Erwerb von Vermögen ohne Zustimmung der Staatsgewalt untersagte. Zur Einhaltung der rigorosen Vorschrift wurde eigens eine staatliche Zentralbehörde, das »Klosteramt«, geschaffen, dem künftig Geistliche und kirchliche Einrichtungen in allen weltlichen Belangen als Grundbesitzer unterstanden. In diesem Zusammenhang entzog das neue Gesetz auch die Stadtbevölkerung jeglicher Abhängigkeit von geistlichen Prälaten und kirchlichen Einrichtungen. Zugleich wurden die Städter mit neuen staatlichen Abgaben belastet und an ihre Steuergemeinden gebunden, die sie ebenso wie die leibeigenen Bauern nicht verlassen durften.

Bereits wenige Jahre später, 1662, erhob sich die Moskauer Bevölkerung abermals, und 1670/71 kam es auf dem Lande im Bauernkrieg unter Stepan Rasin zu einer Massenbewegung der unterdrückten Volksschichten gegen das Zartum Alexejs. Der Rasin-Erhebung, die eine direkte Antwort auf die Einführung der Leibeigenschaft darstellte, schlossen sich auch breite Massen der nichtrussischen Völker an. Die Aufstandsarmee eroberte Zarizyn, Astrachan, Saratow, Samara und andere Städte, so daß sich fast ganz Südrußland unter der Herrschaft Stepan Rasins befand. Zar Alexej sah sich angesichts der von dieser Massenerhebung ausgehenden tödlichen Gefahr genötigt, starke Truppeneinheiten einzusetzen, um den Aufstand niederzuwerfen. Am 4. Oktober 1670 wurden die Insurgenten, die die bestehende Ordnung zu beseitigen suchten, bei Simbirsk geschlagen, Rasin gefangengenommen und im Juni 1671 auf dem Roten Platz in Moskau öffentlich hingerichtet.

In der Innenpolitik gelang es dem Monarchen gleichzeitig, die angestrebte absolutistische Staatspraxis weiter auszuprägen und im Zuge der Durchsetzung der kirchlichen Neuerungen den Sieg über den opponierenden Patriarchen Nikon zu erringen. Ebenso vermochte der Herrscher die Landesversammlungen mehr und mehr auszuschalten und die Rechte der Bojaren in erheblichem Maße zu beschneiden. In der Armee führte Alexej eine Reform durch und ließ die Regimenter in neuer Kampfordnung aufstellen. In der Wirtschafts- und Handelspolitik unterstützte der Monarch erkennbar die Belange der russischen Kaufmannschaft gegen die ausländischen Konkurrenten. Diesem Zweck dienten die Zollordnungen von 1653 und das Neue Handelsstatut von 1667, die sich förderlich auf die Entwicklung des Binnen- und Außenhandels des Landes auswirkten. Auch außenpolitisch war Zar Alexej erfolgreich. Unter ihm gelangen 1654 die Wiedervereinigung der Ukraine mit Rußland sowie die Rückgewinnung von Smolensk, der Gebiete um Tschernigow und Starodub durch den Waffenstillstand von Andrussowo mit Polen im Jahre 1667.

Der russische Herrscher Alexej Michajlowitsch verdankte seine Erfolge in hohem Maße der Wirksamkeit und Hilfe von befähigten Mitarbeitern und Reformern, die mit selbständigen politischen Ideen und Konzeptionen hervortraten. Zu den Persönlichkeiten, die wirtschaftliche, gesellschaftliche und kulturelle Neuerungen für Rußland erstrebten, gehörten die Staatsmänner Afanassi Lawrentjewitsch Ordin-Naschtschokin, Graf Artamon Sergejewitsch Matwejew, Fjodor Michajlowitsch Rtischtschew, Fürst Wassili Wassiljewitsch Golizyn sowie die Gelehrten und Literaten Jepifani Slawinezki, Simeon von Polozk und Silvester Medwedew. Sie alle begriffen die Notwendigkeit der raschesten Überwindung der Rückständigkeit Rußlands. Von größter Bedeutung war dabei die Gewinnung des Zugangs Rußlands zur Ostsee, stand dieser doch mit dem Durchbruch neuer gesellschaftlicher Prozesse, das heißt der weiteren wirtschaftlichen, sozialen, kulturellen und politischen Entwicklung des Zarenreiches, in unmittelbarem Zusammenhang.

Die genannten Persönlichkeiten repräsentierten im Unterschied zu Boris Iwanowitsch Morosow, dem Inbegriff des Günstlings, einen neuen Typus von Mitarbeitern. Nach ihrem Urteil stellte eine durchschlagende Reformpolitik ein dringendes Erfordernis für Rußland dar. Den ersten Platz als Berater Alexejs nahm zunächst Afanassi Lawrentjewitsch Ordin-Naschtschokin ein, der um 1605 geborene Sohn eines Adligen aus Pskow. Er betätigte sich als Militär, Diplomat und Ökonom und beschäftigte sich

Artamon Sergejewitsch Matwejew

bereits in jungen Jahren mit fremden Sprachen und verschiedenen Wissenschaften. Für seine Verdienste als Offizier und diplomatischer Unterhändler ließ ihn Zar Alexej in den Bojarenstand erheben und zum Leiter des Gesandtschafts-Prikases avancieren. In dieser Eigenschaft übte Ordin-Naschtschokin das Amt des ersten Kanzlers Rußlands bis zum Jahre 1671 aus. Sein Hauptaugenmerk richtete Afanassi Ordin-Naschtschokin vor allem auf die Entwicklung von Handel und Industrie und erwarb selbst große Gewerbe- und Handelsunternehmen. Ebenso setzte er sich mit Nachdruck dafür ein, eine russische Flotte zu bauen. In seiner außenpolitischen Konzeption ging Ordin-Naschtschokin davon aus, den lebenswichtigen Zugang zur Ostsee zu gewinnen und sich mit Polen auszusöhnen. Ungeachtet dessen, daß er seine Pläne nur zu einem geringen Teil zu verwirklichen vermochte, wiesen Ordin-Naschtschokins Ideen und die bereits an verschiedenen Stellen erfolgte aktive Handanlegung für die Zukunft die richtigen Wege.

Wie Afanassi Lawrentjewitsch Ordin-Naschtschokin, war auch der 1623 geborene Artamon Sergejewitsch Matwejew ein Staatsmann und Diplomat, der sich vom Sohn eines kleinadligen Djaken zum Bojaren und hohen Würdenträger unter Zar Alexej Michajlowitsch emporarbeitete. Er diente zunächst als Beamter in der Ukraine und gehörte 1654 der russischen Delegation auf der Rada-Versammlung von Perejaslaw an. Als Leiter des Strelitzen-Prikases nahm er maßgeblichen Anteil an der Unterdrückung des Moskauer Aufstands von 1662. 1671 löste Matwejew Ordin-Naschtschokin als Vorsteher des Gesandtschafts-Prikases ab und übernahm zugleich die Aufsicht über mehrere andere Regierungskanzleien.

Der Bojar Artamon Sergejewitsch Matwejew war ein aufgeschlossener Mann, der eine Russin schottischer Herkunft aus einer der zahlreichen Familien der Hamiltons zur Frau hatte, vertraut mit Bildern, Büchern und modernem Gerät. So besaß er neben einer recht umfänglichen Bibliothek auch ein physikalisches Kabinett und ein kleines chemisches Laboratorium. Er galt auch als der Inspirator des von dem evangelischen Pastor Johann Gottfried Gregorii aus der Moskauer Ausländervorstadt zu Anfang der 70er Jahre organisierten Hoftheaters. Als Nachfolger Ordin-Naschtschokins vermochte der weit vorsichtigere Artamon Matwejew in den fünf Jahren seiner Tätigkeit in außen- und wirtschaftspolitischer Hinsicht freilich keine umgestaltende Initiative zu entfalten. Wichtig wurde jedoch, daß er die handelspolitischen Bestrebungen Afanassi Ordin-Naschtschokins fortzusetzen suchte.

Wichtige Reformideen vermittelte ebenso der aus einem Dienstadelsgeschlecht stammende Fjodor Michajlowitsch Rtischtschew, der 1626 geboren wurde. Seine Hauptverdienste erwarb sich Rtischtschew auf kulturpolitischem Gebiet sowie bei dem Bemühen um soziale Fürsorge. Er wurde zum Befürworter einer engen Verbindung zwischen der russischen und der ukrainischen Kultur. In diesem Sinne unterstützte Fjodor Rtischtschew die Wirksamkeit ukrainischer Gelehrter in Rußland und gründete im Moskauer Andreas-Kloster die Rtischtschew-Brüderschaft, die Vorläuferin der 1687 eingerichteten Slawisch-Griechisch-Lateinischen Akademie in Moskau. Ebenso rief Fjodor Rtischtschew in Moskau Feldlazarette, ein Krankenhaus sowie ein Armen- und Erziehungshaus ins Leben. Damit wurde bereits der Übergang von Wohlfahrtseinrichtungen aus den Händen der Kirche in die des Staates eingeleitet.

Insgesamt erhöhte sich in der Regierungszeit Alexejs, die 1676 zu Ende ging, die internationale Autorität Rußlands beträchtlich. Von der Staatsform her war das Zarenreich im letzten Drittel des 17. Jahrhunderts politisch zerrissenen Ländern wie Deutschland und Italien überlegen, in gesellschaftlicher Hinsicht jedoch Staaten wie den Niederlanden und England, in denen bereits bürgerliche Revolutionen stattgefunden hatten, unterlegen. Dies galt vor allem für die Industrieentwicklung, den Außenhandel, den Flottenbau und zahlreiche andere Bereiche von Wirtschaft, Gesellschaft, Staat und Kultur. Die Rückständigkeit bedeutete zugleich eine Gefahr für die Unabhängigkeit des Landes und seine Fortentwicklung. Es galt somit, sich zu wappnen. Dabei war erforderlich, auf den Gebieten der Wissenschaften, Technik und Organisation mit den fortgeschrittenen europäischen Ländern gleichzuziehen, sich die dortigen Errungenschaften anzueignen und im Lande selbst alle Kräfte und Mittel für die Durchsetzung des gesellschaftlichen Fortschritts zu mobilisieren.

Zar Alexej Michajlowitsch und Natalja Kirillowna,
Vater und Mutter Peters I.

Feierliches Zeremoniell bei der Bekanntmachung
der Geburt Peters I.

DER JUNGE ZAR PETER

Kindheit

In den frühen Morgenstunden des 30. Mai / 9. Juni 1672 wurde dem Zaren Alexej als vierzehntes Kind ein Sohn geboren, der bei der Taufe den Namen Pjotr (Peter) erhielt. Er sollte als der große Neuerer in die Geschichte Rußlands eingehen.

Peters Vater Alexej, der als Achtzehnjähriger Marija Iljinitschna Miloslawskaja geehelicht und von ihr fünf Söhne und acht Töchter hatte, war nach deren Tod im Jahre 1669, erst vierzigjährig, Witwer geworden. Drei Söhne waren bereits gestorben, die noch lebenden Fjodor und Iwan als Regenten nur bedingt beziehungsweise überhaupt nicht geeignet. Es verstand sich von selbst, daß der Zar und seine Ratgeber an eine Wiederverheiratung dachten. Die Wahl Alexejs fiel auf die schöne Bojarentochter Natalja Kirillowna Naryschkina, das Mündel Artamon Sergejewitsch Matwejews, der in engem Einvernehmen mit dem Herrscher stand.

Artamon Matwejew schien von der Aussicht, durch die Heirat Nataljas mit dem Zaren nun auch in verwandtschaftliche Beziehungen zu treten, eher erschreckt als erfreut, hatte er doch Feinde genug, die ihm seine Aufsichtsposten im Gesandtschafts-Prikas, in der Münzverwaltung und am Hofe sowie den Oberbefehl über die Strelitzen und andere Funktionen neideten. Am 22. Januar 1671 fand die Vermählung statt. Dem 1672 geborenen Sohn Nataljas, dem nachmaligen ersten Imperator Rußlands, Peter dem Großen, folgten die Töchter Natalja und Fjodora.

Zum Zeitpunkt von Peters Geburt waren neben sechs Töchtern, zu denen die begabte und willensstarke Sofja gehörte, noch die genannten Söhne Fjodor und Iwan aus der ersten Ehe mit Marja Miloslawskaja am Leben. Damit ergab sich im Hinblick auf die Erbfolge eine Rivalität zwischen den Familien der Miloslawskis und der Naryschkins. Hierbei hatte der kleine Peter von vornherein gute Aussichten, denn seine beiden Halbbrüder waren kränklich: Fjodor, zwar hochgebildet und erfüllt von Reformideen, litt an Skorbut und konnte wegen ständig geschwollener Füße nicht gehen; der jüngere Iwan war Epileptiker, augenleidend und geistesschwach, was die Ausübung einer wirklichen Regentschaft ausschloß. Im übrigen schien die Thronfolge nicht aktuell, denn Alexej zählte 1672 erst dreiundvierzig Jahre.

Peter I. als Zehnjähriger

Jedoch bereits wenig später, 1676, verstarb der Zar nach kurzer Krankheit.

Den Thron bestieg jetzt Alexejs ältester Sohn Fjodor III. Mit Fjodors Regentschaft erlangten die Miloslawskis wieder den Haupteinfluß, und Artamon Matwejew mitsamt seinen zwei Brüdern mußte den Weg in die

Verbannung antreten. Zar Fjodor selbst, der sich 1680 mit der Polin Agafja Gruschezkaja (Gruszecka) verheiratet hatte, wurde bereits nach einjähriger Ehe Witwer. Seine Gemahlin starb bei der Geburt ihres Sohnes Ilja, der wenige Tage darauf, im Juli 1681, ebenfalls verschied. Auf Betreiben seiner Berater ging der Zar 1682 eine zweite Ehe mit Marfa Matwejewna Apraxina ein, die die Rückberufung ihres Taufpaten Matwejew erreichte. Die Krankheit Fjodors ließ die Staatsmacht mehr und mehr zum Spielball einander bekämpfender Hofparteien werden, in denen die Miloslawskis und die Naryschkins die führende Rolle spielten. Am 27. April 1682 starb Zar Fjodor III. Alexejewitsch.

Aufstand in Moskau

1682, noch vor dem Ableben Fjodors, kam es im Lande zu Unruhen der Strelitzen, deren privilegierte Stellung im Laufe der Zeit mehr und mehr beschnitten worden war. Der Tod des Herrschers verlieh diesem Ereignis eine besondere Bedeutung. Die Strelitzen stellten die zarische Ordnungtruppe bei Hofe dar. Von ihrem Verhalten hing viel ab. Dies galt ganz besonders im Hinblick auf die undurchsichtige Lage, die mit dem Tod Fjodors in der Nachfolgefrage entstanden war.

Den Naryschkins gelang es zunächst, mit Hilfe der Bojarenduma Peters Wahl zum Zaren durchzusetzen. Gleichzeitig wurden die wichtigsten Staatsämter unter die Familie der Naryschkins verteilt. Zum Leiter des Strelitzen-Prikases avancierte der durch die Unterdrückung des Bauernkrieges unter Stephan Rasin 1670/71 bekannt gewordene Fürst Juri Alexejewitsch Dolgorukow. Um die Forderungen der aufbegehrenden Strelitzen zu besänftigen, wurden die bis dahin ausstehenden Soldlöhnungen nachgezahlt und besonders verhaßte Kommandeure abgesetzt. Jedoch die Partei Iwans, des älteren kretinösen Stiefbruders Peters, die Miloslawskis, gab das Spiel nicht verloren. Es gelang, die Strelitzen zu gewinnen und mit ihrer Unterstützung die Erhebung Iwans zum Mitzaren von Rußland zu erzwingen.

Zar Iwan V. Michajlowitsch, wie er sich offiziell nannte, vermochte freilich bis zu seinem Tode im Jahre 1696 keinerlei Einfluß auf die Regierungsgeschäfte zu nehmen. Iwan V. war seit 1684 mit Praskowja Fjodorowna Saltykowa verheiratet, die ihm fünf Töchter schenkte, unter ihnen die 1693 geborene spätere Kaiserin Anna I. Zunächst freilich erzielten die Miloslawskis durchschlagende Erfolge, wobei sie in dem Fürsten Iwan Andrejewitsch Chowanski ein williges Werkzeug fanden.

Im Zusammenhang mit dem Gerücht, Iwan Alexejewitsch sei umgebracht worden, veranstalteten die aufständischen Strelitzen vom 15. bis 17. Mai 1682 im Kreml ein Blutbad, bei dem zahlreiche Parteigänger der Naryschkins ums Leben kamen. Die mordenden Strelitzen ließen sich von ihren Handlungen auch nicht abbringen, als ihnen der lebende Iwan Alexejewitsch vorgezeigt wurde. Zu den Opfern gehörten der Bojar Artamon Sergejewitsch Matwejew, der von 1654–1674 selbst Strelitzenhauptmann gewesen und eben erst aus der Verbannung zurückgekehrt war, der bekannte Feldherr Grigori Grigorjewitsch Romodanowski, die Fürsten Juri Alexejewitsch und Michail Jurjewitsch Dolgorukow, die Bojaren Afanassi Kirillowitsch und Iwan Kirillowitsch Naryschkin und andere Würdenträger mehr. Alle Naryschkins wurden von den Strelitzen jedoch nicht umgebracht, und es war wohl der Fürsprache von Peters Halbschwester Sofja Alexejewna zu verdanken, daß zahlreiche Bojaren durch Ausweichen in die Verbannung ihr Leben retten konnten.

Die aufständischen Strelitzen erhoben nunmehr unter Chowanskis Führung im Sinne der Familie der Miloslawskis die Forderung nach einer Doppelherrschaft der Zaren Iwan und Peter, was in der verworrenen Lage, zu der es gekommen war, Sofjas Wünschen entgegenkam. Am 26. Mai 1682 vollzog eine fiktive Reichsversammlung die Inthronisierung der beiden Herrscher.

Das Eingreifen der Strelitzen erwies sich jedoch auch für die Miloslawskis als nicht ungefährlich, nahm die Aktion doch mehr und mehr Züge einer sozialen Aufstandsbewegung an. Durch Beteiligung von Stadtarmen und Leibeigenen, die vor allem gegen die Praktiken des Cholopenprikases und gegen die grausamen Rechtsurteile auftraten, erhielt das Vorgehen der Strelitzen eine besondere Radikalität. Schon verbrannte man Urkundenbücher, in denen Besitz und Eigentum der Herrschenden eingetragen waren. Für die Regierenden war es an der Zeit, die Bewegung abzufangen, bevor sie sich zu einem großen Volksaufstand auswuchs. Dies erreichte Iwans Schwester Sofja Alexejewna, die sich am 29. Mai 1682 offiziell zur Regentin Rußlands erklärte und damit für die nächstfolgende Zeit die Geschicke des Zarenreiches lenkte. Ihr war es gelungen, den Gang der Ereignisse in den letzten Tagen bereits weitgehend zu bestimmen und die Strelitzen in die Defensive zu drängen, nachdem sie deren finanzielle Forderungen befriedigt hatte.

Nach der Machtübernahme durch Sofja gerieten die Strelitzen bald in die Isolierung. Sie diskreditierten sich zusehends und fanden in anderen Bevölkerungsschichten keine Unterstützung mehr. Aus ihren hochgeschraubten Forderungen sprach bereits die Verzweiflung am Sinn der Erhebung. In

Moskauer Strelitz

dieser verfahrenen Situation suchte der Strelitzenanführer Chowanski in letzter Stunde die Unterstützung der Altgläubigen, um dem Aufstand doch noch zum Erfolg zu verhelfen. So erzwang er am 5. Juli 1682 eine öffentliche Debatte über die Religion, die im Facettenpalast des Kremls stattfand. Außer Sofja, den beiden Zaren und dem Patriarchen Joakim nahmen acht Metropoliten, fünf Erzbischöfe, zwei Bischöfe und mehrere andere weltliche und geistliche Würdenträger teil, unter ihnen der gelehrte Mönch Nikita Pustoswjatow. Ihn, einen Parteigänger Chowanskis und der Altgläubigen, der scharf gegen die Kirchenreformen Nikons Stellung nahm, ließ Sofja nach Abschluß des Religionsgesprächs festnehmen und hinrichten.

Das Durchgreifen der Regentin kündigte deutlich das Ende der Aktion Chowanskis an, der sich in diesen turbulenten Tagen selbst zum Beherrscher Rußlands aufzuschwingen suchte. Der Hof Sofjas beschuldigte ihn daher des Hochverrats und forderte für ihn das Todesurteil, das am 17. September 1682 vollstreckt wurde. Die Hinrichtung Chowanskis bedeutete den völligen Zusammenbruch der Erhebung der Strelitzen. Diese zeigten sich nunmehr unterwürfig und zu allen Diensten für das Zartum bereit. Dabei mußten sie alle ihre bisherigen Forderungen fallenlassen und auch ihre Siegessäule, die sie auf dem Roten Platz aufgestellt hatten, abreißen.

Für die Strelitzen hatte die Niederschlagung des Aufstands von 1682 schwerwiegende Folgen. Das Strelitzentum, einstmals Verkörperung des militärischen Fortschritts und der Stolz der Zarenarmee, war zum Symbol für das alte, überlebte Rußland mit seinem Massaker von 1682 im Kreml geworden, das Peter I. als zehnjähriges Kind miterleben mußte. Niemals hat der Zar die grauenvollen Szenen vergessen, die sich vor seinen Augen abspielten, als die Angehörigen seiner Familie auf die Lanzenspitzen der unten stehenden Strelitzen gestürzt und von diesen zu Tode gespießt wurden. Es war derselbe Peter, der im Jahre 1698 mit äußerster Grausamkeit die Strelitzen endgültig als Machtfaktor aus der russischen Gesellschaft ausschalten sollte.

Zarewna Sofja

Die Regentschaft, die Sofja Alexejewna für ihre beiden unmündigen Brüder Peter und Iwan führte, dauerte sieben Jahre. Über die Persönlichkeit und das Wirken Sofjas haben bereits die Zeitgenossen die widersprechendsten Urteile abgegeben. Übermäßiges Lob und maßlose Verdammnis stehen nebeneinander. Nach den Angaben der einen soll sie ein Ausbund von

Strelitzenaufstand im Moskauer Kreml am 15. Mai 1682
Tötung Afanassi Kirillowitsch Naryschkins, des Bruders von Peters I.
Mutter Natalja Kirillowna Naryschkina

Schönheit gewesen sein, nach den Aussagen anderer erscheint die Zarewna, wie sie sich nannte, als eine breitköpfige, männlich wirkende, beleibte und im Gesicht behaarte Frau, deren Körperfülle wenig Reize auf ihre Umgebung ausgeübt haben dürfte.

Fest steht jedoch Sofjas Intelligenz. Als einzige der acht Töchter Zar Alexejs war sie, die Sechsundzwanzigjährige, zur Regentschaft vorzüglich geeignet. Ihre Erziehung, wie auch die ihres Bruders Fjodor, hatte in den Händen des Hofpredigers Simeon von Polozk gelegen, des besten Mannes, der Zar Alexej für dieses Amt zur Verfügung stand. Simeon war aus der bedeutendsten Bildungsanstalt der Ukraine im 17. Jahrhundert hervorgegangen: der geistlichen Mohyla-Akademie zu Kiew. 1664 hatte der Gelehrte, kirchliche Schriftsteller und Dichter als Lateinlehrer seine Tätigkeit im Moskauer Kreml aufgenommen und dort 1667 den Auftrag erhalten, die Kinder des Monarchen zu unterrichten. Neben Lateinisch, Polnisch und Französisch lehrte Simeon auch Geschichte, wobei er sich angelegen sein ließ, seinen Zöglingen eine realistische Vorstellung von der Gesellschaft und Kultur des übrigen Europa zu vermitteln. Das bedeutete, daß die Zarenkinder in die Lage versetzt wurden, den Blick auch über die Grenzen Rußlands hinaus zu richten. Simeon selbst betätigte sich zudem als Verfasser von Gedichten und Theaterstücken.

Die Regierung der Zarewna Sofja und ihrer Mitarbeiter, zu denen vor allem der Günstling Fürst Wassili Wassiljewitsch Golizyn zählte, stand im Zeichen aufgeklärter Ideale und Parolen. Der 1643 geborene Golizyn zeichnete sich durch eine hohe Bildung und reiche politische Erfahrungen aus. In seinen Handlungsweisen eiferte er westlichen Vorbildern nach. Golizyn gehörte zu den strebsamsten, lernbegierigsten und gebildetsten Persönlichkeiten in der Umgebung des Zarenhofs. Bereits unter Alexej hatte der Fürst als Hofbeamter eine angesehene Stellung eingenommen. Während der kurzen Regierung Fjodors machte er durch seine Beteiligung an den Feldzügen gegen die Türken von sich reden. Ebenso wirkte er an der 1682 erfolgten Abschaffung des alten Mestnitschestwo (Adelsrangordnung) mit. Schon bei diesen Gelegenheiten erwies sich Wassili Golizyn als ein Mann des Fortschritts, der gegen Standesvorurteile und gesellschaftliche Mißstände ankämpfte, auf persönliche Vorteile verzichtete und die Staatsbelange in den Vordergrund rückte.

Nach den Angaben des polnisch-französischen Diplomaten Foy de la Neuville, der 1689 am Hofe Sofjas weilte, wo er ausführliche Gespräche mit Golizyn führte, soll der Fürst großangelegte Pläne zur Förderung von Bildung, Kultur und Wissenschaft verfaßt und bereits an die Aufhebung der Leibeigenschaft in Rußland gedacht haben. Danach sollten die Bauern das

Recht auf freien Grundbesitz erhalten und die Weiten Sibiriens in ein riesiges Siedlungsgebiet umgewandelt werden. In diesem Zusammenhang sprach Neuville mit großer Hochachtung von der Persönlichkeit Golizyns: »Das Haus Golizyns ist eines der prächtigsten in ganz Europa ... Es ist mir, als befände ich mich am Hof eines italienischen Fürsten. Wir unterhielten uns in lateinischer Sprache über alle wichtigen Begebenheiten, die sich damals in Europa zutrugen. Golizyn wollte meine Meinung hören über den Krieg, den der Kaiser (Leopold I. – E. D.) und so zahlreiche andere Monarchen gegen Frankreich führten, und besonders eingehend befragte er mich über die Englische Revolution ... Er wollte Wüsteneien besiedeln, die Armen reich machen, die Wilden in kultivierte Menschen, die Feiglinge in tapfere Kämpfer verwandeln und die Hirtenzelte durch steinerne Paläste ersetzen.«

Im Gegensatz dazu fällte Neuville über die Regentin ein vorwiegend negatives Urteil und stellte Sofja als verschlagen, macht- und rachsüchtig hin. Freilich ist der Quellenwert der 1698 in Paris erschienenen Reiserelation Neuvilles, in der sich die Angaben über Golizyn finden, umstritten, und die Gesetzgebung unter Zarewna Sofja ließ von den Reformprojekten des Fürsten, wenn überhaupt, dann nur einen schwachen Abglanz erkennen.

Wassili Wassiljewitsch Golizyn zählte erst neununddreißig Jahre, als die Verschlimmerung der Krankheit Zar Fjodors seine Annäherung an Prinzessin Sofja angeraten scheinen ließ. Er war verheiratet und Vater von fast erwachsenen Kindern. Zusammen mit anderen Würdenträgern bei Hofe, die

Peters I. Halbschwester Sofja als Kind

25

am Bett des sterbenden Monarchen häufig zusammentrafen, repräsentierte der Fürst jene politische Gruppierung, die nach dem Ableben des Herrschers das Heft in die Hand zu nehmen gedachte. Golizyns Anschluß an Sofja, die ihm bald in heftiger Liebe zugetan sein sollte, ließ den Fürsten die Führerschaft erlangen. Die Zarewna war eine leidenschaftliche Natur, die sich tollkühn und rückhaltlos in die Wogen des Geschehens stürzte. Die Liebe zu ihrem Günstling verstärkte ihren ausgeprägten Ehrgeiz um ein Vielfaches. Das Verhältnis zu ihrem Favoriten schlug allen Moskauer Herrschertraditionen ins Gesicht und erinnerte bereits in starkem Maße an die späteren Extravaganzen ihres Halbbruders, des Zaren Peter. Es blieb nicht aus, daß die Regentin den Geliebten zur Erstürmung des Glücks drängte, das sie gemeinsam in vollen Zügen zu genießen dachten. Golizyn bedurfte in der Tat des Anstoßes; denn bei aller Übersicht schien er in seinen Handlungen in vieler Hinsicht schüchtern, unschlüssig und mißtrauisch wiewohl auch nicht immer standhaft genug. Ohne eine starke Stütze wich der Fürst stets zurück, dies wußte die Regentin. Die ihm beigegebenen Befehlshaber der Strelitzen sollten daher auf militärischem Gebiet die erforderliche Hilfestellung leisten.

Die Regentschaft Sofjas, die einer Vormundschaftsregierung gleichkam, stieß schon deshalb auf ernsthafte Schwierigkeiten, da Peters Mutter Natalja im Hinblick auf ihren unmündigen Sohn eine ebensolche auszuüben gedachte. Damit mußte sich Sofja abfinden. Freilich, die Zarenwitwe vermochte sich, was die Fähigkeiten in Regierungsangelegenheiten anging, in keiner Weise mit Sofja und Golizyn zu messen, die die Geschicke des Landes leiteten.

Besondere Schwierigkeiten ergaben sich für die Zarewna und ihren fürstlichen Favoriten nicht zuletzt bei der Regelung der auswärtigen Beziehungen des Reiches. Im Vordergrund stand hierbei das Verhältnis zum Krimchanat und der Türkei. Reformen im Innern hatten es dem Osmanenstaat ermöglicht, seine Offensivpolitik gegen Österreich, die Ukraine und Rußland beträchtlich zu verstärken. Waren es bisher die Krimtataren, die die Südgrenzen des Zarenreiches in Mitleidenschaft brachten, so kam es im August 1677, veranlaßt durch den Einfall türkischer Verbände, unter der Regentschaft Fjodors zu einem regulären russisch-türkischen Krieg. Dieses Ereignis erlangte schon deshalb großes Gewicht, da auf zarischer Seite bis dahin vorsichtig vermieden worden war, in offizielle Kriegshandlungen gegen den Sultan einzutreten. Jetzt belagerten türkische Truppen die Stadt Tschigirin, den Sitz des Hetmans der Ukraine. Jedoch, es gelang den vereinigten russisch-ukrainischen Streitkräften, den türkisch-tatarischen Angriff bei Buschin abzuwehren, ohne freilich durchschlagende Erfolge zu erzielen. Demgemäß konnten die Türken ihre Offensivhandlungen bald wieder aufnehmen und Tschigirin erobern. Russische Versuche, Österreich zum Eingreifen in den Krieg gegen die Pforte zu veranlassen, blieben erfolglos. Auch Polen zeigte sich nicht geneigt, den Zaren gegen den Sultan zu unterstützen, wurde König Jan III. Sobieski doch im Frieden von Konstantinopel 1678 genötigt, den größten Teil Podoliens an die Türkei abzutreten.

Angesichts dieser Sachlage mußte sich Rußland zum Frieden von Bachtschissarai auf der Krim bereitfinden, zu dem es im Jahre 1681 kam. Der Vertrag war ein Waffenstillstandsabkommen und galt für zwanzig Jahre. In ihm erkannte die Türkei Rußlands Oberhoheit über Kiew und die linksufrige Ukraine an. Das Kosakengebiet, das heißt die rechtsufrige Ukraine mit der Dnepermündung, kam unter türkische Suprematie, die russisch-türkische Grenze blieb unangetastet. Jedoch der Triumph des türkischen Großwesirs Kara Mustafa erwies sich als recht kurzlebig. Sein Schicksal entschied sich bereits im Jahre 1683, als die vereinigten Österreicher, Deutschen und Polen seine Armee vor den Mauern Wiens in die Flucht schlugen.

Nach der Abwehr der Türken vor Wien und der Bildung der »Heiligen Liga« im Jahre 1684, zu der anfangs Österreich, Polen und Venedig gehörten, vermochte Rußland seine militärischen Offensivhandlungen gegen die Pforte wieder aufzunehmen. Hierbei war es notwendig, auch das Verhältnis mit Schweden und Polen zu regeln. Dies gelang mit Schweden 1684 durch die Bestätigung des Friedens von Kardis (1661) und schließlich nach langwierigen Verhandlungen auch mit Polen 1686 durch Unterzeichnung des »Ewigen Friedens«, der freilich vom Sejm nicht bestätigt wurde. Im selben Jahr trat Rußland der »Heiligen Liga« bei und traf Vorbereitungen gegen die Krimtataren und die Türken. Gleichzeitig erreichten Sofja und Golizyn von Polen die endgültige Anerkennung der Oberhoheit Rußlands über die Saporoger Kosaken.

Bereits im Mai 1687 setzte Fürst Golizyn eine starke russische Armee gegen die Krimtataren in Marsch, die jedoch gegen den Feind nichts ausrichten konnte. So mußte der Feldzug ergebnislos abgebrochen werden. Zum selben Zeitpunkt war es den Österreichern gelungen, an der türkischen Front große Erfolge zu erringen, Siebenbürgen zu besetzen und 1688 auch Belgrad einzunehmen. 1689 erfolgte der zweite Vorstoß der Regierung Sofjas gegen die Krim. Diesmal hatte Fürst Golizyn persönlich den Oberbefehl übernommen. Es gelang den russischen Truppen, bis Perekop vorzudringen, jedoch der Entscheidungssieg blieb auch diesmal aus. Schlechte Organisation, Hunger und Seuchen ließen es schließlich Golizyn angeraten erscheinen, erneut den Rückzug anzutreten. Die Notwendigkeit ergab sich

Natalja Kirillowna Naryschkina,
die Mutter Peters I.

auch aus den innenpolitischen Schwierigkeiten, in die die Regentin Sofja
unterdessen geraten war. In Moskau, wo man die russischen Niederlagen
von 1687 und 1689 noch immer geheimzuhalten versuchte, mehrten sich
die Stimmen, die die Beseitigung der Regentschaftsregierung und die Übernahme der Macht durch die beiden Zaren verlangten.

Ganz ohne Resultate waren die mißglückten Krimfeldzüge Golizyns freilich nicht, wurden doch die Österreicher und die Polen in ihrem Krieg gegen die Türkei dadurch spürbar entlastet. Wirkliche Erfolge erzielte die Regierung Sofjas hingegen im weiteren russischen Vordringen nach dem Osten. Seitdem 1643/44 Wassili Danilowitsch Pojarkow zum erstenmal den Amur befahren hatte, waren mehrmals russische Expeditionen in dieses Gebiet vorgedrungen, wo die Ewenken, Dauren und andere Völker wohnten. 1651 hatte der Bauer und Entdeckungsreisende Jerofej Pawlowitsch Chabarow die daurische Stadt Albasin in Besitz genommen. 1654 wurde Nertschinsk gegründet, das rasch zum administrativen Mittelpunkt des Amurgebiets aufstieg und zum Interessenbereich der chinesischen Mandschu-Dynastie gehörte.

So brachen bald Kämpfe aus, in deren Gefolge Albasin mehrmals den Besitzer wechselte. Rußland zeigte sich an seinem einträglichen Pelzexport nach China sehr interessiert und trat daher für die Beibehaltung friedlicher Beziehungen mit Peking ein. Zu diesem Zweck sandte die Moskauer Regierung erneut Gesandtschaften an den chinesischen Kaiserhof. 1689 reiste der Bojar Fjodor Alexejewitsch Golowin nach Nertschinsk, um mit den Chinesen zu verhandeln. Ihm gelang es, einen Vertrag zustande zu bringen, der im August 1689 in Nertschinsk unterzeichnet wurde.

Der Vertrag von Nertschinsk aus dem Jahre 1689 bildete das erste Abkommen, das China mit einem europäischen Land abschloß. Er machte die Wasserscheide nördlich des Amur mit der Udamündung als östlichstem Punkt zur Grenze zwischen Rußland und dem Reich der Mitte. Das Amurgebiet ging damit für das Zarenreich verloren. Alles in allem wurde der Nertschinsker Vertrag zur Grundlage langandauernder friedlicher Beziehungen zwischen Rußland und dem chinesischen Kaiserreich.

Daß die Niederlagen der Regierung Sofjas im Kampf gegen die Krimtataren und die Türken sowie die Preisgabe des Amurgebiets die Position der Zarewna und ihres Günstlings derart beeinträchtigten, war ein deutlicher Beweis dafür, daß es den beiden Persönlichkeiten in den Jahren seit 1682 nicht gelungen war, ihr Regime im Innern zu konsolidieren. Die Voraussetzungen hierfür schienen zunächst sehr günstig; denn der Sieg der Miloslawski-Partei über die Naryschkins war ein vollständiger. Für Sofja hätte es nahegelegen, sich zur Herrscherin krönen zu lassen und die beiden unmündigen Zarenbrüder vollends aus dem Weg zu räumen. Zu einem solchen Schritt vermochte sich offensichtlich weder die Zarewna noch Fürst Golizyn zu entschließen. Als der Sofja treu ergebene neue Leiter des Strelitzenprikases, der Dumadjak Fjodor Leontjewitsch Schaklowity, 1687 einen Versuch in dieser Richtung unternahm, war es bereits zu spät. Die

Strelitzen wollten nicht und versagten ihrem Anführer die Gefolgschaft. So ließen Sofja und Golizyn die Zügel schleifen, und man harrte der Dinge, die da kamen. Eine Sackgasse tat sich auf, und die Zeit arbeitete für den jungen Zaren Peter, den allmählich regierungsfähig werdenden künftigen Beherrscher Rußlands.

Lehrjahre

Seit 1682 hielt sich Peter fast ohne Unterbrechung zusammen mit seiner Mutter im Dorf Preobrashenskoje unweit von Moskau auf. In der Nacht vom 7. zum 8. August des Jahres 1689 erhielt er die irrtümliche Nachricht, daß ihm die Strelitzen nach dem Leben trachteten. Erschreckt floh der siebzehnjährige Zar bei Nacht und Nebel in das Dreieinigkeits-Sergius-Kloster im heutigen Sagorsk, von wo aus er die notwendigen Vorkehrungen zu seiner Sicherheit traf. In der sich einstellenden Kraftprobe zwischen Sofja und Peter hatte die Zarewna, wie rasch deutlich wurde, keine Chance mehr. Die Strelitzen gingen regimenterweise zum jungen Zaren über, und auch Patriarch Joakim, der zunächst eine abwartende Haltung eingenommen hatte, entschied sich schließlich für Peter.

Damit war der Machtkampf beendet, und die Abrechnung mit den Unterlegenen konnte beginnen. Der Strelitzenanführer Schaklowity wurde enthauptet, Golizyn, der sich freiwillig stellte, degradiert und in den hohen Norden verbannt, Sofja genötigt, sich in das Moskauer Neu-Jungfrauen-Kloster (Nowodewitschi-Kloster) zurückzuziehen. Seinen zarischen Mitherrscher und Halbbruder Iwan, der von den Vorgängen nichts gewahr wurde, ließ Peter unbehelligt. Peters engste Parteigänger in den wichtigen August- und Septembertagen des Jahres 1689 waren neben Patriarch Joakim Fürst Alexejewitsch Golizyn, der Vetter Wassili Wassiljewitsch Golizyns, und der rangälteste General, der Schotte Patrick Gordon.

Sofjas Sturz zog keinen sogleich spürbaren Wandel in der Regierung des Reiches nach sich. Peter schien sich noch nicht genügend für die Politik zu interessieren. Er beschränkte sich weitgehend auf die Erfüllung von Repräsentationspflichten und überließ die Regelung der Staatsbelange zunächst seiner Mutter Natalja. Jedoch weder sie noch der erste Minister des Landes, der Bojar Lew Kirillowitsch Naryschkin, vermochten dem geistigen und politischen Leben des Landes neue Impulse zu geben. In den Handlungen der Regierung Natalja äußerten sich vielmehr deutliche Unsicherheiten. So sah man sich zu Zugeständnissen an den Hochadel und die Kirche

Nikita Moissejewitsch Sotow

gezwungen. Ein Beispiel hierfür gaben die Ausweisung der Jesuiten und die Verbrennung von Quirinus Kuhlmann in Moskau. Kuhlmann, ein aus Schlesien stammender Barockdichter und religiöser Schwarmgeist, Anhänger urkommunistischer Lehren und Parteigänger Jakob Böhmes, der zahlreiche Länder bereist hatte, war als ein von den offiziellen Kirchen Verfolgter auch nach Moskau gekommen. Hier wurde er auf Betreiben der evangelischen Geistlichkeit von der Obrigkeit der orthodoxen Kirche wegen Ketzerei zum Feuertod verurteilt und am 4. Oktober 1689 verbrannt.

Peter selbst führte in Preobrashenskoje zunächst sein knabenhaftes Leben weiter. Es war vor allem das technisch Neue, das ihn faszinierte. Der junge Zar wurde von zwei Lehrern, Nikita Moissejewitsch Sotow und Afanassi Nestorow, unterrichtet, die von ihrem Bildungsstand her freilich keinerlei Vergleich mit Simeon von Polozk, Sofjas Lehrmeister, aushielten. Peters noch vorhandene Übungshefte, die er als Sechszehnjähriger benutzte, lassen eine schwache Schönschrift und unregelmäßige Orthographie erkennen. Im Rechnen wurde der Herrscher von dem Holländer Franz Timmermann unterwiesen, der ihm auch die Grundbegriffe der Geometrie und Arithmetik beibrachte.

Besonderes Geschick stellte der junge Monarch in der Beherrschung von handwerklichen Arbeiten unter Beweis. Die Zeitgenossen verweisen auf mehr als vierzehn Handwerksarten, auf die er sich verstand. Hierher gehörte die Kunst der Steinmetzen, Schmiede, Maler, Drucker und Buchbinder ebenso wie die Fertigkeit von Hebammen, Badern und Zahnärzten. An die Stelle des kindlichen Pfeil und Bogen, der Trommeln und Fahnen traten alsbald Säbel und Gewehr. Aus Stallknechten und Söhnen von Bediensteten stellte Peter Spielbataillone zusammen, mit denen er hart exerzierte. Für die Ausbildung seiner Soldaten gewann er auch ausländische Offiziere aus der Moskauer Ausländervorstadt, der Nemezkaja Sloboda. Schon während der Regierungszeit Iwans IV. Grosny, des »Schrecklichen«, in der zweiten Hälfte des 16. Jahrhunderts, war in der Nähe Moskaus eine gesonderte Ausländersiedlung entstanden. Zu Anfang des 17. Jahrhunderts wurde sie im Zuge der polnischen Invasion eingeäschert. Jedoch ein Ukas des Zaren Alexej verlieh der Ausländervorstadt wieder neues Leben. Jakob Reutenfels, der sich 1671–1673 in Rußland aufhielt, sprach in seinem Bericht von 18 000 Ausländern, die die Nemezkaja Sloboda bewohnten.

Peter besuchte seit Beginn der neunziger Jahre, so oft er konnte, von Preobrashenskoje aus die nur wenig entfernte Sloboda, die die höchste Verwunderung des Jünglings erregte. Seit Iwans IV. Regierung waren immer mehr Handwerker, Kaufleute, Pastoren, Ärzte, Künstler und Militärs aus mittel- und westeuropäischen Ländern hierhergekommen. Von den einheimischen Russen wurden sie unterschiedslos Deutsche genannt, obwohl Schotten, Engländer und Holländer die Mehrzahl der Bevölkerung der Nemezkaja Sloboda bildeten. Sooft der junge Zar durch die Straßen dieser Vorstadt ging, sah er Hunderte von Leuten, die über zahlreiche handwerkliche Fertigkeiten verfügten, die außerhalb der Siedlung nur wenig verbreitet waren. Hier herrschten Wohlstand, Üppigkeit, Geselligkeit und ein reges geistiges Leben. Der Betrachter erhielt den Eindruck von Tüchtigkeit, Solidität und Respektabilität.

In der Sloboda waren zahlreiche Sprachen verbreitet, so das Holländische, das Deutsche, das Englische und das Lateinische. Die in der Vorstadt tätigen englischen Techniker bemühten sich, die Errungenschaften der Mechanik, der Kartographie und der Londoner Royal Society zu verbreiten. Zu diesem Zwecke unterhielten sie einen lebhaften Briefwechsel mit ihren Verwandten und Freunden in der Heimat. Gleichzeitig unternahmen sie ausgedehnte Reisen ins westliche Ausland und brachten von dort wichtige Nachrichten nach Moskau mit. Mit größter Spannung wurde in der Ausländervorstadt die Kunde von den Ereignissen der Englischen Revolution aufgenommen.

Peters I. Kriegsspiele und militärische Exerzitien

General Patrick Gordon

Der Moskauer Ausländervorstadt war es beschieden, in Peters Früh-
entwicklung eine wichtige Mittlerfunktion zwischen Rußland und dem
übrigen Europa zu spielen. Daran vermochte auch die orthodoxe Geistlichkeit wenig zu ändern, die dem Leben und Treiben, das in der Sloboda
herrschte, mit Mißtrauen und Ablehnung gegenüberstand. In diesem Sinne
hatte Patriarch Joakim streng darauf geachtet, daß der junge Zar Peter die
Ausländervorstadt nicht betrat. Nach dem Tode des hohen Kirchenfürsten
ließ sich der Herrscher jedoch nicht mehr zügeln.

Bereits am 30. April 1690 stattete er in Begleitung seiner bojarischen
Berater der Nemezkaja Sloboda einen offiziellen Besuch ab und lud sich bei
General Patrick Gordon ein. Dieser, Sohn eines adligen Gutsherrn aus

Schottland und gläubiger Katholik, hatte bereits früh seine Heimat verlassen und als Offizier in schwedischen, polnischen und kaiserlichen Diensten gestanden. 1661 kam er nach Rußland, wo er, von Zar Alexej Michajlowitsch zunächst mit diplomatischen Missionen beauftragt, gegen die Türken kämpfte. 1687 und 1689 befand sich Gordon im Verband der russischen Truppen, die gegen die Krim zogen. Für seine dabei erworbenen Verdienste wurde er von Sofja zum General befördert. Im Machtkampf zwischen der Regentin und Peter I., der noch 1689 ausbrach, stellte sich Patrick Gordon vorbehaltlos auf die Seite des jungen Herrschers und fungierte seit diesem Zeitpunkt als dessen militärischer Hauptberater.

Nach der Visite bei Gordon sah man Peter häufig auf den Abendgesellschaften, die in der Sloboda gepflegt wurden. Die Zuneigung des jungen Herrschers gewann neben General Gordon, den der Monarch hoch achtete, der Schweizer François Lefort, der seit 1675 in russischen Kriegsdiensten stand. Der Genfer Kaufmannssohn und Kalvinist Lefort hatte vor seiner Betätigung im Zarenreich als Offizier in den Armeen Frankreichs und der Niederlande gekämpft. Seit 1676 verkehrte er in der Moskauer Ausländervorstadt und machte danach als Militär rasch Karriere in der russischen Armee. Wie General Gordon, stellte sich auch Oberstleutnant Lefort im Jahre 1689 mit seinen Truppen sogleich dem jungen Zaren Peter zur Verfügung, der ihn 1690 zum Generalmajor befördern ließ. Von der Persönlichkeit und den Fähigkeiten des Genfers sichtlich beeindruckt, schloß der Zar mit Lefort bald intime Freundschaft. Seitdem war Lefort ständiger Begleiter des Herrschers, half bei der Organisation von Peters Regimentern und militärischen Übungen und veranstaltete ihm zu Ehren rauschende Feste.

François Lefort war ein begabter, fröhlicher, lebenslustiger Mann und Zechgenosse, dem es gelang, die Freundschaft des Zaren zu erlangen und auch zu behalten. Durch ihn lernte Peter auch Anna Margaretha Mons kennen, die Tochter eines in der Sloboda wohnenden deutschen Weinhändlers und Goldschmieds. Ihr, seiner Favoritin, sollte der Zar mehrere Jahre hindurch zugetan bleiben.

Mit Hilfe Gordons und Leforts formierte Peter auch im Dorf Preobrashenskoje seine Spielregimenter, die rasch zu einer Elitegruppe werden sollten. Der Zar selbst gefiel sich in der Rolle eines »Bombardierers« ebenso wie in der Bluse eines einfachen holländischen Seemanns, der bei den jugendlichen Schiffsmanövern am Weißmeer auf die höchsten Masten kletterte und vom Hantieren mit den Segeltauen schwielige Hände bekam. Noch waren Peters Spiele und militärische Exerzitien voll von jugendlichem Leichtsinn und ausgelassenen Narreteien, denen er und seine Gefährten sich im Übermut hingaben. Aus der Mitte seiner Getreuen ernannte der junge Zar Generale und Admirale. Den einen, Fürst Fjodor Jurjewitsch Romodanowski, erhob er als »Herrn Kenich« über sich und alle übrigen, und er bezeichnete sich in seinen Briefen an ihn als »der alleruntertänigste Knecht Seiner Allerdurchlauchtigsten Hoheit«.

Ausgelassenheiten und Späße trieb der junge Herrscher ebenso mit seinem Lehrer und Instrukteur Nikita Sotow, den er unter wüsten Parodien auf die kirchlichen Bräuche als Saufpatriarch einsetzte. Harlekinaden und Narrenhochzeiten gaben ständig neue Auftakte zu Veranstaltungen, bei denen der Hofstaat, auf Ochsen, Ziegenböcken, Schweinen und Hunden reitend, paradierte. All dieses Gebaren war Ausdruck einer überquellenden Lebenskraft Peters, der im Unterschied zu Iwan IV., von dem Ähnliches bekannt ist, in der Folge nicht zum Despoten entartete, sondern der große Reformator Rußlands wurde.

An Peters Manövern nahmen auf Befehl des Herrschers seit 1691 auch Strelitzen und Truppen der Moskauer Garnison teil. Da der Zar besonderen Wert auf die Verwendung von Sprengstoffen legte, nahmen die Kriegsspiele mehr und mehr den Chakrakter von wirklichen militärischen Manövern an. Demgemäß gab es auch Tote und Verwundete. Auch der Zar erlitt Verletzungen durch die Explosion einer Bombe, und Fürst Iwan Dmitrijewitsch Dolgoruki verlor bei den Übungen das Leben. In Archangelsk, wohin Peter seine Schiffsmanöver verlegte, vermochte der Herrscher nun unmittelbar die ein- und auslaufenden englischen und holländischen Handelsschiffe in Augenschein zu nehmen. Sogleich ließ er Bestellungen für die Lieferung von Schiffen aus holländischen Werften ergehen und erteilte Weisung für den Bau von eigenen Hochseeschiffen. Bald machten die ersten drei russischen Hochseeschiffe im Hafen von Archangelsk fest, unter ihnen die »Sankt Peter«. Als Flagge für die russische Flotte wählte der Zar zunächst die Farben Rot, Blau und Weiß, das sind die holländischen Farben in umgekehrter Reihenfolge. 1698 wurden dann die Farben Weiß, Blau und Rot eingeführt.

Gegen Asow

In der Hoffnung, daß sich das russische Sprichwort »shenitsja – peremetitsja« (»Heiratet er, wird er sich ändern«) bewahrheitete, veranlaßte die Zarenmutter Natalja ihren Sohn Peter, mit Jewdokija Fjodorowna Lopuchina, der Tochter eines Bojarenhöflings, die Ehe einzugehen. Die Heirat fand am 27. Januar 1689 statt. Jewdokija gebar am 18. Februar 1690 dem achtzehnjährigen Herrscher einen Sohn mit Namen Alexej. Ein zweiter

Iwan V., Peter I., Alexej Petrowitsch, Patriarch Adrian
und der Metropolit von Kiew

Sohn, Alexander, der Ende September 1691 zur Welt kam, verstarb bereits nach sieben Monaten. Peters Ehe mit Jewdokija Lopuchina währte formell zehn Jahre. Das angeführte Sprichwort bewahrheitete sich nicht. Peter blieb bei seinen Gewohnheiten, wobei das Unverständnis, das Jewdokija den Charaktereigenschaften und Neigungen ihres Gemahls entgegenbrachte, wohl nicht ohne Belang war.

Am 25. Februar 1694 verstarb nach kurzer Krankheit die Zarinmutter Natalja Kirillowna Naryschkina im Alter von erst zweiundvierzig Jahren. Nun nahm Peter niemand mehr Bürde und Verantwortung der Regierung ab, und er mußte, unterdessen zweiundzwanzigjährig, als Herrscher voll antreten.

Zum Zeitpunkt von Nataljas Ableben erlangten die Fragen der auswärtigen Beziehungen des Zarenreiches akute Bedeutung. Sie fanden ihren hauptsächlichsten Ausdruck in der gegen die Krimtataren und Türken gerichteten Kriegspolitik, zu der sich Rußland 1686 im »Ewigen Frieden« auch vertraglich verpflichtet hatte. Sowohl der Polenkönig Jan Sobieski III. als auch Kaiser Leopold I. drängte das Zarenreich zu einem neuen Krieg gegen die Türken. Für Peter I. galt es somit, die militärischen Aktionen gegen Süden wiederaufzunehmen und den russischen Waffen im Schwarzmeergebiet den Sieg zu sichern. Sofja und Golizyn waren bei ihren Versuchen, die Krim sowie die Don- und Dneprmündung in ihre Hand zu bekommen, gescheitert. Es blieb abzuwarten, ob Zar Peter in dieser Hinsicht mehr Glück hatte als seine Vorgänger.

1694 traf Peter, von Gordon beraten und unterstützt, die ersten Vorbereitungen für den Krieg gegen die Türken. Im September und Oktober des gleichen Jahres hatte der Herrscher bei Koshuchowo und Kolomenskoje mehrere Wochen dauernde Manöver durchführen lassen, in denen es um die Erprobung seiner Truppen ging. Im Januar 1695 war es so weit. Peter rief zu den Waffen.

Gegen die türkische Festung Asow sollte der russische Hauptschlag geführt werden. Gegen die Krim wollte man nur eine Scheinoperation durchführen, um den Gegner abzulenken. Die orthodoxe Kirche stand einmütig hinter der Aktion Peters gegen die »ungläubigen Höllensöhne«. Als Aufmarschlinie dienten traditionsgemäß die Wasserstraßen auf Oka, Wolga und Don. Das russische Adelsheer, das heißt die Truppen »alter Ordnung«, stand unter dem Kommando des Bojaren Michail Borissowitsch Scheremetew, der im Verein mit den Kosaken des Hetmans Iwan Stepanowitsch Masepa am Dnepr aufmarschierte. Die bereits nach der »neuen Ordnung« Peters ausgebildeten und ausgerüsteten Abteilungen hatten Befehl, gemeinsam mit Strelitzen und Donkosaken die Festung Asow zu be-

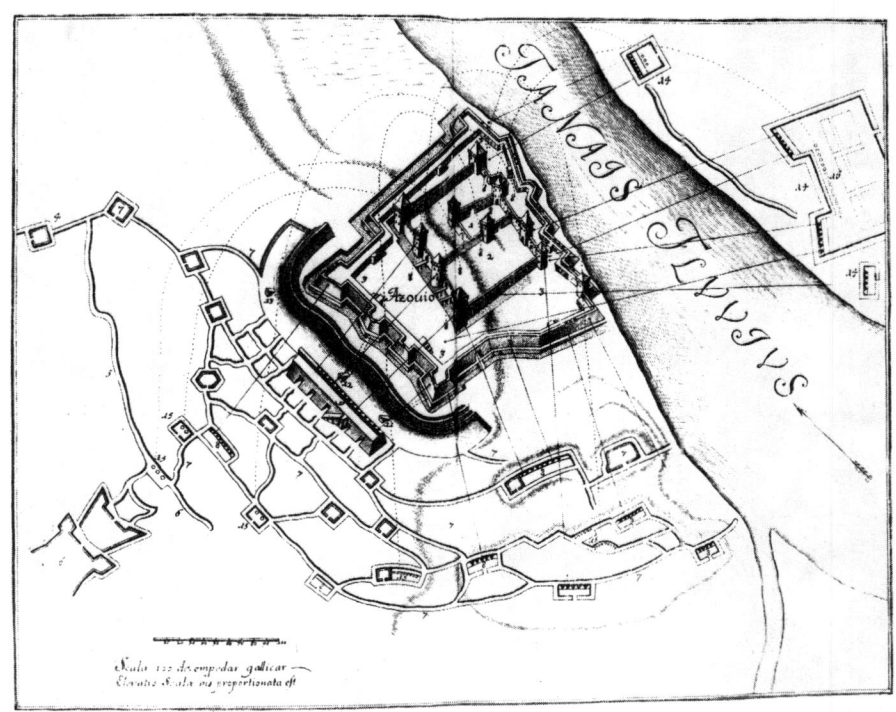

Festung Asow

lagern. Die Asow-Armee wurde von Gordon, Lefort und Artamon Michajlowitsch Golowin geführt. Bei ihr befand sich auch Zar Peter.

Scheremetew und Masepa lösten ihre Aufgabe erfolgreich durch die Erstürmung der Dnepr-Festung Kasy-Kermen. Asow hingegen vermochte sich
allen Angriffen zum Trotz zu halten. Wie sich zeigte, wirkte sich nachteilig
aus, daß die über 30 000 Mann starke Asow-Armee über kein einheitliches
Kommando verfügte und die russischen Mineure mit ihren Aktionen die
eigenen Truppen häufig mehr in Mitleidenschaft brachten als den türkischen
Feind. Auch die Anfeuerungsversuche des Zaren selbst vermochten keine
positiven Resultate zu erzielen. Zahlreiche Soldaten und Offiziere aus der
nächsten Umgebung des Herrschers fanden den Tod. Außer der Einnahme
einiger vorgeschobener Türme und unerheblicher Zerstörungen in der
Stadt, die durch die Beschießung angerichtet wurden, war für den Zaren
nichts erreicht. Anfang Oktober befahl Peter seinen Truppen den Rückzug.

Mit der Asow-Aktion hatte Rußland unter Peter I. außenpolitisch seinen
ersten spürbaren Mißerfolg erlitten. Jedoch der Zar gab nicht auf, sondern

Peters Asow-Flotte

bereitete sogleich den zweiten Angriff vor, der im nächsten Jahr durch-geführt werden sollte. Den Oberbefehl über das russische Heer übertrug Peter I. jetzt dem Bojaren Alexej Semjonowitsch Scheïn. Vom Kaiser und vom brandenburgischen Kurfürsten erbat der Zar Mineure, die die Befestigung von Asow in die Luft sprengen sollten. Als besondere Notwendigkeit erkannte Peter I. die Schaffung einer gesonderten Flotte, mit deren Hilfe er die Türken von der Seeseite her angreifen konnte. Eine solche mußte in kürzester Zeit gebaut werden.

So ließ Peter in größter Eile die in Woronesh befindliche Bootswerft erweitern und mitten im Winter mit dem Bau von Kriegsschiffen beginnen. Der Zar selbst legte dabei aktiv mit Hand an. Außerdem wurden noch drei andere Werften errichtet. Und das Wunder geschah: Im Mai 1696 waren 29 Galeeren und über 1000 Barken fertiggestellt. Dem erneuten Angriff auf Asow stand nichts mehr im Wege.

Am 29. Januar 1696 war Peters Halbbruder und Mitzar Iwan gestorben. Damit lag die gesamte Staatsgewalt nun auch formell in der Hand Peters I.

Scheremetew und Masepa übernahmen bei der zweiten Aktion gegen die Türken vom Dnepr her den Flankenschutz, während Schein Ende Mai mit einer auf etwa 70 000 Mann verstärkten Armee Asow von der Landseite her einschloß. Die neue Flotte unter dem zum Admiral ernannten François Lefort fuhr von der Seeseite her an die Festung heran und blockierte den Hafen von Asow. Nachdem es den kaiserlichen und kurfürstlichen Mineuren gelungen war, größere Breschen in die Befestigungen zu schlagen, erfolgte der russische Sturmangriff von allen Seiten. Am 18. Juli 1696 mußten die Türken kapitulieren. Den osmanischen Truppen und der Bevölkerung wurde freier Abzug gewährt. Die Befestigungen von Asow ließ Peter instandsetzen. Gleichzeitig ordnete er den Bau des Hafens Taganrog westlich von Asow an. Ziel der Maßnahmen war die Schaffung einer sicheren Ausgangsbasis für künftige kriegerische Aktionen Rußlands im Schwarzmeergebiet.

In Moskau erwartete eine jubelnde Menschenmenge voller Ungeduld den heimkehrenden Sieger, der in der Uniform eines bescheidenen Kapitäns hinter Leforts Wagen einherschritt. Peter war es nicht gegeben, sich auf den Lorbeeren auszuruhen. Er nutzte die ihm von allen Seiten entgegengebrachten Sympathien zur Einleitung neuer Maßnahmen, um Rußlands militärische Stärke und Schlagkraft um ein Vielfaches zu erhöhen. Dabei ging es freilich nicht ohne Beschwerungen und Belastungen des Volkes ab.

Reise in den Westen

Der Flottenbau wurde nach dem Sieg von Asow im Jahre 1696 mit größter Eile und Energie vorangetrieben. Für Peter war es völlig klar, daß ein Vorgehen gegen die Krim weit stärkere Kräfte erforderlich machte, als sie ihm im Augenblick zur Verfügung standen. Der Flottenbau stellte zu diesem Zeitpunkt das Hauptanliegen des Zaren dar. Zu diesem Zweck rief der Herrscher im Oktober und November 1696 die Bojarenduma zweimal nach Preobrashenskoje und ließ durch sie den Bau von 40 weiteren Galeeren beschließen. Die Kosten hatten die weltlichen und geistlichen Grundbesitzer, die Bauern und die Städter zu tragen. Von je 10 000 Bauernhöfen weltlichen und je 8000 Bauernhöfen geistlichen Grundbesitzes mußte ein Schiff ausgerüstet werden; die Städte hatten insgesamt für 12 Schiffe aufzukommen. Für jedes Schiff wurde eine Schiffsbaukompanie gegründet, die zehntausend Rubel aufbringen und die nötigen Arbeitskräfte zu stellen hatte. Zu diesen zählten auch ausländische Meister und andere sachkundige Arbeitsleute.

Gleichzeitig erhielten einundsechzig junge Adlige, darunter dreiundzwanzig Fürstensöhne, den Auftrag des Zaren, sich auf eigene Kosten ins westliche Ausland, vor allem nach Holland, England und Italien, zu begeben, um sich dort eingehend im Schiffsbau und anderen verwandten Techniken unterweisen zu lassen. Die Delegation reiste im Januar 1697 ab, die meisten ihrer Angehörigen mit wenig Begeisterung und mehr aus Furcht vor der Maßregelung durch den Herrscher, die im Weigerungsfall drohte. Kein Angehöriger der Delegation durfte es wagen, ohne zufriedenstellende Zeugnisse der ausländischen Lehrherren jemals wieder in Rußland zu erscheinen.

Peters Instruktion an die jungen Adligen beinhaltete im einzelnen folgende Verpflichtungen: 1. Zeichnungen und Karten, Kompasse und sonstige Geräte der Schiffahrt kennenlernen. 2. Ein Schiff beherrschen, sowohl in der Schlacht als auch bei gewöhnlichem Gang. Das Takelwerk und alle zugehörigen Instrumente kennenlernen: Segel, Taue, auf Galeeren und anderen Fahrzeugen auch die Ruder usw. 3. Nach Möglichkeit Gelegenheit suchen, an einer Seeschlacht teilzunehmen; wer nicht dazu kommt, soll sich mit Fleiß darüber belehren lassen, wie man sich während einer Seeschlacht zu verhalten hat; alle aber, ob sie eine Seeschlacht gesehen haben oder nicht, sollen sich von den Vorgesetzten der Flotte mit Unterschrift und Siegel versehene Diplome geben lassen, aus denen hervorgeht, daß ihre Inhaber für den Dienst auf See fähig sind. 4. Wer nach seiner Rückkehr eine noch größere Gnade erhalten will, soll darüber hinaus zu erlernen trachten, wie man jene Schiffe baut, auf denen die Ausbildung erfolgt ist.

Zar Peter war zeit seines Lebens bestrebt, anderen nichts zuzumuten, was er nicht von sich selbst verlangte. Er sah und lernte leidenschaftlich wie vor ihm kein russischer Zar oder Großfürst. Von Anfang an gab es Widerstände gegen diese Auffassung vom Sinn des russischen Herrscheramts. Um so größer war das Entsetzen in konservativen Bojarenkreisen, als ruchbar wurde, daß die Entsendung von einundsechzig adligen jungen Männern ins Ausland nicht genügte und der Zar selbst dorthin reisen wollte. Das bedeutete den völligen Bruch mit der althergebrachten Tradition; denn einen solchen Vorsatz hatte vor Peter noch kein Zar gefaßt, ausgenommen Iwan IV., der bei einer notwendigen Flucht aus Rußland ins englische oder schwedische Exil zu gehen beabsichtigte und zu diesem Behuf bei Königin Elisabeth I. und König Erik XIV. um Zustimmung gebeten hatte.

Am 6. Dezember 1696 ließ der Zar mitteilen, daß eine Gesandtschaft nach Deutschland, Holland, England und Venedig reisen werde. Ihr sei aufgetragen, Angelegenheiten, die der ganzen Christenheit gemeinsam sind: Schwächung der Feinde des Kreuzes, nämlich des türkischen Sultans, des

Peter I. in England

Krimchans und aller »muslimischen Horden« zu regeln. Aus der Verlautbarung ging eindeutig hervor, daß Peter ernsthafte Anstalten machte, die russische Kriegspolitik im Süden mit Unterstützung der europäischen Mächte fortzusetzen. Um durchschlagende Erfolge erzielen zu können, schien es dem russischen Herrscher notwendig, vorher diplomatische Sondierungen vorzunehmen. Diesem Hauptzweck der Gesandtschaft waren das Studium und das Kennenlernen des Seewesens und des Schiffbaus in Holland, England und Venedig untergeordnet. Für die Zeit seiner Abwesenheit setzte Peter einen Regentschaftsrat ein, ein Triumvirat, bestehend aus dem Bojaren Lev Kirillowitsch Naryschkin, Fürst Boris Alexejewitsch Golizyn und Fürst Iwan Semjonowitsch Prosorowski, die über ausgedehnte Vollmachten verfügten. Die Aufsicht über die Hauptstadt übertrug Peter an Fürst Fjodor Jurjewitsch Romodanowski.

Im Februar 1697 erfuhr Peter kurz vor der Abreise von einer Verschwörung, in die außer einigen Bojaren, die gegen die Auslandspolitik des Herrschers aufbegehrten, auch der Strelitzenoberst Iwan Jelissejewitsch Zickler verwickelt war, ein Mann, der sich 1689 als einer der ersten auf die Seite Peters gestellt hatte und sich für seine Dienste offensichtlich unzureichend belohnt sah. Zu den Verschwörern gehörten neben Zickler auch der Bojar Alexej Prokopjewitsch Sokownin und der Stolnik Fjodor Matwejewitsch Puschkin, die unter der Folter gestanden, mit Peters Halbschwester Sofja konspiriert zu haben mit dem Ziel, diese auf den Herrscherthron zu bringen. Zar Peter sah in dem erneuten Komplott ein Werk der Miloslawskis und ließ die Verschwörer samt ihren Anhängern hinrichten.

Am 9. März 1697 brach die Gesandtschaft Peters zu ihrer großen Europareise auf. Ihr erklärtes Ziel war es, eine starke Koalititon gegen die Türken zustande zu bringen. Der fünfundzwanzigjährige Zar erstrebte vor allem die Bewegungsfreiheit der russischen Flotte auf dem Schwarzen Meer, im Bosporus und in den Dardanellen. Jedoch die Türkengefahr bildete seit dem Sieg von 1683 vor den Mauern Wiens nicht mehr das Hauptthema an den europäischen Fürstenhöfen, auch nicht im kaiserlichen Palais zu Wien. Österreich kämpfte zu diesem Zeitpunkt auch am Rhein gegen das Frankreich Ludwigs XIV., das Freiburg und Trier besetzt hielt und durch seine Truppen die Pfalz verwüsten ließ. Kaiser Leopold I. hatte sich 1689 mit Holland und England in der Großen Allianz verbündet, wodurch Frankreich genötigt wurde, im Jahre 1697 mit Holland, England, dem Kaiser und dem Reich Frieden zu schließen.

Die erste Auslandsreise des russischen Zaren, die anderthalb Jahre dauern sollte, wurde zu einer europäischen Sensation. Sie erregte die Gemüter auf das höchste. Man war neugierig, den 2,10 Meter großen und bärenstarken

44

russischen Zaren, von dem man sich Wunderdinge erzählte, persönlich kennenzulernen. Die Abordnung zählte etwa 200 Köpfe, zahlreiche Pferde und Wagen. Nach deutschen Quellen gehörten der Delegation an: 1 Hofmarschall, 1 Stallmeister, 1 Majordomus, 4 Kammerherren, 30 Volontäre, 4 Zwerge, 6 Pagen, 6 Trompeter, 1 Mundschenk, 1 Koch, 1 Hoffourier, 12 Lakaien, 6 Kutscher und Vorreiter, 24 Kammerdiener, 32 Aufwärter; dazu kamen 22 Einspannpferde, 32 Wagen zu je 4 Pferden, 6 Frachtwagen zu je 6 Pferden und 12 Reitpferde. Den Volontären war aufgetragen, das ausländische Seewesen zu studieren. Sie waren in drei Zehnergruppen eingeteilt, die jeweils einem besonderen Desjatnik unterstanden. Einer davon war Pjotr Michajlowitsch, das heißt Zar Peter, der inkognito an der Reise teilnahm. Mit der Leitung wurde in Abstimmung mit Fjodor Alexejewitsch Golowin und Prokopi Bogdanowitsch Wosnizyn, die als Hauptunterhändler fungierten, François Lefort betraut, der fließend Deutsch, Französisch, Holländisch und Russisch sprach. Unter den genannten Würdenträgern befanden sich auch Ärzte, Priester, Dolmetscher, Schreiber, Leibgardisten und andere Bedienstete.

Zar Peter suchte seine Europareise nicht nur in Rußland, sondern auch im Ausland geheimzuhalten. Daheim sann Sofja, die noch immer hinter Klostermauern saß, auf Rache. Es war für den Zaren daher nicht ungefährlich, längere Zeit dem Lande fern zu bleiben. Der russische Herrscher besuchte auf seiner Reise zunächst das schwedische Livland und das polnische Kurland, dann Preußen, Hannover, Holland, England, Österreich und Sachsen. Die Aufnahme, die der Zar, den man rasch identifizierte, und seine Delegation in Livland, Kurland und Preußen fanden, war unterschiedlich. In Riga ging es korrekt, jedoch steif zu, in Mitau hingegen veranstaltete man zu Ehren des russischen Herrschers und seiner Abordnung fröhliche Festgelage und zeigte sich in den politischen Gesprächen aufgeschlossen, so daß Peter mit seinem dortigen Aufenthalt höchst zufrieden war.

Nicht minder großzügig erwies sich Kurfürst Friedrich III. von Brandenburg. Der Zar benutzte die Gelegenheit, um sich von dem Festungsbauingenieur und Geschützmeister Oberst Streitner von Sternfeld im Artilleriewesen unterweisen zu lassen. Was das von Peter angestrebte russischpreußische Bündnis betraf, so verliefen die Verhandlungen darüber weniger befriedigend. Einigung erzielte man schließlich über die Abwicklung des Transithandels preußischer Kaufleute nach Persien und China sowie über die Auslieferung russischer Flüchtlinge durch die preußischen Obrigkeiten.

Von Preußen aus ging es über Hannover rasch weiter nach Holland. Der Zar hatte es eilig, dorthin zu kommen. In Zaanddam nahm er Logis bei einem Schmied, den er von der Moskauer Nemezkaja Sloboda her kannte.

Kaiser Leopold I.

Bei der Firma Rogge verdingte sich Peter als Schiffszimmermann. Diese Tätigkeit gab ihm Gelegenheit, sich gründlich auf den Werften umzusehen. Es blieb nicht aus, daß er dabei von zahlreichen Bewunderern und Schaulustigen umdrängt wurde, die längst wußten, daß sie den Zaren von Rußland vor sich hatten. Dieselbe Arbeit verrichtete Peter in Amsterdam, wo er von Bürgermeister Nicolaas Witsen, einem gelehrten Mann, der bereits 1664 Rußland besucht und einen Bericht darüber veröffentlicht hatte, Gelegenheit erhielt, die Werft der Ostindischen Kompanie näher kennenzulernen.

Insgesamt verbrachte Zar Peter viereinhalb Monate in Amsterdam. In dieser Zeit nahm er an Flottenmanövern teil, besuchte Handwerksbetriebe und Krankenhäuser, den Botanischen Garten und die Anatomie von Professor Frederik Ruysch. Gleichzeitig unternahm er Ausflüge nach Utrecht, Den Haag, Delft und Leyden, wo er mit dem berühmten Anatom Hermannus Boerhaave zusammentraf und auch den bekannten Naturforscher Antonius von Leeuwenhoek kennenlernte. Bei anderen Gelegenheiten ließ er sich im Kupferstechen und im Umgang mit Feuerspritzen unterweisen. Leeuwenhoek erschloß dem Zaren die Wunder des Mikroskops, und der Baumeister Simon Schynvoet zeigte dem russischen Herrscher seine naturwissenschaftliche Sammlung. Viele Stunden verbrachte Peter in der Werkstätten des Mechanikers Jan van der Heyden. Der Festungsingenieur und Militärschriftsteller Menno van Coehorn vermittelte dem Zaren holländische Ingenieure, die in russische Dienste traten. Gleichzeitig veranlaßte Coehorn die Unterweisung russischer Studenten in der Kriegswissenschaft. Auch mit holländischen Kaufleuten nahm Peter Fühlung auf, so mit Angehörigen der Familie Thessing, die in kommerziellen Beziehungen zu Rußland stand. Über das Handelshaus Thessing erreichte Zar Peter die Einrichtung einer russischen Druckerei in Amsterdam.

Erfolglos blieben die Verhandlungen der Gesandtschaft über die von Peter angestrebte Lieferung von Kriegsschiffen für sein Land. Die Gründe für die abweisende Haltung der Holländer in dieser Frage lagen in ihren gleichzeitigen Bemühungen, mit Frankreich in Ryjswijk zu einem annehmbaren Frieden zu gelangen. Sie mußten so auf ein lukratives Geschäft verzichten, um nicht Ludwig XIV. durch die Lieferung von Kriegsschiffen, die gegen die Türken eingesetzt werden sollten, erneut zum Krieg zu reizen. Jedoch bereits unmittelbar nach Abschluß des Friedens von Ryjswijk (20. September 1697) wurden Abmachungen über russische Waffenkäufe unterzeichnet, und zahlreiche holländische Seeoffiziere und Matrosen traten in russische Dienste.

In Holland traf der russische Zar mit dem Erbstatthalter der Niederlande und englischen König, Wilhelm von Oranien, zusammen. Im Januar 1698 kam Peter in Begleitung von siebenundzwanzig jungen Leuten in England an. Lefort mit dem übrigen Teil der Gesandtschaft war in Amsterdam verblieben. In England sah und lernte der russische Herrscher vieles, was er in Holland vermißt hatte. Im Unterschied zu den Holländern, die ihre Schiffe nach hergebrachter Handwerkerart bauten, legten die Engländer großen Wert auf mathematische und physikalische Kenntnisse und Geräte. Der Zeichner, Konstrukteur und Konteradmiral Peregrine Osborn, Marquis von Carmarthen, führte den Zaren kreuz und quer durch England. Von ihm konnte Peter alles erfahren, was er wissen wollte. Man besichtigte Eisenwerke, Brücken, Hafenanlagen und andere Bauwerke. In Deptford erhielt der Zar auch den Besuch des berühmten Quäkers William Penn, der den russischen Herrscher für seine Ansichten zu gewinnen suchte.

Der Zar arbeitete auch in England auf Werften und wohnte Seemanövern bei. Außerdem kam es zu nochmaligen Begegnungen mit König Wilhelm von Oranien, über deren Ergebnisse jedoch nichts bekannt wurde. Wenig Interesse zeigte der russische Monarch offensichtlich für das englische Parlament. Seine Abneigung gegen diese Staatsinstitution verstärkte sich noch, als er einmal, auf dem Dachboden versteckt, durch ein kleines Fenster einer Debatte der dortigen Abgeordneten folgte.

Was die große Politik anging, so zeigte sich Zar Peter von der Vermittlungstätigkeit des englischen Königs bei den Bestrebungen des Kaisers, mit den Türken zu einem Friedensschluß zu gelangen, enttäuscht, ging es ihm doch um das genaue Gegenteil. Anfang Mai 1698 traf Peter wieder in Holland ein, und Ende des Monats befand er sich bereits auf dem Weg nach Wien, der ihn über Kleve, Bielefeld, Hildesheim, Halle, Leipzig, Dresden und Prag führte. Am 26. Juni hielt er in der Kaiserstadt seinen Einzug.

Auch in Wien suchte der Zar von Rußland sein Inkognito formell beizubehalten. So erschien er bei kaiserlichen Empfängen und auf Hofbällen stets als Pjotr Michajlowitsch. Gleichzeitig jedoch verhandelte er als Zar von Rußland mit Kaiser Leopold I. und lernte bei dieser Gelegenheit auch dessen Familie kennen, zu der die späteren Kaiser Joseph I. und Karl VI. gehörten. Mit dem berühmten Prinzen Eugen von Savoyen traf er ebenfalls zusammen.

Zähe Verhandlungen führte Peter mit Kaiser Leopold I. und Kanzler Graf Stephan Wilhelm von Kinsky über die Fortsetzung des Krieges gegen den Sultan. Aber angesichts der Rivalität des Kaiserhauses und des französischen Königs Ludwig XIV. beim Erbanspruch auf den spanischen Königsthron wollte man in Österreich zu diesem Zeitpunkt nichts von einem neuen großen Türkenkrieg wissen. In Spanien drohte das Haus Habsburg auszusterben, da der kranke König Karl II. keine Nachkommen hinterließ. Kaiser Leopold I. suchte nach dem Ableben Karls II. seinen Sohn Karl auf den spanischen Königsthron zu bringen, während Ludwig XIV. seinen Enkel Philipp von Anjou als spanischen Thronkandidaten in Vorschlag brachte. Nach dem Tode Karls II. im Jahre 1700 wurde daher ein großer

König August II., der Starke, von Polen

Krieg, der nachmalige Spanische Erbfolgekrieg von 1701 bis 1714, un-
vermeidlich. In ihm ging es um den Besitz eines riesigen Territoriums. Zu
Spanien gehörten damals große Überseebesitzungen, dazu Mailand, Neapel,
Sizilien, Sardinien und ein Teil der Niederlande. Österreich brauchte an

seiner türkischen Front Ruhe, um einem Zweifrontenkrieg zu entgehen. Zar Peter mußte sich daher mit der Zusage Kaiser Leopolds I. begnügen, sich bei den Türken für die Abtretung von Kertsch an Rußland einzusetzen, zu der es jedoch nicht kam.

Sein letztes Reiseziel, Venedig, gab der russische Monarch infolge des endgültigen Scheiterns seiner Türkenpläne am Wiener Hof auf. Dem Zaren war klar geworden, daß der schwache Doge, der im Krieg gegen den Sultan stand, Rußland schwerlich den Zugang zum Schwarzen Meer öffnen konnte. Die Resultate seiner diplomatischen Sondierungen ließen Peter mehr und mehr zu der Überzeugung gelangen, daß das Schwarze Meer für Rußland in der nächsten Zeit verschlossen blieb. Um die volle Integration des Zarenreiches in das europäische Staatensystem des beginnenden 18. Jahrhunderts zu sichern, mußte ein anderer Weg gesucht werden, den bereits Iwan IV. im 16. Jahrhundert vorgezeichnet hatte: der Weg über die Ostsee. Dort aber saßen die Schweden.

Es galt, das Steuer der auswärtigen Politik Rußlands herumzuwerfen. Peters eilige Rückkehr in die Heimat wurde beschleunigt durch die Nachricht von einer erneuten Meuterei der Strelitzen, die abermals Sofja zur Zarin erheben wollten. Als er über Brünn und Olmütz polnisches Gebiet erreicht hatte, erhielt Peter die Meldung, daß die Rebellion von General Gordon niedergeschlagen worden sei. So blieb ihm etwas Zeit, um König August II., den Starken, mit dem er im August 1698 in Rawa nördlich von Lwów (Lemberg) zusammentraf, von der Umorientierung der russischen Außenpolitik in Kenntnis zu setzen und erste Gespräche über ein gemeinsames Vorgehen gegen Schweden zu führen. Für Polen waren Peters Vorschläge von Belang, bot sich doch für König August II. die Chance, mit Rußlands Hilfe Livland und Estland den Schweden abzunehmen, wenn auch um den Preis, daß das Zarenreich dadurch der direkte Nachbar Polens an der Ostseeküste wurde.

Während der drei Tage und Nächte, die der Zar in Gesellschaft Augusts des Starken mit militärischen Besichtigungen und »ohne Unterlaß im Trinken« zubrachte, waren die beiden Herrscher, wie der kaiserliche Gesandte Christoph Ignaz Edler von Guarient aus der russischen Hauptstadt nach Wien berichtete, »in solche brüderliche Vertraulichkeit kommen, daß beide einen Kleidertausch getroffen, auch der Zar mit des Königs in Polen Rock, Hut und schlechtem Degen in Moskau angekommen«.

Als diplomatischer Mission war der »Großen Gesandtschaft« Peters kein Erfolg beschieden, wohl aber als wissenschaftlicher Erkundungsreise. Peters Auslandsvisite erregte nicht nur die Gemüter seiner russischen Landsleute, denen sie sich unvergeßlich einprägte, sondern fand auch im westlichen

Ausland größtes Interesse. Sie ließ ungezählte Legenden entstehen, war es doch das erste Mal, daß sich ein Zar von Rußland in fremde Länder begab, um dort in die Lehre zu gehen. Albert Lortzing sollte später mit seiner volkstümlichen Oper »Zar und Zimmermann« vom Jahre 1837 Peters erstem Aufenthalt in Holland ein bleibendes Denkmal setzen.

Bruch mit dem Alten und Abrechnung mit den Strelitzen

Unmittelbar nach seiner Rückkehr von der großen Westreise begab sich Peter zusammen mit Lefort in die Nemezkaja Sloboda und alsdann nach Preobrashenskoje, ohne vorher den Kreml zu betreten und seine Gemahlin eines Besuchs zu würdigen. Der russische Monarch fand sich in düsterer Stimmung und machte auf seine zu Hause verbliebenen Berater den Eindruck eines sich fremdartig gebärdenden Herrschers, der sich anschickte, mit den bisherigen Gepflogenheiten des althergebrachten Lebens unwiderbringlich zu brechen, harte Abrechnung zu halten und gewaltsam Neuerungen einzuführen.

Kaum hatte der heimgekehrte Zar in Preobrashenskoje die Huldigung seiner Bojaren und übrigen Dienstleute, die während seiner Abwesenheit das Reich verwaltet hatten, entgegengenommen, befahl er die Durchführung erster rigoroser Handlungen und Maßnahmen: Er ließ seinen Würdenträgern die seit alters üblichen Bärte abschneiden. Wie derselbe Guarient berichtete, griff der russische Herrscher dabei selbst zur Schere und schnitt mehreren seiner Mitarbeiter höchstpersönlich die Bärte ab. Als erster mußte sich der Bojar und zarische Oberbefehlshaber Alexej Semjonowitsch Scheïn der erniedrigenden Prozedur unterziehen, ihm folgten Fürst Fjodor Jurjewitsch Romodanowski und mehrere andere Aristokraten. Verschont blieben zunächst nur Patriarch Adrian seiner Würde wegen, Fürst und Bojar Michajlo Alegugowitsch Tscherkasski infolge seines hohen Alters und der Bojar Tichon Nikititsch Streschnjow als einstiger Vormund des Zaren. Mit den Bärten wurden gleichzeitig auch die langen Kaftanschöße gestutzt. In einer Ansprache vor der Garde, die er in Preobrashenskoje hielt, gab der Monarch eine Begründung für die angeordneten Maßnahmen: »Die lange Kleidung«, sagte er, »hat die Arme und Beine der Strelitzen behindert; sie konnten weder mit dem Gewehr richtig umgehen noch richtig marschieren. Eben deswegen habe ich Lefort befohlen, zuerst einmal die langen Rockschöße und Hängeärmel zu stutzen und alsdann neue Uniformen nach europäischem Muster einzuführen. Die alte Kleidung ist mehr der tatarischen als der uns verwandten leichten slawischen Kleidung ähnlich. Es schickt sich nicht, zum Dienst im Nachtgewand zu erscheinen.«

Bei den von Peter anbefohlenen Veränderungen in den russischen Lebensgewohnheiten handelte es sich um einen Schritt weg vom alten Moskau, um einen Ruck hin zur Moderne, durchgesetzt von einer Persönlichkeit, die es verstand, den gewaltigen Machtspielraum, den die zarische Selbstherrschaft bot, voll auszuschöpfen. Den Übergang zur westlichen Kleidung suchte der Monarch auf verschiedene Weise zu beschleunigen, und er erließ zu diesem Zweck in den Jahren 1700 und 1701 Kleiderverordnungen, die die Einführung der sogenannten ungarischen Tracht für die städtische Bevölkerung Moskaus innerhalb eines Monats vorsahen. Ausgenommen waren von dieser Aktion Personen geistlichen Standes, Kirchendiener, Fuhrleute und die das Feld bestellenden Bauern. Die neuen Kleidermoden in Rußland trennten fortan Städter von Geistlichen und Bauern.

In äußerst schroffer Form trennte sich der Zar unmittelbar nach seiner Heimkehr aus dem Ausland von seiner Gattin Jewdokija Fjodorowna Lopuchina. Die Absicht, die faktisch nicht mehr bestehende Ehe nun auch formell aufzulösen, bestand bei ihm bereits seit längerer Zeit. Ende September 1698 ließ der Monarch den achtjährigen Thronfolger Alexej seiner Mutter fortnehmen und die Zariza in ein Susdaler Kloster einliefern, wo sie im Juni 1699 zur Nonne geschoren wurde. Auch gegen andere Mitglieder der Lopuchin-Familie ging der Herrscher mit Repressalien vor. Der Grund hierfür bestand darin, daß in der gesamten Sippe der Lopuchins die Ausländerfreundschaft und die Neuerungsabsichten des Zaren auf das schärfste mißbilligt wurden. So sah sich Peter in seinen Bestrebungen von der Familie seiner eigenen Frau bedroht, und er zögerte keinen Augenblick, die ihm notwendig erscheinenden Maßnahmen zu ergreifen. Hinzu kam, daß offensichtlich auch Peters in Klosterhaft befindliche Halbschwester Sofja von dort aus im Verein mit ihren Anhängern die in breiten Volksschichten vorhandene Abneigung gegen die vom Herrscher bevorzugten Ausländer zu verstärken und zu einem Fremdenhaß auszuweiten suchte.

In diesem Zusammenhang wurden bereits während der Abwesenheit des Zaren Gerüchte ausgestreut, Peter habe die ihm anvertraute Herrscherwürde geschändet, sich mit ausländischen Mätressen umgeben, und er sei völlig der Ketzerei verfallen. Ja, es wurde sogar behauptet, der Herrscher stamme nicht von Zar Alexej Michajlowitsch, sondern von einem holländischen Seemann und einer Deutschen ab. Wörtlich hieß es: »Die Bauern sind alle zu Tode gequält; alle haben sich gegen den Herrscher erhoben und schreien: ›Was ist er für ein Zar? Von einer Deutschen ist er unehelich ge-

Hinrichtung aufständischer Strelitzen in Moskau, 1698

boren; vertauscht hat man ihn, ein Findelkind ist er.‹ Als die Zarin Natalja
aus der Welt schied, sagte sie ihm an jenem Tage: ›Mein Sohn bist du nicht,
du bist mir unterschoben worden.‹ Nun befiehlt er, deutsche Kleider zu
tragen! Da sieht man ja, daß er von einer Deutschen geboren worden ist.«

Die von der orthodoxen Kirche verfolgten Altgläubigen griffen diese Gedanken begierig auf und suchten zudem Peter als Antichrist zu diffamieren:
». . . das Fasten hält er nicht ein; ein Betrüger ist er, der Antichrist, geboren
von einer unreinen Jungfrau, daß er mit dem Kopf zuckt und mit dem Bein
stolpert, auch das wissen wir, kommt von dem bösen Geiste her, der ihn
peinigt.« Aus der vermeintlichen illegitimen Abstammung Peters wurde das
Recht abgeleitet, den deutschen Bastard abzusetzen, um Rußland vor dem
Verderben zu retten. Durch einen Staatsstreich der Strelitzen sollte Zar
Peter gestürzt und ein neuer Monarch auf den Thron erhoben, alle Fremden erschlagen und die Moskauer Ausländervorstadt niedergebrannt, die
Strelitzen ihre einstige privilegierte Sonderstellung wiedererlangen, Flotten-
bau, Heeresreform und Großmachtpolitik eingestellt und das Volk von
Steuern und Fronarbeit verschont werden.

So sah das Programm aus, das sich die Initiatoren der neuen und zugleich letzten Aktion rebellierender Strelitzen zum Ziel setzten, die Mitte Juni 1698, als sich Peter noch im Ausland befand, in einer Stärke von 8000 Mann von der polnischen Grenze her gegen Moskau vorrückten. Die Unzufriedenheit der Strelitzen beruhte einerseits auf ihrer jahrelangen Inanspruchnahme, fern von ihren Familien und dem einträglichen Nebenerwerb, in Moskau, andererseits auf ihrer Ablehnung aller westlichen Neuerungen. Ihr Hauptgroll richtete sich gegen die privilegierten ausländischen Offiziere, dabei besonders gegen Lefort und Gordon. Es war General Patrick Gordon, der in diesen Tagen das Kommando über die 4000 Mann zählende Moskauer Leibwache führte. Durch sein umsichtiges und energisches Vorgehen wurden die im Anmarsch befindlichen meuternden Strelitzeneinheiten aufgehalten, in Verhandlungen verwickelt und schließlich durch den Einsatz von Artillerie auseinandergetrieben.

Zar Peter war zu diesem Zeitpunkt der Strelitzenschreck von 1682 noch voll gegenwärtig. Wegen der Querverbindungen zur entmachteten Zarewna Sofja und den Miloslawskis setzte er am 17. September 1698 eine Straf- und Vernichtungsaktion in Gang, die mehrere Monate andauerte und in ihrem Ausmaß sowie in ihrer Grausamkeit bislang nicht ihresgleichen hatte. Die Art der Vergeltung, die der Monarch nun in Szene setzte, erschreckte selbst seine engsten Freunde. Zunächst wurden die gefangengesetzten Strelitzen aus ihren Kerkern herbeigeschafft, verhört und gefoltert. Die am häufigsten angewandten Foltermittel waren Knutenschläge und sengendes Feuer. Das Ermittlungs- und Strafverfahren gegen die Strelitzen lag in der Kompetenz des Preobrashenski-Prikases, dem Fürst Fjodor Jurjewitsch Romodanowski vorstand. Ihm übertrug der Monarch eine Machtfülle, wie sie bis dahin noch kein anderer zarischer Würdenträger besessen hatte. Verhört und gefoltert wurde Tag und Nacht. In Preobrashenskoje, wo die meisten Torturen durchgeführt wurden, brannten ständig, für alle sichtbar, dreißig und mehr Scheiterhaufen. Peter, der bei Verhören, Folterungen und Hinrichtungen selbst zugegen war, verhörte persönlich auch seine Halbschwester Sofja, die jede Schuld an der erneuten Strelitzenaktion bestritt.

Die Massenhinrichtungen erfolgten in mehreren Aktionen. Von Oktober 1698 bis Februar 1699 wurden über 1000 Personen öffentlich exekutiert. Die Untersuchungen hatten ergeben, daß die Meuterei der Strelitzen im Unterschied zu früheren Erhebungen dieser Art ohne Verbindungen zu oppositionellen Bojarengruppen erfolgt war. Es handelte sich somit um einen Aufstand der zu einem Anachronismus gewordenen militärischen Bevölkerungsgruppe der Strelitzen, die sich den militärsozialen Neuerungen Peters I. verzweifelt in den Weg zu stellen suchten. Durch die Tötung von mehr als tausend Mann und die Verbannung von Hunderten war die Kraft der Moskauer Strelitzenregimenter gebrochen. Diejenigen, die von beiden verschont blieben, durften im Sommer 1699 mit ihren Angehörigen in andere Wohnorte umsiedeln, wo sie gehalten waren, einem zivilen Gewerbe nachzugehen.

Die Vernichtungsaktion gegen die Strelitzen während des Moskauer Winters von 1698/99 mußte große Lücken in die Mannschaftsbestände der russischen Armee reißen, wie Zar Peter sehr wohl wußte. Er ließ diese daher seit Herbst 1699 gezielt auffüllen, und zwar durch moderne Infanterieregimenter. Insgesamt wurden 32 000 Mann in die neuen Uniformen, das heißt in grüne Kaftane mit Dreispitzhut gesteckt. Noch mußten freilich in den meisten Fällen ausländische Militärexperten die Regimenter neuer Ordnung, wie sie genannt wurden, kommandieren. Aber schon im Jahre 1700 begann Zar Peter I. mit der Verpflichtung junger dienstadliger Russen für die Offiziersausbildung.

Das Tagebuch Peters I.
in der deutschen Ausgabe von 1773

NORDISCHER KRIEG

Ausbruch des Konflikts

Die Wurzeln des großen Nordischen Krieges Rußlands gegen Schweden, zu dem es in den Jahren von 1700 bis 1721 kam, reichten weit zurück. Seit dem 16. Jh. bestand das außenpolitische Ziel des russischen Staates darin, den Zugang zu den eisfreien Häfen der Ostsee und des Schwarzen Meeres zu erreichen. Die Lösung dieses Problems bildete die notwendige Voraussetzung für den wirtschaftlichen, gesellschaftlichen und kulturellen Aufstieg des Zarenreiches. Ohne den Zugang zum Baltischen Meer und Verbindung zu den Staaten Mittel- und Westeuropas war eine ungehemmte Entwicklung Rußlands zu einem modernen Staat undenkbar. Die Kraftanstrengungen, die Rußland bereits im 16. und 17. Jh. unternommen hatte, um den lebenswichtigen Durchbruch zu den Ostseehäfen mit Waffengewalt zu erzwingen, waren von seinen Gegnern Schweden und Polen erfolgreich abgewiesen worden.

Peter beschäftigte sich offensichtlich bereits früh mit der ihm von seinen zarischen Vorgängen hinterlassenen »Baltischen Frage«, hatte die schwedische Monarchie ihre Ostseevormachtstellung doch während des 17. Jahrhunderts immer mehr ausgebaut und dabei auch auf das nachhaltigste nicht nur die Interessen Rußlands, sondern auch anderer Ostseemächte, wie Polen, Brandenburg-Preußen, Mecklenburg, Holstein-Gottorf und Dänemark, tangiert. So ist in einer Aufzeichnung Karl Johann Freiherr von Blombergs davon die Rede, daß der russische Zar während seines Mitauer Aufenthalts im April 1697 von der Erwerbung eines schwedischen Ostseehafens gesprochen habe. Noch deutlicher wurde der diesbezügliche Anspruch des russischen Herrschers aus dem Bericht des königlichen Generalgouverneurs von Livland, Erik Dahlberghs, vom 1. Juli 1697 über Peters Besuch in Riga, wo es hieß, daß »unser mächtiger disaffektionierter Nachbar, der Russe«, seinen Vertrauten gegenüber damit gedroht habe, »mit aller Macht danach zu trachten, daß er einen Fuß an die Ostsee bekomme, um dadurch desto bequemer den chinesischen und persischen Handel mit seinen günstigen Freunden in Holl- und England zu stabilisieren«. Peter selbst hat erst Jahre später, in seinem berühmten Brief an den Zarewitsch Alexej vom 11. Oktober 1715, den großen Nordischen Krieg als sein politisches Lebenswerk gedeutet: »Es kann dir nicht unbekannt sein, wie sehr unsere Untertanen vor dem gegenwärtigen Kriege unter dem Druck der Schweden gestöhnt haben; sie schnitten uns durch unrechtmäßigen Besitz so vieler unserem Reich notwendigen Seeplätze von der übrigen Welt ab. Aber der Feind, vor welchem wir zitterten, bebt jetzt vielleicht noch mehr vor uns.«

Bei dieser Einschätzung der Lage der Dinge durch den Zaren handelte es sich zweifelsohne um eine richtige Beurteilung der schwedischen Großmachtpolitik gegenüber Rußland im 16. und 17. Jahrhundert. Peter I. schickte sich an, den schwedischen Kontrollstaat an der Ostsee aufzubrechen und Rußland zum Zentrum sowie zur Drehscheibe des Welthandels zu machen. Die Frage der Ostseeherrschaft erhielt somit in der Konzeption des russischen Herrschers eine weltweite Dimension, und die bevorstehende militärische Konfrontation mit ihrer diplomatischen Verzahnung im Hinblick auf die Auseinandersetzungen um die Spanische Erbfolge mußte zwangsläufig, wenn sie erst einmal in Gang gekommen war, den Charakter eines großen europäischen Krieges annehmen.

Dem bevorstehenden Waffengang mit Schweden sah der russische Herrscher freilich mit großer Sorge entgegen. Das nordische Königreich war seit dem Dreißigjährigen Krieg zu einer gefürchteten Großmacht aufgestiegen, die die Ostsee beherrschte und deren militärische Schlagkraft nicht nur auf einer straff organisierten und geschulten Armee, sondern auch auf einer ergiebigen Eisen- und Kupferförderung beruhte. Dies gestattete es, das schwedische Heer mit einer äußerst leistungsfähigen Artillerie auszurüsten. Zudem galt der im Jahre 1697 als Fünfzehnjähriger zur Regierung gekommene König Karl XII. von Schweden bereits in jungen Jahren als ein befähigter Heerführer, der durch seine nachfolgenden Siege bald den Ruf des größten Kriegsgenies in ganz Europa erlangen sollte.

Entgegen der von Peter im Hinblick auf eine rasche Entfesselung des Krieges an den Tag gelegten Zurückhaltung geriet der russische Herrscher durch die antischwedischen Aktivitäten seiner späteren Bündnispartner Dänemark und Sachsen jedoch bald in Zugzwang. Diese schlossen bereits im März 1698 einen Bündnisvertrag, wobei sie die Hoffnung hegten, daß Rußland sich umgehend dem Abkommen anschließen würde. In diesem Sinne bemühten sich sächsische Diplomaten um ein Treffen Peters, der sich zu diesem Zeitpunkt noch im Ausland befand, mit König August II., dem Starken, zu dem es dann schließlich auch am 31. Juli / 9. August 1698 in Rawa Ruska (Rawa Russkaja) nördlich von Lwów kam.

Über den Besuch des sechsundzwanzigjährigen Zaren bei dem zwei Jahre älteren Kurfürsten und König ist nur wenig bekannt. Fest steht, daß die

Monarchen sich über ein gemeinsames Vorgehen gegen Schweden verständigten und die Diplomaten Rußlands, Sachsens und Dänemarks in dieser Hinsicht ihre Aktivitäten verstärkten. Für Peter war dabei von ausschlaggebender Bedeutung, daß er für sein Land zum Friedensschluß mit der Türkei kam, bevor das Zarenreich die Kriegshandlungen gegen Schweden eröffnete.

Aus der besonnenen Handlungsweise des Zaren wurde ganz deutlich, daß er nicht mit den dänischen und sächsischen Angriffsterminen übereinstimmte und sich auf keinen Fall der Gefahr eines Zweifrontenkrieges auszusetzen gedachte. So nahm der Zar sogar noch im Sommer 1699 Verhandlungen mit Schweden auf, in denen es um die Erneuerung des Vertrages von Kardis ging, der 1661 zwischen beiden Ländern geschlossen worden war. Im Juli 1699 traf die schwedische Verhandlungsdelegation ein, und im November desselben Jahres erfolgte das feierliche Zeremoniell der Erneuerung des Friedens von Kardis.

Noch während der russisch-schwedischen Gespräche hatten Dänemark und Sachsen am 25. September 1699 in Dresden einen Vertrag geschlossen, in dem beide Seiten übereingekommen waren, Schweden bereits im Januar oder Februar 1700 anzugreifen. Gleichzeitig verhandelte der in den Dienst König Augusts getretene livländische Adlige Johann Reinhold von Patkul, der schwedischerseits landesverräterischer Machenschaften angeklagt wurde, mit Zar Peter über den Anschluß Rußlands an die dänisch-sächsisch-polnische Kriegskoalition. Von diesem bedrängt, wies der russische Herrscher seinen Unterhändler bei der Pforte, Fürst Boris Iwanowitsch Kurakin, an, den Friedensschluß mit der Türkei bis April/Mai 1700 zu bewerkstelligen. Erst danach, ließ der Zar erklären, sei er bereit, in den Krieg gegen Schweden einzutreten. Ungeachtet dessen eröffnete König August jedoch die Kampfhandlungen gegen Schweden im Februar 1700 durch einen sächsischen Handstreich auf Riga, der freilich vollständig mißglückte.

Damit hatte der Krieg gegen Schweden bereits begonnen, auch wenn Rußland noch nicht am Kampfgeschehen teilnahm. Jedoch die Rüstungen des Zaren und die russischen Truppenbewegungen ließen keinen Zweifel darüber aufkommen, daß das Eingreifen Peters unmittelbar bevorstand. Im Juli 1700 erfolgte endlich der lang erhoffte Abschluß des Friedens von Konstantinopel, der den zweijährigen russisch-türkischen Waffenstillstand in Karlowitz vom Dezember 1698 ablöste. Nach dem neuen Vertrag behielt Rußland die 1695/96 eroberten Festungen Asow und Taganrog, mußte jedoch die geschleiften Dnepr-Forts an die Türkei zurückgeben. Die russischen Tributzahlungen an die Krimtataren entfielen künftig.

Kaum waren die Friedenskuriere aus Konstantinopel in Moskau angelangt und die Feierlichkeiten anläßlich dieses freudigen Ereignisses vorüber, ließ der russische Herrscher auch schon, am 19. August 1700, König Karl XII. von Schweden die zarische Kriegserklärung überbringen.

Von Narwa bis Poltawa

Nach König August dem Starken hatte auch der ein Jahr als Zar Peter ältere König Friedrich IV. von Dänemark, der dem im August 1699 verstorbenen Christian V. auf dem Thron gefolgt war, vor der russischen Kriegserklärung Schweden angegriffen und dadurch Karl XII. herausgefordert. Dieser stand bereits vierzehn Tage später mit 15 000 Mann vor Kopenhagen und zwang die Dänen zum Frieden von Travendal bei Lübeck, der am 8. August 1700 unterzeichnet wurde. Dieses Ereignis machte deutlich, daß sich der Krieg mit Schweden nicht gut anließ, war doch die Militärkoalition zwischen Sachsen-Polen, Dänemark und Rußland, noch bevor sie in Aktion trat, gescheitert. Nach der Abfuhr der Sachsen vor Riga war die rasche Niederwerfung der Dänen der zweite Schlag, der Peter traf. Mit König Friedrich IV., der aus dem Bündnis ausschied, konnte somit vorerst nicht gerechnet werden.

Der Zar war sogleich nach seiner Kriegserklärung an Schweden nach Ingermanland aufgebrochen, und er erschien Ende September 1700 vor Narwa. Auf Grund der Informationen, die der russische Herrscher erhalten hatte, schien das Schicksal der nur schwach bemannten belagerten Stadt rasch besiegelt zu sein. Freilich sollte sich diese Annahme bald als Selbsttäuschung erweisen, gelang es doch Karl XII., in Eilmärschen eine 10 000 Mann starke Entsatzarmee gegen Narwa heranzuführen und die russischen Belagerungstruppen im entschlossen geführten Frontalangriff, der am 19. November erfolgte, zu besiegen. Der Zar selbst hatte am Vorabend der Schlacht von Narwa, sichtlich erregt vom raschen Anmarsch des schwedischen Entsatzheeres, das Kampffeld verlassen. Offensichtlich von der Aussichtslosigkeit der russischen Position überzeugt, mußte er diesen Weg wählen, um dem Tod oder der Gefangenschaft zu entgehen. Die nachfolgenden Ereignisse gaben ihm dabei recht. Die Hauptkräfte der russischen Armee in einer Stärke von 8000 bis 10 000 Mann wurden in der Schlacht bei Narwa vernichtet oder gerieten in Gefangenschaft. Nur einigen Restverbänden gelang es, sich nach Nowgorod zurückzuziehen.

Für Zar Peter bedeutete die Niederlage bei Narwa vom 19./30. November 1700 einen ernsten Fehlschlag und den Beginn von schweren Prüfungen,

Niederlage der russischen Truppen bei Narwa
am 19./30. November 1700

denen er sich in den darauffolgenden Jahren immer wieder unterziehen
mußte. Daher unternahm der Monarch sogleich von Moskau aus alles, um
den Prestigeverlust, der für ihn mit der Niederlage verbunden war, abzufangen und die russischen Verluste rasch auszugleichen. Dies wurde
dadurch erleichtert, daß Karl XII. vor einem unmittelbar anschließenden
unvorbereiteten Winterfeldzug nach Rußland hinein Abstand nahm, da ihm
ein solches Unternehmen zu riskant erschien. Der schwedische Monarch
zog es vielmehr vor, Winterquartiere zu beziehen, um dann im Frühjahr
1701 den Feldzug gegen die vor Riga und an der Düna stehenden sächsischen
Truppen zu beginnen.

Währenddessen trafen sich die beiden geschlagenen Koalitionspartner,
Zar Peter und König August, im Februar 1701 in Birsen, auf einem Schloß
südwestlich von Dünaburg, nahe der kurländischen Grenze, um über das
weitere Vorgehen gegen Schweden zu beraten. Der russische Herrscher
unternahm dabei alle Anstrengungen, um Sachsen im Kriegsbündnis zu
halten und auch die Potenzen des Königreichs Polen für die Auseinandersetzung mit Karl XII. zu mobilisieren. Im Zusammenhang damit sicherte
Peter August 15 000 bis 20 000 Mann russischer Hilfstruppen gegen Riga
zu, gewährte eine Anleihe von 100 000 Rubeln und versprach auch sonstige
Hilfsaktionen. Die wichtigste Konzession, die der russische Monarch

machte, war die erneute vertragliche Zusicherung, selbst keine Ansprüche auf Livland zu erheben. Das Abkommen von Birsen, das zu den wichtigsten Vertragsakten des Nordischen Krieges gehört, wurde am 26. Februar / 9. März 1701 von Zar Peter und König August unterzeichnet. Mit diesem Akt war zunächst der Fortbestand der Kriegskoalititon gegen Schweden gewährleistet, auch wenn beide Bündnispartner fortfuhren, jeweils nach einem Separatfrieden Ausschau zu halten.

Der russische Monarch erwies sich bereits zu Beginn des Nordischen Krieges als ein Mensch, der keineswegs geneigt war, seine Ziele aufzugeben. Schon wenige Wochen nach Narwa befahl er, den schwedischen Feind im Kleinkrieg zu zermürben und im Gebiet von Nowgorod und Pskow Menschen und Pferde bereitzustellen, um den Truppen Karls XII. in Livland immer neue Schläge zuzufügen. So begannen Anfang September 1701 unter dem Oberbefehl von General Boris Petrowitsch Scheremetew die russischen Angriffe und Verheerungsfeldzüge in Livland, wobei sich erste Erfolge einstellten. Am 30. Dezember 1701 / 10. Januar 1702 gelang es russischen Truppen, schwedische Einheiten unter Generalmajor Gustav Wilhelm von Schlippenbach bei Errestfer (Erasvere), 50 Kilometer entfernt von Dorpat, zu schlagen. Der Sieg bei Errestfer stellte für Zar Peter den Beweis dar, daß es möglich war, die schwedische Armee zu besiegen, und der Herrscher sparte nicht mit Auszeichnungen und Beförderungen. Scheremetew wurde zum Generalfeldmarschall ernannt, und Alexander Danilowitsch Menschikow überbrachte im Auftrag des Herrschers für die kommandierenden Offiziere sowie für Unterführer und Soldaten großzügige Geldgeschenke.

In welchen Formen sich die Kämpfe und das Vorgehen Scheremetews und seiner Truppen gegen den schwedischen Feind vollzogen, ging aus der Vollzugsmeldung des Generalfeldmarschalls an Peter I. vom 7./18. August 1702 hervor, in der es hieß: »Alles ist verwüstet. Alle Schlösser liegen darnieder. Nichts steht außer Pernau und Reval, nur hin und wieder ein Hof am Meer. Ansonsten ist von Reval bis Riga alles auf Stumpf und Stiel ausgerottet: die Orte sind nur noch auf der Karte verzeichnet«. Und schon in einem früheren Rapport Scheremetews an den Herrscher hatte es geheißen: »Vieh und Esten haben wir in Menge gefangen. Kühe sind jetzt um drei Altynen zu haben, Schafe um zwei Dengen, kleine Kinder um eine Denga, größere um eine Griwna, vier Stück kauft man für eine Altyne.«

Auch wenn Scheremetews Berichte nicht ohne Übertreibung gewesen sein dürften, so ließen sie ungeachtet dessen die Zerstörungen deutlich werden, zu denen es im Zuge von Peters Taktik der verbrannten Erde in Livland kam. Der Monarch, dem die Grausamkeiten und die Härte der militärischen Auseinandersetzungen mit der Armee Karls XII. bekannt

61

waren, billigte ausdrücklich das Vorgehen seiner Truppen, ging es doch um die Vernichtung der Basis der schwedischen Kriegsführung im Baltikum.

Ungeachtet der Erfahrungen und der Verdienste seines erfolgreichen, wenn auch nicht selten unselbständigen und etwas schwerfälligen Generalfeldmarschalls hatte Zar Peter in den zwei auf die Niederlage bei Narwa im Jahre 1700 folgenden Jahren die Leitung der Kriegsangelegenheiten, auch der militärischen Operationen, mehr und mehr in die eigene Hand genommen. Er allein überblickte alles. Es galt, nicht nur die Kampfhandlungen zu dirigieren, sondern sich ebenso um die Neuorganistion des Heeres und der Flotte zu kümmern, ohne die eine Bezwingung des taktisch überlegenen Gegners nicht zu erreichen war.

Nachdem Peter bei Narwa fast seine gesamte Artillerie verloren hatte, mußten neue Kanonen gegossen werden. Auf Befehl des Herrschers nahmen nach 1701 im Ural mehrere Eisenwerke die Produktion auf. Aber auch in unmittelbarer Nähe des Frontgebiets, bei Olonez und Beloosero, wurden Hüttenwerke eingerichtet. Gleichzeitig entstanden Leder- und Tuchmanufakturen, die die Armee mit Schuhwerk und Uniformen versorgten. So wurde es möglich, in kurzer Zeit die Folgen der Niederlage bei Narwa zu überwinden und die Schlagkraft der russischen Armeen durch Einführung eines neuen Rekrutierungssystems beträchtlich zu erhöhen.

Bis zum Herbst 1702 gelang es Zar Peter, seine Position erheblich zu verbessern und dem schwedischen Feind in Livland weitere Siege abzutrotzen. Dazu gehörte die im Oktober 1702 erfolgte Eroberung der schwedischen Festung Nöteborg am Austritt der Newa aus dem Ladogasee, des früheren Oreschek, dem der Zar jetzt den Namen Schlüsselburg gab. Ende April 1704 erfolgte der russische Durchstoß auf der Newalinie zum Baltischen Meer. Als letztes Hindernis hierhin mußte sich die kleine Festung Nyenschanz, gelegen an der Einmündung der Ochta in die Newa, am 1./12. Mai 1703 den Truppen Scheremetews ergeben. Peter ließ die Festungsanlagen schleifen und etwas weiter flußabwärts mit der Peter-Pauls-Festung den Grundstein zur neuen Hauptstadt St. Petersburg legen, benannt nach seinem Namensheiligen. Zur Sicherung der neuen Stadt an der Newamündung befahl der Herrscher, auf der Insel Kotlin im Finnischen Meerbusen, 29 Kilometer westlich von St. Petersburg entfernt, das Wasserkastell Kronschlot anzulegen, das 1723 den Namen Kronstadt erhielt. Am Swirfluß, unweit des Ladogasees, entstanden Schiffswerften. Hier, in Olonezk, liefen die ersten Schiffe der russischen Ostseeflotte vom Stapel, und hier erfolgte auf Weisung des Herrschers in den Jahren 1703 bis 1709 der Bau des ersten künstlichen Wassersystems in Rußland, des Wyschnewolodski-Kanals, der das innerrussische Wasserstraßennetz der Wolga mit der Ostsee verband.

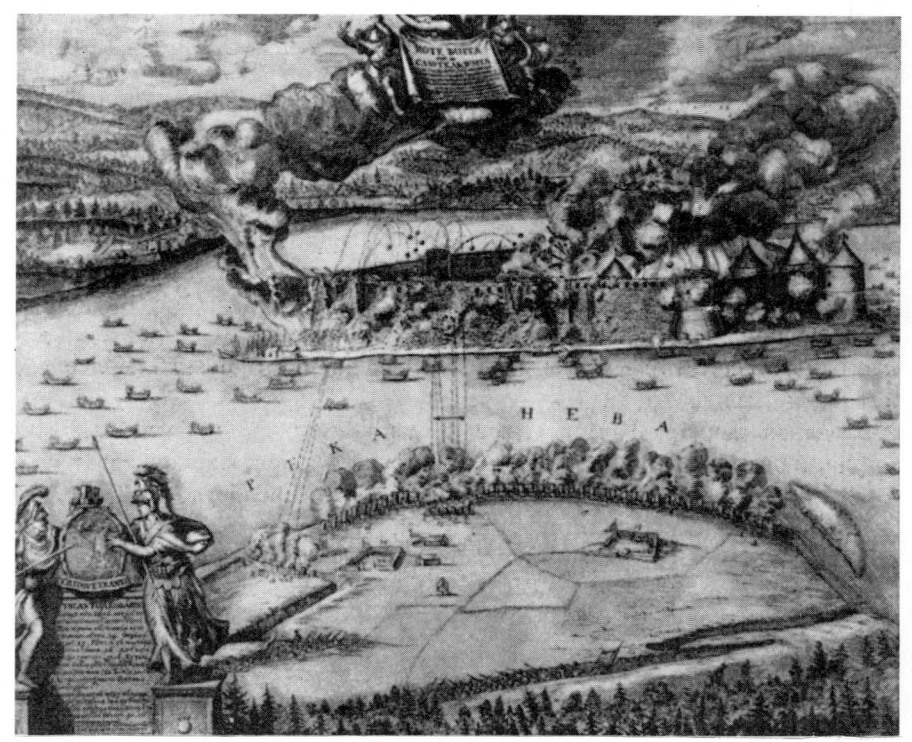

Eroberung der schwedischen Festung Nöteborg
am 11. Oktober 1702

Zu derselben Zeit, als Scheremetews Truppen siegreich in Livland und Estland operierten, marschierte im Frühjahr 1702 Karl XII. in Polen ein, um König August als Kriegsgegner aus dem Felde zu schlagen. Die Position des Sachsen war von vornherein dadurch geschwächt, daß Polen bislang nicht in der Allianz gegen den Schwedenkönig stand und August der Starke den Kampf lediglich als Kurfürst von Sachsen führte. Aber obgleich Polen sich formell nicht im Kriegszustand mit Schweden befand, wurde es durch den Vormarsch Karls XII. ins Landesinnere faktisch doch in die Kämpfe einbezogen, was zu einer Verstärkung der antisächsischen Stimmungen, die es in Polen gab, führte. Demgemäß unternahm der schwedische Monarch alle Anstrengungen, um die verschiedenen oppositionellen Richtungen in der Republik gegen König August zu vereinigen und diesen vom polnischen Thron zu stoßen. Angesichts dieser Sachlage bekräftigten Zar Peter und König August ihr Militärbündnis, und der russische Herrscher sicherte seinem Verbündeten erneut Hilfe in Form von Geld und Truppen zu.

Die strategische Wendung Karls XII. von der Narwa-Front nach Polen erlangte für den weiteren Verlauf des Nordischen Krieges ausschlaggebende Bedeutung, ermöglichte sie doch Peter I. eine Atempause, die dieser gründlich zum Ausbau seiner Militärbasis an der Ostsee nutzte. Der Schwedenkönig selbst band sich, wie die weiteren Ereignisse verdeutlichten, mit seinem Vorstoß nach Süden die Hände und verlagerte die Entscheidung der Auseinandersetzung in den polnisch-russisch-ukrainischen Raum. In Ausführung dieser Konzeption eilte der schwedische Herrscher seit dem Frühjahr 1702 freilich von Sieg zu Sieg. Bereits im Mai fiel Warschau, und im Juli desselben Jahres 1702 errang er einen weiteren glänzenden Sieg bei Kliszów südlich von Kielce über das sächsische Hauptheer. Der polnische Adel trat jetzt in seiner Mehrheit auf die schwedische Seite über und versicherte Karl XII. seiner friedfertigen Gesinnung. Jedoch war König August zu diesem Zeitpunkt noch keineswegs am Ende, vielmehr gelang es ihm nochmals, in Sandomierz eine Konföderation ins Leben zu rufen, die zu einem neuen militärischen Sammelbecken gegen die schwedischen Truppen wurde, tatkräftig unterstützt vom russischen Verbündeten.

Freilich erwies sich die Stabilisierung der Position Augusts als recht kurzlebig, erstand dem König doch in Stanisław Leszczyński, dem Wojewoden von Poznań, ein ernster Kontrahent, der nach der polnischen Krone trachtete. Die von Leszczyński angeführte Gegenkonföderation gab sich alsbald als schwedenfreundlich zu erkennen und betrieb, unterstützt von Karl XII., mit allen Mitteln die Absetzung König Augusts. Am 12. Juli 1704 war es so weit. Stanisław Leszcyński wurde unter der Regie Karls XII. zum König von Polen gewählt und August für abgesetzt erklärt. Im September des gleichen Jahres siegte der Schwedenkönig erneut über die Hauptkräfte Augusts des Starken, ohne jedoch dessen militärstrategische Positionen, die der sächsische Herscher noch immer in Polen besaß, vollends zerbrechen zu können. Im Gegenteil, dem Sachsen war es sogar gelungen, im August 1704 Warschau zu besetzen.

Peter I. hatte unterdessen an der baltischen Front seine militärischen Aktivitäten verstärkt und neue Eroberungen gemacht. So mußten die Festungen Dorpat (13./24. Juli) und Narwa mit Iwangorod (9./20. August) 1704 den vorrückenden russischen Truppen die Tore öffnen. Zugleich gelang es den zarischen Generalen, die Schweden an die Küste, das heißt nach Riga, Pernau und Reval, abzudrängen. Die eroberten schwedischen Gebiete an der Ostsee – Ingermanland und Teile Estlands – wurden Alexander Danilowitsch Menschikow unterstellt, den der Herrscher zum Generalgouverneur von Ingermanland und Karelien ernannte. Am 19./30. August 1704 unterzeichneten Zar Peter und der entthronte Polenkönig August der

Starke einen neuen Bündnisvertrag, der ganz deutlich machte, daß die Führungsrolle im Krieg gegen Schweden nunmehr endgültig auf den russischen Herrscher übergegangen war. Diese Sachlage bedeutete für Peter freilich auch die Übernahme des schwer angeschlagenen Verbündeten.

Ungeachtet der erzielten Erfolge gerieten die Koalitionsmächte in den Jahren 1705 und 1706 in eine mißliche Lage und an den Rand ihrer Leistungskräfte. Dies galt nicht nur für König August, sondern auch in starkem Maße für Zar Peter, was beide Herrscher veranlaßte, alle Anstrengungen zu unternehmen, um zu einem friedlichen Ausgleich mit Karl XII. zu gelangen.

Die Schwierigkeiten für den russischen Herrscher stellten sich bereits 1705 ein, als es in Astrachan und im Uralgebiet zu sozialen Erhebungen kam, die den militärischen Einsatz von Truppen erforderlich machten, die aus Ingermanland, Smolensk und sogar aus Archangelsk herangeführt werden mußten. Im Mai 1705 erkrankte der Monarch vor Überanstrengung und litt an hohem Fieber, so daß er über Wochen das Bett hüten mußte. Auch Anfang Dezember klagte der Monarch noch immer über körperliche Beschwerden, die ihn in seiner Tätigkeit stärkstens behinderten. Eine Hauptsorge des kranken Zaren bestand zu diesem Zeitpunkt in der Aufbringung der gewaltigen Geldsummen, um den ständig ansteigenden Anforderungen des Krieges gerecht zu werden. Als erschwerend kam hinzu, daß es um die Versorgung der zarischen Truppen zu diesem Zeitpunkt äußerst schlecht bestellt war und an manchen Frontabschnitten in dieser Hinsicht geradezu katastrophale Zustände herrschten, was zu einem bedrohlichen Anwachsen der Demoralisierungserscheinungen in der russischen Armee führte.

An der baltischen Front wies Peter jetzt seinen dortigen Oberbefehlshaber Scheremetew an, den russischen Truppen entgegen den vorangegangenen Kampfpraktiken bei Todesstrafe weitere Verwüstungen und Verheerungen zu verbieten und alles zu unterlassen, was die einheimische Bevölkerung in Erbitterung versetzen könnte. Obwohl die zarischen Einheiten auf diesem Kriegsschauplatz zu dem Zeitpunkt den dort stehenden schwedischen Kräften sowohl zahlenmäßig als auch in der Bewaffnung unterlegen waren, konnten die russischen Eroberungen auf das kurländische Territorium ausgedehnt und die nur schwach besetzten Festungen Mitau und Bauske im September 1705 eingenommen werden.

Jedoch handelte es sich bei den russischen Siegen im Baltikum nicht um Aktionen, die den Kriegsverlauf entscheidend zu beeinflussen vermochten. Solche Ereignisse schienen sich zum selben Zeitpunkt jedoch in Polen abzuspielen, wo Karl XII. offensichtlich alles auf eine Karte setzte. Ausgehend von seiner starken militärischen Position, über die er in der Rzeczpospolita verfügte, setzte er nun auch die Krönung Stanisław Leszczyńkis zum König von Polen durch, die im September 1705 in Warschau erfolgte. Im Februar 1706 wurde die sächsische Hauptmacht bei Fraustadt von schwedischen Truppen erneut geschlagen. Durch diese Niederlage war aus August dem Starken ein König ohne Heer geworden. Um zu verhindern, daß dieser Unterstützung aus dem Kurfürstentum erhielt, marschierte der Schwedenkönig in Sachsen ein, um August endgültig auszuschalten. Am 24. September 1706 mußte sich August II. in Altranstädt bei Leipzig zum Frieden mit Karl XII. und zum Verzicht auf die Krone Polens bekennen sowie alle Allianzverpflichtungen gegen Schweden aufgeben.

Der vom Schwedenkönig diktierte Vertrag von Altranstädt war unter Vermittlung der kaiserlichen Diplomatie zustande gekommen. Ein ganzes Jahr lang bildete Altranstädt als Residenz Karls XII. das diplomatische Zentrum Europas. Zar Peter, der nach dem dänischen nun auch seinen sächsisch-polnischen Bündnispartner verloren hatte, gelang es wenige Wochen danach, am 18./21. Oktober 1706, eine schwedische Heeresabteilung unter General Arvid Axel Mardefelt bei Kalisz (Kalisch) aufs Haupt zu schlagen. Der siegreiche zarische Feldherr war der 1705 zum Fürsten ernannte Alexander Danilowitsch Menschikow, der »Herzensbruder«, wie der Herrscher seinen Günstling titulierte.

Die Niederlage der schwedischen Armee bei Kalisz machte deutlich, daß nach der Abdankung Augusts des Starken in Polen die Würfel noch immer nicht endgültig zugunsten Karls XII. gefallen waren. Der russische Herrscher unternahm jetzt erneut verstärkt diplomatische Anstrengungen, um eine Beendigung des Krieges herbeizuführen. Zu diesem Zweck trat er an den berühmten Feldherrn Prinz Eugen von Savoyen sowie an Franz II. Rákóczi von Siebenbürgen und die Gebrüder Sobieski heran, um sie als Kandidaten für den polnischen Königsthron zu gewinnen, freilich ohne Erfolg, wie sich zeigte.

Karl XII. selbst traf nun alle Anstalten, um sein militärisches Übergewicht und Prestige als Feldherr gegen Zar Peter voll in die Waagschale zu werfen. Ein zeitgenössischer Beobachter und Parteigänger der Krone Schwedens hat die über 40 000 Mann starke, glänzend ausgerüstete Armee, die sich von Sachsen aus nach Osten in Bewegung setzte, eindrucksvoll beschrieben: »Für Menschenaugen sieht es so aus, als wären diese braven, starken, wohlmontierten und wohlexerzierten Männer unüberwindlich; der Herr gebe das Glück dazu, wohin es auch gehen mag!« Auf den großen Angriff des modern ausgerüsteten Heeres des schwedischen Monarchen mußte sich der russische Herrscher einstellen.

König Karl XII. von Schweden

Zar Peter hatte von Anfang an mit einem Einmarsch Karls XII. nach Rußland gerechnet. An der Jahreswende 1706/07 wurde in einem unter dem Vorsitz des Zaren abgehaltenen Kriegsrat in Żołkiew bei Lwów festgelegt, in den folgenden Wochen und Monaten dem schwedischen Feind nur im

Fall der Unvermeindlichkeit eine offene große Feldschlacht zu liefern. Statt dessen sollten Karls Armeen in zahllosen kleineren Einzelaktionen zermürbt und ermattet werden. Damit verknüpft war die Durchführung von konkreten Verteidigungsmaßnahmen. Anfang Januar 1707 erteilte der Herrscher dem Admiralitätsherrn und späteren Generaladmiral Fjodor Matwejewitsch Apraxin den Befehl, in dem riesigen Gebiet zwischen Pskow und Smolensk bis Tscherkassk das Korn nicht offen zu lagern, weder in Speichern noch in Tennen, sondern in Wäldern und Gruben zu verstecken, außerdem für Vieh und Menschen rechtzeitig Fluchtplätze in Wäldern und Sümpfen vorzubereiten, damit der Feind, wenn er ins Innere des Landes vorstieß, nirgendwo Proviant und Futter fand. In dieser weiträumigen und hohlen Zone sollte der Anfangsstoß der Truppen Karls XII. aufgefangen werden. Gleichzeitig empfahl Peter, am Dnepr an geeigneten Stellen Schanzen, Gräben und Befestigungen anzulegen und die Städte durch zusätzliche Palisaden zu sichern.

Es blieb nicht aus, daß die von Peter angeordneten Verteidigungsmaßnahmen unter der Bevölkerung Angst und Unruhe auslösten und den latent vorhandenen sozialen Bewegungen neuen Auftrieb gaben. Ein besonderes Spannungsfeld stellte das Dongebiet dar, wo es im Oktober 1707 zu Auflehnungen unter den Bauern und unfreien Leuten kam. Schließlich brach hier unter der Führung Kondrati Afanassjewitsch Bulawin ein Aufstand der Donkosaken aus, dessen Wortführer zum Sturz der bestehenden Ordnung aufriefen und für das Frühjahr 1708 den Marsch auf Moskau ankündigten. Mit dieser Erhebung, zu der es zu einem Zeitpunkt kam, als die schwedischen Truppen bereits in Eilmärschen auf Minsk und Grodno vorstießen, entstand für den russischen Herrscher eine gefährliche Situation, die erst im August 1708 durch die endgültige Unterdrückung der Bulawin-Bewegung beseitigt werden konnte.

Von Grodno–Wilna–Minsk aus besaß der Schwedenkönig alle Möglichkeiten, um in die Lebenszentren des russischen Reiches vorzustoßen. Die Schwierigkeit für Zar Peter bestand darin, daß er und seine Berater im Hinblick auf den Hauptangriff Karls XII. völlig im Dunklen tappten. Die Folge davon war, daß die russischen Generale sich auf alle Möglichkeiten einstellen und dadurch ihre Abwehrkräfte aufsplittern mußten. Die zarische Hauptarmee unter Generalfeldmarschall Scheremetew sollte die Anmarschwege nach Moskau sichern, ein detachiertes Korps unter Generalleutnant Rudolf Felix Bauer, das in Dorpat stand, nach Bedarf die Hauptarmee komplettieren oder das ingermanländische Korps, das Generaladmiral Fjodor Matwejetisch Apraxin befehligte, verstärken. Der Zar selbst rechnete mit einem Angriff Karls in Richtung Norden und erteilte in diesem Sinne bereits seine Anweisungen, wobei er den umständlichen Scheremetew antrieb, sich mit seinen Verteidigungsmaßnahmen zu beeilen. Jedoch schien Peter sich in seiner Annahme geirrt zu haben, und schon Anfang Februar 1708 meldete Menschikow schwedische Truppenbewegungen, die den Vorstoß Karls XII. auf Smolensk wahrscheinlich machten.

In dieser für das russische Land äußerst bedrohlichen Lage wurde der Herrscher Mitte März 1709 erneut von einer Krankheit niedergeworfen und wochenlang ans Bett gefesselt. Es war wieder das Fieber, das den Körper Peters bis auf das äußerste durchschüttelte, diesmal offensichtlich verknüpft mit einer schmerzhaften Bronchitis und Halsentzündung. Noch im Mai war der Monarch vom Arzneigebrauch gänzlich entkräftet und körperlich unfähig, aktiv in die sich anbahnenden Geschehnisse einzugreifen. Erst Ende Juni 1709 fühlte er sich wieder so weit hergestellt, um von Petersburg aus an die Front aufzubrechen, wo er sogleich erfuhr, daß König Karl am 3./14. Juli im südlichen Vorstoß die den Dnepr deckende russische Sperrlinie bei Hołowczyn durchbrochen und das Korps des Generals Anikita Iwanowitsch Repnin sowie die Kavallerie des zarischen Feldmarschalleutnants Heinrich von der Goltz zerschlagen hatte. Am 8./19. Juli 1709 besetzte der schwedische Monarch Mogiljow und sicherte sich damit den Dneprübergang.

Auch nach der Forcierung des Dneprs hielt im russischen Hauptquartier das Rätselraten über die Strategie des Feindes an. Jedoch wurde Zar Peter allmählich gewahr, daß der Plan Karls XII. vorsah, die zarische Hauptmacht vom Süden her zu umgehen und aus der Ukraine heraus in das Zentrum des russischen Reiches vorzustoßen. Dabei setzte der Schwedenkönig auch auf die Hilfeleistung des Kosakenhetmans Iwan Stepanowitsch Masepa, der sich im Oktober 1708 nach langem Schwanken von Peter abwandte und mit seiner Kosakenarmee auf die Seite Karls XII. übertrat.

Alles in allem erwies sich der Aufmarsch der russischen Armeen jedoch als geglückt, und er bot gute Möglichkeiten, die schwedischen Operationen durch wirksame kleinere Angriffe ohne größeres Risiko zu behindern und dem Gegner die Einhaltung seines ursprünglichen Plans zu verwehren. Wie sich zeigte, waren die russischen Detachements dabei recht erfolgreich, was den Zaren veranlaßte, seiner zweiten Gemahlin Katharina am 31. August / 11. September 1709 freudig vom Sieg beim Dorf Dobroje Mitteilung zu geben, wobei er in gehobener Stimmung wissen ließ: »Vor unseren Augen haben wir immerwährend die unangenehmen Gäste; es ist uns schon langweilig geworden, sie immer nur anschauen zu müssen. Daher haben wir uns gestern morgen in Bereitschaft gesetzt und mit acht Bataillonen einen Angriff gegen den rechten Flügel des Königs von Schweden ausgeführt. Mit

Gottes Hilfe haben wir ihn nach zweistündigem Feuer aus dem Feld gejagt, Fahnen und anderes erbeutet. Wirklich, seit ich angefangen habe zu dienen, habe ich ein solches Spielchen nicht gesehen. Indessen haben wir diesen Tanz vor den Augen des leidenschaftlichen Carolus sicherlich vortrefflich aufgeführt.«

Die von Zar Peter verfolgte Taktik der kleinen Schläge und der Zerstörung der Nachschublinien des Feindes führte bald zu Versorgungsschwierigkeiten in der schwedischen Armee, die angesichts des herannahenden Winters ins Unermeßliche stiegen. Hunger, Krankheiten und Kälte führten zur Dezimierung der königlichen Truppen. Angesichts dieser Sachlage befahl Karl XII., seine Verbände in der Ukraine in winterfeste Stellungen zu bringen, Peter I. wiederum, dieses Vorhaben des Feindes mit allen Mitteln zu verhindern. Am 28./29. September / 9. Oktober 1708 gelang es den Vorhuttruppen des Zaren, bei dem rings von Wäldern umgebenen Dorf Lesnaja, südöstlich von Mogiljow, den von General Adam Ludwig Graf Lewenhaupt aus Riga herangeführten Nachschub abzufangen und dessen Truppen in einer heftigen Schlacht eine vernichtende Niederlage beizubringen. Der schwedische Heerführer mußte seinen gesamten Troß und die Artillerie preisgeben, um sich mit den Resten seiner Armee in Stärke von 6700 Mann zu retten.

Der schwerste Schlag für den schwedischen König war der Verlust der über viele Monate unter größten Kraftanstrengungen aufgebauten Nachschubbasis. Peter pflegte die Schlacht von Lesnaja in späteren Jahren gern die Mutter des Sieges von Poltawa zu nennen. Die schwedische Niederlage traf auch den neuen Verbündeten des Königs, den greisen Kosakenhetman Masepa, der sich in seiner neuen Rolle nur recht und schlecht zurechtfand. Wie sich bald zeigte, besaß er nicht das Format, um eine wirkliche Stütze Karls XII. zu werden. So ließ sich das ukrainische Volk nicht von seinem zu den Schweden übergetretenen Hetman gegen Rußland in Frontstellung bringen, und Zar Peter gelang es bald, dessen militärische Stellung anzuschlagen sowie einen Gegenhetman zu lancieren. In diesem Zusammenhang ließ der russische Monarch in seinem Hauptquartier zu Gluchow vor vielen Schaulustigen am 5. November 1708 Masepa in Gestalt einer Puppe als Verräter durch den Strang hinrichten und am Tage danach den Obersten von Starodub, Iwan Iljitsch Skoropadski, zum Hetman wählen. Gleichzeitig erfolgte Masepas Verfluchung durch Stefan Jaworski, den Metropoliten von Rjasan, der diesen einen »zweiten Judas« nannte.

Demgemäß blieb nicht aus, daß in dem mit Rundschreiben, Manifesten und Aufrufen geführten politischen Kampf um die Ukraine Zar Peter weit mehr Erfolg hatte als Masepa, der auch nicht dadurch aufgewogen werden konnte, daß sich im März 1709 die Saporoger Kosaken unter ihrem Hetman

Kosakenhetman Iwan Stepanowitsch Masepa

Konstantin Hordienko Masepa anschlossen. Freilich fiel König Karl XII.
mit dem Übertritt der Saporoger Sitsch, ein neuer befestigter Mittelpunkt
von strategischer Wichtigkeit, zu, und die dortige Bootsflottille von Perewolotschna war für den Dnepr-Übergang höchst bedeutungsvoll. Zugleich er-

hielten die Schweden durch die 15 000 Saporoger Kosaken eine beträchtliche Verstärkung.

Zar Peter und seine Generale erkannten die Gefahr, die mit dem Übertritt der Kosakenführer Masepa und Hordienko für die russische Position in der Ukraine entstanden war. Sie holten daher zum sofortigen Schlag aus und dirigierten russische Einheiten in Eilmärschen nach Perewolotschna, wo sie am 18./29 April auch die Sitsch einnahmen. In der Vollzugsmeldung, die Menschikow an den Zaren erstattete, war von der vollständigen Zerstörung des »verfluchten Orts« die Rede, der von jeher »eine Wurzel des Bösen und eine Hoffnung des Feindes« gewesen sei. Damit war es dem russichen Monarchen gelungen, »die letzte masepische Wurzel herauszureißen« und die Kosaken als Machtfaktor im Kalkül des Schwedenkönigs weitgehend auszuschalten. Der geschlagene Masepa setzte angesichts dieser Situation schon jetzt all seine Hoffnungen nur noch auf die Türkei und die Krimtataren, die er zum Kampf gegen die Russen anzustacheln suchte.

Um eine solche Wendung der Dinge zu verhindern, unternahmen Peters Diplomaten in Konstantinopel alles, um den Sultan vom Kriegseintritt gegen das Zarenreich abzuhalten. Freilich ließen die militärischen Rüstungen der Pforte, die zu diesem Zeitpunkt erneut einsetzten, nichts Gutes erwarten, und Karl XII. setzte nicht zu Unrecht zu guter Letzt auf das türkisch-tatarische Potential. Daß die Position der schwedischen Truppen zunehmend geschwächt wurde, machten auch die Kälteverluste sichtbar, die das königliche Heer weiter zusammenschmelzen ließen. So mußte Karl XII. mit den ihm verbliebenen 25 000 Mann nach der Schneeschmelze im Frühjahr 1709, durch die zunächst alle Straßen unpassierbar wurden, die Entscheidung suchen.

Das Hauptziel Karls war offensichtlich noch immer der Vorstoß auf Moskau. Seit Ende Februar 1709 stand die schwedische Hauptarmee zwischen dem Psjol und der Worskla, den nördlichen Nebenflüssen des Dnepr, mit dem Hauptquartier in Budischtschi nördlich der Festung Poltawa, die von einer russischen Garnison unter dem tatkräftigen Kommandanten Oberst Alexej Stepanowitsch Kelin besetzt war. Seit dem 6. April befand sich das Fort in der Umklammerung der schwedischen Truppen. Der strategische Sinn der königlichen Kampftaktik bestand darin, daß von hier aus der Vormarsch über die Worskla ostwärts in Richtung Charkow–Belgorod–Kursk auf Moskau erfolgen sollte.

Zar Peter, der in den vorangegangenen Wochen und Monaten seine Generale immer wieder ermahnt hatte, sich nicht auf eine Entscheidungsschlacht mit den Schweden einzulassen, hatte nun eine solche einkalkuliert.

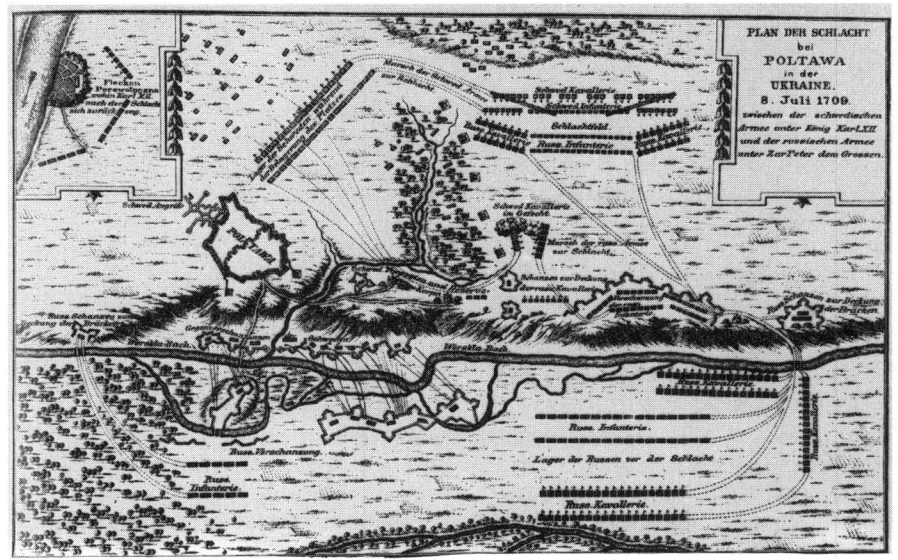

Plan der Schlacht von Poltawa am 27. Juni / 8. Juli 1709

Sein Erscheinen auf dem Hauptkriegsschauplatz verzögerte sich freilich durch eine erneute Erkrankung, die sich von Ende April bis Anfang Juni 1709 hinzog. Am 7./8. (18./19.) Juni gab der Herrscher schließlich seinen Entschluß bekannt, den Feind »mit allen Kräften und mit Gottes Hilfe zu attackieren«.

Die Konzentration der schwedischen Hauptkräfte bei Poltawa stand offensichtlich weniger mit der unbedingt notwendigen Einnahme der Festung in Zusammenhang, sondern vielmehr mit der Absicht, das gesamte Kriegsgeschehen an diesem Ort zu konzentrieren und an dieser Stelle mit Unterstürzung der Krimtataren, die Hilfeleistung zugesagt hatten, und Truppen aus Polen Peters Hauptstreitkräfte, die sich endlich zum Entscheidungskampf gestellt hatten, zu vernichten.

Indes, die von Karl XII. angestellte Rechnung ging nicht auf. So hatte der Sultan den Krimchan veranlaßt, sich zunächst aus den Kämpfen herauszuhalten, was bedeutete, daß auf eine tatarische Hilfe nicht zu zählen war. Ebenso erhielt Karl aus Polen Meldungen über das Ausbleiben der erwarteten militärischen Hilfeleistungen. So blieb der schwedische Monarch weitgehend auf sich selbst gestellt.

Der wichtigste Schritt bei der Angriffsoperation der russischen Truppen waren der Übergang über die Worskla und die Bildung des notwendigen Brückenkopfes auf dem Westufer des Flusses, was am 20. Juni / 1. Juli 1709

73

gelang. Als Termin für die Entscheidungsschlacht faßte der russische Monarch den 29. Juni / 10. Juli, seinen Namenstag, ins Auge. Die zarische Armee umfaßte 58 Infanteriebataillone und 17 Kavallerieregimenter, insgesamt 42 500 Mann, dazu rund 100 Geschütze. Die Truppenstärke der Schweden belief sich schätzungsweise auf 22 000 Mann, die mit nur wenigen Kanonen ausgerüstet waren. Um die Versorgungslage im schwedischen Lager war es schlimm bestellt. König Karl selbst war am 16./17. (27./28.) Juni bei einem Erkundungsritt durch eine Kugel am linken Fuß verwundet worden. Da die Verletzung sich als lebensgefährlich erwies, machte sich eine sofortige Operation notwendig, was zur Folge hatte, daß der König während des Schlachtgeschehens auf einer Bahre getragen werden mußte. Somit konnte Karl sein Heer nicht selbst führen, und innerhalb des Oberbefehls herrschte Uneinigkeit, insbesondere zwischen Feldmarschall Graf Karl Gustav Rehnschiöld und General Graf Adam Ludwig Lewenhaupt. Jedoch war der schwedische Schlachtplan nach sachkundigem Urteil hervorragend angelegt: das russische Heer sollte überrascht und zum Kampf mit dem Fluß im Rücken gezwungen werden.

Der Zar erwartete ebenso wie der König vom Ausgang der Schlacht eine Wende des Krieges. Der Peter zugeschriebene sogenannte Tagesbefehl an seine Truppen vom 27. Juni 1709 ist in den überlieferten Formulierungen wohl legendär und späteren Datums. Um weiteren russischen Abwehrmaßnahmen zuvorzukommen, ließ König Karl den Angriff eröffnen, der am 27. Juni / 8. Juli 1709 um zwei Uhr morgens bei völliger Dunkelheit begann, die russischen Truppen freilich nicht überraschte. Gegen neun Uhr war der Aufmarsch der zarischen Hauptarmee in einer Stärke von etwa 32 000 Mann mit 70 Kanonen, aufgestellt in zwei Schlachtlinien, abgeschlossen. Das russische Zentrum stand unter dem Befehl von Fürst Anikita Iwanowitsch Repnin, die Kavallerie unter Generalleutnant Rudolf Felix Bauer und Fürst Alexander Danilowitsch Menschikow bildete die Flügel, die Artillerie kommandierte Generalleutnant Jacob Bruce. Den Oberbefehl hatte Peter an Generalfeldmarschall Graf Boris Petrowitsch Scheremetew übertragen, während er selbst als Oberst nur eine Infanteriedivision kommandierte. Der schwedische Oberkommandierende war Feldmarschall Graf Karl Gustav Rehnschiöld. Der König befand sich ebenfalls auf dem Schlachtgelände; er lag auf einer Bahre, getragen zunächst von Pferden, dann von Gardesoldaten. Zahlenmäßig ergab sich auf der schwedischen Seite eine beträchtliche Unterlegenheit, die sich auf etwa die Hälfte der russischen Truppenstärke belief.

Unterstützt von starkem Geschütz- und Musketierfeuer stürmten die schwedischen Bataillone in ungestümem Bajonettangriff vor und brachten

Generalleutnant Rudolf Felix Bauer

die vorderen russischen Linien ins Wanken. Zar Peter, der persönlich ein Bataillon zur Hilfe heranführte, wurde der Hut durchschossen. Auch sein Gegner, König Karl, geriet in neue Lebensgefahr, als seine Träger zusammenstürzten und die Bahre auseinanderbrach. Das Hauptringen dauerte zwei Stunden, von 9 bis 11 Uhr vormittags, dann erlahmten die Kräfte der

Schweden. Schließlich führte die Umfassungsbewegung der Kavallerie Menschikows zu einer wilden Flucht des geschlagenen Gegners. König Karl konnte mit heftig blutender Wunde noch im letzten Augenblick vom Kampfplatz in Sicherheit gebracht werden und zusammen mit Masepa und ortskundigen Saporoger Kosakenführern über die türkische Grenze entkommen.

Gefallen waren auf schwedischer seite fast 7000, in Gefangenschaft geraten an die 3000 Mann. Zu den Gefangenen gehörten die Generalmajore Karl Gustav Freiherr von Roos und Wolmar Anton von Schlippenbach, der Oberkommandierende Feldmarschall Graf Karl Gustav Rehnschiöld, Premierminister Graf Piper sowie weitere Generalmajore und Obristen. Die russischen Verluste beliefen sich auf 1345 Tote und 3290 Verwundete.

Den Resten des geschlagenen königlichen Heeres gelang es, sich den Weg nach dem hundert Kilometer entfernten Perewolotschna zu bahnen, das in dem Winkel lag, den Dnepr und Worskla bilden. Bei der Streitmacht, die sich hier versammelte, handelte es sich um eine Armee in Stärke von etwa 16 000 Mann. Von diesen Einheiten begleiteten rund 1300 Mann den König und Masepa auf deren Übertritt in türkisches Gebiet. Den Oberbefehl über die in Perewolotschna verbliebene schwedische Restarmee übertrug Karl XII. General Graf Adam Ludwig Lewenhaupt, der freilich keine Aussichten mehr hatte, sein Heer zu einem neuen Machtfaktor zu machen. Denn schon nahten die Verfolger in Gestalt von Menschikows Reiterei, die am 30. Juni 1709 vor Perewolotschna anlangte.

Angesichts der überall zutage tretenden Demoralisierungs- und Auflösungserscheinungen sowie des akuten Mangels an Lebensmitteln und Kriegsmaterial hielt Lewenhaupt einen erneuten Waffengang für aussichtslos und nahm Menschikows Forderungen an. Noch am selben Tag, dem 30. Juni / 1. Juli 1709, wurde der Kapitulationsvertrag unterzeichnet: Die schwedische Restarmee in einer Stärke von 15 000 Mann legte die Waffen nieder und begab sich in russische Kriegsgefangenschaft. Zar Peter selbst, der am 1. Juli nach Perewolotschna kam, ordnete die Verfolgung Karls XII. und Masepas an, deren man freilich nicht mehr habhaft wurde. Während der König bei den Türken Aufnahme fand, ereilte den alten und kranken Masepa, den »zweiten Judas«, bereits am 21. September 1709, wenige Wochen nach seinem Eintreffen in Bender, der Tod.

Peters Sieg bei Poltawa führte zu einem grundlegenden Umschwung im Geschehen des Nordischen Krieges. Er bedeutete den völligen Zusammenbruch des strategischen Konzepts Karls XII., die Gegner Schwedens nacheinander durch Anwendung überlegener Kriegskunst auszuschalten. Mit einem Schlag war König Karls Feldherrnruhm dahin und ein neuer Kriegsheros auf der Bildfläche erschienen: Zar Peter I. Der russische Monarch trat jetzt in der Welt das Erbe seines geschlagenen Gegners an, und seine Siegesmeldungen erreichten alle gekrönten Zeitgenossen.

Der Größe des Sieges entsprachen die Feiern, die der Zar in ganz Rußland veranstalten ließ. Ein einprägsames Schauspiel lieferte der Triumphzug, der am 21. Dezember 1709 in Moskau veranstaltet wurde. Unter dem Donner der Geschütze von den Mauern und Wällen der Stadt herab und dem Geläut der Kirchenglocken setzte sich die Marschkolonne in Bewegung, begleitet von Trompetengeschmetter und Paukenschlag, voran die zarischen Gardeeinheiten mit den erbeuteten Trophäen, Fahnen und Standarten, die gefangenen schwedischen Offiziere in aufsteigendem Rang bis zum Feldmarschall Rehnschiöld und Premierminister Graf Piper, alle zu Fuß. Hinter ihnen schritten in einer Reihe Zar Peter, rechts von ihm Fürst Menschikow und links Fürst Wassili Wladimirowitsch Dolgoruki. Nur der russische Oberbefehlshaber, Generalfeldmarschall Graf Scheremetew, fehlte; aber er, der sich soeben zur Belagerung Rigas anschickte, war dort unabkömmlich. Sieben Triumphbogen passierten die Sieger von Poltawa, denen von den wohlhabenden Bewohnern, Bojaren und Kaufleuten Getränke dargereicht wurden. Den Abend beschloß ein großes Feuerwerk, das die alte Hauptstadt des Reiches im Zauberlicht erglänzen ließ.

Livland, Estland und Kurland

Der schwedischen Niederlage bei Poltawa vom Jahre 1709 folgte sogleich die Wiederherstellung der Tripelallianz zwischen Rußland, Sachsen-Polen und Dänemark. Die überragende Figur in der neuentstandenen Kriegskoalition war jetzt verständlicherweise der russische Zar, der unmittelbar nach Poltawa seinen Truppen den Befehl erteilte, nunmehr auch die schwedischen Ostseeprovinzen vollständig zu erobern. Zwar fand sich in dem zwischen dem russischen Zaren Peter und dem polnischen König August II. bei ihrer Zusammenkunft in Thorn (Toruń) am 9./20. Oktober 1709 abgeschlossenen neuen Bündnisvertrag wiederum der Passus, daß der Kurfürst von Sachsen Anspruch auf einen Teil der Ostseeprovinzen habe, jedoch der große Sieger über Schweden dachte nicht mehr ernsthaft daran, auf solche Wünsche seines Verbündeten wirklich einzugehen. Peter begab sich von Thorn aus per Schiff auf der Weichsel, acht Meilen begleitet von August, nach Marienwerder, wo er am 15./26. Oktober 1709 eintraf, empfangen vom preußischen König Friedrich I., der ihn in einer achtspännigen Kutsche ins Schloß bringen ließ. Die Resultate der zwischen den beiden Herrschern geführten Gespräche waren für den Zaren enttäuschend, wich der König doch dem Anschluß an die antischwedische Kriegsallianz aus und verstand sich lediglich dazu, Karl XII. den Durchmarsch durch sein Land zu verwehren. Von Marienwerder aus begab sich Peter nach Livland, wo er am 10. November 1709 im Lager von Riga eintraf.

Über die Zusammenkünfte des russischen Monarchen mit dem Polenkönig August dem Starken und dem Preußenkönig Friedrich I. wurden mehrere Berichte angefertigt. Von Interesse sind die Schilderungen des wolfenbüttelschen Hofrats Georg Christoph von Braun, der sich mehrmals in der unmittelbaren Nähe Peters aufhielt. Er hat vor allem die Ungezwungenheit festgehalten, die der russische Herrscher in den Gesprächen mit den beiden Königen und dessen Ministern zur Schau stellte, wobei er stets die deutsche oder die holländische Sprache benutzte, in denen er sich gut verständlich machen konnte. Ja, Hofrat Braun meinte sogar, er habe den Zaren in den zwei Wochen, in denen er ihm begegnete, »mehr deutsch als russisch sprechen hören«. Im übrigen sei Peter nicht der einzige Russe gewesen, der gut deutsch zu sprechen vermochte, sondern dasselbe könnte von den ihn begleitenden Würdenträgern gesagt werden. Nicht unerwähnt ließ der wolfenbüttelsche Berichterstatter verständlicherweise die russischen Trinksitten, fügte jedoch eilfertig hinzu, daß der Zar zwar viel zu sich nehme, jedoch auch mehr als die anderen vertrage und niemals volltrunken anzutreffen wäre. Gleichzeitig schmeichelte er ihm, der nicht nur ein großer Monarch, sondern auch »der größte Staatsminister seines Reiches« sei.

Zur Eroberung der baltischen Gebiete des schwedischen Königreiches setzte Peter I. vom Zentrum des Reiches her starke Einheiten in Marsch, die freilich geraume Zeit benötigten, bis sie an den vorgesehenen Orten eintrafen. Am 27. Oktober 1709 meldete Generalfeldmarschall Scheremetew dem Herrscher, daß Riga in weitem Umkreis völlig eingeschlossen sei. Da die Stadt bislang von Kurland aus mit Lebensmitteln versorgt worden war, mußten die Operationen der russischen Truppen nun auch auf dieses Gebiet ausgedehnt werden. Der Zar hatte nahezu alle seine siegreichen Generale mit neuen Kommandos im baltischen Raum betraut und erwartete ungeduldig die baldige Einnahme der dortigen Städte und Festungen.

Riga war zwar eine alte Stadt, jedoch besaß sie moderne Befestigungsanlagen. Ihre Bevölkerungszahl betrug nach Erhebungen vom Dezember 1709 10 455 Personen, die jetzt erneut russischen Bombardements ausgesetzt waren. Der sächsisch-polnische Verbündete tat angesichts der zarischen Belagerung der Stadt seine Sorge kund, von den Dingen, die da kamen, gänzlich ausgeschlossen zu werden. Aber Peter war zuvorkommend

Пресветлѣйшıй iвелеможнѣйшıй поволı
ипочтеннѣйшıй Гдрı другъ исѣатъ.

Вшемъ величеству соѧвили мы чрезъ наро-
чного посланного одарованной намъ отсепъı
шнѧто наднеприятелемъ ншимъ поволемъ шпе
снимъ преславной побѣды. Анını нınпоıмо
Потвержденıе отомъ сооćщаемъ, Нопрiлагае
Реляцıю. Како идостаıное стой баттаııı
Ушедшее поıнıо потораго пачечаяния нше
Еще немалое чисıо обрѣтаıосı, принуждено
Намъ сопсемъ златися. Иуполаемъ что
Вше величество всемъ намъ отсепышнѧ Гсо
дарованномъ счастıı поıнѣтищей инамъ
Всегдашней приязни участıе восприятъ
блгополите. Претылае присемъ.

Вшето величества иıбпı
Отѣрным братъ iдругъ

Изъ обозу отопаıı
iюıя. 8. днѧ 1709.

Перı

приносıтель сего Генера Аудиторъ паıı. Оздрвшıнемъ
состоянıй вшемъ величества Простраıнıте iзвдно
донесетъ

Schreiben Peters I. an König Friedrich I. von Preußen
aus dem Feldlager von Poltawa, 27. Juni 1709.
Nachricht vom »herrlichen Sieg« über die Schweden

und lud König August ein, mit einigen Ingenieuren und Mineuren im Lager von Riga zu erscheinen.

Angesichts der Aussichtslosigkeit der Belagerten begann die Stadt am 1. Juli 1710 mit den Übergabeverhandlungen, die auf russischer Seite von Generalfeldmarschall Scheremetew und Geheimrat Gerhard Johann von Löwenwolde geführt wurden. Bereits am 4. Juli konnten die Kapitulationsverträge unterschrieben werden. Damit ergab sich die Stadt, in der Pest und Hunger gewütet hatten, nach halbjähriger Belagerung und zehntägigem Bombardement dem Zaren von Rußland. Am 14. Juli 1710 leisteten die Ritterschaft in der Schloßkapelle, der Rat und die Bürgerschaft auf dem Markt mit erhobenen Fingern den Huldigungseid. Dem Beispiel Rigas und der livländischen Ritterschaft folgten am 12. August Pernau und am 29. September 1710 Reval, hier zugleich mit dem Rat auch die estländische Ritterschaft.

Mit den Unterwerfungsverträgen Livlands und Estlands trat ein, was die antirussischen Propagandisten nie für möglich gehalten hatten: den deutschbaltischen Ständen, das heißt den Städten und Ritterschaften in Livland und Estland, wurden von Zar Peter I. all ihre Privilegien und Freiheiten garantiert, die von den schwedischen Reduktionsmaßnahmen betroffenen Besitzungen wiederhergestellt, die Religionsfreiheit zugesichert und das Deutsche als Amts- und Gerichtssprache bestätigt. Damit bewilligte der Sieger mehr, als die Städte und Landschaften Livlands und Estlands unter dem schwedischen König jemals besessen hatten. Auf diese Weise konnten die deutschbaltischen Stände der nunmehr russischen Ostseeprovinzen sehr rasch für eine zarische Reichsloyalität gewonnen werden, die ungeachtet einiger Unstimmigkeiten, zu denen es vor allem in der zweiten Hälfte des 19. Jahrhunderts kam, bis in die letzten Tage des Kaiserreiches anhalten sollte.

Mit den Hafenstädten Narwa, Riga, Pernau und Reval erlangte Rußland eine starke Stellung an der Ostsee. Unter strategischen Gesichtspunkten bedeutete der Besitz Livlands und Estlands gleichzeitig eine neue Aufmarschbasis des Zarenreiches gegen Kurland, Polen und Preußen.

Kein Glück hatte Peter bei seinem Versuch, an der neueroberten baltischen Küste sogleich einen großen Kriegshafen zu bauen. Die Notwendigkeit hierfür resultierte daraus, daß die Kronstädter Bucht fast sechs Monate im Jahre zugefroren war. Die im November 1713 auf zarischen Befehl begonnenen Ausbauarbeiten im Hafen von Reval mußten nach einem gewaltigen Einsatz von Menschen und Material schließlich eingestellt werden, da das Hafenbollwerk der Gewalt der Nordstürme nicht zu widerstehen vermochte. Ebenso wie Reval war Riga nach dem damaligen

Stand der Hafenbautechnik als Kriegshafen ungeeignet. Mehr Erfolg hatte der russische Monarch im windgeschützten Rogoewiek, einer Bucht westlich von Reval, die in der Regel nur einen Monat im Jahr mit Eis bedeckt war. Hier legte Peter I. 1715 den Grundstein für den Bau eines Kriegshafens, der freilich erst unter Katharina II. zu Ende geführt wurde, die der neuen Anlage den Namen Baltischport gab.

War es Zar Peter ohne besonderen Aufwand an diplomatischen Mitteln relativ leicht gelungen, Livland und Estland seinem Reich einzuverleiben, so machten sich im Hinblick auf das Herzogtum Kurland, das im Zuge der Kriegshandlungen ebenfalls von russischen Truppen besetzt worden war, andere Maßnahmen erforderlich. Kurland war nach 1709 nicht nur russisches Aufmarschgebiet gegen Riga, sondern zugleich Schnittpunkt diplomatischer Bestrebungen verschiedener Mächte geworden. Einem Anschluß des jungen Herzogs Friedrich Wilhelm, der staatsrechtlich Untertan der Krone Polens war, an Preußen oder Sachsen suchte Peter durch eine Eheverbindung mit einer seiner Nichten entgegenzuwirken. Der kurländische Eheplan des Zaren stellte dabei nur eines von mehreren Projekten der dynastischen Heiratspolitik des russischen Herrschers dar, die er seit 1710 betrieb. Hierher gehörte auch Peters Absicht der Verheiratung seines Sohnes Alexej mit einer deutschen Prinzessin. Dieser Plan fand seine Ausführung durch die Hochzeit des Zarewitsch mit Prinzessin Charlotte Christine Sophie von Braunschweig-Wolfenbüttel, die am 14./25. Oktober 1711 in Torgau vollzogen wurde.

Von den drei zur Wahl stehenden Töchtern seines 1696 verstorbenen Halbbruders Iwan V. bot der Zar dem Herzog von Kurland die mittlere an: Anna Iwanowna. Die Macht- und Mittellosigkeit Friedrich Wilhelms, dem sein Oheim, König Friedrich I. von Preußen, nur wenig zu helfen vermochte, mußte sich dem Diktat Peters fügen und dem in Petersburg im Juni 1710 ausgehandelten Heiratskontrakt seine Zustimmung geben. Auf die von den herzoglichen Unterhändlern vorgetragenen Forderungen auf militärische Evakuierung Kurlands und Verschonung des Herzogtums von Kontribution, Einquartierung und Durchmärschen hatte Peter zustimmende Antworten erteilen lassen, ohne sich freilich schriftlich zu binden.

Am 31. Oktober / 11. November 1710 fand in St. Petersburg die Hochzeit zwischen dem neunzehnjährigen Herzog Friedrich Wilhelm von Kurland und der siebzehnjährigen Anna Iwanowna, der Nichte des Zaren, statt. Der junge Herzog, der seine Ausbildung an einer Ritterakademie erhalten hatte, war nicht gesund. Anfang 1711 brach das Herzogspaar zur Hochzeitsreise auf. Jedoch bereits nach sieben Meilen mußte der Gemahl Annas auf Menschikows Gut Kippinshof absteigen und sich in ärztliche Behandlung begeben. Hier ist er nach wenigen Tagen verstorben, möglicherweise an Fleckfieber, wie es in einigen Berichten hieß.

Durch den frühen Tod des Herzogs Friedrich Wilhelm wurde die Kurländische Frage erneut Gegenstand geheimer Verabredungen zwischen den in Petersburg akkreditierten dänischen, preußischen und polnischen Gesandten. Was Zar Peter in der Hinsicht zunächst blieb, war die Gewißheit, daß die junge Herzoginwitwe Anna Iwanowna nach Lage der Dinge kaum etwas gegen den Willen ihres mächtigen Gönners und Oheims unternehmen würde.

Waffengang am Prut

Peters großer Sieg über Karl XII. bei Poltawa im Jahre 1709 und die nachfolgenden russischen Eroberungen im Ostseeraum wurden nicht zuletzt am Hofe des Sultans mit großem Argwohn verfolgt. Die zarischen Diplomaten in Konstantinopel unternahmen seit Beginn des Nordischen Krieges daher alles, um den Frieden zwischen der Türkei und Rußland zu erhalten, der ohne Zweifel die militärische Machtstellung, über die das Zarenreich um 1710 verfügte, erst ermöglicht hatte. Jedoch konnte selbst ein so wendiger Politiker wie der russische Gesandte an der Pforte, Pjotr Andrejewitsch Tolstoj, nicht verhindern, daß die antirussische Stimmung in Konstantinopel nach Poltawa mehr und mehr zunahm.

Einflußreiche Kreise am Hof des Sultans arbeiteten darauf hin, den Krieg zwischen Rußland und Schweden zur Stärkung der Positionen des Osmanischen Reiches auszunutzen. Als Wortsprecher einer türkischen Revanchepolitik taten sich besonders der Gouverneur von Otschakow und gleichzeitige Kommandant der Festung Bender, Jussuf Pascha, und der alte Feind des Zaren, der Krimchan Dewlet-Girej II., der »tatarische Räuber«, wie ihn die Russen nannten, hervor. Sie waren es, die den Sultan zu einem Bündnis mit dem in Bender befindlichen königlichen Emigranten Karl XII. drängten. Jedoch weder Tschorlili Ali Pascha noch Numan Pascha war für einen sofortigen und unüberlegten Angriffskrieg gegen den Zaren zu gewinnen. Es blieb daher abzuwarten, wie sich der neue Großwesir Baltadschy Mehmed Pascha, der im September 1710 an die Macht kam, in dieser Hinsicht verhalten würde. Ende Oktober traf der Krimchan in Konstantinopel ein. Ihm gelang es in kurzer Zeit, den endgültigen Entschluß der Pforte zum Krieg gegen Rußland durchzusetzen. Die Entscheidung fiel auf einer Sitzung des Divan am 9./20. November 1710. Damit verbunden war der Befehl Mehmed

Paschas, den russischen Gesandten Tolstoj im Siebentürmegefängnis zu internieren.

Zar Peter wurde die türkische Kriegserklärung am 10./21. Dezember 1710 ausgehändigt. Damit hatte sich an der Pforte jene Richtung durchgesetzt, die den russischen Drang zu den Meeren im Süden wie im Norden auf das schärfste mißbilligte und zu einer Unterstützung des geschlagenen Schwedenkönigs Bereitschaft zeigte. Unmittelbar nach der türkischen Kriegserklärung, seit Januar 1711, begannen Tataren, Saporoger Kosaken und polnische Kriegsverbände, die Stanisław Leszczyński die Treue hielten, mit Einfällen in die russische Ukraine.

Für Peter und seine Generale bedeutete der bevorstehende Waffengang mit der Türkei einen Krieg wider Willen, kamen die militärischen Operationen dem Zarenreich doch höchst ungelegen. Indes, die Herausforderung mußte angenommen werden. Bei seinem Vorgehen gegen die Türken war der russische Zar bestrebt, die unter der Herrschaft der Pforte stehenden christlichen Donau-Fürstentümer Moldau und Walachei und die dortige Bevölkerung als Bundesgenossen zu gewinnen. Und es gelang ihm auch, mit dem Hospodar der Moldau, Dumitru Cantemir, am 13./14. April 1711 in Łuck einen Vertrag zu schließen. In ihm bekannte sich Fürst Cantemir mit seinem ganzen Volk und Land als »getreuer Untertan« und »untertäniger Fürst« und versprach seinem neuen Oberherrn die volle militärische Gefolgschaft. Der Zar hingegen gab dem Hospodaren der Moldau die Zusicherung, daß dessen Dynastie unter der Voraussetzung der Treue zur orthodoxen Kirche und zum Herrscher von Rußland in männlicher Erbfolge die uneingeschränkte Herrschaft im rumänischen Fürstentum innehaben sollte. Für den Fall, daß Rumänien unter türkischer Herrschaft verblieb, versprach Peter dem moldauischen Fürsten Dumitru Cantemir Zuflucht und angemessenen Unterhalt in Rußland, wie es denn auch geschehen sollte.

Anders als im Falle Masepas, der auf die Seite des türkischen Feindes übergetreten war, hatte Cantemir bei seinem Übergang zum russischen Zaren die Sympathien der rumänischen Bevölkerung auf seiner Seite, die ihre Hoffnungen auf die in Anmarsch befindlichen russischen Truppen setzten. Zar Peter hegte offensichtlich große Erwartungen im Hinblick auf einen Aufstand der christlichen Donauvölker gegen die türkische Herrschaft. Um so größer war sein Bedauern, als er erfuhr, daß der Hospodar der Walachei, Konstantin Brâncoveanu, mit den serbischen Truppen auf der Seite des Sultans verblieb.

So befand sich der russische Monarch, als er im März 1711 von Moskau aus auf den türkischen Kriegsschauplaz aufbrach, keineswegs in gehobener,

Generalfeldmarschall Boris Petrowitsch Scheremetew

sondern eher in depressiver Stimmung. Diese wurde noch dadurch verstärkt, daß er bei seinem Türkenzug von seinen dänischen und polnischen Bundesgenossen keine unmittelbare Unterstützung erhoffen konnte. König August vermochte sich wieder einmal nicht gegen den polnischen Senat durchzusetzen und konnte von ihm keine Bewilligung der notwendigen Finanzmittel erhalten. Jedoch konnte der Zar Dänemark und Polen wenigstens zum militärischen Vorgehen gegen die schwedischen Streitkräfte in Pommern bewegen.

Aber nicht nur Mißstimmung und Ungeduld begleiteten Zar Peter auf seinem schweren Weg an den Prut, wo es zur Konfrontation mit dem Großwesir kommen sollte, sondern es stellten sich bei ihm erneut Krankheiten ein, die den russischen Herrscher auf das heftigste peinigten. Gleichsam zu seinem eigenen Trost hatte der Zar am Tage seiner Abreise bekanntgeben lassen, daß Jekaterina Alexejewna, seine Lebensgefährtin, von der er bereits zwei Töchter hatte, künftig als seine rechtmäßige Gattin anzusehen sei, obwohl die offizielle Eheschließung erst im Februar 1712 erfolgte. Peter hielt diese Ankündigung in diesem kritischen Augenblick seines Lebens offensichtlich für notwendig, um für alle Fälle die Zukunft Katharinas und seiner beiden Töchter sicherzustellen. Es war daher nicht von ungefähr, daß Katharina den Zaren auch auf diesem Feldzug, von dem das Schicksal des Herrschers abzuhängen schien, begleitete.

Am 30. Mai 1711 überschritten russische Kavallerie- und Infanterie-Einheiten unter Generalfeldmarschall Scheremetew in einer Stärke von knapp 16 000 Mann den Dnestr. Der Zar, der am 12. Juni mit den Garderegimentern nachfolgte, drängte den alten General immer wieder zur Eile. Jedoch der russische Aufmarsch zog sich in die Länge, und Peter mußte einsehen, daß die strategische Aufgabe, den Türken an der Donau zuvorzukommen, nicht mehr zu lösen war. Jedoch, es gelang Scheremetew, sich mit den rumänischen Verbänden Cantemirs zu vereinigen.

Das zarische Heer, das an den Prut vormarschierte, litt stark unter Hitze und Dürre, und die Tataren vermochten die Nachschubverbindungen der Russen immer wieder zu stören. Ungeachtet dessen gingen die Bewegungen der Truppen Peters weiter. Bei Neu-Stanileşti am Prut, das die Türken Husch nannten, machten die russischen Einheiten schließlich am 9./20. Juli 1711 um zwei Uhr nachmittags Halt und schlugen ihr Lager auf, das sie, so gut es möglich war, rasch befestigten. Als die türkische Hauptmacht, bestehend aus den Janitscharen, den Tataren des Krimchans und der Artillerie, gegen Abend und in den ersten Nachtstunden herangekommen war, befand sich Zar Peter mit seinem Heer bereits in der Umklammerung einer bedeutenden feindlichen Übermacht.

Die am Prut eingeschlossene russische Armee bestand zu Beginn der Schlacht aus etwas mehr als 38 000 Mann, denen an die 120 000 Türken gegenüberstanden. Allein dieses Zahlenverhältnis schien bereits die Katastrophe Peters anzukündigen. Den Kampf eröffneten die Janitscharen am

Abend des 9. Juli 1711, als sie mehrmals das russische Lager angriffen, dabei jedoch jedesmal zurückgeschlagen wurden. Am 10. Juli begann bei Tagesanbruch der Beschuß von allen Seiten, wodurch im russischen Lager große Verheerungen angerichtet wurden. Die Situation der Belagerten schien hoffnungslos, der Zar der Verzweiflung nahe, der einzige Ausweg die Kapitulation. So befahl Peter, sofortige Verhandlungen einzuleiten und russische Parlamentäre ins türkische Hauptquartier zu entsenden. Nach der Anhörung seines Kriegsrats ließ Großwesir Baltadschy Mehmed Generalfeldmarschall Scheremetew überraschend wissen, daß er zum Abschluß eines Waffenstillstands bereit sei. Daraufhin beorderte der Zar sofort seinen Vizekanzler Baron Pjotr Pawlowitsch Schafirow zur Unterzeichnung des vom Großwesir angebotenen Vertrags ins türkische Lager.

Der russische Monarch hatte Schafirow die Instruktion erteilt, den Osmanen die Rückgabe aller von den zarischen Truppen eroberten türkischen Städte zuzusagen und notfalls auch der Herausgabe der baltischen Gebiete zuzustimmen. Sogar über die Wiedereinsetzung Stanisław Leszczyńskis als König von Polen wäre eine Einigung mit dem Zaren möglich. Im übrigen sollte Schafirow auf Weisung seines Herrn so verhandeln, daß der Großwesir in jedem Fall zufriedengestellt würde und König Karl XII. möglichst von der Pforte keine ernstzunehmende Unterstützung erhielt. Außerdem war der russische Unterhändler gehalten, die Bereitschaft des Zaren zu erklären, den türkischen Würdenträgern für ihr Entgegenkommen große Geldsummen zu übergeben.

Ausgestattet mit solch weitgehenden Vollmachten hatte Schafirow großen Verhandlungsspielraum. Der Vizekanzler des Zaren operierte sehr geschickt und konnte seinem Herrscher bereits am Nachmittag des 11. Juli 1711 den Entwurf eines Friedensvertrags überbringen. Zu den Erfolgen, die Baron Schafirow erzielt hatte, gehörte nicht zuletzt der Verzicht des Großwesirs, daß der Zar sich persönlich als Geisel stellen und bis zur Erfüllung der Friedensbedingungen im Gewahrsam der Pforte verbleiben mußte. Stattdessen gingen Schafirow selbst und der aus diesem Anlaß zum Generalmajor beförderte Sohn des Oberbefehlshabers, Graf Michail Borissowitsch Scheremetew, als Bürgen zu den Türken.

Am 12./23. Juli 1711 vormittags erfolgte im Lager des Großwesirs die Unterzeichnung des Vertrags, und schon am Nachmittag zogen die geretteten russischen Regimenter mit klingendem Spiel und wehenden Fahnen in voller Ordnung zum Prutübergang ab, begleitet von einer türkischen Eskorte zum Schutz gegen marodierende Tataren. Unmittelbar nach Abschluß des Vertrags hatte der Großwesir dem Zaren für das russische Heer Brot, Reis und Kaffee zur Verfügung stellen lassen.

Der Ausgang von Peters Türkenfeldzug im Jahre 1711, das »Wunder am Prut«, hat bereits die Zeitgenossen in hohem Maße bewegt. Die von der Pforte dem Zaren diktierten Bedingungen waren äußerst mild und unerwartet günstig für Rußland. Zwar mußten Asow und die russische Asow-Flotte an das Osmanische Reich abgetreten werden, Peter I. sich verpflichten, Polen zu räumen und Karl XII. die Rückkehr nach Schweden zu gestatten, im übrigen jedoch verblieb der Zar in seiner bisherigen unangetasteten Stellung als Beherrscher eines mächtigen Reiches. Der Prut-Frieden von 1711 gestattete es dem russischen Monarchen, seinen Siegeszug gegen Schweden bis zur endgültigen Ausschaltung des Gegners fortzusetzen.

Das Verhalten der Türken am Prut ist bis heute rätselhaft geblieben, hatte doch die Pforte in diesem Augenblick, wie niemals zuvor und zu keiner Zeit später, alle Trümpfe in der Hand. Es lag in ihrer Macht, Rußland, wenn schon nicht für immer, so doch für lange Zeit, entscheidend zu schwächen. Die ausschlaggebenden Beweggründe für die Handlungsweise des türkischen Feldherrn lagen offenbar in von den nachfolgenden Generationen nicht mehr durchschaubaren innertürkischen Angelegenheiten. Darauf deutet jedenfalls die Tatsache der späteren Entlassung und Verbannung des Großwesirs Baltadschy Mehmed Pascha hin, dem vorgeworfen wurde, für seinen Schritt am Prut nicht die Genehmigung des Sultans eingeholt und somit für die Pforte einen geschichtlichen Augenblick versäumt zu haben. Daß die hohen Geldgeschenke, die der Zar zugleich den Türken im Lager am Prut zukommen ließ, das Zustandekommen des Vertragswerks erleichtert haben dürften, ist wohl kaum zu bestreiten. Daß die Bestechung des Großwesirs Baltadschy Mehmed Pascha mit dem Schmuck von Peters zweiter Gemahlin Katharina bei der Erreichung der Friedensbedingungen den Ausschlag gegeben habe, gehört in dieser Formulierung in den Bereich der Legende.

Auf dem Weg nach Nystad

Zar Peter war im Prut-Frieden von 1711 äußerst glimpflich davongekommen. Zur Einhaltung der Versprechungen, die er der Pforte geben mußte, konnte er von dieser, wie sich rasch zeigte, keineswegs gezwungen werden. Hierin bestand die Schwäche des Vertragswerks für die türkische Seite. Nachdem der russische Monarch den Sultan durch die Rückgabe Asows und die Schleifung Taganrogs zunächst beruhigt hatte, dachte er nicht mehr ernsthaft daran, Polen und die Ukraine vor dem Friedensschluß mit Schweden zu räumen.

Mit der veränderten Situation hatte Peter auch wieder sein volles Gleichgewicht, den eisernen Willen und die Elastizität zurückgewonnen, die den großen Herrscher zeitlebens auszeichneten. Die Schlappe, die er in seinem Waffengang gegen die Türken am Prut erlitt, hatte die großen Pläne des Zaren nicht zum Scheitern gebracht. Das Handelsreich von Meer zu Meer bestand noch, wenn auch eingeengt auf die Route Wolga-Newa. Es kam dem russischen Herrscher daher jetzt darauf an, seinen Machtbereich an der Ostsee zu stabilisieren und diplomatisch-völkerrechtlich abzusichern.

Noch bevor im Juni des Jahres 1713 in Adrianopel auf der Grundlage des Prut-Abkommens der russisch-türkische Friedensvertrag unterzeichnet wurde, waren zarische Truppen in teilweise recht verlustreichen Gefechten entlang der finnischen Südküste und nordwärts an der Küste des baltischen Meerbusens weiter in Finnland vorgedrungen. Durch die Verlagerung des Hauptkriegsschauplatzes an die Ostsee, die in der zweiten Phase der Auseinandersetzung mit Schweden erfolgte, ergab sich zugleich eine zunehmende Europäisierung des Konflikts, von dem jetzt auch mehrere bis dahin neutrale Mächte ernsthaft tangiert wurden. Damit verbunden war vor allem eine Erhöhung der diplomatischen Aktivitäten Englands, Preußens, des Kaisers und der norddeutschen Staaten. Auf die schwedischen Ostseegebiete erhob nicht zuletzt auch Preußen Anspruch, dem von Peter I. in einem Geheimvertrag mit König Friedrich I. der Erwerb Vorpommerns bis zur Peene zugesprochen wurde, während der König die Zusicherung gab, die russischen Ansprüche auf die schwedischen Ostseeprovinzen Ingermanland, Estland und Karelien zu unterstützen und den zarischen Truppen den Durchmarsch über brandenburgisches Gebiet zu gestatten. Demgemäß rückten bereits im Sommer 1711 russische und sächsische Einheiten durch Brandenburg nach Pommern vor.

Damit standen russische Truppen erstmals auf dem Boden des Deutschen Reiches. Um seine Position in Norddeutschland auszubauen, erweiterte der Zar jetzt seine Pläne, in der die Verheiratung russischer Prinzessinnen mit norddeutschen Fürsten vorgesehen war. Nach Kurland, das bereits die zarische Nichte Anna zur Herzogin hatte, richtete Peter nunmehr den Blick auf Mecklenburg und Holstein. Dadurch wurde der russische Herrscher freilich auch in die recht undurchsichtigen Pläne der miteinander konkurrierenden norddeutschen Fürstenhöfe hineingezogen. So verlangte Herzog Karl Friedrich von Holstein-Gottorf im Falle seiner Heirat mit Peters Tochter Anna Petrowna die russische Unterstützung seiner schwedischen Thronkandidatur. Der Zar ließ in dieser Hinsicht freilich große Zurückhaltung erkennen, mußte er doch dabei auch die Belange Dänemarks im Auge behalten. Im übrigen stand noch keineswegs fest, ob Karl XII. ohne Thronerben bleiben würde. Angesichts dessen kam Peters Heiratspolitik zunächst nicht so recht vom Fleck.

Als weit erfolgreicher erwiesen sich freilich die militärischen Aktionen der zarischen Truppen, die diese in den Jahren 1713 und 1714 von Norddeutschland aus entfalteten. Noch 1713 besetzten sie weite Teile Finnlands und erreichten Åbo. Am 26./27. Juli (6./7. August) 1714 siegte die russische Kriegsflotte in der Seeschlacht bei Hangö über die Schweden, und die Truppen Peters nahmen die strategisch wichtigen Åland-Inseln in Besitz. Im September landeten russische Einheiten erstmals auf dem schwedischen Festland. Einen großen Erfolg erzielte der Zar schließlich, als es ihm gelang, am 17./28. Oktober 1715 in Greifswald mit dem englischen König Georg I. in dessen Eigenschaft als Kurfürst von Hannover einen Allianzvertrag abzuschließen.

An der Gestaltung dieser für Schweden ungünstigen Lage vermochte auch Karl XII. nichts zu ändern, der im November 1714 aus dem türkischen Exil, in dem berühmten Ritt der vierzehn Tage von Bender nach Stralsund, in sein Land heimkehrte. Vielmehr zwangen die verbündeten Truppen unter Beteiligung nun auch preußischer Einheiten Ende des Jahres die Schweden zur Räumung Stralsunds. Im April 1715 mußte Karl XII. auch Wismar aufgeben. Am 28. März / 8. April desselben Jahres fand die Hochzeit zwischen Herzog Karl Leopold von Mecklenburg mit der Nichte des Zaren, Jekaterina Iwanowna, der älteren Schwester der Herzogin von Kurland, statt. Anläßlich dieses Ereignisses wurde gleichzeitig ein Allianzvertrag abgeschlossen, in dem Mecklenburg der russischen Präsenz in Norddeutschland zustimmte.

Die militärischen und diplomatischen Erfolge des Zaren im norddeutschen Bereich erweckten freilich das Mißtrauen Englands und des Kaisers, deren Agenten eine gezielte Agitation gegen die Festsetzung der starken russischen Militärmacht auf dem Boden des Reiches zu entfalten begannen. Der nunmehr einsetzende scharfe diplomatische Kampf bedeutete für Peter zugleich die Verlängerung des Krieges gegen Schweden um mehrere Jahre. Der unmittelbare Anlaß der englischen Wendung gegen Rußland lag darin, daß das Zarenreich jetzt als direkter Konkurrent im internationalen Ost-West-Handel des Inselstaates auftrat. Mit Wismar hatte Peter für Rußland ein zusätzliches Tor zum Weltmeer aufgestoßen, und der Zar nutzte seinen erneuten Aufenthalt in Westeuropa, der ihn 1717 auch nach Paris führte, um den englischen Bestrebungen, das Zarenreich zu isolieren, erkennbar entgegenzuwirken. Ausgehend davon ließ er vom Ausland her schwedischen Diplomaten seine Friedensabsichten mitteilen, was im darauffolgenden Jahr zur Aufnahme offizieller Verhandlungen zwischen beiden Reichen führte.

Im Frühjahr 1718 beorderte Peter seine Unterhändler nach Lövö auf Sundskär auf den Åland-Inseln. An der Spitze der russischen Delegation stand Heinrich Johann Friedrich Ostermann. Er hatte den Auftrag, von der schwedischen Seite die Bestätigung der russischen Besitzungen an der Ostsee zu erwirken. Darauf aufbauend schwebte dem russischen Herrscher ein neues nordeuropäisches Bündnissystem vor, bestehend aus dem Zarenreich, Schweden und Preußen, dem sich auch Frankreich anschließen sollte. Durch Herstellung einer solchen Konstellation hoffte Peter I., den Engländern Paroli zu bieten.

Der schwedische Verhandlungsführer, der im Dienste des Königs stehende holsteinische Geheimrat Georg von Goertz, suchte angesichts der schwachen militärischen Position seines Herrn Zeit zu gewinnen und die russische Seite hinzuhalten. Mit der Preisgabe der schwedischen Ostseeprovinzen hatte er sich – im Unterschied zu Karl XII. – wohl schon abgefunden.

Der König selbst war nach der Rückkehr aus dem Exil mit seinen Truppen schonend umgegangen. Die schwedische Kriegsführung beschränkte sich auf die Sicherung der Landesgrenzen und Einfälle in Norwegen. Zum zweiten Mal zog Karl XII. im Herbst 1718 mit einer wohlausgerüsteten Armee gegen das südwestliche Norwegen und belagerte im November die Festung Frederikssten bei Frederikshald. Von der Brustwehr eines Laufgrabens aus betrachtete er am Abend des 30. November 1718 die Belagerungsarbeiten, als ihn in der Schläfe eine Kugel traf, die den schwedischen Herrscher auf der Stelle tötete.

Weder die Zeitgenossen noch die nachfolgenden Geschichtsforscher vermochten bis heute zu klären, ob der König gefallen oder von innenpolitischen Gegnern ermordet worden ist. In zeitgenössischen Gerüchten wurde die Vermutung geäußert, daß Karl XII. durch einen Nahschuß zu Tode kam, der von einer seinem Schwager Prinz Friedrich von Hessen nahestehenden Person abgegeben worden sei. Für die Annahme eines politischen Mordes sprachen die Hoffnung Prinz Friedrichs auf die Thronfolge in Schweden mit Hilfe seiner Gemahlin Ulrika Eleonore, der jüngeren Schwester Karls XII., im Wettbewerb mit Herzog Karl Friedrich von Holstein-Gottorf, einem Sohn von Karls ältester Schwester Hedwig Sophia.

Die Kandidatur des Herzogs Friedrich von Holstein-Gottorf wurde, wie man annahm, von Goertz unterstützt. Zum Zeitpunkt des Todes Karls war der königliche Geheimrat unterwegs von den Åland-Inseln nach Frederikshald. Die Partei des Prinzen Friedrich von Hessen vermutete offensichtlich, daß Goertz ein günstiges russisches Friedensangebot mitbringe, das den Thronkampf endgültig zugunsten des Herzogs von Holstein-Gottorf entschieden haben würde. Jedenfalls geriet der schwedische Verhandlungsführer Georg von Goertz sogleich in den Verdacht der Anstiftung zum Mord und wurde nach kurzem Prozeß hingerichtet. Es gelang dem Erbprinzen Friedrich von Hessen und seiner Gemahlin Ulrika Eleonore, den Herzog Karl Friedrich von Holstein-Gottorf als Thronprätendenten auszubooten. Der Reichstag wählte noch im Jahre 1718 Ulrika Eleonore zur Königin von Schweden, die jedoch bereits zwei Jahre später den Thron an ihren Gemahl, König Friedrich I., abtrat.

Der Tod Karls XII. bedeutete eine Wende in der schwedischen Politik. Der unbeugsame Wille des Königs, keinen Frieden zu schließen, der mit Landverlusten erkauft werden mußte, war nicht mehr im Spiel. Zugeständnisse an das starke Rußland und Orientierung auf die Unterstützung Englands schienen jetzt für Schweden die einzige Möglichkeit, zu einem raschen Frieden mit Zar Peter zu gelangen. Für das nordische Königreich trat damit der Krieg in seine Schlußphase ein.

Der russische Monarch selbst war bereits zum Endkampf gegen die Schweden angetreten. Anfang 1719 hatten der englische König Georg I. als Kurfürst von Hannover, der Kaiser und der polnische König August II. in Wien sich gegen den Zaren verabredet und ein Bündnis gegen Rußland und Preußen geschlossen. Durch diese Sachlage wurde Peter I. zur Forcierung seiner Kriegshandlungen gegen Schweden gedrängt, um es rasch zum Frieden zu zwingen. Im April kam es gleichzeitig zur Wiederaufnahme der russisch-schwedischen Friedensgespräche auf den Åland-Inseln. Als jedoch deutlich wurde, daß die Schweden nicht mehr im Sinne von Goertz verhandelten, schickte Zar Peter erneut seine Flotte aus, um dem Feind weitere Schläge zu versetzen. Nach einigen Seegefechten im Mai postierten sich die russischen Galeeren seit Anfang Juli 1719 bei den Åland-Inseln mit dem Ziel, auf dem schwedischen Festland zu landen. Zum selben Zeitpunkt machte der nach Stockholm entsandte russische Unterhändler Ostermann in der schwedischen Hauptstadt ein ultimatives Friedensangebot und forderte die Anerkennung der Abtretung Ingermanlands, Estlands, Kareliens und Livlands an Rußland für die Dauer von vierzig bzw. zwanzig Jahren, wobei der Zar sich bereiterklärte, eine angemessene Geldentschädigung an das Königreich zu zahlen. Jedoch in Stockholm ging man nicht auf Ostermanns Vorschläge ein, rechnete man doch fest mit einer englischen Flottenhilfe. So blieb der russischen Seite nur der Weg der Verstärkung der militärischen Invasionshandlungen.

Am 15./27. Juli 1719 waren bereits russische Truppenverbände nördlich und südlich von Stockholm an Land gegangen mit dem Befehl, die schwedische Bevölkerung zu erschrecken und die Regierung zum Nachgeben zu veranlassen. Eine Einnahme Stockholms war nicht vorgesehen, ebenso keine große Feldschlacht mit schwedischen Verbänden. Bereits Ende August 1719 erteilte der Zar den Befehl, das russische Expeditionskorps zurückzurufen. Kurz darauf erschien ein englisch-schwedischer Flottenverband vor Stockholm. Die russischen Truppen wichen zurück, und Zar Peter mußte seinen Plan, Schweden schon 1719 zum Frieden zu nötigen, aufgeben.

Als Sieger des Jahres 1719 erwies sich England, dessen Diplomaten es nun gelang, mehrere Ostseemächte zu veranlassen, mit Schweden Waffenstillstands- und Friedensverträge abzuschließen. So kam es zwischen Dänemark und Schweden im Oktober 1719 zu einem Waffenstillstandsabkommen und im Juli 1720 zum Abschluß eines Friedensvertrags. Am 1. Februar 1720 wurde auch ein Sonderfriede zwischen Preußen und Schweden unterzeichnet. König Friedrich Wilhelm I. von Preußen verpflichtete sich jetzt, seinem russischen Bundesgenossen weder direkt noch indirekt beizustehen. Gleichzeitig mit dem preußisch-schwedischen Vertrag unterzeichneten England und Schweden ein auf achtzehn Jahre befristetes Bündnis, in dem London für den Fall einer erneuten russischen Invasion Stockholm Flottenhilfe zusagte. Damit schien Zar Peter mehr und mehr in die Isolierung zu geraten. Jedoch es sollte sich zeigen, daß die diplomatische Offensive des englischen Königs Georg I. in Polen und am Kaiserhof zum Erliegen kam, wo man sich allen Werbungsversuchen gegen Rußland verschloß.

Freilich war die Situation des Zaren, in die dieser durch das englisch-schwedische Militärbündnis von 1720 geriet, außerordentlich ernst. Um aus der mißlichen Lage herauszukommen, entschied sich der russische Monarch Ende Mai 1720 erneut zur Invasion auf dem schwedischen Festland. Dabei handelte es sich um eine regional begrenztere Aktion als im Vorjahr, verbot doch die Anwesenheit der englischen Flotte vor der schwedischen Küste jedes größere Unternehmen. Ein schwedischer Angriff auf die russische Galeerenflotte vor den Åland-Inseln endete freilich mit einer Niederlage der königlichen Schiffe. Da beide Seiten vorsichtig jeder Möglichkeit einer Entscheidungsschlacht auf dem Meer auswichen, verflüchtigten sich recht bald die schwedischen Hoffnungen auf einen militärischen Nutzen aus dem Bündnis mit England. Es schien so, als könnte der große Nordische Krieg, der sich nur noch mühsam hinschleppte, lediglich mit den Mitteln der Diplomatie zum Abschluß gebracht werden.

Die Bestandsaufnahme der zahllosen diplomatischen Aktionen, zu denen es im Jahre 1720 an fast allen europäischen Höfen kam, ließ bald einen Vorgang deutlich werden, der für die osteuropäische Geschichte der nachfolgenden Jahrhunderte bedeutungsvoll werden sollte: das Zusammenrücken der drei »Schwarzen Adler«: Rußlands, Preußens und Österreichs. Am weitesten gediehen war freilich zunächst nur die Interessengemeinschaft

Generalfeldmarschall Jacob Bruce

zwischen Rußland und Österreich, deren verbindendes Moment die Holsteinische Frage darstellte. Der Zar und der Kaiser verbanden sich in gemeinsamer Propaganda für die holstein-gottorfischen Thronansprüche in Schweden. In Stockholm selbst entschied man sich jedoch für die hessische Dynastie und brachte dadurch das Land in eine außenpolitische Zwangslage zwischen England auf der einen und Rußland–Österreich auf der anderen

Seite. Um die damit zusammenhängenden Fragen ernsthaft klären zu können, bedurfte die schwedische Krone vor allem des Friedens mit Rußland. So griff der neue Schwedenkönig Friedrich I. nach einigem Zögern die Vermittlung des französischen Gesandten in Stockholm, Jacques de Campredon, auf und entsandte erneut Friedensunterhändler auf die Åland-Inseln.

Ende Mai 1721 begannen in Nystad die offiziellen Gespräche über die Beendigung des Krieges und den Abschluß eines Friedensvertrags zwischen Rußland und Schweden. Die königlichen Abgesandten besaßen die Vollmacht, im äußersten Fall ihre Zustimmung zu allen Gebietsforderungen der russischen Seite zu geben. Am 30. August / 10. September 1721 wurde der Friede von Nystad geschlossen. Für Rußland unterzeichneten der General Jacob Daniel Bruce und der zarische Kanzleirat Heinrich Johann Friedrich Ostermann, für Schweden der Senator und Minister Graf Johan Paulinus Lilljenstedt und Baron Otto Reinhold Strömfelt. Schweden trat Livland, Estland, Ingermanland, Teile Kareliens und Wiborgs, Län, Ösel und Dagö »für ewige Zeiten« an Rußland ab, gewann aber Finnland zurück. Außerdem erhielt es eine Entschädigung von zwei Millionen Reichstalern sowie das Recht, jährlich für 50 000 Rubel Getreide zollfrei aus Livland zu beziehen. Gleichzeitig anerkannte Zar Peter das schwedische Königtum Friedrichs I., des Erbprinzen von Hessen, und ließ seine Unterstützung des Thronanspruchs des Herzogs Karl Friedrich von Holstein-Gottorf fallen, der mit seiner ältesten Tochter Anna verlobt war und im Jahre 1725 dann auch, allerdings bereits nach dem Tod des russischen Herrschers, die Ehe mit Anna Petrowna einging. König August und die Republik Polen sollten sich alsbald dem Vertrag von Nystad anschließen.

Peter der Große, Kaiser von Rußland

Der Friede von Nystad bedeutete für Peter I. den größten Erfolg seines Lebens. Die gewaltigen Kraftanstrengungen des Zarenreiches hatten die bisherige Vorherrschaft Schwedens zum Einsturz gebracht und Rußland zur Führungsmacht in diesem Raum emporgehoben. Die freudige Nachricht vom Abschluß des Nystäder Friedens erreichte Peter am 3. September 1721, als er auf dem Weg nach Wiborg war. Überrascht von der schnellen Abwicklung der Verhandlungen ließ er sofort von dem deutschen Vertragstext, den er voll billigte, eine russische Übersetzung anfertigen und schon am 19. September die Ratifikationsurkunden austauschen.

Unterdessen fanden im ganzen Land Freudenfeste und Volksbelustigungen statt, die mehrere Tage andauerten. Den Ausgelassenheiten folgte die gemeinsame Festsitzung des Senats und des Heiligen Synods, die am 20./31. Oktober 1721 in der Dreifaltigkeitskathedrale der neuen Residenz zusammentrat. In welchem Maße der russische Sieg über Schweden von den hier Versammelten als Wende in den Geschicken der osteuropäischen Völker empfunden wurde, ging aus den Worten hervor, die der Kanzler Graf Gawriil Iwanowitsch Golowkin anläßlich des festlichen Anlasses an Zar Peter richtete: »Euer Zarischen Majestät gloriose und tapfere Taten, sowohl in Staats- und Militärsachen, und Dero unermüdliche Bemühungen allein haben uns deroselben getreue Untertanen aus der Finsternis der Unwissenheit auf den Schauplatz der Ehre vor der ganzen Welt gestellt, daß wir sozusagen aus dem Nichts etwas und der Gemeinschaft polizierter Völker einverleibt worden.« Angesichts der überragenden Verdienste des Monarchen gab Golowkin den gemeinsamen Beschluß des Senats und des Heiligen Synods bekannt, den Herrscher um Annahme der Titel »Vater des Vaterlandes, Allrussischer Kaiser und Peter der Große« zu bitten, wobei er sagte: »Den Namen eines Vaters des Vaterlandes wagen wir, obgleich unwürdig eines so großen Vaters, der uns aber durch Gottes Gnade geschenkt ist.« Golowkins Ansprache klang aus in ein dreifaches »Vivat! Es lebe Peter der Große, Vater des Vaterlandes, Kaiser von ganz Rußland«.

Die Proklamation Peters I. zum Kaiser von Rußland rief an den europäischen Höfen Unbehagen hervor, mußte man sich doch erst an die Veränderungen gewöhnen, die in der Konstellation der osteuropäischen Mächte mit dem Frieden von Nystad vom Jahre 1721 eingetreten waren. Mit besonderem Nachdruck widersetzte sich der Kaiser in Wien der Anerkennung Peters als Imperator, da mit dem russischen Imperatortitel der Anspruch auf Parität mit dem römisch-deutschen Kaiser verbunden war. So sollte es den russischen Diplomaten erst im Jahre 1742 gelingen, am Wiener Hof die Anerkennung des russischen Kaisertitels durchzusetzen. Frankreich, Spanien und Polen folgten noch später mit ihren Anerkennungsbekundungen.

Peters I. Hoffnung, »als ein von Europa deklarierter Kaiser zu sterben«, erfüllte sich somit nicht. Es waren nur vier Staaten, die zu Lebzeiten des Herrschers dessen Kaisertum anerkannten: Preußen und Holland 1722 sowie Schweden 1723 und Dänemark 1724. Doch änderte dies nichts an der Richtigkeit des im Zusammenhang mit dem Vertrag von Nystad von Peters Vizekanzler Baron Pjotr Pawlowitsch Schafirow formulierten Diktums, welches besagte, daß »anjetzt gleichwohl fast keine Sache von Importanz, so auch in den entlegensten Örtern von Europa vorgeht, darinnen man sich nicht ... um Ihro Zarische Majestät Allianz und Freundschaft bewirbet«.

REFORMWERK

Ungeachtet der Anforderungen und Notwendigkeiten des Krieges gegen Schweden lagen die Ursachen für Peters großes Reformwerk, durch das ein grundlegender Wandel auf allen Gebieten des wirtschaftlichen, gesellschaftlichen, staatlichen und kulturellen Lebens des Landes eingeleitet wurde, weit tiefer. Sie standen in untrennbarem Zusammenhang mit den folgenreichen geschichtlichen Veränderungen und dem Heraufkommen des neuen bürgerlichen Zeitalters, das auch für Rußland begann. Es war dies die Epoche, in der die Manufakturen wuchsen, der Handel aufblühte und das Bürgertum erstarkte. Damit einher gingen die Entstehung eines neuen Gesellschaftsdenkens und die Grundlegung der modernen Wissenschaften. Rationalismus und Aufklärung setzten sich als vorherrschende Geistesströmungen durch und untergruben allmählich die ideologischen Grundlagen der alten Gesellschaft.

In Rußland waren die petrinischen Reformen, wie sie genannt werden, Ausdruck der Hinwendung des Zaren und seiner Mitarbeiter zu den Grundsätzen der Aufklärung. Mit dem in Wirtschaft, Gesellschaft, Staat, Kultur und Wissenschaft bewirkten Wandel verhalfen Peter I. und seine Anhänger den neuen Prozessen im Lande zum Durchbruch. Die Ansätze hierfür wurden seit der ersten Reise des russischen Monarchen in den Westen von 1697/98 immer sichtbarer. So trug das von Peter I. und seinen Vertrauten entwickelte neue Staatsregiment bereits deutlich die Zeichen eines aufgeklärten Absolutismus. Der russische Monarch begründete die angestrebten Veränderungen mit bürgerlich-aufklärerischen Losungen, stellte diese jedoch vorrangig in den Dienst des Staates und seiner führenden Klasse, des Adels. In dieser Politik äußerte sich das Doppelgesicht von Peters Umgestaltungen als Reformen von oben.

Am Beginn der petrinischen Reformpolitik stand ein Glücksfall: entgegen dem Erbfolgegesetz, das den Thron dem ältesten Sohn zusprach, gelangte nicht der schwachsinnige Iwan V. an die Macht, sondern sein sechs Jahre jüngerer Halbbruder, der hochbefähigte, energiegeladene Peter I. Der starke und begabte Monarch verstand es, den gewaltigen Machtspielraum der zarischen Selbstherrschaft voll auszuschöpfen. Das Ergebnis seiner absolutistischen Regierungspraxis stellte ein neues Staatswesen dar, das auf der Grundlage einer an den Gegebenheiten des Landes orientierten aufgeklärten

Staatsgesinnung und mittels einer reglementierten und reglementierenden Bürokratie entstand. Peters Reformwerk war vor allem das Resultat eines gouvernementalen Anstoßes, eines absolutistischen Reformwillens, der in hohem Maße Aufklärerisches von außen hereinholte und im Innern zur Entfaltung brachte.

WIRTSCHAFT
Industrie

Peters Wirtschaftspolitik, die seit Beginn des Nordischen Krieges fast ausschließlich von den Erfordernissen der militärischen Auseinandersetzung mit Schweden bestimmt war, folgte im allgemeinen merkantilistischen Grundsätzen, stellte jedoch zugleich eine Fortsetzung der russischen Staatswirtschaft des 17. Jahrhunderts dar. Ein besonderes Charakteristikum bildete ihr harter fiskalischer Zug. Merkantilistische Vorstellungen hatten bereits in der Wirtschaftspolitik der letzten beiden Zaren vor Peter eine Rolle gespielt. Die Anregungen, die Peter I. bei den Aufenthalten im westlichen Ausland erhielt, lenkten sein volkswirtschaftliches Augenmerk vor allem auf drei Erfordernisse: auf die notwendige Industrialisierung des Landes, die Nutzung der riesigen Naturreichtümer des Staates sowie auf die Entwicklung und Förderung der privaten Unternehmerinitiative. Um möglichst viel Waren ausführen zu können und nur wenig zu importieren, mußten diese in Rußland selbst hergestellt werden. So wurde Zar Peter zum Begründer der russischen Großindustrie.

Manufakturen gab es im Zarenreich, wenn auch nur wenige, schon im 17. Jahrhundert. Das waren in der Hauptsache zentralisierte Werkstätten mit einer Anzahl von Arbeitsleuten, die sich fast ausnahmslos manuell betätigten. Ein Beispiel für solche Produktionsstätten stellten die Waffenfabriken und Eisengießereien bei Tula, in Moskau und anderwärts dar, die zu Beginn des 17. Jahrhunderts eingerichtet worden waren. Der wesentliche Unterschied zwischen der herkömmlichen handwerklichen und der neuen, von Zar Peter I. inspirierten industriellen Produktionsweise lag darin, daß nunmehr Arbeitsteilung in beträchtlichem Ausmaß verwirklicht wurde. Peters Streben nach wirtschaftlicher Selbständigkeit und erhöhter Kriegsstärke des Landes führte zum beschleunigten Bau von Großbetrieben, die das Heer und die Flotte mit Waffen, Ausrüstungen und einheitlichen Uniformen versorgen konnten.

So waren die wichtigsten Großwerkstätten, die der russische Herrscher zunächst einrichten ließ, Waffen- und Munitionsfabriken. Daneben spielten die Werften und die Textilbetriebe eine bedeutsame Rolle. Sie erfuhren ebenfalls eine starke Förderung, ging es doch darum, von der ausländischen Tucheinfuhr unabhängig zu werden, was freilich nicht ganz gelang. Auch die Papierfabrikation stieg an. Demgemäß konnte Peter im Jahre 1723 anweisen, in allen Kollegien und Kanzleien nur noch russisches Papier zu verwenden. So nahe es lag, die Industrie in staatlichem Auftrag betreiben zu lassen, so energisch hat der Monarch doch auch zugleich Privatunternehmungen angeregt und unterstützt. Er gestattete Adligen, Kaufleuten, Handwerkern und Bauern, Fabriken zu gründen, stellte Privatunternehmer und ihre Gehilfen vom Kriegsdienst frei und begünstigte die Einrichtung von Betrieben aller Art. Im Reglement für das Manufaktur-Kollegium von 1723 wurde ausdrücklich vorgesehen, daß die auf Kosten des Staates eingerichteten Fabriken Privatunternehmern übergeben werden sollten.

Mit besonderem Nachdruck förderte Peter den Bergbau. Auf seinen Deutschlandreisen besuchte er die Bergwerke in Freiberg und Annaberg und ließ sich durch Sachverständige über alle Einzelheiten der Erzgruben informieren. Bereits 1696 war von ihm der Befehl ergangen, im Ural zwei große Eisenwerke zu bauen. Zwar gab es dort zu diesem Zeitpunkt schon eine handwerkliche Kleinproduktion, jedoch arbeitete diese ausschließlich für den örtlichen Bedarf. Nach fünfjähriger Bauzeit nahmen die von Peter inspirierten Werke im Jahre 1701 die Produktion auf. Der soeben begonnene Nordische Krieg freilich führte zunächst zu einer Änderung der zarischen Wirtschaftspolitik, was darin zum Ausdruck kam, daß die in Zentralrußland gelegenen Eisenproduktionsstätten von Tula und Olonez bei der Versorgung der russischen Armee vorrangige Bedeutung erlangten.

Angesichts der Erfordernisse des Krieges sah sich der russische Monarch genötigt, auch private Eisenwerke zur Lieferung der erforderlichen Waffen heranzuziehen. So stellte der ausländische Unternehmer Heinrich Butenant von Rosenbusch, der gleichzeitig als dänischer Kommissar bei den Bündnisverhandlungen zwischen seinem Land und dem Zarenreich mitgewirkt hatte, die Produktion in seinen Hochöfen und Schmieden am Onegasee 1701 ganz auf den Guß von Kanonenrohren und Artilleriegeschossen sowie auf die Herstellung von Ankern ein und übertrug seine Unternehmen bald darauf dem russischen Staat. Hier, im Raum von Olonez, ließ Zar Peter zwischen 1703 und 1705 in raschem Tempo fünf neue staatliche Eisenwerke einrichten, deren wichtigstes das Hochofen- und Hammerwerk mit Namen Petrowski-Sawod war, das Kanonen, Geschosse, Gewehre, Anker und anderen Schiffsbedarf herstellte.

Nikita Demidowitsch Demidow

Im Zusammenhang mit den Erfordernissen des Nordischen Krieges taten sich mehrere Privatunternehmer besonders hervor. Die bedeutendsten von ihnen waren die aus der Schmiedesiedlung von Tula kommenden Familien der Demidows, Bataschows und Mossolows sowie die aus der Kaufmannschaft stammenden Angehörigen der Jakowlews, Ossokins, Pochodjaschins, Twerdyschews, Mjasnikows, Krassilnikows und Lugins. Den ersten Platz unter ihnen nahmen die Demidows, Bataschows, Mossolows und Krassilnikows ein. In ihren Händen befand sich ein Großteil der gesamten privaten Eisenproduktionsstätten Rußlands.

Jedoch nicht nur aus dem Bauern-, Handwerker- und Kaufmannsstand emporgekommene Privatunternehmer machten in der Zeit Peters I. von sich reden. Eine bemerkenswerte Wirksamkeit entfalteten auch aus dem russischen Geburtsadel stammende Industrielle. Der erste hiervon war der Bojar Lew Kirillowitsch Naryschkin, der Onkel Peters, dem im Jahre 1690 die Marselis-Werke übergeben wurden. Als Gründer eines anderen Eisenwerkes tat sich um die Mitte der neunziger Jahre des 17. Jahrhunderts ebenso der Djak Kusma Semjonow-Borin hervor, der eng mit dem Kaufmann Sawwa Nikitin-Aristow liiert war. In die Zeit Peters I. fielen insgesamt zehn Neugründungen metallurgischer Betriebe, deren Initiatoren Angehörige der Familie der Stroganows, weiterhin Fürst Alexej Michajlowitsch Tscherkasski sowie die Kleinadligen Anton Kolmowski, Iwan Nikiforowitsch Golubin und Karp Sawwin-Durow waren. Der große Einstieg von russischen Adelsfabrikanten in die Eisen- und Kupferbranche sollte jedoch erst um die Mitte des 18. Jahrhunderts erfolgen.

Mit Peter I. begann für Rußland das neue Manufakturzeitalter. Auf dem Gebiet der Eisenindustrie war dieses durch das Auftreten neuer Unternehmerschichten gekennzeichnet. Ungeachtet der Bedeutung der russischen Eisenproduktionsstätten, die in der Mitte des Reiches lagen, erlangte der Ural bald in der Eisenproduktion des Landes die führende Stellung. Der Zar suchte den Aufbau einer privaten Eisenindustrie im Ural mit allen Mitteln zu fördern. Zu diesem Zweck übertrug er staatliche Unternehmen an private Manufakturisten. In diesem Zusammenhang übereignete Peter I. bereits im Jahre 1703 dem Tulaer Waffenschmied und Unternehmer Nikita Demidowitsch Demidow ein voll betriebsfähiges Werk mitsamt ausgedehnten Waldungen zur Kohlegewinnung und räumte ihm weitgehende Steuervergünstigungen ein. Dadurch erreichte der Herrscher, daß Demidow in das neue Werk bedeutende Kapitalien investierte und der Eisenproduktion im Ural einen mächtigen Impuls verlieh. In Verbindung damit zog der bald allmächtige Eisenfabrikant Demidow größere Gruppen von Facharbeitern aus Zentralrußland in den Ural und legte damit den Grundstein für den Aufstieg des Urals zum Zentrum der Eisenindustrie Rußlands. Im Gefolge dieser Politik schwang sich die Industriellenfamilie der Demidows zum größten Privatunternehmer Rußlands im Uralgebiet auf. Bereits Nikita Demidow betätigte sich im Ural als eine Art Wirtschaftskönig, der sich nicht scheute, die von Peter entsandten Vertreter des staatlichen Berg-Kollegiums in Gestalt von Jacob Bruce, Wassili Nikititsch Tatischtschew und Georg

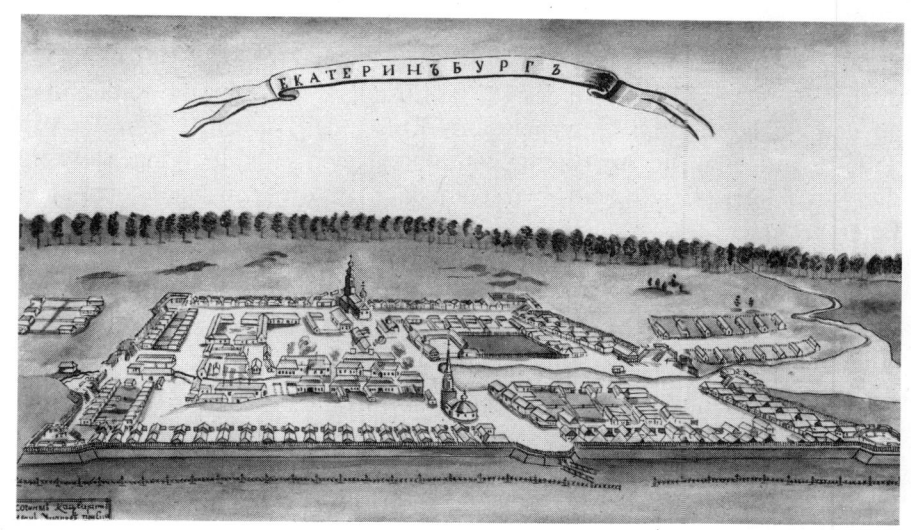

Jekaterinburg

Wilhelm von Hennin zurechtzuweisen und sich mit Erfolg gegen deren Einmischung in seine Angelegenheiten zu verwahren.

Hennin stammte aus Siegen. Er, der Feuerwerker, Artillerist, Wasserbau- und Bergbauingenieur, war 1698 in russische Dienste getreten. Der Zar, der dem tüchtigen Ausländer jede Förderung zuteil werden ließ, beauftragte ihn 1712 mit der Errichtung des Petersburger Gießhauses, 1713 mit der Leitung der Eisenwerke von Olonez und 1721 mit der Gründung der Waffenfabrik in Sestrorezk nördlich von St. Petersburg. Danach schickte er ihn in den Ural, um die dortigen Schmelzverfahren voranzubringen und den zwischen den zarischen Beauftragten Bruce und Tatischtschew auf der einen und Nikita Demidow auf der anderen Seite ausgebrochenen Konflikt zu schlichten. Als Fachmann für den Bergbau und Mitarbeiter Peters I. erwarb sich Generalleutnant Georg Wilhelm von Hennin, aus dessen Feder ein wichtiges Werk über die Uralindustrie stammt, bedeutende Verdienste um die Entwicklung des Berg- und Hüttenwesens im Zarenreich. Auf seine Initiative hin wurden 1723 die Stadt Jekaterinburg als Zentrum des Uralbergbaus gegründet, benannt nach Peters zweiter Gemahlin Katharina. Hier bestanden, als der Herrscher starb, neun staatliche und zwölf private Eisenwerke.

Zwischen den für die Hüttenindustrie verantwortlichen Mitarbeitern Peters und Nikita Demidow gab es nicht wenig Reibereien und Streit, galt es doch, die Belange des Privatunternehmers mit denen des Staates in Einklang zu bringen, was nicht ganz einfach war. In die Fußstapfen Demidows trat ein

101

weiterer Schmied aus Tula, Iwan Timofejewitsch Bataschow, der 1716 das Stauwerk Demidows bei Tula für den Bau eines Hüttenwerkes benutzen durfte. Bereits um die Mitte des 18. Jahrhunderts gehörten die Bataschows zu den erfolgreichsten Unternehmern Rußlands. Die dritte Familie von Tula-Schmieden, die zur Eisengewinnung großen Stils übergingen, waren die Mossolows, deren Hauptwirken jedoch in die Zeit nach dem Tod Peters I. fiel.

Mit dem Aufbau der russischen Eisenindustrie einher ging die ständige Suche nach neuen Bodenschätzen. In zahlreichen Erlassen suchte der Zar die Bevölkerung des Landes über den Sinn und Zweck seiner Bestrebungen aufzuklären. So hieß es in seiner Verordnung über die Gründung des Berg-Kollegiums vom 10. Dezember 1719: »Unser russisches Land ist vor vielen anderen (Staaten – E. D.) durch den Reichtum und die Mannigfaltigkeit der Metalle und Mineralien ausgezeichnet. Man hat bisher dergleichen jedoch nicht eifrig genug nachgeforscht; insbesondere hat man das Gefundene nicht genug zu verwerten verstanden, und so ist der Vorteil, welchen wir und unsere Untertanen davon hätten haben können, nicht genugsam ins Auge gefaßt worden.« Eingedenk dessen ermahnte Peter seine Untertanen immer wieder, darauf zu achten, »daß Gottes Segen nicht umsonst unter der Erde liegen« bleibe. Denen, die von solchen Vorkommen wußten und diese vor ihm zu verheimlichen suchten, drohte der Herrscher schwere körperliche Züchtigung und Bestrafung mit dem Tode an.

1718 lieferten die russischen metallurgischen Werke, die staatlichen und die privaten zusammengenommen, 104 000 Tonnen Gußeisen und 3200 Tonnen Kupfer. Peter kümmerte sich auch um die Torfproduktion, die Schwefelgewinnung, die Herstellung von Glas, die Förderung von Steinkohle und Erdöl. Von den beiden letzteren Rohstoffen hatte er eine besonders hohe Meinung, und er war davon überzeugt, daß diese Mineralien »wenn auch nicht uns, so doch unseren Nachkommen großen Nutzen bringen« würden. Gleichfalls ordnete der Herrscher an, die Bewirtschaftung der Wälder rationeller zu gestalten, eine Forstpolizei aufzustellen und die für den Schiffbau geeigneten Hölzer von anderer Verwertung auszuschließen.

Peters I. Sorge galt verständlicherweise nicht nur der Eisenindustrie, sondern auch der Entwicklung der verarbeitenden Betriebe. Da die Einfuhr von Seiden-, Woll- und Leinenstoffen umfangreiche Finanzmittel ins Ausland abfließen ließ, faßte der Monarch die Gründung von Textilfabriken ins Auge, wobei umfangreiche Geldaufwendungen erforderlich waren. So entstanden unmittelbar nach dem russischen Sieg von Poltawa 1709 neue Manufakturen, in denen Gebrauchsgüter wie Röcke, Hosen, Hüte, Strümpfe,

Tapeten, Spielkarten, Knöpfe, Tabakpfeifen und anderes mehr hergestellt wurden. Tuch- und Hutfabriken gab es in Moskau schon seit 1705. Jetzt, im Jahre 1712, befahl Peter, der sich an Feiertagen längst in einen selbstgefertigten Rock kleidete, die Tuchfabrikation so einzurichten, daß man nach Ablauf von fünf Jahren keine Uniform mehr aus dem Ausland zu beziehen brauche. Dies war freilich ein frommer Wunsch, der auch nach dem Tod des Zaren noch unerfüllt bleiben sollte.

So gab es zwar bald eine Anzahl von Tuchfabriken, jedoch die dort produzierten Waren ließen, was ihre Qualität betraf, viel zu wünschen übrig. Hinzu kamen die hohen Gestellungskosten. Ein Hauptgrund für diesen Umstand bestand darin, daß die neuen Tuchfabriken unter einem spürbaren Mangel an qualifizierten Arbeitern litten und das Hauptkontingent der russischen Werkarbeiter aus ungelernten flüchtigen Leibeigenen und zugeschriebenen Staatsbauern bestand. Eine Mißstimmung bei Peter I. riefen insbesondere die Klagen hervor, die über die Produkte der russischen Leinenindustrie laut wurden, die für den Export arbeiten sollten, wie den Berichten der zarischen Residenten in den Hauptstädten des westlichen Auslands zu entnehmen war. Hier konnten auch schlesische Schafzüchter, die der Monarch zur Förderung der Wollproduktion angeworben hatte, wenig Abhilfe schaffen.

Wie wenig der russische Herrscher mit den bisherigen Ergebnissen zufrieden war, im Lande eine leistungsstarke Textilindustrie aufzubauen, ging auch daraus hervor, daß er selbst hohen Würdenträgern bei Hofe ernsthaft nahelegte, sich als kapitalkräftige Unternehmer zu betätigen. So erhielten im Jahre 1717 der zarische Vizekanzler und Geheimrat Pjotr Pawlowitsch Schafirow und der spätere Graf und vormalige Gesandte an der Pforte, Pjotr Andrejewitsch Tolstoj, den Auftrag, mit Unterstützung französischer Berater die Fabrikation von Seiden-, Samt- und Brokatstoffen in Gang zu bringen. Zu diesem Zweck wurden den adligen Gutsbesitzern in St. Petersburg, Moskau und in anderen Städten kostenlos Höfe und Gebäude zur Verfügung gestellt. Außerdem erhielten die zu Großunternehmern auserkorenen Berater Peters eine staatliche Subvention in Höhe von 36 700 Rubel, die zusammen mit ihrem eigenen Kapital, das sich auf 81 300 Rubel belief, die Grundlage für die Eröffnung der Firma bilden sollte. Außerdem sollten Schafirow und Tolstoj auf fünfzig Jahre von allen Zöllen befreit und nur dem zarischen Senat rechenschaftspflichtig sein. Jedoch das Experiment mißlang vollends wegen anhaltender Streitigkeiten, die zwischen den hohen Kompagnons ausbrachen, und die beiden unternehmerischen Würdenträger stellten sich rasch auf das für Aristokraten weit lukrativere Geschäft des Imports ausländischer Seidenwaren um.

Diese Vorkommnisse machten deutlich, daß es in Rußland nicht nur an qualifizierten Manufakturarbeitern, sondern auch an geeigneten Unternehmern sowie an genügender Erfahrung in der Führung privater Betriebe fehlte. Hier ergaben sich beträchtliche Unterschiede zu den Verhältnissen in westlichen Ländern mit dem dortigen bereits recht profilierten Typus des frühen kapitalistischen Unternehmers. Peter I. wollte diesen Mangel durch staatlichen Eingriff beheben, indem er durch zarische Verordnungen Handwerker, Bauern, Kaufleute und Adlige zwangsweise in Fabrikanten zu verwandeln suchte. Seine diesbezüglichen wirtschaftspolitischen Maßnahmen ergaben ein ganzes Programm, das in der Gründung von mehreren ökonomischen Kollegien, so des Berg-, Agrar-, Handels- und Manufaktur-Kollegiums beredten Ausdruck fand.

Jedoch ungeachtet der Hemmnisse, die der von Zar Peter eingeleiteten Industrialisierung Rußlands allerorts im Wege standen, war der Aufschwung, der sich in der Manufakturentwicklung des Zarenreiches bereits vollzogen hatte, nicht zu übersehen. Es handelte sich bei den wirtschaftlichen Maßnahmen Peters I. zweifelsohne um einen originellen Versuch, mittels staatlichem Zwang die russische Rückständigkeit auf dem Gebiet der Manufakturentwicklung zu durchbrechen. Auch wenn der Monarch seine Aufmerksamkeit zunächst vorwiegend auf jene Industriezweige richtete, die mit der Versorgung der Armee und dem Bau der Flotte in Zusammenhang standen, so unternahm er doch gleichzeitig alle Anstrengungen zur Hebung der gesamten Industrie. Die Erfolge, die sich trotz aller Mißlichkeiten einstellten, beruhten dabei darauf, daß die von Peter eingeleitete Industrialisierung des Landes auf den Grundlagen aufbauen konnte, die bereits im 17. Jahrhundert gelegt worden waren.

Es war der russische Zar selbst, der die Fortschritte des Manufakturwesens, die durch sein beständiges Drängen am Ende seiner Regierungszeit sichtbar wurden, genau erkannte. So hieß es in einem Ukas vom Jahre 1723: »Die Fabriken zu vermehren, gibt es bei uns in der Tat wenig Liebhaber; denn unser Volk ist unwissend und Kindern vergleichbar, die das Alphabet nicht lernen wollen, solange sie vom Lehrer nicht dazu gezwungen werden, und der Zwang erfüllt sie zunächst mit Verdruß. Aber wenn sie es einmal gelernt haben, dann danken sie dennoch dafür. Und so verhält es sich auch bei unseren augenblicklichen Angelegenheiten. Ist denn nicht alles unter Zwang gemacht worden? Aber schon werden hinter mir Worte des Dankes laut, hat doch bereits Früchte getragen, daß wir im Hinblick auf die Manufakturen nicht nur Vorschläge unterbreitet, sondern auch durch Zwang, daß wir durch Belehrung gezeigt haben, wie man durch Maschinen und andere Mittel gut wirtschaften kann.«

Zu Beginn der Regierungszeit Peters I. gab es in Rußland insgesamt 21 Manufakturen, die sämtlich als Staatsbetriebe im 17. Jahrhundert eingerichtet worden waren. Bis 1725 kamen 200 neue hinzu – 86 staatliche Werke und 114 Privatbetriebe –, wobei auch die Manufakturen in Privathand sich unter dem starken Einfluß der staatlichen Regulierungspolitik befanden. Von den Manufakturen, die Peter neu gründen ließ, diente ein reichliches Drittel der Metallgewinnung und Metallverarbeitung. Unter den Industriezentren nahm St. Petersburg eine herausragende Rolle ein: Hier wurden die größten Betriebe errichtet, so die Admiralitäts-Werft, auf der etwa 10 000 Arbeiter tätig waren, das Arsenal, Pulverfabriken, die Tapetenmanufaktur und andere Unternehmen mehr. In den unter Peter neu gegründeten Industriebetrieben arbeiteten um 1725 mehr als 66 000 Menschen, und die Zahl der im Betrieb befindlichen Maschinen belief sich auf 1663.

Bei der Industrialisierung des Urals trat Zar Peter in der Rolle eines Pioniers in Erscheinung. Bei seinem Tode waren in Rußland insgesamt 31 Hochöfen und Hammerwerke in Gang. Die Uraler Eisenwerke lieferten zum selben Zeitpunkt etwa drei Viertel der gesamten Eisenproduktion Rußlands, das heißt das Fünffache im Vergleich zur Zeit Peters I. Auf dem Gebiet des Hüttenwesens waren begabte Techniker, Ingenieure und Staatsbeamte tätig, so Wassili Nikititsch Tatischtschew, Georg Wilhelm von Hennin, Nikifor Kleopin und andere. Michail Iwanowitsch Serdjukow, Kaufmann, Erfinder und Unternehmer zugleich, erwarb sich bedeutende Verdienste bei der Anlage von Kanälen. Der Mechaniker Andrej Konstantinowitsch Nartow erfand einen mechanischen Support für die Drehbank. Hinzu kamen zahlreiche andere begabte russische und ausländische Fachspezialisten und Erfinder, die ebenfalls mit Erfolg zur Entwicklung des russischen Manufakturwesens beitrugen.

Unter den Industrieunternehmern stellten anfangs kapitalkräftige Kaufleute die Mehrheit dar. Auch Bauern betätigten sich gelegentlich als Unternehmer, wurde doch ausdrücklich sogar Leibeigenen gestattet, Betriebe zu gründen. Als Anreiz zu industrieller Betätigung ermöglichte Peter I. erfolgreichen kaufmännischen und bäuerlichen Unternehmern schließlich den Aufstieg in den Adelsstand. Das bedeutete die Durchlöcherung des Prinzips der bäuerlichen Schollenpflichtigkeit und Leibeigenschaft durch den Staat. Mit dem Reglement für das Manufaktur-Kollegium vom Jahre 1717 wurden die Privatbetriebe in Analogie zu den adligen Dienstgütern ebenfalls für erblich erklärt.

Ungeachtet der staatlichen Förderung des Manufakturwesens vermochte sich angesichts des Weiterbestehens der bäuerlichen Leibeigenschaft ein gesamtrussischer Arbeitsmarkt nur zögernd zu entwickeln. Das Gros der in den Betrieben tätigen Menschen bestand aus Zwangsarbeitern, die unter unvorstellbar harten Bedingungen ihr Tagewerk verrichten mußten. Am Anfang suchte Zar Peter die erforderlichen Arbeitskräfte aus dem Kleingewerbe zu rekrutieren und nach englischem Vorbild sogar Lehrlinge unter Arbeitspflicht zu stellen. Außerdem wurden Kriegsgefangene, Sträflinge, Bettler, beschäftigungslose Geistliche, Dirnen sowie sogenannte Läuflinge und Findelkinder zur Arbeit in den Manufakturen herangezogen. Indes, es zeigte sich bald, daß die Zahl der auf diese Weise gewonnenen unfreien Arbeiter keineswegs ausreichte, um das notwendige Tempo in der Manufakturentwicklung und die erforderliche Arbeitsproduktivität zu gewährleisten. Ungeachtet dessen, daß die privaten Unternehmer die Anwerbung freier Arbeitskräfte bevorzugten, waren sie doch auf die Arbeit von zwangsverpflichteten Arbeitskräften angewiesen. Dieser Sachlage trug Peters Ukas vom Jahre 1721 Rechnung, durch den die Kategorie der sogenannten Possessionsbauern geschaffen wurde. Diese mußten sowohl den Boden bestellen als auch in der Manufaktur arbeiten. Der Ukas gestattete den Privatunternehmern, ganze Dörfer mit Staatsbauern zu kaufen unter der Bedingung, daß jene Dörfer für immer mit der Manufaktur verbunden blieben und nur zusammen mit ihr veräußert werden durften. Die Produktion der Possessionsmanufakturen stand unter der Kontrolle des Staates, die so weit ging, daß dieser den Umfang der Produktion, die Anzahl der Gegenstände, die Qualität der Waren und dergleichen mit bestimmte.

Der Typ der Possessionsmanufakturen stellte somit einen recht schwerfälligen Apparat dar. Die den Privatbetrieben zugeschriebenen Possessionsarbeiter – etwa 25 000 an der Zahl – waren in der Regel zur Erntezeit auf ihren Wirtschaften tätig, die übrige Zeit verbrachten sie in den Manufakturen. Es war dies eine Praxis, deren Anfänge bereits ins 17. Jahrhundert zurückreichten, als sich die Zarenregierung angesichts des Fehlens von freien Lohnarbeitern genötigt sah, den Manufakturen Kronbauern als Zwangsarbeitskräfte zu überschreiben. Das System der Possessionsarbeiter hatte den Nachteil, daß die Arbeitskräfte zwischen der Landwirtschaft und der Industrie geteilt werden mußten. Hinzu kam, daß der Staat dadurch in seinen Einnahmen beeinträchtigt wurde.

Die meisten Industrieunternehmen, die Peter I. einrichten ließ, waren nach der Zusammensetzung der Arbeitskräfte sogenannte Mischbetriebe, das heißt in ihnen wirkten sowohl freie als auch zwangsverpflichtete Arbeitsleute. Der petrinische Staat begünstigte beide Formen von Arbeitsverrichtung. Was die Landwirtschaft und das Gewerbe anging, orientierte Zar Peter darauf, beide rechtlich zu trennen, wobei sich die Gewerbetreibenden in Zünften organisieren sollten. Da es dem Herrscher bei dieser Maßnahme im Unterschied zu den zeitgenössischen Zunftverfassungen in westlichen Ländern nicht so sehr um die Zuerkennung von Selbstverwaltungsrechten an Handwerker und Kleingewerbetreibende ging, sondern weit mehr um deren fiskalische Erfassung, brachte die zarische Anordnung keine nennenswerten Veränderungen. Vielmehr erwies sich die steuerliche Zuordnung derjenigen Dorfbewohner, die Handel und Gewerbe trieben, zugleich jedoch an die Scholle gebunden waren, als äußerst schwierig, und es kam demzufolge zu keiner Entscheidung darüber, ob sie soziologisch der Stadtbevölkerung zugezählt oder der Dorfgemeinde zugehörig verbleiben sollten. Einen bemerkenswerten Neuansatz stellten die in diesem Zusammenhang lediglich in verschiedenen Teilen des Reiches entstandenen Kaufmannsvereinigungen dar, die in ihren gesellschaftlichen Funktionen den westlichen Gilden nahekamen.

Handel

In der Wirtschaftspolitik Peters I. spielten auch die Fragen von Handel und Verkehr eine zentrale Rolle. Dabei standen wiederum die praktischen Erfordernisse des neuen Staatswesens im Vordergrund. Nüchtern, tatkräftig und schöpferisch zugleich, suchte der Zar auch auf diesem Feld die für sein Reich richtigen Wege und Lösungen zu finden.

Wenn auch nicht in solchem Ausmaß wie im Außenhandel, vollzogen sich auch im Binnenhandel bedeutende Veränderungen. Als Hemmnis wirkte sich dabei aus, daß die Binnenzölle, wie sie zuletzt im Neuen Handelsstatut von 1667 festgelegt worden waren, weiter galten. Kriegsbedingt war zunächst die von Peter verfügte Errichtung von Monopolen für einige Warengruppen, zu denen vor allem Salz und Tabak gehörten, wodurch dem Fiskus kurzfristig Mehreinnahmen zuflossen. Im Zusammenhang mit dem Ausbau von Verkehrswegen, die vornehmlich dem Transit- und Außenhandel dienen sollten, kam es bald zu einer spürbaren Belebung und Erweiterung des Binnenhandels. Die wichtigsten Handelszentren des Landes waren Moskau und das neue Petersburg, hinzu traten als bedeutende Marktmittelpunkte Ustjug Weliki, Wologda, Tichwin, Nishni Nowgorod und andere Städte. Gehandelt wurden nicht nur Getreide und Lebensmittel, sondern auch Rohstoffe und Halbfabrikate für Manufaktur und Handwerk sowie Industriewaren, die aus den neuen Textilunternehmen kamen. In den entlegenen und schwer erreichbaren Gebieten freilich ging es weiterhin altväterlich zu. Hier herrschten nach wie vor naturalwirtschaftliche Zustände, und der Bauer verkaufte und kaufte nur in dem Maße, wie es die Abgabepflichten und die auf ihm lastende Kopfsteuer zuließen.

Ungeachtet dessen vollzog sich im Binnenhandel und in der gewerblichen Produktion eine immer weitergehende Spezialisierung. Das Getreide kam vor allem aus den zentralen Schwarzerdegebieten und einem Teil der nahegelegenen Nichtschwarzerdezone nach Moskau und Petersburg. Insbesondere wurde es auf dem Wasserweg über Oka und Moskwa herangeschafft. Im Winter bediente man sich zum Transport aus nahegelegenen Orten des Pferdefuhrwerks. Am Getreidehandel waren nicht nur Kaufleute und Adlige, sondern vereinzelt auch wohlhabende Bauern beteiligt, die sowohl eigene Erzeugnisse auf den Markt brachten als auch als Zwischenhändler fungierten. Die Beförderung des Getreides auf dem Wasser lag in den Händen von Großkaufleuten, den Transport zu Pferde besorgten die Bauern selbst und teilweise auch die Gutsherren. Außer Getreide wurden auf den Märkten vor allem Fisch, Kaviar, Vieh, Rohleder und Pflanzenfette angeboten. Aus Sibirien und dem europäischen Norden kamen Pelze, chinesische Seide, Baumwollstoffe und auch Tee.

Der Zar setzte sich mit Nachdruck für die Erweiterung des Binnenhandels ein und ermunterte nicht zuletzt auch die Bauern, sich als Händler zu betätigen. So ordnete er an, jeden Bauern, der ein Vermögen von 300 Rubel besaß, auch ohne Zustimmung seines Herrn in die Gemeinschaft der Stadtbevölkerung einzutragen. Als verbotene Handelswaren galten während des Krieges gegen Schweden Rhabarber, Pech, Pottasche, Leim und anderes.

Das Zentrum des gesamtrussischen Marktes wurde von großen und mittleren Aufkäufern beherrscht. Die Produzenten selbst nahmen nur in geringem Umfang am Marktgeschehen teil. Zwischen ihnen und den Käufern standen die Aufkäufer. Die Gründung der neuen Hauptstadt St. Petersburg im Jahre 1703 wurde nicht allein für den Außenhandel, sondern auch für den Binnenhandel bedeutungsvoll. Mit Petersburg entstand ein neuer großer nordwestlicher Markt, der auch die Ostseehäfen einschloß. Zar Peter erkannte von Anfang an die wichtige Funktion, die dem neuen Binnenhandel zukam, denn die steigende Nachfrage des immer größer werdenden Heeres und der Flotte nach Waren aller Art stellte dem gesamtrussischen Markt beträchtliche Versorgungsaufgaben. Damit verbunden war die Bewältigung erheblicher Verkehrsprobleme. Der Monarch unternahm daher alle Anstrengungen, um das Verkehrsnetz auszubauen. So beabsichtigte er insbesondere, die verschiedenen Flußbecken des Landes durch künstliche Wasserwege miteinander zu verbinden. Holland und Frankreich dienten dabei als Vorbilder im Kanalbau. Zu diesem Zweck ließ

Ingenieur Generalleutnant
Burkhard Christoph von Münnich

Peter Zehntausende Menschen, von denen viele dabei den Tod fanden, lange Jahre an Kanälen und Schleusen arbeiten.

Schon auf seiner ersten Reise in den Westen hatte der Zar 1698 in England dem in russische Dienste getretenen Schleusenmeister John Perry den Auftrag erteilt, den Wolga-Don-Kanal zu bauen, um die neu gewonnene Stellung seines Reiches am Asowschen Meer zu sichern. Jedoch angesichts der neuen Erfordernisse, die der große Krieg gegen Schweden für das Zarenreich brachte, und des erneuten Verlusts von Asow, blieben die Arbeiten stecken und wurden schließlich gegenstandslos.

Von den zahlreichen Kanalprojekten, die der Monarch entwarf, konnten nur wenige verwirklicht werden, so vor allem der Bau des Wyschnewolodski-Kanals (1703–1708), der die Twerza, einen Nebenfluß der Wolga, mit der Zna und Msta und dadurch mit dem Ilmensee, dem Wolchow und dem Ladogasee verband. Dabei gelang es dem russischen Kaufmann und Ingenieur Michail Iwanowitsch Serdjukow, bis zum Jahre 1722 die hydrotechnischen Fragen des Kanals vollends zu lösen und dadurch den künstlichen Wasserweg allseitig benutzbar zu machen. Angesichts der Stürme, die auf dem Ladogasee tobten, ordnete Zar Peter an, zusätzlich neben dem See einen Umgehungskanal anzulegen. Mit der Ausführung des Projekts wurde der Statiker und Generalmajor Grigori Grigorjewitsch Skornjakow-Pissarew beauftragt, dessen Werk dann der aus Oldenburg stammende Ingenieur und Generalleutnant Burchard Christoph von Münnich, allerdings erst nach dem Tode des Zaren, im Jahre 1732, vollendete. Auch der Ingenieur und Generalleutnant Georg Wilhelm von Hennin soll noch 1722 vom russischen Herrscher den Auftrag erhalten haben, Nachforschungen über die Möglichkeiten der Anlage eines Kanals zwischen der Wolga und Moskau anzustellen.

Auch wenn Peters zahlreiche Kanalprojekte sich zu seinen Lebzeiten nicht verwirklichen ließen, so zeugten sie doch von dem unerhörten Weitblick des Monarchen, durch Zwischenkanäle das Kaspische Meer mit der Ostsee sowie Astrachan mit St. Petersburg zu verbinden und Rußland zur Vermittlerin zwischen Europa und Asien zu machen. In dieses Raumgefühl und das weltweite Konzept gehörten auch die Fernhandelspläne des Zaren, die sich in riesigen Dimensionen bewegten. Das Bewußtsein, daß Rußland im Handel mit den westlichen Ländern nicht konkurrieren konnte, ließ Peter Zeit seines Lebens nicht zur Ruhe kommen, sah er doch sein Reich bereits als Drehscheibe eines Welthandels, der zwischen Europa und Asien vor sich ging.

Der Sieg über Schweden und die Erwerbung des Zugangs zur Ostsee veranlaßten Peter, die bisherige Hauptrichtung des russischen Außenhandels abrupt zu ändern. Nach dem Frieden von Nystad 1721 erzwang er die Verlagerung der Ein- und Ausfuhr von Archangelsk nach den neuen Häfen Petersburg und Riga, und zwar gegen den Widerstand sowohl der russischen als auch der ausländischen Kaufleute, die im Zarenreich handelten. Unter den fremden Händlern sperrten sich die Holländer als die einflußreichsten am meisten dagegen. Der Hauptgrund ihrer Opposition gegen die zarischen Weisungen bestand in der Furcht vor der russischen Konkurrenz im Ostseehandel. Aber auch unter den englischen Kaufleuten wurden Stimmen laut, in denen von der »russischen Gefahr« die Rede war. So hieß es in dem 1716 in London erschienenen anonymen Werk »The Nordern Crisis, or impartial reflections of the policies of the Czar«: »Er (Peter I. – E. D.) wird dann gewiß unser Rivale und uns ebenso gefährlich werden, wie wir ihn jetzt unterschätzen. Zu spät wohl werden wir uns dann ins Gedächtnis zurückrufen, was unsere eigenen Minister und Kaufleute uns von seinen Projekten berichten, die ihm dazu dienen sollen, sich des gesamten nördlichen Handels zu bemächtigen und mit Hilfe der Flüsse, welche er miteinander in Verbindung setzt und vom Kaspischen und Schwarzen Meer bis nach seinem Petersburg hin schiffbar macht, auch den türkischen und persischen Handel ganz in seine Hände zu bringen. Dann werden wir unsere Blindheit unbegreiflich finden, die uns seine Pläne verkennen ließ, nachdem wir doch von all dem Großartigen gehört, was er in Petersburg zustande gebracht hat.«

Zar Peter ließ sich von solchen und ähnlichen Stimmen und Klagen, in die auch die russischen Kaufleute einstimmten, nicht beeindrucken und setzte mit immer neuen Ukasen durch, daß der Hauptexport und -import der Handelswaren über St. Petersburg und die Ostseehäfen erfolgte. Mit dem Einlaufen der fremden Schiffe in St. Petersburg und in Riga verbunden war, daß nun auch russische Schiffe in den Häfen des westlichen Auslandes festmachten. Seit 1715 ging der Monarch dazu über, in Frankreich, Spanien und anderen Ländern Handelsagenturen und Konsulate einzurichten. Den eigenen Kaufleuten verordnete Peter in einem Ukas, sich nach westlichem Vorbild in Kompanien zusammenzuschließen. Er hoffte, dadurch seine Kaufleute für die Geschäfte des internationalen Großhandels zu befähigen. In diesem Zusammenhang ließ er ausführliche Informationen über ausländische Handelsangelegenheiten und internationale Preisverordnungen drucken sowie ein Kommerz-Kollegium einrichten.

Mit der Erschließung des Seewegs über die Ostsee für die Wirtschaft Rußlands erhielten die Handelsbeziehungen zu England und Holland, aber auch zu den deutschen Staaten und zu Frankreich, Spanien und Portugal, einen erkennbaren Auftrieb. Um ausländisches Kapital ins Land zu ziehen, begünstigte Zar Peter ausländische Kaufleute, was dazu führte, daß zahlreiche Lübecker, Stettiner, Amsterdamer und Londoner Handelsherren in St. Petersburg Niederlassungen und Kaufhöfe errichteten und den Handel des Zarenreiches in erheblichem Maße stimulierten.

Neben dem Handel mit den Ländern des Westens spielte in Peters Wirtschaftspolitik auch der Kommerz mit den Staaten des Ostens und Südostens eine bedeutsame Rolle. Schon 1711 hatte der Zar angewiesen, eine gesonderte Kompanie zu gründen, die den Handel mit China regeln sollte. Jedoch die russischen Kaufleute zeigten wenig Neigung, ihr Kapital in das unsichere China-Geschäft zu investieren. Daher blieb es bei der üblichen Mischform von staatlicher und privater Beteiligung. So transportierte man unter militärischem Schutz private und staatlich monopolisierte Güter, vor allem Zobel, nach China. Insgesamt konnte das Volumen des russischen Exports nach dem Reich der Mitte ausgeweitet werden. Der Hauptumschlagplatz für chinesische Waren, die über Werchoturje und Jekaterinburg nach Rußland kamen, war Moskau. Den Hauptanteil machte die Baumwolle aus, gefolgt von Seidengeweben und anderen Stoffen sowie dem Tee.

Auch die Handelsbeziehungen seines Reiches zu Persien suchte der russische Zar dadurch auszubauen, daß er Expeditionen ausrüsten ließ, die vornehmlich die Möglichkeiten des Transithandels mit Indien über Persien erkunden sollten. Peter lenkte seinen Blick auch auf China und Buchara, mit denen er sich einen einträglichen Kommerz versprach. Auch in diesem Fall sollten Erkundungstrupps die notwendige Vorarbeit leisten. Ungeachtet aller Anstrengungen konnten hierbei jedoch keine greifbaren Erfolge erzielt werden, und das Zarenreich vermochte in diesem Raum nicht, als Konkurrent des holländischen und englischen Handels in Erscheinung zu treten. Der Intensivierung der russisch-persischen Beziehungen diente nicht zuletzt Peters Kriegsunternehmen gegen Persien 1722/23, das hier einen Wandel schaffen sollte. Indes, die erzielten Erfolge erwiesen sich als vorübergehend, und das von den russischen Truppen eroberte Seidenanbaugebiet von Ghilan ging bald wieder verloren. Außer Seide kamen aus Persien Baumwollgewebe, Edelsteine, Saffian, Rauchwaren und Farbstoffe nach Rußland. Das Zarenreich exportierte dorthin Zobelfelle und anderes Pelzwerk, Häute, gewerbliche Erzeugnisse, Gold- und Silbermünzen. In der Vermittlung des russischen Persienhandels spielten armenische Kaufleute eine große Rolle. Äußerst schwach entwickelt zeigten sich angesichts der häufigen kriegerischen Verwicklungen die Handelsbeziehungen zwischen Rußland und der Türkei.

Zar Peter unternahm in seinem Lande alles, was einer Förderung des Außenhandels zum Nutzen gereichte. So gelang es ihm, mit mehreren Staaten Handelsabkommen zu schließen und durch seine Agenten im Ausland als der erste Kaufmann seines Landes in Erscheinung zu treten. In der Erweiterung des Außenhandels des Reiches sah der Monarch einen der stärksten Hebel zur Förderung des allgemeinen Volkswohlstands und der Auffüllung der Staatskasse. Dabei suchte er die Formen des russischen Außenhandels den Gepflogenheiten, wie sie im westlichen Ausland üblich waren, anzugleichen. So sollten die in Handelskompanien organisierten russischen Kaufleute »wie die Kaufleute anderer Staaten Handel treiben«. Freilich sollte sich bald zeigen, daß der russische Zar mit seinen Forderungen auf unüberwindliche Barrieren stieß und zur Kenntnis nehmen mußte, daß es in Rußland noch immer an dem kapitalkräftigen Kaufmannsstand fehlte, der zugleich über die notwendigen Erfahrungen im internationalen Großhandel verfügte, wie dies in westlichen Ländern längst der Fall war.

Nichtsdestoweniger war die Bilanz, die Peters Handelspolitik aufwies, eine günstige. Darauf haben bereits die Zeitgenossen aufmerksam gemacht, so der aus Nürnberg stammende Ökonom und Publizist Paul Jakob Marperger in seiner Schrift »Moskowitischer Kaufmann«, die bereits 1705 in Lübeck erschien und 1724 eine Nachauflage erfuhr. Das im Auftrag der Hansestadt Lübeck verfaßte Büchlein propagierte durch Abdruck von Peters Verordnung über die Privilegien und freie Ein- und Ausreise ausländischer Offiziere, Handwerker und Kaufleute sowie des den Lübecker Kaufherren russischerseits zugesicherten Rechts im Zarenreich, in bestimmten Städten Handelsniederlassungen mit eigener Rechtsprechung zu gründen, eine verstärkte Reise- und Handelstätigkeit mit Rußland, dessen Monarch »auf dem großen europäischen Kriegs-Theatro einen mit den vornehmsten Actoribus präsentieret«. Und weiter hieß es bei Marperger: »Es ist in Rußland viel bares Geld, weil der Zar so viel Manufakturen etabliert, dadurch die Nation mehr Exportanda als Importanda gebraucht, welches eben dasjenige ist, so das Glück der Länder und Republiken machet, wenn solche nämlich alle Jahre etliche Tonnen Goldes mehr für ihre Waren einnehmen, als sie sie für fremde ausgeben.«

Hatte Zar Peter in der ersten Hälfte seiner Regentschaft mehrfach ausländischen Kaufleuten und Unternehmern ausgedehnte Handelsprivilegien eingeräumt, so setzte er in späteren Jahren alles daran, die russische Kaufmannschaft in eine Vorzugsstellung zu bringen. Demzufolge gab er durch den von ihm persönlich veranlaßten Namentlichen Ukas von 1711 den Handel grundsätzlich für Personen jeglichen Standes frei, und er begünstigte die russischen Kaufleute im Export- und Importhandel zollpolitisch in spürbarem Maße gegenüber den Ausländern. Insgesamt bewegte sich auch die Handelspolitik Peters I. im Spannungsfeld von scharfer Reglementierung und bewußter Freisetzung neuer Gesellschaftskräfte, Fiskalismus und Protektionismus. Dabei hielt der russische Zar zwar am westlichen Leitbild des freien kapitalistischen Kaufmanns fest, sah in dessen russischem Berufsgenossen jedoch traditionell zugleich den Repräsentanten des Staatshandels.

Finanzen und Steuern

In seiner Finanz- und Steuerpolitik setzte Peter I. auf eine rasche Geldschöpfung, das heißt die von ihm inspirierte Wirtschaftspolitik war vorwiegend als Finanzpolitik angelegt. In seinem Ukas über die Obliegenheiten des Senats vom Jahre 1711 bezeichnete der Zar das Geld als »die Arterie des Krieges«. Obgleich der Herrscher von seinen Vorgängern auf dem Thron eine an Rücklagen reiche Kasse übernommen hatte, waren diese rasch aufgebraucht, und die Beschaffung von Geldmitteln stellte während seiner gesamten Regierungszeit eine drückende Sorge dar.

Eine Hebung der Finanzkraft des Reiches versprach sich Peter durch eine Neuordnung des Steuersystems. Bereits zu Beginn des Krieges gegen Schweden griff er auf eine alte Einnahmequelle zurück, die von den russischen Herrschern des 16. und 17. Jahrhunderts mehr oder weniger kräftig genutzt wurde: den Landbesitz der Kirche. So ließ der Zar mit Namentlichem Ukas vom 30. Dezember 1701 die Einkünfte vom Klosterland verstaatlichen und an den neuen Kloster-Prikas abführen. Um den steigenden Staatsbedarf zu decken, mußten jedoch weitere Einnahmequellen erschlossen werden. 1709 ordnete Peter an, statistische Erhebungen durchzuführen. Er verlangte genaue Unterlagen über die Zahl der Bauernhöfe und deren Bewohner, und zwar beiderlei Geschlechts. Der Monarch ging dabei von der Erwartung aus, daß sich seit der letzten Zählung von 1678 deren Zahl erhöht haben müßte. Jedoch schon die ersten Angaben, die bei ihm eingingen, entsprachen nicht den gesetzten Erwartungen. Danach ergab sich vielmehr ein Rückgang von etwa zwanzig Prozent bei den zu besteuernden Höfen. Jedoch diese Angaben waren nicht stimmig, da ein Teil der Bevölkerung, der um den Zweck der fiskalischen Maßnahmen wußte, sich der Zählung entzog. Zu diesem Schluß gelangte auch der Monarch, der daher in einem neuen Ukas von 1710 anwies, nicht mehr die Höfe, sondern die steuerpflichtigen Einzelpersonen zu erfassen.

Um die Steuereinnahmen zu erhöhen, ließ es Peter freilich nicht bei dieser Maßnahme bewenden. Er verfügte jetzt, eine Gruppe von Beamten einzusetzen, deren Aufgabe darin bestand, neue Einnahmequellen ausfindig zu machen. Es waren dies die sogenannten Pribylschtschiki (Gewinnmacher), in der Hauptsache Personen niederer Herkunft, die in der neuen Funktion bald eine steile Karriere machten. Die Pribylschtschiki, mit denen der Herrscher enge Verbindung hielt, legten eine erstaunliche Erfindungsgabe an den Tag. Sie entwickelten ein System, das es ermöglichte, das tägliche Leben des zarischen Untertans bis ins Persönliche hinein zu besteuern und zu belasten. So gaben die Pribylschtschiki vor, rückständige

Steuern und Gebühren von Gewerben und Wirtschaften einzutreiben, brachten minderwertige Münzen in Umlauf, verpachteten Fischereien, besteuerten Bärte, eichene Särge, versteuerten den Salzkonsum ins Unermeßliche und erhoben schließlich seit 1717 die berüchtigte Kopfsteuer, die in Rußland jahrhundertelang in Kraft bleiben sollte. Sogar die Eheschließung ungetaufter Angehöriger nichtrussischer Völker wurde mit einer Abgabe belegt. Zahlreiche Zeitgenossen schilderten mit Entsetzen die Hast und Strenge, mit der bei der Eintreibung der Steuern vorgegangen wurde. So hieß es in einem Bericht des preußischen Legationssekretärs Johann Gotthilf Vockerodt: »Ob die Nation aber bei solcher Unempfindlichkeit beständig beharren oder ob nicht einmal, ehe man es sich versieht, ein Patriot unter derselben auftreten und Mittel finden werde, die Klagen und Seufzer der Untertanen mit Nachdruck zu den Füßen des Throns zu bringen, muß der Zeit überlassen werden.«

Auch aus den Reihen der Pribylschtschiki selbst wurden Stimmen laut, die zu einem milderen Vorgehen rieten, um die Steuerkraft des Volkes nicht gänzlich zu ruinieren. Es war kein anderer als der Ober-Pribylschtschik Alexej Alexandrowitsch Kurbatow, der den Herrscher darauf aufmerksam machte, daß dem Landvolk häufig das letzte Stück Vieh, ja sogar die elende Hütte genommen würde, wo es doch darauf ankomme, sich in Geduld zu fassen und die Friedenszeiten abzuwarten, in denen die Steuerpflichtigen sicherlich regelmäßig ihren Zahlungen nachkommen würden. Daraufhin ließ der Monarch in einem Ukas vom Jahre 1713 wissen, daß er bemüht sei, seine Untertanen zu schonen und ungerechte Lasten zu erleichtern. Er befahl, bei der Besteuerung so zu verfahren, daß der Staatsschatz aufgefüllt, das Volk jedoch nicht bedrückt würde. Denen, die nicht im Sinne seiner Anordnungen handelten, drohte der Monarch die Todesstrafe an.

Eine andere Finanzquelle sah Zar Peter in der Errichtung von Monopolen. So ließ er angesichts des ständigen Haushaltsdefizits laufend die Zahl der Staatsmonopole vergrößern. Zu den monopolisierten Waren zählten: Harz, Pottasche, Rhabarber, Leim, Salz, Tabak, Wodka, Teer, Fisch, Kartenspiel, Würfelspiel und vieles andere mehr. Die Preise, die vom Staat festgelegt wurden, waren zwei- bis viermal so hoch wie zuvor. Gegen Ende des Nordischen Krieges, im April 1719, hob der Zar alle Monopole auf (ausgenommen für Pottasche und Teer), erhöhte jedoch gleichzeitig die Steuern für die freigegebenen Waren. Peters Monopolbildungen übten auf das ökonomische Wachstum Rußlands insgesamt freilich einen günstigen Einfluß aus.

Als eine weitere staatliche Finanzierungsquelle erwies sich die während der Regierungszeit Peters I. lang andauernde staatliche Inflation. Angesichts der bestehenden Sachlage war es dem Herrscher möglich, Gebrauchsgüter in die Hände derer zu geben, die zur Kapitalbildung im Lande beitrugen. Eine bedeutsame Rolle bei der Kapitalbeschaffung spielte auch der staatliche Außenhandel. Demzufolge unternahm Peter I. alle Anstrengungen, um durch die von ihm geleitete und kontrollierte Mitwirkung Rußlands am internationalen Warenaustausch umfangreiche Geldgewinne zu erzielen. Eine Erhöhung der Staatseinnahmen erfolgte schließlich durch die Kopf- oder Seelensteuer. Durch sie kam es zudem zu einer Angleichung der Staats- und Gutsbauern, die in gleicher Weise erfaßt wurden.

Insgesamt war Peter I. auch mit seiner Steuerreform erfolgreich. Dies wurde aus seinem letzten Budget von 1724 ganz deutlich. Die Gewinne waren vor allem durch eine erneute Belastung der bäuerlichen und der städtischen Arbeits- und Leistungskräfte und erst in zweiter Linie durch die Steigerung der ökonomischen Kapazität des Landes erzielt worden. Das Ergebnis verdeutlichte insgesamt, daß es Peter auf dem Gebiet der Ökonomie gelungen war, die Grundlagen für ein modernes Wirtschaftsleben in Rußland zu legen, dessen volle Entfaltung Aufgabe der nachfolgenden Generationen blieb.

GESELLSCHAFT UND STAAT
Notwendigkeit neuer Regierungsbehörden

Peters gesetzgeberisches Wirken war durchdrungen von dem Bestreben, Mitdenken und Vernunft zur Leitidee jeglicher Betätigung zu machen. Der Neuorganisation der Behörden und Institutionen lag das Bedürfnis nach Rationalisierung und Erzeugung selbstverantwortlicher Eigentätigkeit zugrunde, gepaart mit ständiger und verläßlicher Kontrolle. Die Absichten, die der russische Monarch dabei verfolgte, drängten Peter I. zur Umgestaltung und Modernisierung der in vieler Hinsicht rückständigen Verwaltungsorgane seines Reiches.

Diese Aufgabe schien ihm offensichtlich zunächst weniger problematisch, wie seine knappen Anordnungen erkennen ließen. Dabei konnte er sogar an Reformmaßnahmen anknüpfen, die bereits von seinen Vorgängern auf dem Zarenthron eingeleitet worden waren. Zunächst herrschte der Eindruck vor, als wollte Peter I. das Prikas-System beibehalten, ließ er doch sogar noch einige mehr davon einrichten. Auch die Bojarenduma blieb vorerst bestehen. Jedoch sollte sich dies bald ändern. Denn nach Beginn des Krieges gegen Schweden erschienen immer zahlreichere Ukase, in denen der Herrscher die Gründung neuer Behörden verlangte. Viele zarische Anordnungen trugen dabei den Stempel der Hast und überkreuzten sich. Dies war freilich nicht verwunderlich, denn Peter eilte bald an diese, bald an jene Front und hielt sich bald in Petersburg, bald in Moskau oder gar im Ausland auf, inspizierte Eisenwerke und Werften im In- und Ausland und war überhaupt die längste Zeit seines Lebens unterwegs.

Ungeachtet der Mitwirkung einer großen Schar von Gehilfen, Beratern und Anhängern, den Petrinern, war der Zar nirgendwo wirklich zu ersetzen. So stellten Verworrenheit und Durcheinander in den Behörden und Verwaltungen keine Seltenheit dar, sobald die gestrenge ordnende Hand des Herrschers fehlte. Diese Situation wird ganz deutlich aus den zeitgenössischen Berichten, so auch aus dem Schreiben, das Generaladmiral Graf Fjodor Matwejewitsch Apraxin im Jahre 1716 an einen der Kabinettssekretäre des Zaren richtete. In ihm hieß es: »Es ist in der Tat so, daß wir in allen Geschäften wie Blinde umherirren und nicht wissen, was wir tun sollen. Es reißt in allen Dingen eine große Desorganisation ein, und wohin wir uns wenden, wie wir künftig handeln sollen, das wissen wir nicht. Von keiner Seite erhalten wir Gelder, und alle Angelegenheiten, so scheint mir, geraten allmählich ins Stocken.« Peter suchte der auftretenden Unordnung und Anarchie durch immer neue Ukase Herr zu werden. Er wandte viel Mühe auf, um die Zuständigkeiten der einzelnen Instanzen voneinander abzugrenzen und die administrative Maschinerie des Riesenreiches in Gang zu halten. So sorgte er dafür, daß viel Neues ins Leben trat, das auch die Zeitläufte überdauerte. Der Gesamtzustand des Erreichten ließ freilich viel zu wünschen übrig.

Die Neufundierung der Behördenorganisation und der Verwaltung des Reiches bedeutete die weitere Zentralisierung und Bürokratisierung des Staatsapparats. Die Reformierung der Staatsverwaltung vollzog sich in zwei Hauptetappen. Die erste umfaßte die Jahre 1699 bis 1711, die zweite die Zeit von 1711 bis zum Tode des Herrschers, eine Periode, in der die schwersten Jahre des Krieges gegen Schweden überstanden waren und sich der Sieg der russischen Waffen in dieser großen Auseinandersetzung bereits mehr oder weniger deutlich abzeichnete. Waren die Reformmaßnahmen der ersten Etappe noch von Hast, Fehlgriffen und Widersprüchen gekennzeichnet, so nahm sich Peter I. nach 1711 mehr Zeit zu deren Vorbereitung. Zu diesem Zweck befaßten sich der Monarch und seine Mitarbeiter eingehender mit dem Staatsaufbau und der Behördenorganisation der westlichen Länder. Peter zog dabei in hohem Maße ausländische Gelehrte, insbesondere Juristen, heran, die mit der Ausarbeitung von Entwürfen und

Reglements beauftragt wurden. Dabei spielten schwedische, polnische, deutsche, holländische, englische, französische, italienische und griechische Einrichtungen als Vorbilder eine besondere Rolle. Es ging dem Zaren um die Anwendung der dortigen fortschrittlichen Errungenschaften auf die konkreten Verhältnisse in Rußland. So ordnete Peter im Hinblick auf die Übernahme schwedischer Einrichtungen ausdrücklich an: »Diejenigen Punkte im schwedischen Reglement, die (für uns – E. D.) ungeeignet sind oder nicht die Situation des (russischen – E. D.) Staates entsprechen, sind nach eigenem Gutdünken zu formulieren«. Der russische Monarch legte bei seinem Reformwerk von Anfang an außerordentliche Fähigkeiten an den Tag und setzte sich bis in die letzten Stunden seines Lebens hinein mit nie erlahmender Zähigkeit und unerbittlicher Konsequenz für das Gelingen seiner Absichten ein.

Versuch einer kommunalen Selbstverwaltung

Den ersten Eingriff in die institutionelle Struktur der Behörden und Verwaltungsorgane des Reiches vollzog Peter I. unmittelbar nach der Rückkehr von seiner ersten Auslandsreise 1697/98. Beflügelt von der Idee einer kommunalen Selbstverwaltung auch für Rußland ordnete er am 30. Januar 1699 eine Reform der städtischen Verwaltung an. Der Gedanke einer Selbstverwaltung in Rußland war freilich bereits im 17. Jahrhundert aufgetaucht. Allerdings verstand man darunter kein eigenständiges Korporationswesen mit politischen Ansprüchen im Sinne der städtischen Autonomiebestrebungen in westlichen Ländern, sondern vor allem ein Instrument zur Steigerung der staatlichen Einkünfte.

Die gleichen Ziele verfolgte auch Peters Städtereform von 1699: auch sie war vor allem als wirtschaftspolitische Maßnahme gedacht. Weit deutlicher traten bei dieser Maßnahme allerdings die Merkmale absolutistischer Staatspraxis hervor, wurde doch durch sie die gesamte überkommene Struktur der Lokalverwaltung aufgebrochen. Peters Ukas über die Reform der Stadtverwaltung eröffnete allen Personen, die Handel und Gewerbe betrieben, die Möglichkeit, sich der bisherigen Zuständigkeit der Wojewoden zu entziehen und einer zentralisierten Sonderverwaltung zu unterstellen. Alle anderen Bewohner der Städte und der Dörfer freilich blieben von dieser Maßnahme ausgenommen. Die Bedingung für den Austritt aus dem bisherigen Unterordnungsverhältnis sollte die Übernahme eines doppelten Steuersatzes durch den Betreffenden und die Spitze der neuen Verwaltung eine zentrale

Moskauer Wahlbehörde sein, genannt Bürgermeisterhof. Dessen Kompetenzen bestanden in der politischen, juristischen und fiskalischen Aufsicht über die in den Städten wirkenden Handel- und Gewerbetreibenden. Die wählbaren Stadtoberhäupter sollten Bürgermeister (Burmister), die Stadtbehörde selbst Rathaus (Ratuscha) heißen. In diesen aus deutschen und holländischen Städten übernommenen Benennungen tat sich die Absicht des russischen Herrschers kund, den neuen Institutionen auch etwas vom Geist der westlichen kommunalen Eigenständigkeit zu vermitteln. Für die Provinzstädte des Reiches wurde die Einrichtung von Landstuben angeordnet, die auf dem Nebeneinander von Amts- und Wahlprinzip beruhten, wobei sich deren Repräsentanten aus der städtischen Bevölkerung rekrutierten.

Angesichts der in dem neuen Gesetz verlangten doppelten Steuer blieb man in den handel- und gewerbetreibenden Kreisen der städtischen Bevölkerung freilich recht mißtrauisch und zeigte wenig Bereitschaft, das zarische Angebot anzunehmen. So gingen nur elf von den siebzig Städten freiwillig darauf ein, die anderen mußten gezwungen werden. Es fanden Wahlen statt, auf deren Grundlage es nun auch in Rußland urplötzlich »Bürgermeister« gab. Die Bürgermeister der Provinzstädte unterstanden der Moskauer Ratuscha, die freilich weniger eine Bürgermeisterei als vielmehr ein neues Reichsfinanzamt darstellte. Das Regiment führten hier Moskauer Großkaufleute, so der später als Präsident und Oberinspektor ins eroberte Riga geschickte Ilja Issajew. Die Repräsentanten der Ratuscha entwickelten eine erstaunliche Aktivität bei der Einbringung der von Peter I. benötigten Steuergelder. Besonders tat sich hierbei der ehemalige Leibeigene und Emporkömmling Alexej Alexandrowitsch Kurbatow hervor, der im Jahre 1703 mit dem Amt des Inspektors der Ratuscha betraut und mit einem umfangreichen Beamtenapparat ausgestattet wurde. Er ging gegen alle Fälle von Nachlässigkeit und Korruption mit unnachsichtiger Strenge vor und verschaffte der zarischen Kriegsführung gegen Schweden dadurch beachtliche Finanzmittel.

Die im Zusammenhang mit der Einrichtung der Moskauer Ratuscha entlehnten ausländischen Begriffe waren nicht gleichbedeutend mit der Übernahme der Einrichtung der Bürgermeisterämter und Rathäuser in Städten westlicher Länder. Die Bemühungen Peters, den strukturbedingten Mängeln seiner Stadtreform durch verstärkte Kontrolle zu begegnen, führte zur Herausbildung immer neuer Einrichtungen, so der Fiskale, Prokuroren und Inquisitoren. Diese sollten die Bindeglieder zwischen der Zentrale der Reichsverwaltung und den lokalen Ressortbehörden darstellen. Neuerungen solcher Art hatten für die Stadtbewohner und den Landadel verständlicherweise wenig Anziehendes, verbarg sich dahinter doch nicht die Zuerkennung

Alexander Danilowitsch Menschikow

von Selbstverwaltungsrechten, sondern eine Stärkung des zarischen Absolutismus. So vermochte die Städtereform Peters I. vom Jahre 1699 keinen Fuß zu fassen und erwies sich als nicht lebensfähig. Die Reform bewährte sich nicht, weil den Kommunen die Gewohnheit und die Gelegenheit zu selbstverantwortlicher und gemeinnütziger Tätigkeit fehlte. Als mit der Gouvernementsreform von 1708 bis 1710 die Kompetenz der Ratuscha als zentraler Verwaltungsinstanz des Reiches erlosch, erwies sich die Stadtreform von 1699 als endgültig gescheitert.

Einrichtung der Gouvernements

Eine Mischung traditioneller, praktischer und wegweisender Elemente enthielt auch die Gouvernementsreform, deren Durchführung infolge der Kriegsumstände beschleunigt wurde. Die Einrichtung der Gouvernements erwuchs aus dem Erfordernis, das Steueraufkommen der einzelnen Territorien des Reiches direkt für den Unterhalt der dort stationierten Truppen heranzuziehen. Dies bedeutete im Unterschied zu der 1699 erstrebten Städtereform eine Dezentralisation der Staatsverwaltung.

Die Gouvernementsverwaltung war das Resultat einer längeren Entwicklung. Bereits im Jahre 1700 wurde in Asow ein Amt eingerichtet, das eine bestimmte Anzahl umliegender Städte steuerlich verwaltete. Ähnliches ordnete der Zar 1703 an, als man am Ladogasee mit dem Flottenbau begann, und im Zusammenhang mit dem Vormarsch Karls XII. wurden ebenfalls mehrere Gebiete zwischen Pskow und Kiew den Moskauer Zentralämtern verwaltungsmäßig entzogen. Ebenso hatte sich Tobolsk 1706 faktisch von den Weisungen des Moskauer Sibirien-Prikases freigemacht. Angesichts dieser Sachlage schien es Peter I. ratsam, die finanzielle Leistungskraft des Reiches dadurch zu erhöhen, daß die verantwortlichen Verwaltungsstellen überall so nah wie möglich an die örtlichen Verhältnisse herangeführt wurden. Auf Grund eines eigenhändigen Ukases des Zaren vom 18. Dezember 1707 wurden daher die Städte des Reiches auf acht große Gebiete verteilt. Ein Jahr später, im Dezember 1708, erhielten Moskau, Ingermanland (später Petersburg), Kiew, Smolensk, Archangelsk, Kasan, Asow und Sibirien den Status von Gouvernements. Bis zum Ende der Regierungszeit Peters I. erhöhte sich die Zahl der Gouvernements von acht auf elf.

Die Neuordnung der territorialen Gliederung des riesigen Landes versprach eine größere Übersichtlichkeit, eine raschere und gleichmäßigere Befehlsübermittlung und eine zweckmäßigere Weiterleitung der Einnahmen. So wichtig die fiskalischen Maßnahmen auch waren, so stellten sie doch nicht den alleinigen Zweck der Gouvernementsreform dar. Gleichzeitig ging es dem Monarchen bei dieser Maßnahme um die Schaffung starker lokaler Gewalten, die in der Lage waren, soziale Auflehnungen und Aufstände rasch niederzuschlagen, wie das Vorgehen gegen die Volksbewegungen deutlich machte, die zu eben diesem Zeitpunkt in Astrachan und Umgebung ausgebrochen waren. Die Gouverneure wurden mit allen Vollmachten ausgestattet und verfügten als lokale Stellvertreter des Zaren über den Einsatz der in ihrem Bereich befindlichen Streitkräfte.

Die Gouvernementsverwaltung kam recht langsam in Gang. Zu Gouverneuren ernannte Peter – mit Ausnahme Alexander Danilowitsch Menschikows – ausschließlich Repräsentanten der alten Bojarenfamilien. Menschikow führte bereits seit der Gründung Petersburgs im Jahre 1703 den Titel eines Generalgouverneurs der neuen Stadt. Als Gehilfen der bojarischen Gouverneure fungierten Vizegouverneure, die zum Teil aus niederen Volksschichten kamen, wie das Beispiel Alexej Alexandrowitsch Kurbatows, des Vizegouverneurs von Archangelsk, und Wassili Semjonowitsch Jeschows zeigte, der Vizegouverneur von Moskau war. Bis zur sogenannten Zweiten Gouvernementsreform vom Jahre 1719 wurden im Zusammenhang mit der Einrichtung der Kollegien die innere Gliederung und der personelle Bestand der Gouverneure ständig verändert. So ließ der Zar ab 1711 zunächst mehrere Gouvernements in Landbezirke untergliedern, um dann 1719 die Einteilung der elf Gouvernements in fünfzig Provinzen und diese wiederum in Distrikte (Okrugi) anzuordnen, wobei der Schwerpunkt auf den Provinzen lag, an deren Spitze Wojewoden standen. Katharina II. hat ein halbes Jahrhundert später die auf Befehl Peters I. eingerichteten Provinzen in den Rang von Gouvernements erhoben.

Regierender Senat

Mit Peters Gouvernementsreform hatte sich die Konkurrenz zwischen den Kräften der Zentralisation und der Dezentralisation verstärkt. Um keine Schwächung der Zentralgewalt zuzulassen, ordnete der Zar die Einrichtung neuer Zentralbehörden an. Die Tatsache, daß der Herrscher sich nur noch selten im Zentrum seines Reiches aufhielt, machte die Bildung einer neuen Zentralverwaltung besonders vordringlich.

Die alte Bojarenduma fristete zu diesem Zeitpunkt offensichtlich nur noch ein Schattendasein und vermochte die anfallenden Aufgaben der modernisierten Verwaltung des Reiches nicht mehr wahrzunehmen. So waren neben ihr bereits aktiv hervortretende neue Staatsverwaltungsorgane entstanden, wie die 1699 geschaffene, von Nikita Moissejewitsch Sotow geleitete zarische Leibkanzlei, die eine immer größere Bedeutung erlangte.

Im Jahre 1704 stellte sie bereits die oberste Zentralbehörde des Staates dar, repräsentiert von wenigen Würdenträgern, die sich sowohl aus Bojaren als auch aus Nichtbojaren zusammensetzten. Die Bojarenduma selbst ist wohl nach 1700 nicht mehr als selbständige Institution in Erscheinung getreten.

1707 nannte der Zar das aus seiner Leibkanzlei hervorgegangene Regierungsgremium, das in der Regel dreimal in der Woche zusammentrat und darüber Protokolle anfertigte, »Ministerkonsilium«, womit er die neue Qualität dieser Einrichtung hervorheben wollte. Es handelte sich hierbei um einen provisorischen Regierungsausschuß. Einen solchen hatte der Herrscher freilich bereits 1697 eingesetzt, als er zu seiner ersten Auslandsreise aufbrach. Diese oberste Stellvertretungsinstanz des Reiches bei Abwesenheit des Herrschers vermochte jedoch den erhöhten Anforderungen nicht mehr zu genügen. Sie stellte daher lediglich eine Art Übergangsform zu einer wirklich neuen zentralen Regierungsbehörde dar, die mit Ukas vom 22. Februar 1711 in Gestalt des Regierenden Senats geschaffen wurde. Der Zeitpunkt des Erlasses stand in Zusammenhang mit der russischen Kriegserklärung an die Türkei, die am selben Tage erfolgte, und Peters Aufbruch zum Prut-Feldzug. Der Herrscher betraute den neuen Senat mit seiner Stellvertretung und übertrug ihm die Aufsicht über alle Verwaltungsressorts des Reiches. Die Bildung des Senats als zentrale Reichsbehörde erwies sich als ein wichtiger Schritt auf dem Wege zur Modernisierung der Staatsverwaltung Rußlands. In der Folge in seinem Bestand und in seinen Befugnissen erweitert, hat der Senat als oberste richterliche Instanz bis zum Jahre 1917 bestanden.

Der von Peter I. eingesetzte Regierende Senat bestand zunächst aus neun Mitgliedern. Im Unterschied zur Bojarenduma gehörten ihm nicht nur Vertreter der Aristokratie, sondern auch Würdenträger an, die aus nichttitulierten Adelsschichten kamen. Die Senatoren bestanden ausnahmslos aus Russen, Ausländer waren nicht zugelassen. Die Absicht des Herrschers bei der Berufung der Mitglieder des Senats bestand darin, ein arbeitsfähiges Gremium zu schaffen, das heißt auf die Aufnahme von Würdenträgern zu verzichten, die durch andere Ämter belastet waren. So war wohl auch der Umstand zu erklären, daß Alexander Danilowitsch Menschikow keinen Sitz im Senat erhielt. Die Hauptaufgabe der neuen Reichsbehörde bestand in der Erhaltung und Steigerung der finanziellen und personellen Kräfte des Landes. Der Zar selbst hat sich im Laufe der Zeit mehrmals über die Pflichten des Senats geäußert. So hieß es in einem Ukas vom Jahre 1718: »Um es kurz zu sagen: der Senat hat zum Nutzen des Monarchen und des Staates unermüdlich zu wirken, das Gute zu tun, alles Schädliche abzuwenden«.

In seinen Verordnungen über den Regierenden Senat wies Peter alle seine Untertanen auf die Pflicht hin, der neuen Körperschaft ohne Ausnahme ebensolchen Gehorsam zu leisten wie ihm selbst, und er drohte bei Nicht-befolgung der Weisungen˙ des Senats sogar die Todesstrafe an. Der Herr-scher selbst unterließ alle Versuche, die Machtbefugnisse des Senats ein-zuschränken. Im Gegenteil, er ermahnte diesen ständig, sich seiner Selb-ständigkeit bewußt zu sein und danach zu handeln. In diesem Sinne verwies Peter immer wieder an ihn persönlich gerichtete Bittschreiben und Anfragen zurück an den Senat mit dem Bemerken, daß »dessen Händen alles ver-traut« sei.

Zu den Kompetenzen des Senats gehörten die Sorge um eine unparteiische Rechtsprechung, die Ordnung der Staatsfinanzen, die Regelung des Kriegs-dienstes für junge Adlige usw. usf. Ebenso wurde der neuen Zentralbehörde die Pflicht auferlegt, über die Angelegenheiten der Manufakturen, des Außenhandels, der Finanzen und über vieles anderes mehr zu verfügen. Das bedeutete, daß dem Senat auch die Aufsicht über andere Zentralbehörden oblag, die in der Folge ihre Selbständigkeit verloren und als Ressort-instanzen dem Senat zugeordnet wurden. Keinerlei Kompetenz besaß der Senat hingegen in den Fragen der Außenpolitik und des Krieges. Diese Bereiche blieben bis zur Einrichtung der Kollegien in den Jahren 1716 bis 1722 dem Herrscher direkt unterstellt.

Aufsichtsinstanzen: Fiskale, Revisoren und Prokurore

Eines der wichtigsten Exekutivorgane des Senats stellte das Institut der Fiskale dar, das gleichzeitig mit dem Regierenden Senat geschaffen wurde. Das Vorbild boten hierbei aller Wahrscheinlichkeit nach Preußen und Schweden. Der Oberfiskal wurde vom Senat gewählt und übte im Rahmen dieser Körperschaft eine Kontrollfunktion aus. Ihm war zugleich ein ganzes Netz von Fiskalen und Unterfiskalen unterstellt, die im gesamten Reich amteten. Die Fiskale fungierten vor allem als Finanzkontrolleure, die den Auftrag hatten, vor dem Senat gegen ungetreue Beamte Anklage zu erheben, wofür sie mit einer Belohnung bedacht wurden. In Moskau und St. Peters-burg amtierten je ein Oberfiskal mit vier Fiskalen. Ebenso viele Fiskale waren in den Kanzleien der Gouvernements tätig. Auch in kleineren Städten übten Fiskale ihre Ämter aus.

Im Dezember 1714 befahl der Zar, die Zentrale mit dem Oberfiskal in die neue Hauptstadt St. Petersburg zu überführen. Mit der Einrichtung der

Fiskale verstärkte Peter I. seinen Kampf gegen Unredlichkeit zum Schaden der Staatskasse und gegen jedweden Amtsmißbrauch. Er forderte dazu auf, solche Fälle anzuzeigen und wandte sich dabei ausdrücklich an jedermann, »von den ersten bis zu den letzten Ackerbauern«. Dabei stellte er Belohnungen in Aussicht und bezeichnete die Enttarnung von Schädlingen als Dienst am Staatswohl. Auch in der Armee und Flotte ließ der Monarch Fiskale zur Überwachung aller Dienstgrade einsetzen mit der Auflage, sämtliche Fälle von Wehrdienstverweigerung und Desertion zu melden.

Die meisten Anzeigen, die zum Senat und zum Herrscher gelangten, bezogen sich auf Korruptionsfälle. Durch sie wurde eine ganze Maschinerie von Bestechungs- und Veruntreuungsprozessen in Gang gesetzt, die bis in die Regierungsspitzen hinaufreichten und sich über die gesamte zweite Hälfte der Regierungszeit Peters I. hinzogen. In diesem Zusammenhang ließ der Monarch auch mehrere seiner Senatoren und Vizegouverneure, die der Korruption und des Amtsmißbrauchs überführt wurden, knuten, die Zungen mit Eisen ausbrennen, die Nasen abschneiden und zu Galeerendienst verurteilen. Der Gouverneur von Sibirien, Fürst Matwej Petrowitsch Gagarin, beschloß nach jahrelangen Ermittlungen 1721 auf Urteil des Senats sein Leben am Galgen. Ebenso wurde der Oberfiskal Alexej Nestorow, der sich vom Leibeigenen zum allmächtigen und gefürchteten Verfolger aller Schädiger der Staatskasse emporgearbeitet hatte, selbst der Bestechlichkeit überführt und 1724 hingerichtet.

Um auch den Senat einer wirksamen Kontrolle zu unterziehen, schuf Peter das Amt des Generalrevisors. Diesen Posten vertraute der Herrscher Wassili Nikititsch Sotow an, dem Sohn seines ehemaligen alten Lehrers und »Saufpatriarchen« Nikita Moissejewitsch Sotow. Der junge Sotow stand beim Herrscher in hoher Gunst und hatte es bereits bis zum Generalpräsidenten der zarischen Geheimkanzlei mit dem Titel eines Grafen gebracht. Seine Hauptaufgabe bestand darin, dafür zu sorgen, »daß alles ausgeführt werde«. Als getreuer Parteigänger des Zaren meldete der Generalrevisor getreulich alle Fälle von Nachlässigkeit und Untätigkeit von Senatoren sowie die Beschwerden, die über den Regierenden Senat von Seiten der Gouvernementskanzleien eingingen.

Im Jahre 1722 schuf Peter I. an Stelle des Generalrevisors die Institution des Generalprokurors, den er als »unser Auge und Anwalt in Staatsangelegenheiten« bezeichnete. Der Generalprokuror hatte nicht nur darauf zu achten, daß der Senat seine Amtspflichten erfüllte, sondern er übernahm zugleich die Direktion der Senatskanzlei und die Aufsicht über die Ressorts der Fiskale. Damit waren die Befugnisse des von Peter eingerichteten

Regierenden Senats als eines vom Herrscher geschätzten Kollegialsystems illusorisch geworden: denn der Generalprokuror übte faktisch das Amt des Stellvertreters des Zaren aus. Zum ersten Generalprokuror ernannte Peter I. seinen persönlichen Adjutanten, Generalmajor Pawel Iwanowitsch Jagushinski, den Sohn eines aus Litauen nach Rußland eingewanderten Küsters und Organisten in der Moskauer Ausländervorstadt. Dem Generalprokuror stand als Gehilfe und Stellvertreter der Oberprokuror zur Seite. Beide waren dem Herrscher direkt unterstellt und nur ihm rechenschaftspflichtig.

Gleichzeitig mit der Einrichtung des Amtes des Generalprokurors wurden dem Regierenden Senat weitere Instanzen angegliedert, so die Kanzleien des Heroldmeisters und des Requêtemeisters. Der Heroldie oblag die Regelung der Rechtsansprüche der Angehörigen des Adels, die Requêtemeisterei hatte den Auftrag, an den Zaren ergangene Bittschriften zu bearbeiten und das Nötige zu veranlassen. Durch die Einsetzung eines Generalprokurors, Heroldmeisters und Requêtemeisters beim Regierenden Senat erhoffte sich der Zar eine Verbesserung in der Tätigkeit der neuen Reichsbehörde und zugleich eine Verstärkung der Kontrollaufsicht durch ihn selbst.

Reorganisation von Heer und Flotte

Mit der Umgestaltung des Behörden- und Verwaltungsapparats auf das engste verknüpft war Peters Neuorganisation des Heer- und Flottenwesens. Bereits in seinen Jugendjahren zeigte der Zar lebhaftes Interesse für das Kriegswesen und die Seefahrt. Veranlaßt durch die Niederlagen der russischen Waffen bei Asow 1695 und Narwa 1700 gehörte die Heeresreform zu den frühesten und wichtigsten Reformen Peters I. Die Umgestaltungen in der Armee begannen mit der Einführung eines neuen Militärreglements von 1698 sowie der Aufstellung von Garderegimentern und anderen regulären Truppenteilen.

Zu den an mehreren Aufständen gegen die Zarenmacht beteiligten Strelitzeneinheiten hatte der Herrscher von Anfang an kein Vertrauen, und er bezeichnete die Strelitzen nicht als Krieger, sondern verächtlich als »Pack«. 1699 und 1700 erließ Zar Peter Aufrufe zum Eintritt in die Armee, wobei er den Wehrwilligen, soweit es sich um Leibeigene handelte, die Freilassung aus der Abhängigkeit von ihren Herren zusicherte. So gelang es ihm, in kürzester Frist 27 neue Infanterie- und Dragonerregimenter aufzustellen und einzuexerzieren. Die Rekruten der neuen Einheiten setzten sich etwa zur Hälfte aus freien und freigelassenen Leuten zusammen, bei den anderen handelte es sich um Quotenpflichtige, die von den Bauernhöfen und Städten gestellt werden mußten. Die nachfolgenden Aushebungen wurden in der Regel auf der Grundlage der vom Herrscher erlassenen Gestellungsbefehle vorgenommen. Für den Adel galt die Dienstpflicht, die Wehrfähigen aus den anderen Klassen und Schichten der Bevölkerung wurden auf der Basis festgelegter Kontingente eingezogen.

In der Zeit von 1699 bis 1725 fanden insgesamt 53 Aushebungen statt, in deren Verlauf aus der lastentragenden Bevölkerung in Stadt und Land viele Zehntausende von jungen Männern der Armee und Flotte zugeführt wurden. Für die Kavallerie wurde besonders die Adelsjugend mobilisiert. Im Jahre 1708 war Peters Feldheer auf 52 Infanterie- und 23 Kavallerieregimenter in einer Stärke von 120 000 Mann angewachsen. Beim Tode des Zaren, im Jahre 1725, umfaßte das Feldheer etwa 130 000 Mann, nicht gerechnet die Garnisonstruppen, die annähernd die gleiche Stärke aufwiesen.

Peters Umgestaltung des Heerwesens griff tief ins Volksleben ein. Die Schwierigkeiten bei der Aufstellung der neuen Armee waren dabei nicht geringer als beim Aufbau der Flotte. Die Rekrutierungen stellten ein beständiges Schreckgespenst für die Bevölkerung dar. Wer konnte, floh, bevor ihn das Schicksal traf. Wie in anderen Ländern, mußten auch in Rußland nicht selten die Rekruten der Armee in Ketten zugeführt werden. Trotz der drakonischen Strafen, die die Widerspenstigen erwarteten, desertierten Soldaten und Offiziere gleichermaßen. Peter erließ zahlreiche Ukase, in denen Anweisungen gegeben wurden, wie den Desertionen Einhalt geboten werden konnte. Seit 1712 mußten die einberufenen Rekruten an der linken Hand mit einem Kreuz gebrandmarkt werden, damit der Deserteur daran erkannt werden konnte. Nichtsdestoweniger erzielten Peter und seine Generale mit dem russischen Heer große Siege, und die Soldaten und Offiziere der zarischen Armee galten in allen Ländern Europas als tapfere Kämpfer. So rühmte der englische Gesandte am Zarenhof, Charles Whitworth, bereits im Jahre 1705 die Tapferkeit der russischen Infanteristen und Artilleristen, wobei er hinzufügte, kein Volk zu kennen, das besser mit Kanonen umzugehen verstünde als die Russen bei der Eroberung Narwas im Jahre 1704.

Bestand das Offizierskorps der russischen Infanterie im ersten Jahr des Nordischen Krieges noch zu einem Drittel aus ausländischen Offizieren und mußte Peter noch 1702 in einem Ukas ein großzügiges Angebot zur Anwerbung weiterer ausländischer Militärs erlassen, so gelang es ihm bereits nach wenigen Jahren durch die Einrichtung von Kriegsschulen, die Ausbildung junger russischer Offiziere zu beschleunigen und seiner Armee bald

Oberoffizier und Stabsoffizier des Preobrashenski-Garderegiments

neue Führungskader aus Söhnen des russischen Volkes zuzuführen. Am Ende des Krieges gegen Schweden konnte der Zar bereits auf die Einstellung ausländischer Offiziere verzichten. Der Monarch kommandierte jetzt mehr und mehr ganze Gruppen junger Adliger zum Studium des Kriegswesens ins

Ausland ab. Peters Vorstellungen bei der Neuorganisierung und Modernisierung des russischen Militärwesens fanden einen deutlichen Niederschlag im Heeresreglement vom 30. März 1716, das unter der maßgeblichen Mitwirkung des Zaren selbst zustande kam.

Bei der Militärverordnung von 1716 handelte es sich um einen umfänglichen Traktat, der aus drei Teilen bestand und sich in seinen Festlegungen an kaiserliche, holländische, brandenburgische, dänische und nicht zuletzt schwedische Vorbilder hielt. Der erste Teil betraf die Organisation der Armee, der zweite das Kriegsrecht, der dritte die Dienstvorschriften. Die strafrechtlichen Bestimmungen des Heeresreglements widerspiegelten zugleich den Kampf Peters um die Erhöhung der Kampfkraft der russischen Armee. Mit welcher Härte der Zar gegen alle diejenigen vorging, die sich dem Kriegsdienst zu entziehen suchten, brachte er auch in seinem Ukas vom 14. Januar 1722 zum Ausdruck, wo es hieß: »Wer sich dem Dienst entzieht, den trifft der Tod oder die Ehrloserklärung: er ist vogelfrei. Wegen Tötung, Beraubung, Verletzung eines solchen Menschen darf (von den Behörden – E. D.) keine Klage angenommen, keine Untersuchung eingeleitet werden, und sein Vermögen verfällt ohne jegliche Einschränkung dem Staat.«

Aus dem Heeresreglement von 1716 wurde mit aller Deutlichkeit sichtbar, daß der russische Herrscher totalen Anspruch auf die Wehrfähigkeit eines jeden in der Armee dienenden Soldaten erhob. Im Heer Peters I. waren alle Kämpfer ohne Rücksicht auf ihre Abstammung gleichgestellt. Nicht die Geburt, sondern die persönliche Tüchtigkeit sollte entscheidend sein. Mithin konnte auch ein tapferer Bauernsohn Offizier werden und damit in den Adelsstand aufsteigen. Und umgekehrt mußte jeder Adlige seinen Militärdienst als gemeiner Soldat beginnen. Damit verbot Peter ausdrücklich die früher übliche Ernennung des Adligen zum Offizier ohne vorherige Dienstverrichtung. Der Adlige erhielt seine erste militärische Ausbildung in den Garderegimentern, die Offiziere der Artillerie und anderer Spezialeinheiten erwarben ihre Ausbildung auf besonderen Fachschulen.

Im Verlauf des Nordischen Krieges konnte die Bewaffnung der russischen Armee beträchtlich verbessert werden. Am Ende seiner Regierungszeit verfügte Zar Peter I. über ein gut ausgerüstetes und geschultes Heer in einer Stärke von 210 000 Mann. Die Feldartillerie zählte 16 000 Geschütze. An der Spitze der zarischen Truppen standen fähige und kampferfahrene Heerführer, wie Alexander Danilowitsch Menschikow, Boris Petrowitsch Scheremetew, Nikita Iwanowitsch Repnin und andere. Sie führten die Armeen Peters zum entscheidenden Sieg über den schwedischen Feind bei Poltawa im Jahre 1709.

Mehr noch als das Heer war die Flotte die ureigenste Schöpfung Peters I. Rußland verfügte über alle Materialien und Rohstoffe, die für den Schiffbau erforderlich waren: Holz und Planken und Bohlen, Masten und Rahen, Hanf und Flachs für Tauwerk und Segeltuch, ebenso Eisen für Anker und Nägel sowie Pech und Teer. Die Herstellung von Schiffen im Lande kam weit billiger als in Holland und England. Dies wußten auch schon Peters Vater und Großvater. So hatte Zar Alexej bereits 1662 im Ausland sondieren lassen, in welchem Maße es dort möglich wäre, Schiffe zu kaufen und Seehandelsplätze für russische Kaufleute in Pacht zu nehmen. Was gelang, war die Anwerbung holländischer Werftarbeiter, die in russische Dienste traten. Sie erhielten den Befehl, für den Seedienst auf dem Kaspischen Meer ein großes Schiff zu bauen, die später so stolze »Orjol« (Adler), die 1669 in Astrachan von Stapel gelassen wurde. Freilich fiel das Schiff schon 1670 in die Hände Stepan Rasins und seiner Aufständischen, die es anzündeten und dadurch vernichteten.

Eine besondere Schwierigkeit beim Flottenbau in Rußland selbst bestand darin, daß auch noch zu Beginn der Regierungszeit Peters einheimische Schiffszimmerleute fehlten. Sie mußten daher nach wie vor aus dem Ausland herbeigerufen werden. Die Notwendigkeit des Baus einer eigenen Kriegsflotte ergab sich für den jungen Zaren schon nach seinem ersten militärischen Mißerfolg im Kampf um Asow 1695, als der russische Herrscher zur Kenntnis nehmen mußte, daß die Türken mit ihrer traditionsreichen und kampfstarken Flotte in einem bloßen Landkrieg nicht zu schlagen waren. So setzte sich Peter I. mit seiner ganzen Energie dafür ein, in raschem Tempo eine Flotte zu bauen, um Asow vom Meer her zu bezwingen. Der noch im November 1695 erlassene Ukas verlangte die Schiffsbauarbeiten auf den am Woronesh, einem Nebenfluß des Don, neu gegründeten Werften Koslow, Dobroje und Sobolsk zu forcieren. Durch Peters Befehl wurden zahllose Handwerker zur Arbeit auf den Woronesher Werften verpflichtet und riesige Materiallasten dorthin angeliefert. 25 000 Arbeitsleute, organisiert in Brigaden von 20 bis 25 Mann, führten die ihnen aufgetragenen Aufträge aus, und bis zum Frühjahr 1696 waren schon 1300 Barken fertig, dazu 30 Galeeren und 100 Flöße. Dies war mehr, als der Monarch erwartet hatte.

Die Einnahme Asows am 18. Juli 1696 bestätigte die Richtigkeit von Peters Flottenpolitik. Die eroberte Seefestung Asow wurde zugleich der erste zarische Kriegshafen und Woronesh die Wiege der russischen Flotte. Die in der Stadt Woronesh 1695 eingerichtete erste russische Admiralität bestand bis 1712. Nach 1696 nahm die Zahl der Schiffsbauplätze rasch zu. Schon begann man auch mit dem Bau von Schiffen im Norden und Nord-

Trommler des Preobrashenski-Garderegiments

westen, in Archangelsk und am Ladogasee, selbst im Landesinneren, bei
Zarizyn und Twer, wurden Schiffe gebaut.

Nach der Niederlage der russischen Waffen bei Narwa im Jahre 1700
wurden Schiffe von 1701 bis 1703 am Wolchow und an der Luga, am Sjas-

fluß bei Olonez und am Swir (auf dem Lodejnoje Pole) unter der Aufsicht Menschikows Linienschiffe, Fregatten und kleinere Schiffe gebaut. Anfang November 1704 begann man im neugegründeten St. Petersburg mit der Anlegung der Hauptadmiralität. Gleichzeitig liefen in den neuen Hafen die ersten Schiffe der »Baltischen Flotte« über die Newa ein. Binnen Jahresfrist war die Werft fertig, dazu die nötigen Sägewerke, Schmieden, Teersiedereien, die Tau-, Flaschenzug- und Mastenfertigungsstätten. 1706 wurde das erste Schiff der Petersburger Werft zu Wasser gelassen. Neben der Hauptadmiralität hatte man gleichzeitig eine kleinere Werft für die Beiboote und ein Galeerendepot errichtet. Damit war St. Petersburg zum größten Schiffsbauplatz Rußlands geworden.

1703 wurde auch auf der Insel Kotlin der Grundstein zu einer Befestigungsanlage und einem Hafen, dem späteren Kronstadt, gelegt. Gleichzeitig baute man auf einer Nebeninsel das Fort Kronschloß (Kronschlot). Der Hafen von Kronschloß stand rangmäßig jedoch immer hinter dem von St. Petersburg. Die Haupthäfen unter Peter I. waren Petersburg, Reval, Sveaborg (bei Helsinki), Archangelsk und Astrachan. Sie und die Werften wurden seit 1718 vom Admiralitäts-Kollegium verwaltet, dessen erster Präsident Graf Fjodor Matwejewitsch Apraxin war.

In der Zeit Peters I. wurden mehr als 1000 Schiffe gebaut, von denen der größte Teil freilich kleinere Fahrzeuge und Beiboote darstellten. Davon zählten zur Baltischen Flotte über 600, darunter 49 Linienschiffe, 27 Fregatten, 437 Galeeren und 96 Schiffe kleinerer Bauart. Zur Asow-Flotte gehörten 215, und 162 Schiffe befuhren die Wolga und das Kaspische Meer. Da das Asowsche Meer 1711 für Rußland wieder verlorenging, ließ Peter vorwiegend Schiffe für die Baltische Flotte bauen. Die entscheidenden Fortschritte im Flottenbau wurden zwischen 1713 und 1719 erzielt. Bedeutende Verdienste erwarben sich dabei englische Schiffsbauer. Der Inspirator auf allen russischen Werften war der Monarch selbst.

Die auf russischen Werften gebauten Schiffe waren von gleicher Qualität wie die in westlichen Ländern. Über die russischen Seeleute, die von den ausländischen Zeitgenossen zunächst negativ beurteilt wurden, hieß es gegen Ende der Regierungszeit Peters I., daß diese dabei seien, ihren westlichen Berufsgenossen Konkurrenz zu machen. So berichtete der britische Ministerresident am Zarenhof, James Jefferies, im Jahre 1719 an seine Regierung nach London, daß nicht nur die Qualität der russischen Schiffe jeden Tag besser würde, sondern der Zar auch alle Anstrengungen unternehme, um aus seinen Matrosen richtige Seeleute zu machen. Wörtlich hieß es: »Ich sehe nicht ein, weshalb sie (die russischen Matrosen – E. D.) nicht mit der Zeit ebenso gute Seeleute werden können, wie die Landtruppen gute

Soldaten geworden sind, besonders weil die Vorliebe für die Flotte die hervorstechende Eigenschaft des Zaren ist.«

Wie für das Heer, so erließ Peter auch für die Flotte eine Verordnung, die im Jahre 1720 als Generalreglement erschien und den Dienst in der russischen Marine regelte. In der Einleitung zu dem Flottenstatut standen die Worte des russischen Zaren: »Jeder Potentat, der nur Landstreitkräfte besitzt, hat nur einen Arm, aber derjenige, der auch über eine Flotte verfügt, hat beide Arme.« Bei der Ausarbeitung des Seereglements waren die Instruktionen, Dienstvorschriften und seerechtlichen Bestimmungen nahezu aller flottenbesitzenden Länder berücksichtigt worden. Die russische Flotte zerfiel in drei Divisionen, in die weiße, rote und blaue Flotte. Den Oberbefehl führte ein Generaladmiral, der von Admiralen und Vizeadmiralen unterstützt wurde. Bereits im zweiten Jahrzehnt des 18. Jahrhunderts erkämpfte die Flotte Peters I. die Vorherrschaft im Ostseeraum. Die Ukase des russischen Herrschers verpflichteten die angehenden Marineoffiziere zu einer gründlichen Ausbildung in Seefahrtsschulen, die in Moskau und St. Petersburg eingerichtet worden waren. Zu den Admiralen und Schiffsbauern, die sich in Seeschlachten, auf Werften und in Marineschulen einen Namen machten, gehörten der bereits genannte Generaladmiral Graf Fjodor Matwejewitsch Apraxin, der Techniker Uljan Akimowitsch Senjawin sowie die Artilleristen und Kriegsingenieure Generalfeldzeugmeister Graf Jakow Wilimowitsch Bruce, der Direktor der Seeakademie Generalmajor Grigori Grigorjewitsch Skornjakow-Pissarew und außerdem Generalmajor Wassili Dmitrijewitsch Kormtschin.

Gründung der Kollegien

Trugen die Neuorganisation der Behörden und die Reform der Verwaltungsinstanzen, die Peter I. anordnete, anfangs noch recht erkennbar Züge von Improvisation, so bedeutete nach der Einrichtung des Regierenden Senats vor allem die Einführung der Kollegiatsadministration einen weiteren Schritt zur Schaffung einer modernen Reichsverwaltung. Die langwierigen Vorarbeiten für den Aufbau der Kollegienverwaltung fielen in die Jahre 1716 bis 1722. Durch sie entstanden die Vorformen der späteren Fachministerien.

Bei der Vorbereitung auch der neuen Reform hatte sich der Zar wiederum der Mitarbeit zahlreicher ausländischer Experten und angesehener Gelehrter versichert. In diesem Sinne war den russischen Residenten im Ausland vom Herrscher der Auftrag erteilt worden, die jeweilige Staatsverwaltung gründlich zu studieren. Es war das in Österreich, Schweden und Preußen bestehende Kollegialsystem, das den Monarchen besonders interessierte. Neben Gottfried Wilhelm Leibniz, der an Peters neuen Überlegungen Anteil nahm, gewann der russische Herrscher vor allem den aus Hamburg stammenden holsteinischen Kommissar Heinrich Fick, der im Geheimauftrag des Zaren das schwedische Kollegialsystem in Stockholm studierte. Der zarischen Sache nahm sich auch der in hohem Alter befindliche gebürtige Schotte Baron Ananias Christian Lüberas von Pott an, der freilich bald darauf verstarb. Die von beiden Verwaltungsspezialisten gewonnenen Einsichten haben bei der Ausarbeitung der russischen Kollegienverfassung eine bedeutsame Rolle gespielt. Dies galt vor allem für die Reglements- und Denkschriften Ficks.

Auf der Grundlage der gesammelten Materialien und Empfehlungen seiner Mitarbeiter entschloß sich Peter wohl schon im Frühjahr 1715 zur Einrichtung einer zentralen Reichsverwaltung in Gestalt der Kollegien, denen das schwedische Muster zugrunde lag. Dabei handelte es sich freilich wie auch in anderen Fällen um keine sklavische Übernahme der schwedischen Einrichtungen, sondern um deren Anpassung an die russische Wirklichkeit, was vom Zaren ausdrücklich verlangt wurde.

Die Gründung der Kollegien erfolgte durch mehrere kurze zarische Erlasse, die im Dezember 1717 erschienen. Die Kollegien lösten die alten Moskauer Prikase endgültig ab. Anstelle der etwa 50 Prikas-Ämter traten 12 Kollegien, deren Gliederung auf dem Prinzip der Ressortverwaltung beruhte. Von ihnen wurden allein sieben mit Wirtschafts- und Finanzfragen betraut, so das Berg-, Revisions-, Manufaktur-, Kommerz-, Güter-, Staatskontor- und Kammerkollegium. Drei Kollegien waren für außenpolitische und militärische Angelegenheiten zuständig: das Kriegs-, Admiralitäts- und Auswärtige Kollegium. Hinzu kamen 1718 das Kollegium für Justiz, das 1722 gegründete Dienstamts-Kollegium und als dreizehntes Kollegium das für geistliche Angelegenheiten, eingerichtet 1721 als Heiligster Dirigierender Synod.

Durch die Kollegien wurden alle Teile der Reichsverwaltung erfaßt und geordnet. Peters Ukase bestimmten, daß die Präsidenten der Kollegien gebürtige Russen sein mußten, ebenso die große Mehrzahl der höheren Beamten und Angehörigen des niederen Personals. Die Präsidenten erhielten zugleich einen Sitz im Regierenden Senat. Sie rekrutierten sich sowohl aus Repräsentanten alter Hochadelsgeschlechter als auch aus Beamten, die als enge Vertraute und Mitarbeiter des Herrschers hohe Staatsämter erlangt hatten. Unter den Vizepräsidenten befanden sich einige Ausländer. Als Beamte wirkten Ausländer vor allem in den Kollegien für Bergbau, Manu-

fakturen und Handel. Die Arbeiten der Kollegien wurde durch ein Generalreglement bestimmt, das Peter im Jahre 1720 erließ. Verordnungen der
Kollegien wurden vor ihrer Verkündigung von den Mitgliedern des betreffenden Kollegiums beraten und mit Stimmenmehrheit beschlossen. Der
Präsident des Kollegiums für Auswärtige Angelegenheiten führte den Titel
eines Staatskanzlers, wodurch die besondere Bedeutung dieser Zentralbehörde unterstrichen wurde. Vordere Plätze im Gefüge der neuen Reichsverwaltung nahmen auch das Kriegskollegium und das Admiralitäts-
kollegium ein. Den Kollegien gleichgeordnet als zentrale Behörden waren
die Preobrashenski-Kanzlei, die Domänenkanzlei, das Medizinalkollegium,
die Baukanzlei und der Hauptmagistrat, die gegen Ende der Regierungszeit
Peters I. eingerichtet wurden.

Das neue Kollegiensystem entsprach modernen Verwaltungsgrundsätzen
und erwies sich auch für Rußland als sehr zweckmäßig. In welchem Maße es
funktionierte, hing weitgehend von der Qualifikation der zuständigen
Beamten ab. Eingedenk dessen hatte der Zar bereits in seinen Ukasen ausgeschlossen, daß die Präsidenten der Kollegien allein unterschriftsberechtigt
waren, sondern in jedem Fall die Gegenzeichnung durch ein anderes
Kollegiumsmitglied erfolgen mußte. Dies erschien dem Monarchen deshalb
notwendig, »weil die Kollegien zu dem Zweck eingerichtet worden sind,
damit jedes nach Rat und Urteil aller Kollegiumsmitglieder verfahre . . .« In
diesem Sinne machte Peter auch seine Verordnung rückgängig, wonach
jeder Präsident eines Kollegiums automatisch Mitglied des Senats war; denn
es stellte sich heraus, daß dieser dadurch in seinen Entscheidungen über die
Arbeit der Kollegien lahmgelegt wurde. Eine Ausnahme machte der Herrscher nur im Hinblick auf die Präsidenten des Kriegs- und Admiralitätskollegiums sowie des Kollegiums für Auswärtige Angelegenheiten, die ihren
Sitz im Regierenden Senat behielten.

Neue Gouvernementsordnung

Die Einrichtung des Senats und der Kollegien machten auch den weiteren
Ausbau der 1708 eingeleiteten Gouvernementsreform im Sinne der Anpassung an die neue Zentralverwaltung des Reiches notwendig. Diese
sogenannte 2. Gouvernementsreform erfolgte im Jahre 1719. Nach einigen
Experimenten, durch die das Funktionieren des Zusammenspiels der neuen
Verwaltungen erprobt wurde, ließ Zar Peter die bestehenden Gouvernements in fünfzig Provinzen aufgliedern, wobei jedoch die Gouvernements

weiterbestanden. Der Gouverneur behielt dabei aber nur noch die militärische Kommandogewalt in seinem Bereich, während in allen anderen Fragen die Wojewoden der Provinzen geboten, die dem Senat und den Kollegien direkt unterstellt waren. Die Beamten der Gouvernements- und Provinzkanzleien wurden ernannt und bestanden ausschließlich aus Adligen. Sie stellten den Verwaltungskörper der Gouvernements und der Provinzen dar.

Unberührt von der zweiten Reform der Lokalverwaltung blieben die in den Dorfgemeinden bestehenden Administrations- und Rechtsverhältnisse. So behielten die Hundertschaftsführer und Zehnerschaftsführer, die von den Wojewoden vereidigt wurden, ihre Verantwortlichkeiten für die Steuereinnahme. Das bedeutete, daß die Reform der Zentralverwaltung des Reiches nicht bis in den Organismus des russischen Dorfes vordrang. Weder Peter noch seine Berater waren offensichtlich geneigt, die Einrichtung des Landvogts und der bäuerlichen Schöffen, wie sie in Schweden bestand, auch für Rußland zu übernehmen. Hier setzten die Leibeigenschaftsverhältnisse und die bäuerliche Unmündigkeit unüberwindliche Schranken. So blieb die russische Dorfgemeinde in der Zeit Peters I. ohne Entwicklungsimpulse und von den Reformen des Zaren faktisch ausgeklammert. Ebenso wie seine Vorgänger auf dem Thron, sah der große Herrscher in den Bauerngemeinden vornehmlich Organisationen, welche für die Eintreibung von Steuern und Abgaben zuständig waren.

Städtische Magistratsverfassung

Etwas günstiger stand es um Peters Bemühungen, die 1699 initiierte, dann aber steckengebliebene Städtereform neu zu beleben, spielten die Stadtbürger doch in den Überlegungen des Monarchen, alle Klassen und Schichten zur Eigentätigkeit anzuregen, eine zentrale Rolle. Namentlich von der Wirksamkeit eines kräftigen Bürgerstands versprach sich der russische Herrscher eine Steigerung der Einkünfte für den Staat und damit eine Besserung des Volkswohlstandes.

Zu Beginn des 18. Jahrhunderts vollzogen sich in der Zusammensetzung der Stadtbewohner des Zarenreiches wichtige Veränderungen. Die ununterbrochenen Rekrutenaushebungen und die ständig steigenden Steuerabgaben führten zu einer Dezimierung der Stadtbewohner, von denen viele ebenso wie die Bauern in die Randgebiete des Reiches entflohen, um sich dem Zugriff der Regierung zu entziehen. Gleichzeitig kam es zu einem Anwachsen der Bevölkerung in den Industriestädten, so vor allem in Tula, Moskau,

St. Petersburg und in anderen Städten, wo viele Tausend Arbeitsleute tätig waren. Die Entwicklung der Manufakturen ließ auch neue Siedlungen entstehen, die rasch zu Städten anwuchsen. Beispiele hierfür waren Jekaterinburg im Ural, Petrosawodsk in Karelien und Lipezk im Gouvernement Woronesh.

Eine wichtige Rolle spielten die im Zuge der Eroberung der baltischen Gebiete an Rußland gekommenen Ostseestädte, die eine entwickelte Selbstverwaltung besaßen. Die besondere Aufmerksamkeit Peters erweckten dabei Riga und Reval, deren Verfassungen Vorbilder für die Neuorganisation auch der anderen Städte Rußlands abgeben sollten. So unternahm der Zar in den Jahren 1718 bis 1721 den erneuten Versuch einer Städtereform, die auch als 2. Städtereform bezeichnet wird. Am 16. Januar 1721 erschien sein Reglement über die Einrichtung des Hauptmagistrats in St. Petersburg, der mit den gleichen Rechten wie die Kollegien ausgestattet und direkt dem Senat unterstellt wurde. Zusammen mit den 1724 auch in den Provinzstädten eingerichteten Magistraten sollte diese Institution die Handel- und Gewerbetreibenden in die neue Reichsverwaltung einbeziehen.

Nach der Bevölkerungszahl wurden die Städte des Reiches in fünf Klassen eingeteilt. Zur ersten gehörten neben den beiden Reichsmetropolen St. Petersburg und Moskau auch Nowgorod, Kasan, Riga, Reval, Archangelsk, Astrachan, Jaroslawl, Wologda und Nishni Nowgorod. In insgesamt 25 Artikeln wurde im einzelnen festgelegt, in welcher Weise die neuen Stadtverwaltungen funktionieren sollten. Dort war von bürgerlicher Wohlfahrt, bürgerlichem Nutzen sowie von Eifer und Ehrlichkeit der Städter die Rede. Die Magistratspersonen sollten aus dem Kreis der erstrangigen und wohlhabendsten Bürger gewählt werden und vom Vertrauen der Mehrheit der Stadtbevölkerung getragen sein. Die Befugnisse der Magistrate waren weitgespannt: Gericht, Polizei, Erhebung und Weiterleitung der Abgaben, Sorge für die gesamte Wirtschaft der Stadt, für Handel und Gewerbe, für die Wohlfahrtseinrichtungen, Schulen, Spitäler, Zucht- und Arbeitshäuser – für alles, was zum bürgerlichen Nutzen gehörte. Um den städtischen Obrigkeiten und bürgerlichen Persönlichkeiten den notwendigen Anreiz für eine aktive Betätigung im genannten Sinne zu geben, versprach der Zar, verdiente Magistratswürdenträger mit der Verleihung des Adelstitels zu belohnen. Der Herrscher verlangte von allen Stadtbewohnern hingebenden Dienst und von jedem Angehörigen des Magistrats den Schwur, »als treuer, redlicher sowie gehorsamer Knecht und Untertan« des Zaren alle Kräfte für den Staat und die bürgerliche Wohlfahrt der Stadt einzusetzen.

Auch die neuen Magistrate waren nur für die Verwaltung der Handel- und Gewerbetreibenden zuständig, das heißt, in den Städten ansässige Adlige,

Staatsbeamte, Geistliche und Ausländer unterlagen nicht den Verordnungen der neuen Behörde. Die den Magistraten zugeordnete Bevölkerung wurde in zwei Hauptgruppen eingeteilt: in die Gilden, deren Zusammensetzung in drei Fraktionen ein Besitzzensus an städtischem Boden und Geldvermögen bestimmte, und in die übrige nichtbesitzende Stadtbevölkerung. Zur 1. Gilde gehörten die reichen Kaufleute und Unternehmer, Bankiers, Goldschmiede, Schiffskapitäne, Künstler, Gelehrte, Ärzte und Apotheker; zu der 2. und 3. Gilde die Detail- und Lebensmittelhändler, die Handwerker und andere. Die Gildenbürger galten als die »regulären« Stadtbürger, während das übrige, nichtbesitzende, in Taglohn und grober Handarbeit beschäftigte, gemeine Stadtvolk zu den »irregulären« Bürgern gezählt wurde. Bei der Besetzung der Magistratur wurden nur Angehörige der »regulären« Bürgerschaft berücksichtigt, nicht aber solche aus den Reihen der »irregulären« Bewohner. Den gemeinen Städtern stand lediglich das Recht zu, sich bei den Behörden durch einen Starosten (Ältesten) vertreten zu lassen.

Die Angehörigen der 1. Gilde wählten aus ihren Reihen die Mitglieder in den Magistrat, die unabsetzbar sowie von der Rekrutierung und der Entrichtung der Kopfsteuer befreit waren. Dies war freilich keine neue Vergünstigung, da schon die russischen Großkaufleute des 17. Jahrhunderts die gleichen Privilegien genossen. In den Städten der ersten Klasse bestand der Magistrat aus einem Präsidenten und vier Bürgermeistern, in der zweiten Klasse aus einem Präsidenten und drei Bürgermeistern, in der dritten und vierten aus zwei Bürgermeistern und in der fünften aus einem Bürgermeister. In den großen Städten waren jedem Bürgermeister zwei Ratmänner zugeordnet. Die übrigen Städte wiesen eine geringere Anzahl von Ratmännern auf. In wichtigen Fällen berieten sich die Magistrate mit den Angehörigen der 1. und 2. Gilde. Jeder Ausländer, der den Treueid auf den Zaren geleistet hatte und in die Gilde eingetreten war, konnte Mitglied des Magistrats und bei besonderen Verdiensten vom Herrscher in den Adelsstand erhoben werden. In den Städten der ersten und der zweiten Klasse sprachen der Bürgermeister und seine Ratmannen Recht, in den übrigen die Mitglieder des gesamten Magistrats. Von den Kreisstädten ging die Appellation an die Hauptstadt der Provinz und von da an den Hauptmagistrat. Dem Magistrat oblag auch die Aufsicht über die Polizei, die Förderung von Handel und Gewerbe, Schulen und Erziehungsanstalten sowie über die Steuereinziehung. Die letztgenannte Angelegenheit wurde im Einvernehmen mit dem Kammerkollegium vorgenommen.

Auf Grund des Ukases vom Jahre 1712 wurden in St. Petersburg, Moskau, Orjol, Twer, Saratow und in anderen Städten Zünfte gebildet. So gab es in

Moskau unter Peter I. 153 Zünfte mit insgesamt 6885 Mitgliedern, von denen etwa die Hälfte bäuerlicher Abkunft war. An zweiter Stelle rangierte St. Petersburg, wo 1566 Zunftmitglieder registriert waren. Wie langsam sich die von Peter angeordneten Neuerungen im Zarenreich durchsetzten, geht aus den Appellen hervor, durch die der Herrscher immer wieder zur Eile drängte. So erhielt der Oberpräsident des Magistrats in St. Petersburg, Fürst Juri Jurjewitsch Trubezkoj, bereits Anfang 1722 von Peter einen geharnischten Brief, in dem es hieß: »Wenn ihr in Petersburg diese beiden Dinge, nämlich Magistrat und Zünfte, nicht binnen fünf bis sechs Monaten eingeführt habt, so kommst du und dein Gehilfe Issajew ins Zuchthaus.« Jedoch sollte das Jahr 1724 herankommen, bis die Instruktionen für sämtliche Magistrate des Reiches im Text fertig waren.

Ungeachtet dessen, daß auch die Zweite Städtereform Peters I. keine raschen und durchschlagenden Erfolge erzielte, war eine Rückkehr zur russischen Verwaltungspraxis des 17. Jahrhunderts unmöglich geworden. Wenn es auch noch immer an einem standesbewußten Bürgertum fehlte, das in der Lage gewesen wäre, die dominierende Stellung des Adels im Staate Peters zu gefährden, so waren die Veränderungen, die sich in der Sozialstruktur des Russischen Kaiserreiches anbahnten, doch nicht zu übersehen. Neben dem Adel, den Bauern und den Stadtbürgern traten bereits bürgerliche Manufakturisten und Industrielle auf den Plan, die in ihren Betrieben Arbeitskräfte beschäftigten, die zum Ausgangspunkt für die Entwicklung des Proletariats werden sollten.

Zivil- und Strafgesetzgebung

Im Zuge der eingeführten Neuerungen in Wirtschaft, Gesellschaft und Staat suchte Peter I. auch ein neues Gesetzbuch zu erlassen, da das Reichsgesetzbuch von 1649 (Uloshenije) den veränderten Verhältnissen nicht mehr entsprach. Zu diesem Zweck berief der Herrscher mehrmals Kommissionen, so 1700, 1714 und nochmals 1720, mit der Auflage, die notwendigen neuen Gesetzestexte auszuarbeiten. An dem neuen Gesetzeswerk wirkten sowohl Russen als auch Ausländer mit. Jedoch eine Neufassung des Gesetzbuches von 1649 gelang nicht. Was zustande kam, waren einzelne Reglements und Strafrechtsordnungen, wie sie etwa die Heeresordnung vom Jahre 1716 enthielt.

Am aktivsten in dieser Hinsicht war der Zar selbst, dessen legislative Tätigkeit freilich im Aphoristischen verblieb. Gesetz und Verordnung waren bei ihm nicht getrennt, administrative und legislative Bestimmungen bunt durcheinander gemengt. Ungeachtet der zahlreichen Behörden und Mitarbeiter entschied der Herrscher das meiste selbst. Die Rechtspflege wurde nicht von der Verwaltung getrennt. Bis an sein Lebensende kämpfte Peter I. mit allen Mitteln gegen Verstöße wider die Staats- und Rechtsordnung an. Mit eiserner Strenge bestrafte er die unwürdige Haltung von Richtern und Beamten. Ausgehend davon ordnete er strenge Maßnahmen und Strafen an: »Ungerechte Richter und ungetreue Beamte verletzen das Staatsrecht« und sind »mit dem Tode zu bestrafen«. Mit ebenso drakonischen Mitteln ging er gegen die Verschleppung von Prozessen und die Praktiken säumiger Richter vor. Der Ausrottung der »Unwahrheit«, wie der Herrscher sich ausdrückte, dienten auch die bereits im Zusammenhang mit dem Regierenden Senat eingerichteten Institutionen der Fiskale, Revisoren und Prokurore, von Dienststellen, die Strafanzeigen entgegennahmen und zu Strafanzeigen gegen Belohnung aufforderten.

Die in der Regierungszeit Peters I. geübte Justizpraxis wurzelte noch erkennbar im 17. Jahrhundert und stand in recht eklatentem Widerspruch zu den auf den anderen Gebieten beachteten Grundsätzen von Vernunft und Aufklärung. So ließ der Herrscher durch Ukase für Verbrechen Galeerenarbeit und Zuchthausstrafen mit vorheriger Aufschlitzung der Nasenlöcher des Verurteilten einführen. Vermeintliche Hexenmeister wurden verbrannt, Gotteslästerer zu Tode gemartet, nachdem man ihnen die Zunge ausgerissen hatte. Meineidigen hieb man zwei Finger ab und schleppte sie auf die Galeeren, Aufrührer ließ man hängen oder enthaupten. Wer gegen den Zaren die Waffe erhob, hatte die Vierteilung zu gewärtigen. Auch das Rädern und Spießen waren gang und gäbe. Einige Erleichterungen führte Peter lediglich im Bereich des Zivilrechts ein. Freilich, die grausame Strafjustiz war nicht nur in Rußland, sondern in fast allen Staaten Europas zur Zeit Peters I. durchaus üblich.

Wohlfahrtspolizei und staatliche Fürsorge

Bedeutung erlangte auch die vom Zaren im Dezember 1722 erlassene Polizeiordnung. Die Absicht Peters bestand darin, eine Art Wohlfahrtspolizei einzurichten, die für Disziplin und Ordnung im Staate sorgen sollte. Ihre Aufgaben reichten vom Einfangen der Landstreicher, Bettler, entlaufener Leibeigener und sonstiger »Spitzbuben« bis zur Sorge für die Gesundheit der Untertanen, die Deckung des menschlichen Lebensbedarfs, die Verhütung von Krankheiten, Sauberkeit auf den Straßen und Gassen, den Schutz von Armen, Kranken, Krüppeln usw. usf. Nach der Vorstellung Peters sollte die Polizei die »Seele der Bürgerschaft« und geordneter Verhältnisse in Staat und Familie sein. So befahl der Herrscher den Magistraten, Hospitäler und Krankenhäuser zur Aufnahme von Altersschwachen, Waisen und Kranken einzurichten, desgleichen Findelhäuser und Erziehungsanstalten zu gründen. Brach eine Hungersnot aus, mußten alle Privatmagazine geöffnet und Überschüsse an die Darbenden abgegeben werden. Bei der Begründung der Notwendigkeit der Sozialeinrichtungen spielten Polizeiordnungen westlicher Länder als Vorbild eine bestimmte Rolle.

Seiner Wohlfahrtspolizei übertrug Peter auch die Aufsicht über die von ihm inspirierten »Assembleen«, der neu eingeführten gesellschaftlichen Veranstaltungen und Zusammenkünfte, durch die sich der Herrscher eine Verfeinerung der Sitten versprach. Zu den Assembleen hatten vor allem die Oberschichten der Gesellschaft Zutritt: die Adligen, reiche Kaufleute, Industrielle sowie Beamte und Würdenträger mit ihren Familien. Auf Peters Assembleen versammelte sich somit eine gemischte adlig-bürgerliche Gesellschaft, was die Wertschätzung deutlich sichtbar machte, die der Monarch auch den bürgerlichen Kaufmanns- und Unternehmerkreisen seines Landes entgegenbrachte.

Adelsreform

Mit der Neufundierung der staatlichen Behörden und Institutionen, die auf der Grundlage der Ukase Peters I. erfolgte, wurden auch die Voraussetzungen für eine Neufassung der russischen Ständeordnung geschaffen. Dabei blieb abzuwarten, in welcher Weise der Herrscher den Widerspruch von Zwang und Freiheit, der für seine gesamte Sozialpolitik charakteristisch war, zu lösen vermochte. Peter verbot seinen Untertanen, vor ihm und den Angehörigen des Hofes auf die Knie zu fallen, und verlangte die Mitarbeit eines jeden Staatsbürgers.

Der für die Ordnung und das Funktionieren des Staates wichtigste Stand war der grundbesitzende Adel, der am Ende des 17. Jahrhunderts rund 3000 Geschlechter umfaßte. Der Angehörige des Adels unterlag in Rußland bereits seit alters der Dienstpflicht, und zwar vom 15. Lebensjahr an. An dieser Praxis hielt auch Peter mit aller Strenge fest. Was sich unter ihm änderte, war, daß er die adlige Dienstpflicht verschärfte und neu regelte. So ließ der Monarch im Jahre 1704 die Adligen in Listen neu erfassen und für sie zwangsweise eine Ausbildung in eigens hierfür eingerichteten Schulen verordnen.

Der Krieg gegen die Schweden, der 1700 begonnen hatte, machte ganz deutlich, daß mit den alten Heerhaufen und der adligen Reiterei gegen einen starken Feind nichts auszurichten war. Der Militärdienst mußte vollständig umgestaltet und rationalisiert werden. Als notwendig erwiesen sich vor allem eine neuzeitliche Kampfweise, infanteristische Schulung, taktische Durchbildung und strenge Disziplinierung der militärischen Einheiten. Peter verlangte daher in seinen Ukasen vom Jahre 1714 nicht nur die persönliche Dienstpflicht eines jeden Adligen seit dem 15. Lebensjahr, sondern dessen gleichzeitigen Eintritt in eine Kriegsschule mit der Verpflichtung, seinen Dienst in der Armee als einfacher Soldat zu beginnen. Die Ausbildung der Adligen sollte in den Garderegimentern erfolgen. Demgemäß war die Lernverpflichtung der Dienstverpflichtung des Adligen ausdrücklich hinzugefügt, und dieser konnte nur durch vorherigen Dienst in Reih und Glied bei der Garde den Offiziersrang erwerben. Damit wurden die Garderegimenter zu Offiziersschulen, wo die Adligen ihre Ausbildung erhielten.

In seinen Ukasen drohte Peter immer strengere Strafen für Nichterscheinen zum Dienst an. Ähnliche Bestimmungen galten für die Adligen, die ihren Dienst in den staatlichen Behörden abzuleisten hatten. Ungeachtet des Widerstands aus den Reihen des Hochadels und anhaltender Kritik an seinen Maßnahmen gelang es dem Monarchen, den intellektuellen und für Neuerungen aufgeschlossenen Kern des alten Adels für sein Werk zu gewinnen. So dienten unter Peter etwa zwei Drittel der Adligen in der Armee und Flotte und ein Drittel als Beamte in der staatlichen Verwaltung. Im Zusammenhang mit der Durchsetzung des Prinzips, daß Adel vor allem Dienstpflicht bedeutete, setzte Peter später, im Jahre 1721, einen Heroldmeister ein, der über alle männlichen Angehörigen des Adels Buch zu führen und sofort Meldung zu erstatten hatte, falls sich ein Adliger der Dienstpflicht zu entziehen versuchte.

Einerbengesetz

Bereits am 23. März 1714 führte der Zar durch Ukas in Rußland die Einerbfolge ein. In der Verordnung wurde bestimmt, daß jeweils nur ein einziger, vom Erblasser zu bestimmender Erbe den adligen Grundbesitz übernahm. In der Präambel zum Einerbengesetz gab Peter eine ausführliche Begründung seiner Maßnahme und betonte den staatlichen Nutzen der Unteilbarkeit des Gutes im Hinblick auf das Steueraufkommen. Die erblosen Söhne des adligen Grundbesitzers sollten sich im Staatsdienst betätigen oder in Heer und Flotte dienen. Das Gesetz sollte der Besitzaufsplitterung vorbeugen und dem Adel als staatstragender Schicht eine gesunde wirtschaftliche Basis erhalten. Den nichterbenden Söhnen, die ihren Unterhalt nun selbständig sichern mußten, stellte der Zar sogar frei, einen wirtschaftlich produktiven bürgerlichen Beruf zu ergreifen. Gleichzeitig ließ Peter den bisherigen Unterschied zwischen dem Erbbesitz und dem Dienstgut aufheben, wodurch die Verwischung des Unterschieds zwischen dem Hochadel und dem niederen Dienstadel nachhaltig begünstigt wurde.

Aus den Formulierungen Peters, die erblosen Adelssöhne sollten »ihr Brot im Dienst, durch das Studium, im Handel oder sonst irgendwo suchen«, war zu ersehen, daß dem Monarchen offenbar der Einzug von Angehörigen des Adels in bürgerliche Berufe vorschwebte. Faktisch wurde durch diese Möglichkeit das Gesetz über die Dienstpflicht des Adels zugunsten einer Förderung des Zivildienstes und des bürgerlichen Erwerbslebens aufgehoben. Einige Unklarheiten führten 1716 und 1725 zu Ergänzungen des Einerbengesetzes, in denen zusätzliche Ausnahmeregelungen getroffen wurden. Der Adel selbst hat sich kaum an das Gesetz gehalten, und Peter zog weiterhin alle Adligen zum Militärdienst ein. Bereits Zarin Anna Iwanowna hob im Jahre 1730 Peters Einerbengesetz wieder auf. Damit hatte der adlige Grundbesitzer das alte freie Verfügungsrecht über seine Güter wiedererlangt, jedoch nicht für lange, denn bereits in der zweiten Hälfte des 18. Jahrhunderts bestätigte Kaiserin Katharina II. die mit Peters Einerbengesetz angebahnte Entwicklung.

Durch das Einerbengesetz von 1714 entstand eine neue, landlose Schicht von Adligen, wodurch sich der Gegensatz zwischen den zu Adligen avancierten Staatsbeamten und dem landbesitzenden Adel weiter vertiefte. Gleichzeitig diente das Einerbengesetz dem Schutz der bäuerlichen Arbeitskraft. Durch die rechtliche Angleichung der Dienstgüter und Erbgüter stellte es einen wesentlichen Schritt auf dem Wege zur Anerkennung von Landbesitz als Privateigentum dar.

Tabelle der Adelsränge

Als weit folgenreicher als die Erbrechtsreform erwies sich Peters Dienstadelsgesetz vom 24. Januar 1722, genannt »Tabelle von den Rängen aller militärischen, staatlichen und höfischen Dienstgrade«. Bereits die gesetzliche Abschaffung der alten Rangplatzordnung (Mestnitschestwo) im Jahre 1682 hatte dem Durchbruch des Verdienstprinzips für den sozialen Aufstieg Rechnung getragen. Die entsprechende Neuregelung wurde jetzt von Zar Peter vorgenommen. Der Rangtabelle von 1722 lag ein rationales Leistungsprinzip zugrunde. Der Hauptgedanke des Ranggesetzes bestand darin, daß der erbliche Adel erdient werden konnte.

Bereits durch Ukas vom 16. Januar 1721 hatte der Monarch alle nichtadligen Oberoffiziere mit ihren Nachkommen nobilitieren lassen. Die Rangtabelle von 1722 setzte nun in drei parallelen Gruppen 14 Rangklassen für Armee und Flotte, für den Zivildienst und den Hofdienst fest, vom Generalfeldmarschall, Generaladmiral und Kanzler bis hinab zum Fähnrich, Konstabel, Kollegienregistrator und Küchenmeister. Punkt 11 enthielt die Festlegung über den Erbadel: »Die ehelichen Kinder und Nachkommen aller Bediensteten, sowohl Russen als auch Ausländer, die sich in den ersten acht Klassen befinden, sollen auf ewig in allen Ehrenfällen und Beförderungen dem besten alten Adel gleichgeschätzt werden, auch wenn sie von keiner großen Herkunft sind noch von gekrönten Häuptern in den Adelsstand erhoben und mit Wappen versehen worden.«

Damit war von Staats wegen jegliche Privilegierung innerhalb des Adels aufgehoben. Wer im Dienst einen bestimmten Rang erreichte, wurde automatisch geadelt. Eine Konzession an den alten Hochadel machte Peter nur insofern, als er dessen Söhne in exklusiven und besonders bevorzugten Garderegimentern dienen ließ, die in der Folge auch eine besondere politische Bedeutung erlangen sollten. Unter den etwa 120 neuen Amts- und Rangbezeichnungen begegnen mit wenigen Ausnahmen vor allem sprachliche Termini aus dem Deutschen.

Mit der Rangtabelle für den Adel von 1722 entstand neben dem früheren Erbadel gleichberechtigt ein neuer erblicher Verdienstadel, der unabhängig vom Grundbesitz verliehen wurde. Zu diesem Zeitpunkt gab es in Rußland etwa 100 000 Adelsfamilien. Die neue Rangtabelle eröffnete den Angehörigen aller Klassen und Schichten den Aufstieg in den Adelsstand und damit den Zugang zu den höchsten Staatsämtern. Dieser Aufstieg war freilich nicht leicht, verlangte Peter doch außergewöhnliche Fähigkeiten, Tüchtigkeit und besondere Verdienste.

Beispiele für eine Karriere ehemals niederer Adliger gaben das Wirken von Generaladmiral Graf Fjodor Matwejewitsch Apraxin, der Diplomaten Pjotr Andrejewitsch Tolstoj und Iwan Iwanowitsch Nepljujew sowie Nichtadliger wie Generalissimus Alexander Danilowitsch Menschikow, Vizekanzler Baron Pjotr Pawlowitsch Schafirow, Vizegouverneur Alexej Alexandrowitsch Kurbatow und Vizegouverneur Wassili Semjonowitsch Jerschow ab. Menschikow war der Sohn eines Stallknechts und verkaufte als junger Mann auf Moskaus Straßen Pasteten, Kurbatow und Jerschow entstammten dem Stand der leibeigenen Bauern. Menschikow, Schafirow, Kurbatow und Jerschow betätigten sich als typische Vertreter der russischen Feudalität und ließen in ihren Handlungen in keiner Weise erkennen, daß sie den einfachen Volksschichten entstammten. So heirateten die Töchter Schafirows, der aus einer kleinbürgerlich-jüdischen Familie stammte, sämtlich in russische Hochadelsgeschlechter ein und nahmen alle Allüren von Aristokratinnen an.

Peter hat mit seiner Rangtabelle von 1722, die mit wenigen Veränderungen bis in die letzten Tage des Zarismus hinein Gültigkeit haben sollte, die Bindung eines durch Zustrom von unten kräftig vermehrten Adels an den Staat angestrebt. Für den Zaren blieb der Adel die staatstragende Gesellschaftsklasse. Seine wirtschaftliche Basis sollte durch das einer Besitzzersplitterung entgegenwirkende Einerbengesetz von 1714 gesichert werden. Die Rangtabelle war der Maßstab, der den gesellschaftlichen Standort der Bürger des Russischen Kaiserreiches bestimmte. Demzufolge gab es außerhalb des Adels auch keinerlei Aufstiegsmöglichkeiten. Durch den Vorrang der Adelsgesellschaft wurden die wirtschaftliche Entwicklung des Landes und die Entstehung der bürgerlichen Klasse in Rußland für einen langen Zeitraum nachhaltig gehemmt.

Bauernpolitik

Dem privilegierten Adel stand die breite Masse der Bauern gegenüber. So stark der Adel durch die immer höher geschraubten Anforderungen Peters I. auch belastet war – die schwersten Bürden ruhten auf der bäuerlichen Landbevölkerung. Wie bei all den anderen Maßnahmen stand auch in Peters Bauernpolitik der Gesichtspunkt des staatlichen Nutzens im Vordergrund. Die Folge hiervon war eine verschärfte Ausprägung des Zwangscharakters der bäuerlichen Arbeit. Dementsprechend verschlechterte sich unter Peter I. die rechtliche Lage der Bauern, und zwar entgegen der Absicht des

Zaren. Die meisten Ukase des Herrschers, die sich mit der Bauernfrage beschäftigten, zielten auf die Eindämmung der bäuerlichen Fluchtbewegung, das heißt des Läuflingswesens ab.

In den Erlassen der Frühregierung Peters wurden die weltlichen und geistlichen Würdenträger, die Bauern besaßen, besonders begünstigt, und es wurde ausdrücklich gestattet, wieder eingefangene Bauern der Knutenstrafe zu unterziehen und an ihre Herren zurückzugeben. Jedoch schon im Jahre 1700 erließ der Monarch Verordnungen, in denen befohlen wurde, diejenigen entlaufenen Bauern, die den Soldatendienst angenommen hatten, nicht wieder in die Leibeigenschaft zurückzugeben.

Da die Bauern die Hauptlast der staatlichen Abgaben zu tragen hatten, waren Peter und seine Regierung unmittelbar daran interessiert, die bäuerliche Wanderbewegung zum Stillstand zu bringen. Der fiskalische Gesichtspunkt trat ganz deutlich in den Vordergrund, als Peter nach 1718 die Kopfsteuer einführen ließ. Seit diesem Zeitpunkt achtete der Zar in besonderem Maße darauf, daß es zu keiner Überlastung der Bauern und zu keiner Zerrüttung der bäuerlichen Wirtschaften kam. Diesem Zweck dienten auch die Erleichterungen, die Peter gegen Ende seiner Regierungszeit für die Bauern anordnete. Ganz in diesem Sinne bemerkte der Herrscher im Geleitwort zur russischen Ausgabe von Wolf Helmhard von Hohlbergs berühmtem landwirtschaftlichem Haus- und Lehrbuch »Georgica curiosa«: »Weil die Bauern die Arterien des Staates sind und mittels der Arterien der gesamte menschliche Körper genährt wird, so durch die Bauern der Staat.« Deshalb »soll man sie pflegen und nicht übermäßig belasten«. Und im Ukas vom 15. April 1721 verurteilte der Herrscher mit scharfen Worten den Verkauf von Bauern: »Es war und es ist in Rußland Brauch, daß der kleine Landadel Bauern und Hofleute einzeln an jeden Kauflustigen wie Haustiere verkauft, was auf der ganzen Welt nicht üblich ist.«

Bei seinem Eintreten für die Bauern war sich Peter darüber im klaren, daß er den Bauernverkauf nicht gänzlich unterbinden konnte, und so gestattete er den Verkauf von ganzen Familien, nicht aber einzelner Mitglieder. Entscheidend freilich wurde, daß Zar Peter I. nicht an die Lockerung der bäuerlichen Leibeigenschaft dachte und auch die gewohnheitsrechtliche gutsherrliche Strafpraxis ausdrücklich anerkannte. So blieb das Verhältnis zwischen Grundherren und Bauern prinzipiell unverändert.

Peters Bauernpolitik ließ deutlich ihre rationalisitische und nivellierende Tendenz erkennen: Da der Grundherr, um den Ertrag seiner Wirtschaft zu steigern, unfreie Knechte (Cholopen) als Bauern ansetzte, ordnete der Monarch an, auch von diesen die üblichen Abgaben zu erheben, und die Behörden hatten nichts dagegen einzuwenden, wenn der Grundherr gegen seine Bauern ebenso die Prügelstrafe anwandte wie gegen seine Cholopen. Das bedeutete, daß der noch bestehende geringfügige Unterschied zwischen Cholopen und Bauern nun völlig verschwand: die Cholopen verloren ihre Abgabenfreiheit, die Bauern ihre Rechtsfähigkeit vor normalen Gerichten. Beide machte die Einführung der Kopfsteuer nach der großen Revision von 1718–1722 zu unterschiedslosen Steuerseelen in der praktisch unumschränkten Gewalt der Grundherren.

Mit der Verordnung der Kopfsteuer war ein einheitliches soziales Korpus der Abgabepflichtigen entstanden. Ausgenommen von diesem waren Adlige, Militärpersonen und Geistliche. Dagegen wurden nun die freien bäuerlichen Einhöfer zusammen mit anderen halbfreien bäuerlichen Gruppen zu dem abgabepflichtigen Stand der Staatsbauern zusammengefaßt, der zweiten großen Bauerngruppe neben den privaten Gutsbauern. Die Staatsbauern leisteten im Unterschied zu den von einzelnen Grundherren abhängigen Gutsbauern keine Abgaben an einen adligen oder geistlichen Grundherrn. Als Ausgleich hierfür wurden die Staatsbauern jedoch mit einer höheren Kopfsteuer belegt.

In Befolgung der petrinischen Verordnungen gab es für den Bauern nur wenig Möglichkeiten, den elenden Lebensbedingungen seines Standes zu entgehen. Er konnte lediglich den Rock des Soldaten anziehen oder sich zusammen mit seinem Dorf an einen Manufakturbesitzer verschreiben lassen. Freilich wird man schwerlich behaupten können, daß das Los eines lebenslänglich dienenden Soldaten oder das eines verschriebenen Fabrikbauern leichter gewesen wäre als das eines leibeigenen Bauern.

So festigten Peters Maßnahmen die Leibeigenschaft der russischen Bauern und schlossen diese von der aktiven Mitwirkung an den gesellschaftspolitischen Neuerungen im Lande weitgehend aus. Damit verbunden waren riesige Landschenkungen des Herrschers an seine Mitarbeiter und die Würdenträger des Staates, wie die Zuwendungen an Generalissimus Fürst Alexander Danilowitsch Menschikow, Generaladmiral Fürst Fjodor Alexejewitsch Golowin und Generalfeldmarschall Graf Boris Petrowitsch Scheremetew in eindrucksvoller Weise verdeutlichten. Große Ländereien erhielten auch georgische und kabardinische Fürsten, die in den Dienst Peters I. getreten waren. Ungeachtet der Ausdehnung des adligen Grundbesitzes mit den dazugehörigen Bauern und der Bevorrechtung der Feudalität gelang einzelnen reich gewordenen Bauern der Aufstieg in den Stand der Kaufleute und Unternehmer, wie am Beispiel der Wirtschafts- und Handelspolitik bereits deutlich geworden ist.

KULTUR

Neue Auslandsreisen
und ihre kulturpolitische Bedeutung

Eine zentrale Rolle im Reformwerk Peters I. kam auch der Kulturpolitik des Monarchen zu. Die kulturelle und geistige Entwicklung Rußlands seit der zweiten Hälfte des 17. Jahrhunderts war durch eine immer deutlicher werdende Säkularisation des Denkens gekennzeichnet. Dieser Vorgang beinhaltete die Verwirklichung und Erweiterung jener Forderungen, die der frühbürgerlichen Gesellschaftsbewegung von Humanismus, Renaissance und Reformation zugrunde lagen. Bereits die Emanzipationsbestrebungen, die am Ende des 17. Jahrhunderts innerhalb der russischen Gesellschaft immer sichtbarer in Erscheinung traten, kündigten ein neues Zeitalter an, das mit dem 18. Jahrhundert Wirklichkeit werden sollte.

Ein besonderes Augenmerk des Herrschers galt der Förderung des russischen Städtewesens und dem Bau neuer Kommunen. Ein Beispiel hierfür stellte die Gründung der neuen Hauptstadt des Reiches, St. Petersburgs, dar. Ferner wurden zahllose Straßen und Kanäle angelegt. Die ins Leben gerufenen neuen Schulen, Lehranstalten, wissenschaftlichen Einrichtungen und Kunststätten veränderten die Weltanschauung, die Gefühle und den Geschmack der russischen Menschen und ließen eine moderne Architektur, Malerei und Literatur entstehen. Besondere Bedeutung erlangten das wissenschaftliche Buch und die schöne Literatur.

Durch seine Aufenthalte in Mittel- und Westeuropa wurde Zar Peter in seinem Bestreben bestärkt, möglichst vielen seiner russischen Landsleute die Gelegenheit zu geben, im Ausland zu studieren und sich weiterzubilden. So ließ er junge Adlige abordnen mit dem Auftrag, im westlichen Ausland fremde Sprachen zu erlernen und sich gründlich mit den Naturwissenschaften, der Medizin und den technischen Wissenschaften vertraut zu machen. So waren an zahlreichen auswärtigen Universitäten russische Studenten immatrikuliert, zunächst an den hohen Schulen zu Amsterdam und Venedig, später in Wittenberg, Halle, Jena, Leipzig, Göttingen und anderswo. Das von der Regierung Peters verordnete Auslandsstudium war auf das engste verknüpft mit der für den Adel vorgeschriebenen Verpflichtung zum Dienst in Verwaltung, Heer und Flotte. Aus dem Ausland zurückgekehrt, waren die ehemaligen Studiosi gehalten, unverzüglich die ihnen zugewiesene Tätigkeit aufzunehmen.

Das Wirken Peters I. hat unzweifelhaft beschleunigend auf den Verlauf der Geschichte Rußlands eingewirkt: »Wir wachsen nicht mehr in Jahrhunderten, sondern in Jahrzehnten«, schrieb Nikolai Michailowitsch Karamsin später. Bereits als junger Herrscher erkannte der Zar die Bedeutung von Wirtschaft und Handel, Bildung und Wissenschaft für die Aufwärtsentwicklung der russischen Gesellschaft. Im Zusammenhang damit erteilte er den Befehl, die östlichen und südöstlichen Weiten seines Riesenreiches wissenschaftlich zu erkunden und zu erforschen, wobei er das Hauptaugenmerk auf Sibirien und die Gegenden um das Kaspische Meer richtete. Durch sein Drängen wurden Tobolsk und Astrachan nicht nur zu administrativen Mittelpunkten, sondern gleichzeitig zu bedeutenden Wirtschafts- und Handelszentren an der Ost- und Südostgrenze Rußlands. Damit verknüpft war die Einrichtung von Bildungsanstalten in Sibiren, von denen die Bergschulen eine ganz besondere Bedeutung erlangten. Über Tobolsk und Astrachan nahmen großangelegte Handelskarawanen, Wissenschaftsexpeditionen und diplomatische Gesandtschaften ihren Weg nach dem Süden und Osten, bis nach China. Ungeachtet der Wichtigkeit von Peters erstem Auslandsaufenthalt von 1697/98 für die kulturelle Entwicklung Rußlands kam den nachfolgenden Reisen, vor allem der von 1716/17, die den russischen Zaren auch nach Paris führte, eine weit größere Bedeutung zu. Die zwischen der ersten und der zweiten großen Reise liegenden kürzeren Auslandsvisiten der Jahre 1711 und 1712/13 führten ausschießlich nach Deutschland und Böhmen, wobei die Badeaufenthalte in Karlsbad einen besonderen Platz einnahmen. Ihre wissenschaftsgeschichtliche Bedeutung liegt vor allem darin, daß Peter bei dieser Gelegenheit in persönliche Beziehungen zu Leibniz trat.

Im September 1711 traf der russische Zar auf dem Weg nach Karlsbad in Dresden ein, das er bereits im Sommer 1698 besucht hatte. Erneut stattete er der Kunstkammer einen Besuch ab und begab sich danach in die Orangerie und den großen Garten. Nach seiner Rückkehr von dem Kuraufenthalt in Karlsbad kam Peter am 28. und 29. Oktober des gleichen Jahres in Torgau mit Gottfried Wilhelm Leibniz zusammen. Der große Gelehrte hat den russischen Herrscher bei dieser Gelegenheit unter anderem zu wissenschaftlichen Beobachtungen angeregt, die mit der Erforschung der Schwankungen der Magnetnadel in Zusammenhang standen, wofür der Zar sich schon in London interessiert gezeigt hatte.

Im Jahre 1712 wiederholte Peter seine Karlsbader Badereise und passierte dabei auch Pommern, Oranienburg, Potsdam, Berlin und Dresden. In Karlsbad kam es dann zur zweiten Begegnung mit Leibniz, der ihn wohl auch nach Dresden zurückbegleitete. Wieder in Dresden, begab sich der Monarch ins Gewandhaus und sah eine deutsche Komödie, die von einem Bauern handelte, wobei sich der Zar »vergnügt anstellte«. Es folgten Besichtigungen zahlreicher Kunstsammlungen, so des mit einer Kameen- und Münzensammlung ausgestatteten Hauses des berühmten Hofjuweliers Johann Melchior Dinglinger und anderer Kunststätten.

Peter blieb zwar noch bis zum März 1713 in Deutschland, doch galt sein Hauptaugenmerk außenpolitischen Fragen und Problemen der Kriegsführung. Kulturgeschichtliches Interesse verdient jedoch der Besuch in Gottorp im Januar 1713, wo Peter den dortigen berühmten Globus geschenkt erhielt. Erwähnenswert ist auch sein Aufenthalt in Hannover und Braunschweig, wo der Monarch mehrere Theateraufführungen besuchte, wobei er »in allem ein sonderbares Vergnügen erkennen« ließ. Anfang April 1713 befand sich der Zar bereits wieder in Petersburg.

Im Februar 1716 trat Zar Peter I. seine zeitlich längste und zugleich kulturgeschichtlich bedeutsamste Reise nach Westeuropa an. Bis zu diesem Zeitpunkt hatte der jetzt Fünfundvierzigjährige bei seinen Reformmaßnahmen nicht nur auf politischem, sondern auch auf wirtschaftlichem und kulturellem Gebiet bedeutende Erfolge errungen. Aus dem zum Teil noch jungenhaften Staunen, mit dem der russische Zar auf seiner ersten Europareise den technischen und naturwissenschaftlichen Errungenschaften der fortgeschrittenen Länder des Westens gegenübergestanden hatte, war jetzt eine echte, zielgerichtete und weit umfassendere Wißbegier geworden. In Königsberg, wo Peter im März 1716 eintraf, stieß der Zar bei der Besichtigung der Sehenswürdigkeiten der Stadt in der Radziwiłł-Bibliothek auf eine Handschrift der Nestorchronik. Unverzüglich erteilte er den Befehl zur Anfertigung einer Abschrift und deren Übersendung nach Petersburg, was auch geschah. In Danzig, wo er sich fast zwei Monate aufhielt, kaufte Peter für seine Kunstsammlung aus dem dortigen Kabinett des Dr. Christof Gottwald Muscheln, seltene Steine und verschiedenartige Bernsteine mit darin eingeschlossenen Insekten und Pflanzen. Auch das Museum des Dr. Johann Breyn, in dem sich ebenfalls prächtige Mineralien befanden und das durch seine »japanische Flora« berühmt war, fand die Aufmerksamkeit des russischen Monarchen. Als Gast des ermländischen Bischofs Teodor Potocki bewunderte er dessen reichhaltige Bibliothek, und in Danzig erwarb sich Peter, wie aus Quittungen hervorgeht, zwei große Gemälde, die für sein Petersburger Palais bestimmt waren. Ebenso kaufte der Zar in Danzig zahlreiche Bücher, für die er 928 Gulden bezahlte. Mehr als ein Drittel davon waren Städte- und Länderbeschreibungen; die anderen bestanden aus Werken über Baukunst, Kriegswesen, Mathematik, Physik, auch philosophische Schriften und antike Klassiker fehlten nicht.

Von Danzig ging es weiter nach Schwerin und Hannover, wo er die zahlreichen Springbrunnen und anderen Wasserspiele, die durch Maschinen angetrieben wurden, bewunderte. Nur wenig später trank er in Pyrmont bereits Brunnen und kam zum dritten und letzten Mal mit Leibniz zusammen, der bald darauf, im November 1716, starb. In Pyrmont kaufte der Zar wiederum zahlreiche Kunstbücher. Ende Juni machte er einen Abstecher nach Kopenhagen, wo er die Akademie und die dortigen Museen besuchte. Ein versteinertes Brot fesselte seine Aufmerksamkeit so sehr, daß ihm die Hälfte davon für seine Sammlung geschenkt wurde. Nach seiner Rückkehr aus Dänemark ging es dann über Hamburg weiter nach Amsterdam, wo er am 18. Dezember eintraf.

Welches Pensum Zar Peter I. bei seinem zweiten Aufenthalt in Holland absolvierte, geht im einzelnen aus dem Reisetagebuch des Monarchen hervor. Bald besichtigte er »ost- und westindische Muscheln und Vögel«, bald fuhr er nach dem Lustort seines Geschäftsträgers Christoffel Brant, in dessen »Park er lustwandelte«, zuweilen ging er auch ins Theater. Keine Sammlung, kein Denkmal, keine Seltenheit entging ihm. Vergessen schien die große Politik; es war, als suche der Beherrscher Rußlands Entspannung, Ruhe und wissenschaftliche Muße. Auch die Gemäldegalerien, die er in England noch verschmäht hatte, fanden jetzt seine Aufmerksamkeit. Ebenso befaßte sich Peter intensiv mit Gartenplanung, wohl in Zusammenhang mit den im Petershof vorgesehenen Parkanlagen.

In die Zeit seines zweiten Hollandaufenthalts fielen auch größere Erwerbungen des Zaren für seine Kunstkammer. So kaufte er die treffliche Sammlung von anatomischen Präparaten, an der Friedrich Ruysch vierzig Jahre gearbeitet hatte, und die große Sammlung aller bekannten Land- und Meerestiere, die dem Apotheker Albertus Seba gehörte, für ansehnliche Summen. Ebenso erstand er eine große Anzahl von Blättern der berühmten Pflanzen- und Tiermalerin Sybille Merian. Von Amsterdam aus reiste er über Den Haag nach Leyden, wo er, wie vor zwanzig Jahren, die Universität besuchte, deren Gründungs- und Lehrplan er sich jetzt aufschreiben ließ. In Brüssel besichtigte er die Kathedrale zu St. Gundula. Über Gent, Brügge und Dünkirchen gelangte er am 25. April 1717 nach Calais, von wo aus er die Reise nach Paris antrat.

Der Pariser Aufenthalt erlangte für Peters Wissenschaftsverständnis und Kulturpolitik größte Bedeutung. Kaum waren die ersten Begrüßungs- und Empfangsfeierlichkeiten vorbei, begab sich der Zar am 11. Mai 1717 in die Stadt: »Den Vormittag war er in den Arsenalen und in den Häusern des Königs, auch da, wo allerlei metallene Bildsäulen gegossen werden, in dem Apothekergarten, in anderen Gärten und in einer Apotheke, wo er anatomische Sachen besahe.« Bei den »Häusern des Königs« handelte es sich wohl um den Louvre, in dem schon damals »verschiedene Maschinen,

151

Zeichnungen und Gemälde« zu sehen waren. Im Apothekergarten befand sich das Naturalienkabinett und das unter Johann Georg Duvernois stehende Theatrum Anatomicum, das besonders durch seine Wachspräparate bekannt war, die auf den Zaren einen tiefen Eindruck machten. Am Nachmittag suchte Peter auch den jungen König Ludwig XV. auf.

In den darauffolgenden Tagen besah sich der Zar »die Gobelins, wo die vortrefflichen Tapeten gemacht werden, wie auch die Anatomie und das Observatorium«. Im Observatorium fanden sich neben den eigentlichen Instrumenten auch zahlreiche Modelle mathematischer und physikalischer Apparate. Dann nahm der russische Gast »die Königliche Malerakademie in hohen Augenschein und bezeigte über die raren Gemälde ein sonderbares Vergnügen, ließ sich auch die Plans von allen Städten, Fortifications und Häfen des Königreiches zeigen«. Hierauf begab sich Peter wiederum in den Louvre, danach ging er im Jardin der Tuilerien spazieren und von da in die Oper, die ihn aber wohl nicht sonderlich ergötzte, da er vor Schluß davoneilte.

Nach der Besichtigung der Pariser Kunststätten, zu denen auch das Observatorium des Maréchal d' Estrées in Issy gehörte, verwandte Peter viel Zeit auf die »Besuchung allerhand Künstler und geschickter Leute. Dem Herrn Butterfield, einem berühmten Mechanico, ließ er die Ehre zuteil werden und unterhielt sich mit ihm in holländischer Sprache. Danach begab er sich in das Haus des Herrn Pajot d'Osembray in Bercy, der die reichste Mechanikersammlung jener Zeit besaß und für seine Leistungen auf diesem Gebiet zum Ehrenmitglied der Akádemie des Sciences ernannt worden war. Am 23. Juni speiste der russische Herrscher zu Mittage bei dem Regenten, Herzog von Orléans, zu St. Cloud und spazierte bis zum Abend in dem Garten, der nach Versailles der schönste ist.« Am nächsten Tag reiste er nach Versailles, wo er das Schloß besichtigte. Hier brachte er den ganzen nächsten Tag im Garten zu, »wo deswegen alle Fontänen und andere Wasserkünste spielten. Er war auch zu Trianon, . . . fuhr auf dem Teiche in einer bedeckten Chaloupe und besahe die Menagerie, ein kleines königliches Haus an der linken Seite des Gartens, wo die Gesellschaft an den Lustfontänen ihr Vergnügen hatte.« Wieder in Paris »besahe er das königliche Kabinett in den Tulerien«, desgleichen die Bibliothek, wo man ihm zwanzig Saffianbände mit Kupferstichen der Versailler Gärten und Gebäude sowie der Feldzüge Ludwigs XIV. nach Bildern des van der Meulen zum Geschenk machte, einen Bücherbestand, der zu Lebzeiten Peters nicht aus dem Kabinett des Herrschers genommen werden durfte.

Während seines Aufenthaltes in Paris besuchte Peter auch die Sorbonne, über die er sich sehr befriedigt äußerte. Auch dem Collége des Quarte

Nations, das vom Kardinal Jules Mazarin gegründet worden war, stattete er einen Besuch ab, wo er mit dem berühmten Geometer Pierre Varignon zusammentraf. Von ihm fuhr Peter zu Pigeon, dem Erbauer eines sich bewegenden Globusses, der dem russischen Herrscher so gut gefiel, daß er ihn für 2000 Taler ankaufte. Schließlich lud Peter den Geographen Joseph Nicolas Delisle und den berühmten Chemiker Geoffroy zu ausführlichen Gesprächen zu sich ein und wohnte persönlich einer Augenoperation bei, die an einem mit Star behafteten Kriegsbeschädigten vorgenommen wurde.

Unmittelbar vor seiner Abreise aus Frankreich wurde der russische Zar in die Pariser Akademie der Wissenschaften eingeladen, wo aus diesem Anlaß eine außerordentliche Sitzung stattfand. Die versammelten Gelehrten waren bemüht, Peter alles zu zeigen, was es auf dem Gebiet der experimentellen Wissenschaften Neues und Bemerkenswertes gab. So führte man das Modell einer Wasserhebemaschine vor, gab chemische Versuche zum besten und zeigte für die Veröffentlichung eines kunstgeschichtlichen Werkes bestimmte Zeichnungen und anderes mehr. Der russische Herrscher verfolgte die Vorführungen mit gespannter Aufmerksamkeit und zeigte sich beeindruckt. Bereits auf dem Weg in die Heimat erhielt Peter die Nachricht, daß die Pariser Akademie die Absicht habe, ihn zu ihrem Mitglied zu wählen. Der Zar beauftragte seinen Berater Robert Areskine mit der Antwort an die französische Akademie und ließ sein Einverständnis mitteilen. »Seiner Majestät ist es eine lebhafte Genugtuung«, schrieb Areskine, »daß Ihre Erlauchte Gesellschaft ihn der Aufnahme unter die Zahl ihrer Mitglieder für würdig erachte, ... und durch sorgfältige Erforschung aller Seltenheiten seiner Länder und des darin gefundenen Neuen sowie durch deren Mitteilung an die Akademie wird sich Seine Majestät bemühen, den Namen eines nützlichen Mitglieds ihrer berühmten Versammlung zu verdienen.« Nach Erhalt des zarischen Schreibens beschloß die Pariser Akademie in ihrer Sitzung vom 22. Dezember 1717 einstimmig, den russischen Zaren als Mitglied »hors de tout rang« anzuerkennen.

Peters Rückreise nach Rußland erfolgte wiederum über Holland, das er im August 1717 zum dritten und letzten Mal betrat. Auch bei dieser Gelegenheit äußerte der Zar sein Interesse, das er jetzt stärker als bei seinem ersten Aufenthalt der holländischen Malerei entgegenbrachte. Anfang September brach er bereits wieder auf und traf bald über Magdeburg kommend in Berlin ein, wo er sich besonders für die dortigen Münzsammlungen und den Plan des königlichen Schlosses und der Berliner Parkanlagen interessierte. Wenige Tage später war er bereits in Danzig. Von seinem dortigen kurzen Aufenthalt hieß es in einem Ukas: »Als ihre Großzarische Majestät sich in der Gemeindekirche zu St. Marien befand, gefiel ihr das Bild vom Jüngsten Gericht besonders wohl.« Der russische Herrscher wünschte das Gemälde zu kaufen, jedoch die Stadt gab es nicht heraus. Am 21. Oktober 1717 traf Peter wieder in St. Petersburg ein.

Peters letzte große Auslandsreise von 1716/17 brachte für den Zaren von Rußland eine umfassende Erweiterung seines geistigen Horizonts, und dieser erstreckte sich auf nahezu alle Gebiete der damaligen Kultur und Wissenschaften. Die Neugier für alles Merkwürdige in der Natur, die Freude an Kunstsammlungen, am Panoptikumhaften, wie sie noch 1697/98 deutlich offenbar wurde, hatte vertieften Einsichten Platz gemacht. Aus den spontanen Besuchen während der ersten Reise war ein gezieltes Besichtigen und Kennenlernen geworden. Peter ließ deutlich Geschmack und Genuß am Schönen erkennen, so beim Anblick von Werken der Malerei und der Baukunst. Wie stark das Erlebnis der französischen Barockarchitektur den Zaren beschäftigte, sollte aus der späteren Bautätigkeit in Rußland ganz deutlich werden. Das beträchtlich gewachsene Kultur- und Wissenschaftsverständnis Peters äußerte sich auch im ausgeprägter werdenden Umgang des Zaren mit hervorragenden Gelehrten und Künstlern, in großen Bücherkäufen und in anderem mehr. Hinter den erhöhten kulturellen und wissenschaftlichen Bedürfnissen des russischen Herrschers traten selbst die wichtigen Belange der praktischen Politik und Diplomatie des Zarenreiches, deren Regelung Peter während seiner Auslandsaufenthalte in hohem Maße seinen Mitarbeitern und Beratern überließ, sichtbar in den Hintergrund.

Von den tüchtigen und praktisch eingestellten Holländern wie auch von den Deutschen hat Peter sich zu Beginn seiner Regierungszeit spürbare Anregungen geholt. Was er in Holland und Deutschland vermißte, fand er in überreichem Maße in Frankreich vor: eine hochentwickelte lebendige, schöpferische Kultur und Wissenschaft, die zu Beginn des 18. Jahrhunderts bereits den führenden Platz in Europa einnahm.

Bei der Durchsetzung seiner Bildungs- und Wissenschaftspolitik standen Peter I. qualifizierte Berater zur Seite. Zu ihnen gehörten anfangs vor allem Ausländer, die freilich in vielen Fällen bereits in Rußland geboren waren, aber auch Russen, Ukrainer und Belorussen, so Feofan Prokopowitsch, Pjotr Pawlowitsch Schafirow, Dimitri Cantemir, Jacob Bruce, Laurentius Blumentrost, Robert Areskine, Wassili Nikititsch Tatischtschew, Iwan Kirillowitsch Kirilow, Andreas Winius, Andrej Artamonowitsch Matwejew sowie die Militärs Patrick Gordon, François Lefort, Boris Petrowitsch Scheremtew und Fjodor Matwejewitsch Apraxin sowie viele andere. Werdegang und Wirken von Peters Mitarbeitern sind in den meisten Fällen von der Forschung noch immer ungenügend untersucht.

Petrinische Aufklärung
und Gesellschaftsauffassung.
Einordnung der Kirche in den Staat

Die Vervollkommnung von Gesellschaft, Staat und Kultur in Rußland erforderte qualifizierte Fachleute, die zu diesem Zeitpunkt in hohem Maße im Ausland angeworben und für russische Dienste verpflichtet werden mußten. Die Praxis der Gewinnung von Ausländern für eine Tätigkeit im Zarenreich setzte staatlicherseits religiöse Toleranz voraus, von der der Patriarch und die orthodoxen Bischöfe freilich nichts wissen wollten. Wenn schon auf die Mitarbeit von Ausländern im Staate Peters I. nicht verzichtet werden konnte, so sollten diese nach Auffassung der kirchlichen Obrigkeiten jedoch bei der Ausübung ihrer Tätigkeit unter strenge Kontrolle gestellt werden. Um dies zu erleichtern, sollten die in Rußland tätigen Ausländer nach Auffassung der geistlichen Prälaten in von den jeweiligen Städten abgeschlossenen Siedlungen wohnen, in Ausländerghettos also, durch die den von dort auf die russische Gesellschaft ausgehenden Ideen und Gedanken Schranken gesetzt werden sollten.

Jedoch bereits Sofja und ihre Regierung hatten sich für die Toleranz gegenüber den in Rußland wirkenden Ausländern ausgesprochen. So wurden mit dem Ukas vom 26. Januar 1689 die französischen Hugenotten eingeladen, nach Rußland zu kommen, wobei man ihnen völlige Religionsfreiheit zusicherte. Peter I. bestätigte 1692 und 1702 diesen Ukas und dehnte ihn auf alle Konfessionen aus. Seine Begegnung mit dem Quäker William Penn und sein Aufenthalt in England ließen den russischen Zaren offensichtlich endgültig zu der Erkenntnis gelangen, daß es auch für Rußland eine Notwendigkeit war, die Kirche den Belangen der Gesellschaft und des Staates unterzuordnen. In England war wie in der Schweiz und in den Niederlanden, nicht zuletzt dank der ideologischen Vorarbeit von Thomas Hobbes, der konfessionelle Absolutismus am frühesten in Europa überwunden worden. Im Zarenreich hingegen erwiesen sich Kirche und Staat noch immer auf das engste miteinander verbunden. Der Patriarch nahm in der Krönungskirche des Moskauer Kremls nach wie vor neben dem Zaren einen gleichrangigen Thron ein, und Kirchenfürst und Monarch regierten gemeinsam das russische Land. Sobald ein Zar in Bedrängnis geriet, suchte er, wie noch der junge Peter, Zuflucht in der Sagorsker Klosterburg, die sich unweit Moskaus befand.

Durch den intensiven Gedankenaustausch mit seinen Lehrmeistern Lefort und Gordon, den späteren Generalen, die schon in Preobrashenskoje zu den engsten Beratern des jungen Herrschers gehörten, erkannte Peter I. frühzeitig und in vollem Maße die Bedeutung der konfessionellen Toleranz für die Entwicklung Rußlands zu einem modernen Staat. Die religiöse Duldsamkeit, die der Zar von Anfang an in seinen Handlungen deutlich werden ließ, ermöglichte es François Lefort, dem freigeistigen Kalvinisten, ebenso wie Patrick Gordon, dem gläubigen Katholiken, ihren Konfessionen ungehindert zu huldigen, obwohl sich diese in scharfem Widerspruch zu den Glaubenssätzen der russisch-orthodoxen Kirche befanden. Patriarch Joakim und seine Berater verfolgten daher die in Preobrashenskoje veranstalteten militärischen Exerzitien, Ausgelassenheiten und Narreteien mit größtem Argwohn, sahen sie doch in ihnen mit Recht eine große Gefahr für die bislang unangetastete Alleinherrschaft der orthodoxen Lehre in Rußland. Sie ließen es demgemäß nicht an Warnungen fehlen. Jedoch Zar Peter war bereits drauf und dran, in seinem Land erste Voraussetzungen für den künftigen Wettstreit in Wirtschaft, Kultur und Wissenschaft zu schaffen, den er mit den fortgeschrittenen Ländern des Westens auszutragen beabsichtigte.

Der Kampf Peters und seiner Gesinnungsgenossen gegen die Kräfte des Verharrens in der russischen Gesellschaft begann bereits in Preobrashenskoje. In Fortentwicklung der schon zu diesem Zeitpunkt geäußerten Auffassungen ließ der Monarch auch in seinem Toleranzedikt vom 16. April 1709 sagen, »daß Wir bei der Uns vom Allerhöchsten verliehenen Gewalt Uns keines Zwanges über die Gewissen der Menschen anmaßen und gern zulassen, daß ein jeder Christ auf seine Verantwortlichkeit sich die Sorge seiner Seligkeit lasse angelegen sein« und »niemand sowohl in seiner öffentlichen als auch in seiner persönlichen Ausübung des Gottesdienstes behindert, sondern dabei erhalten und gegen jede Störung geschützt« werde. Und der Verordnungstext schloß mit dem geradezu ökumenisch anmutenden Bekenntnis, wonach die Angehörigen aller christlichen Konfessionen »nach Vorschrift des Gebots der christlichen Kirche einmütig Gott loben« sollten.

In dem Toleranzedikt trat Peter I. mit seiner gesamten herrscherlichen Macht gegen die rechtgläubige Kirche auf. Es waren nicht religiöse Überlegungen, die den Zaren zu diesem Schritt veranlaßten, sondern die wirtschaftlichen, gesellschaftlichen und politischen Erfordernisse des auch für Rußland anhebenden neuen Zeitalters. Die Anhänger der alten Ordnung und der alleinherrschenden Kirche freilich waren nicht gesonnen, die Toleranzverordnungen des Herrschers widerstandslos hinzunehmen. Sie stellten sich zum Kampf, ging es doch dem hohen Klerus um die Erhaltung seiner bisherigen Machtpositionen im alten Rußland. Die reichen Prälaten fanden dabei die Unterstützung breiter Teile der mächtigen Bojaren- und Fürstenfamilien. Auch Angehörige des Zarenhauses selbst, so Peters erste Gemahlin Jewdokija und Sohn Alexej, traten auf die Seite der sich mehr und mehr formierenden Opposition, deren Wortführer Peter erneut als Ketzer zu diskreditieren suchten.

In den nun anhebenden Auseinandersetzungen handelte es sich um einen Kampf auf Leben und Tod. Hinter dem Strelitzenaufstand von 1682 und noch deutlicher hinter der Erhebung von 1698 standen die »Bärtigen«, das heißt die Vertreter der Allgewalt der Kirche und der Starina, des Althergebrachten, die sich mit allen Mitteln Peters Absicht widersetzten, die Kirche den Belangen der Gesellschaft und des Staates unterzuordnen. Jedoch dem Zaren war es bereits vor seiner ersten Auslandsreise gelungen, die kirchlichen Einnahmen und Ausgaben der Kontrolle des Staates zu unterstellen und den Prälaten die Führung von Ausgabebüchern »für jedes Jahr« aufzunötigen. Damit hatte Peter die Finanzkontrolle über die Kirche durch den Staat eingeleitet und durch Ukas vom 30. Dezember 1701 die Verwaltung der Klostergüter einem eigenen Klosterprikas übertragen.

Besonders symbolhaft in Peters Kampf gegen die Ideologie der orthodoxen Kirche wurde der strenge Befehl des Herrschers, die Bärte scheren zu lassen. Der Monarch erlegte, abgestuft nach der Höhe der Einkünfte, den Bartträgern eine Steuer auf. Zentrum des Widerstands gegen die Verordnungen Peters, der von hohen Klerikern nun immer häufiger als »Antichrist« auf dem Zarenthron bezeichnet wurde, war das Patriarchat. Ein kämpferischer Patriarch an der Spitze der gegen den Herrscher auftretenden Opposition konnte für den Zaren ein gefährlicher Gegenspieler werden. Deshalb ließ der Herrscher nach dem Tode Adrians im Jahre 1700 den Patriarchenstuhl unbesetzt. Er berief lediglich einen Patriarchatsverweser, einen Exarchen, für den der gelehrte Rektor des Kiewer Mohyla-Kollegiums, Jaworski, auserkoren wurde, den Peter gleichzeitig zum Metropoliten von Rjasan erhob.

Stefan Jaworski war Ukrainer und hatte seine Ausbildung am Mohyla-Kollegium zu Kiew erhalten, das von Peter I. im Jahre 1701 in den Rang einer Akademie erhoben wurde. Gleichzeitig weilte Jaworski zu Studien an polnischen Jesuitenkollegien und nach einem kurzen Mönchsdasein wurde er Professor an der geistlichen Akademie in Kiew. Er war ein Gelehrter von internationalem Rang und ein vielseitig interessierter Geistlicher. In Jaworski schien Peter die geeignete Persönlichkeit für das Amt des Exarchen gefunden zu haben. Zudem hatte sich Stefan durch sein Vorgehen gegen die aufrührerischen Schriften des Grigori Talizki, der den Zaren als Antichristen brandmarkte, als Parteigänger Peters empfohlen.

Jedoch Jaworskis Vollmachten in seinem Amt waren äußerst begrenzt. Dem 1711 eingerichteten Dirigierenden Senat war auch die Geistlichkeit unterstellt. Jaworski selbst erhoffte sich durch seinen Anschluß an den Herrscher den Posten eines Patriarchen und hielt die bisherige Regelung der Kirchenverwaltung für eine vorübergehende. Jedoch Peter dachte nicht ernstlich daran, das Amt des Patriarchen besetzen zu lassen, und so kühlte sich Jaworskis Verhältnis zum Zaren nicht nur rasch ab, sondern wurde bald zu einem sehr gespannten. Dafür gab freilich die Haltung, die der Herrscher den kirchlichen Zeremonien gegenüber an den Tag legte, wahrhaft zur Genüge Anlaß, wie die wüsten Gelage der zarischen »Spottsynode« und die Aktivitäten des »Saufpatriarchen« in bischöflicher Gewandung für jedermann deutlich machten.

Hatte Jaworski im Prozeß gegen Talizki diesen zum Eingeständnis seiner falschen Lehren und damit auf den Scheiterhaufen gebracht, so ging er jetzt zu direkten Handlungen gegen den Zaren über. Für seine Ziele vermochte er dabei auch Feofilakt Lopatinski zu gewinnen, den Jaworski 1706 in das Amt des Rektors der Moskauer Slawisch-Griechisch-Lateinischen Akademie lanciert hatte, das er vorher selbst zusammen mit Lopatinski innehatte. Lopatinski sollte einer der gefährlichsten Gegenspieler Peters werden. Dem Zar wurde freilich bald klar, auf welcher Seite Jaworski wirklich stand. Um ihn jedoch, so weit dies möglich war, weiterhin an den Staat und den herrscherlichen Willen zu binden, beließ Peter den Exarchen bis zu dessen Tod im Jahre 1722 an der Spitze der orthodoxen Kirche und lehnte Jaworskis mehrmalige Abschiedsgesuche ab. Im Unterschied zu der streng altorthodox orientierten Kirchenopposition stellte der prokatholisch eingestellte Jaworski für den Monarchen gleichsam das kleinere Übel dar.

Jaworski zeigte sich in seinem versteckten Kampf, den er gegen den Herrscher führte, freilich kühn genug. Auf die Unterstellung des Klosteramts unter den Senat antwortete er im März 1712 mit einer vor dem Zaren gehaltenen Predigt, die heftige Angriffe gegen die Person Peters und dessen Privatleben enthielt. Der Patriarchatsverweser schloß seine Predigt mit einem Gebet für den Zarewitsch Alexej, den er als einen »Mann Gottes« bezeichnete, als »unsere einzige Hoffnung«. Zwei Jahre später, 1714, sollte sich der immer sichtbarer werdende Konflikt, der zwischen dem Herrscher und dem Exarchen ausgebrochen war, noch mehr zuspitzen. Den Anlaß bot ein von der orthodoxen Geistlichkeit gegen Dimitri Jewdokimowitsch Tweritinow angestrengter Prozeß, in dessen Verlauf dieser der protestantischen Häresie angeklagt wurde.

Stefan Jaworski gebärdete sich als fanatischer Gegner des Luthertums. Er bezeichnete den protestantischen Reformator Martin Luther als »ein vom höllischen Gift gesättigtes Gewürm« und »einen dreifach verfluchten Ketzer«. Gleichzeitig erging er sich in Tiraden gegen das Leben, wie es in der Nemezkaja Sloboda, der Moskauer Ausländervorstadt, üblich war, wobei er Zar Peter bei dem rechtgläubigen russischen Volk in Mißkredit zu bringen suchte. Als Gelehrter und geistlicher Schriftsteller war Jaworski ein Vertreter der latinisierenden Richtung der ukrainischen Theologie, die stark von der Aristotelesrezeption der thomistischen Scholastik geprägt war. Der vom Exarchen Jaworski der protestantischen Ketzerei bezichtigte Arzt Tweritinow, der bei deutschen Medizinern in der Moskauer Ausländervorstadt gelernt hatte, scheint in seiner Kritik an der orthodoxen Kirche von ähnlichen Grundsätzen ausgegangen zu sein wie Matwej Baschkin und Feodossi Kossoj bei deren Kritik an den »Judaisierenden« um die Mitte des 16. Jahrhunderts. Da sich Peter und sein Senat vor Tweritinow stellten, endete das Vorgehen Jaworskis gegen diesen »Ketzer« mit einer Demütigung des Patriarchatsverwesers.

Schon in seiner Predigt über den »Weinberg Christi« vom Jahre 1698 hatte Jaworski starke Worte gegen das Luthertum gefunden. 1718 ließ er sein antiprotestantisches Hauptwerk folgen, dem er den Titel »Fels des Glaubens« gab. Die Überschrift war der gleichnamigen Schrift des polnischen Jesuiten Feofil Rutek entlehnt und in seiner antiprotestantischen Polemik dem Jesuiten Roberto Bellarmin verpflichtet. Zar Peter verhinderte zeitlebens den Druck von Jaworskis Schrift. So konnte das Werk erst im Jahre 1728 erscheinen. Es spielte in der Folge als Handbuch der antiprotestanischen Polemik eine bedeutsame Rolle in den theologischen Auseinandersetzungen bis hin zum Ende des 19. Jahrhunderts.

In den geistigen Kämpfen während der Regierungszeit Peters I. nahm die Stellung zur Scholastik einen zentralen Platz ein. Denker und Theologen wie Stefan Jaworski und Feofilakt Lopatinski, der Rektor der Moskauer geistlichen Akademie, achteten streng darauf, daß kein aufklärerisches Gedankengut in die orthodoxe Ideologie eindrang. Mit solchen Männern vermochte Zar Peter sein Anliegen, in Rußland die Bahn für den Gesellschaftsfortschritt freizumachen, nicht zu verwirklichen. Um seine Reformpläne durchzusetzen, bedurfte der Monarch jedoch auch der Mitwirkung kirchlicher Prälaten, die sich vorbehaltlos in den Dienst der Gesellschaft und des Staates stellten. Was Peter fehlte, war ein geistig überragender Mitarbeiter und politischer Ideologe, der nicht nur ein überzeugter Parteigänger des zarischen Absolutismus, sondern auch ein vielseitiger Gelehrter und talentierter Schriftsteller sein mußte. Einen solchen fand der Herrscher schließlich in dem Bischof Prokopowitsch.

Feofan Prokopowitsch, wie Stefan Jaworski ukrainischer Herkunft, gleichen Bildungsgangs und dessen Schüler, hatte sich zeitweilig an der jesuitischen Gregoriana-Universität in Rom aufgehalten und war 1704 Professor für Poetik, Rhetorik und Philosophie an der Kiewer Akademie geworden, der er 1711 bis 1716 dann auch als Rektor vorstand. Bereits Prokopowitschs Tragikomödie »Wladimir« vom Jahre 1705, in der gesellschaftliche Mißstände und Unwissenheit angeprangert wurden, lenkte Peters Aufmerksamkeit auf diesen Mann, und die Predigt desselben anläßlich des Sieges von Poltawa, die er 1709 hielt, ließ die aufklärerische Haltung des Theologen ganz deutlich werden. Feofan verstand es, in kurzer Zeit das Vertrauen des Zaren zu gewinnen. An die Spitze der Kiewer Akademie berufen, entfaltete der neue Rektor eine Tätigkeit im Sinne des gesellschaftlichen Fortschritts in Rußland. 1718 erhob ihn der Zar zum Bischof von Pskow und betraute ihn mit der Ausarbeitung einer dem staatlichen Kollegiensystem entsprechenden Kirchenordnung.

Im Unterschied zu Jaworskis katholisierenden Tendenzen und Bestrebungen erwies sich Prokopowitsch als radikaler Gegner der Papstkirche und zeigte sich offen für reformatorische Anregungen, die er aus der eifrig studierten protestantischen Literatur schöpfte, und ließ deutlich Tendenzen zu einem Staatskirchentum erkennen, das in starkem Maße von aufklärerischen Ideen durchdrungen war. Dabei unterlagen die theologischen und gesellschaftlichen Auffassungen Feofan Prokopowitschs einem erkennbaren Wandel, wie ein Vergleich seiner Predigten aus der Kiewer und der Petersburger Zeit deutlich macht. Stand in den Kiewer Predigten noch die Jenseitsbezogenheit im Mittelpunkt der Erörterungen, so trat in seiner Petersburger Periode die Sorge um das Irdische in den Vordergrund.

Prokopowitsch erkannte in Peter I. einen Herrscher, der die Glückseligkeit seiner Untertanen zu fördern suchte und um das Seelenheil des Volkes besorgt war. Zar Peter erschien ihm als Verkörperung der siegreichen Kraft des Menschen, frei von mystischer Heldenverehrung, ausgestattet mit menschlichen Zügen. Es war dies ein Herrscherbild, daß für die ethischpolitische Bewußtseinsbildung der gegebenen und künftigen Geschichtsepoche eine nicht geringe Bedeutung haben sollte. »Zahlreiche Herrscher regieren so«, heißt es bei Prokopowitsch an Zar Peter gewandt, »daß das einfache Volk nicht begreift, worin die Bestimmung des Herrschers besteht. Du allein aber hast es gezeigt, daß es die Sache allerhöchsten Ranges und der allerhöchsten Würde ist, alle Mühen und Lasten auf sich nehmen, gleich ob du deiner hohen Stellung überdrüssig seiest, erschienst du uns in der Gestalt des Zaren als vielseitiger Meister und Mann der Arbeit zugleich.«

Prokopowitschs Petersburger Predigten enthielten den Appell an alle zur Mitwirkung an Peters Reformen und stellten ein einziges Hoheslied auf die

Arbeit dar, als deren höchster Repräsentant der Zar gepriesen wurde. Nichtstun und Müßiggang erfuhren eine strenge Verurteilung. Prokopowitsch machte deutlich, daß eine unermeßliche Arbeitsleistung notwendig war, um die ökonomische und technische Rückständigkeit Rußlands zu überwinden. Aber auch vorausschauende, planende Überlegungen schienen vonnöten, um das Land auf die Bahn des gesellschaftlichen Fortschritts zu bringen.

Das freisinnige gesellschaftspolitische Gedankengut Peters und seiner Anhänger, der Petriner, zu denen an vorderster Stelle Feofan Prokopowitsch gehörte, war dabei keineswegs unchristlich. Das Christentum erfuhr bei Zar Peter und Feofan Prokopowitsch Wertschätzung vor allem als Religion des Gebots und des Verbots. Ein besonderes Beispiel hierfür gab Prokopowitsch bei der Erläuterung des Fünften Gebots, wenn er sagt, daß unter dem Vater vor allem der Herrscher zu verstehen sei, auf den die Beamten des Staates und dann erst die leiblichen Eltern folgten. Der leibliche Vater und die leibliche Mutter stünden zwar von Natur aus an erster Stelle, müßten aber eingedenk der gesellschaftlichen Notwendigkeiten dem Zaren und den Staatsbeamten den ersten Platz abtreten, da diese für die Gesamtheit des Volkes zu sorgen hätten. Auch bei den Erläuterungen der anderen Gebote wurden von Prokopowitsch die Erfordernisse des Staates geschickt eingeflochten und bei dieser Gelegenheit sogar die Notwendigkeit der Sonntagsarbeit begründet. Eine solche christliche Ideologie, wie sie von Prokopowitsch vertreten wurde, war für den Staat Peters von großem Nutzen. Wenn der Wille des Herrschers und seiner Beamten mit dem Gebot Gottes gleichgesetzt wurde, so bedeutete Widerstand gegen die Staatsgewalt zugleich Häresie und Sünde, durch die der Mensch sein Gewissen belastete. Die Gehorsamspflicht, die in der christlichen Religion einen zentralen Platz einnimmt, stellte für Peter und seine Anhänger ein wichtiges Mittel dar, um ihre Macht im Volke fest zu verankern.

Daß die Überwindung der ökonomischen und technischen Zurückgebliebenheit Rußlands die entscheidende Antriebskraft für die aufklärerische Gesellschaftsideologie Peters und seiner Mitarbeiter darstellte, geht aus sämtlichen Schriften Feofan Prokopowitschs hervor. Als ein zentrales Postulat galt den Petrinern vor allem die Erziehung des Volkes. Die Hochschätzung der Erziehung stellte neben dem Verlangen nach Förderung von Wissenschaften und Technik ein Grundcharakteristikum der petrinischen Gesellschaftsideologie dar. In diesem Zusammenhang wurden auch die Toleranzgedanken Peters unterstützt und gerechtfertigt. So verwies Prokopowitsch in seinen Schriften ausdrücklich auf die Rechtmäßigkeit der Ehen, die zwischen orthodoxen Frauen und andersgläubigen

Männern, so mit schwedischen Kriegsgefangenen im Ural, geschlossen wurden. In offiziellen staatlichen Verlautbarungen wurde in diesem Zusammenhang erklärt, daß es sich bei den schwedischen Männern ebenfalls um Christen handle, die freilich »in einigen Dogmen nicht mit der östlichen Kirche übereinstimmten«. In der erhitzten Atmosphäre, die an der Kiewer Akademie anläßlich des Sieges von Poltawa im Jahre 1709 herrschte, hatte Prokopowitsch die Schweden noch als »Feinde des Kreuzes« bezeichnet.

Aber nicht nur aus der russischen Wirklichkeit schöpfte Prokopowitsch seine Ideen, sondern auch aus einer Fülle von gelehrten Werken, die sich in seiner Bibliothek befanden. Von den etwa 750 vertretenen Autoren waren mehr als die Hälfte deutsche Gelehrte. In weitem Abstand folgten Holländer, Italiener, Franzosen, Engländer, Schotten und Schweizer. Unter den deutschen Werken befanden sich etwa 120 theologische Schriften. So besaß Prokopowitsch auch die Werke von Luther, Melanchthon und Johann Gerhard. Besonders zahlreich waren in seiner Bibliothek pietistische Kompendien, so solche von August Hermann Francke, Philipp Jakob Spener, Johann Heinrich Callenberg und Johannes Anastasius Freylinghausen anzutreffen. Auch die großen neuzeitlichen Staatsrechtler Hugo Grotius und Samuel Pufendorf fehlten nicht, ebenso waren die Schriften der Alten vertreten.

Prokopowitschs Hauptaufgabe als Mitarbeiter Peters war die ideologische Begründung der absoluten Monarchie. Prokopowitsch vertrat die Auffassung, daß die in der gegenwärtigen Situation notwendigen Reformen nur mit Hilfe einer starken absoluten Monarchie verwirklicht werden konnten. So verteidigte er in seinem »Wort über des Zaren Macht und Ehre« von 1718 und in dem Traktat über »Das Recht des monarchischen Willens« von 1722 die uneingeschränkte Macht des absolutistischen Herrschers, die aus der Bibel und dem Naturrecht abgeleitet wurde. Danach hätte der Zar auch das Recht, von sich aus den Herrscherthron an einen würdigen Nachfolger zu übergeben.

Bereits 1718 hatte Zar Peter Feofan Prokopowitsch mit der Abfassung einer Denkschrift über die Wirksamkeit eines geistlichen Kollegiums beauftragt. Der Exarch Stefan Jaworski sah in diesem Schritt des Herrschers eine Zurücksetzung seiner Person und in Prokopowitsch, seinem ehemaligen Kiewer Schüler, einen gefährlichen Konkurrenten, den er als »von kalvinischer Häresie angesteckt« zu denunzieren trachtete. Jedoch der zum selben Zeitpunkt gegen den schwächlichen Zarewitsch Alexej laufende Hochverratsprozeß, in den hineinzugeraten Jaworski befürchten mußte, machte den Exarchen nachgiebig: er fand sich schließlich mit der Erhebung Prokopowitschs zum Bischof von Pskow ab.

Die »Beschreibung und Beurteilung eines Geistlichen Kollegiums«, wie Feofan Prokopowitsch das von ihm erbetene Memorial zunächst nannte, stellte einen umfänglichen Traktat dar, in dem die Vorzüge einer kollegialen Kirchenregierung entwickelt, Amts- und Verwaltungsvorschriften dargelegt und unzählige grundsätzliche und praktische Anweisungen für eine Reform des Schul- und Erziehungswesens gegeben wurden. Prokopowitschs Entwurf einer neuen Kirchenordnung erhielt nach Zustimmung und persönlicher Überarbeitung durch Zar Peter Gesetzeskraft und erschien am 25. Januar 1721 unter dem Titel »Geistliches Reglement«. Es trug die Unterschrift des Herrschers, einiger Senatoren und von 87 hohen Prälaten, von denen die meisten gegen ihren Willen zur Unterschrift genötigt worden waren.

An die Stelle des Patriarchen als Kirchenoberhaupt trat nach Erlaß des Reglements ein »Geistliches Kollegium«, das wenig später die Bezeichnung »Heiligster Dirigierender Synod« erhielt. Als Leitungsgremium von Bischöfen und Archimandriten mit oberster Weihegewalt, zu dessen Funktionen die Regelung der kirchlichen Angelegenheiten, des kirchlichen Schulwesens und der Beaufsichtigung der Geistlichen gehörte, repräsentierte der Synod in gewissem Maße den Grundsatz der orthodoxen Konziliarität und erhielt demgemäß auch die vom Zaren geforderte Anerkennung durch die Patriarchen von Konstantinopel und Antiochia. Der Struktur der übrigen Kollegien entsprechend bekam der Synod einen Präsidenten und zwei Vizepräsidenten. Erster Präsident wurde der bisherige Exarch Stefan Jaworski. Ihm folgte nach seinem Tod im Jahre 1722 Feofan Prokopowitsch. Ähnlich wie die Beamten und Militärs hatten die Mitglieder des Synods ein Eidesformular zu unterzeichnen, das die Verpflichtung enthielt, dem Zaren ein »treuer, aufrichtiger und gehorsamer Knecht und Untertan« zu sein. Nach dem Vorbild des Senats erhielt der Synod auf Befehl des Zaren neben dem geistlichen Präsidenten einen zusätzlichen Oberprokuror »als unser Auge und Anwalt für Staatsangelegenheiten«, dem zugleich die Synodalkanzlei unterstand. Der neuernannte Oberprokuror war ein Kavallerieoffizier, dem in allen Fragen der Synodalverwaltung das Aufsichtsrecht zustand.

Das »Geistliche Reglement« von 1721 atmete deutlich den Geist der frühen Aufklärung. So wurden dem Synod neben der Überwachung der orthodoxen Lehre auch die Bekämpfung des Aberglaubens zur Pflicht gemacht und die Wissenschaften gegen den Anwurf der Ketzerei in Schutz zu nehmen. In diesem Sinne hieß es, daß in den vergangenen Jahrhunderten, das heißt beinahe »neunhundert Jahre hindurch in ganz Europa fast alle Wissenschaften sehr schlecht und voller Mangel gewesen« seien, so auch in Rußland. Dank den Bemühungen der jetzigen Regierung und »regulierter

Disziplin« wären im russischen Vaterland bereits beachtliche Fortschritte auf vielen Gebieten erzielt worden, und auch die Kirchenverwaltung brauche jetzt das »Licht der Lehrer«.

In gleichem Sinne abgefaßt waren die Ukase über die Klosterreform, die Peter als sein persönliches Werk dem »Geistlichen Reglement« in den Jahren 1722 bis 1724 folgen ließ. Darin verlangte er die Umstellung der Männer- und Frauenklöster auf nutzbringende Arbeit und verpflichtete deren ehemalige Insassen zur Tätigkeit in der Kranken- und Armenpflege, der Waisenerziehung oder ordnete für sie Handarbeiten und wissenschaftliches Studium an. Für asketische Ideale und mönchische Beschaulichkeit brachte der Monarch kein Verständnis auf. Er sah in den Mönchen und Nonnen Nichtstuer und Schmarotzer, die auf Kosten anderer ein flottes Lotterleben führten. Ausgehend davon wurde künftig der Eintritt in die Klöster erschwert, beschränkt und zeitweilig sogar ganz verboten.

Auch die Maßnahmen zur Klosterreform wurden gänzlich unter dem Gesichtspunkt des greifbaren öffentlichen Nutzens für Gesellschaft und Staat durchgeführt. Es handelt sich hierbei um eine Vorwegnahme des Josephinismus in fast allen Details. Stärker noch als sechzig Jahre später unter Joseph II. in Österreich war unter Peter I. der Anspruch auf die unmittelbare Verfügungsgewalt über die menschlich-produktiven Kräfte der Gesellschaft ausgeprägt.

Die Auseinandersetzungen um den Platz von Religion und Kirche im Staat Peters hatten mit aller Deutlichkeit auch die Unzulänglichkeit der bislang vom Mönchtum und der Geistlichkeit getragenen Ansätze eines Bildungswesens in Rußland deutlich werden lassen. Wirtschaft, Kultur und Politik erheischten die Heranbildung von qualifizierten Fachleuten und Beamten, wozu die vorhandenen Bildungseinrichtungen nicht in der Lage waren. Was geschaffen werden mußte, war ein völlig neues Schulwesen. Jedoch ließ Peter das bestehende kirchliche Schul- und Bildungssystem nicht einfach beseitigen, sondern stellte auch dieses in den Dienst seines Staatswesens, das heißt die Absolventen der geistlichen Schulen und Priesterseminare wurden in den Beamtendienst übernommen. Dabei verstärkte der Monarch in hohem Maße die Anforderungen, wie bereits gelegentlich der 1701 erfolgten Erhebung des Kiewer Mohyla-Kollegiums in den Rang einer Akademie deutlich wurde. Im selben Jahr hatte der Zar durch Stefan Jaworski, den Schirmherrn der Moskauer geistlichen Akademie, auch diese Bildungsanstalt reorganisieren lassen. Zu diesem Zweck berief man aus Kiew geeignete Lehrkräfte und verstärkte vor allem die lateinischen Exerzitien für die dortigen Zöglinge. Die Moskauer Anstalt selbst nahm jetzt den Namen Slawisch-Lateinische Akademie an. Das Lateinische wurde

Hauptfach und sprachliche Grundlage der theologischen Ausbildung. Erst 1738 traten das Griechische und das Hebräische wieder mehr in den Vordergrund, und 1775 wurde die Moskauer Slawisch-Lateinische Akademie in Slawisch-Griechisch-Lateinische Akademie umbenannt.

Nach dem Vorbild von Kiew und Moskau wurden auch in anderen Städten höhere geistliche Schulen eingerichtet, darunter ein Slawisch-Lateinisches Seminar in Tschernigow, eine Slawisch-Russische Schule in Tobolsk und eine Slawisch-Griechische Lehranstalt in Nowgorod. Die höheren geistlichen Schulen und Seminare waren für Angehörige aller Stände offen. Das Geistliche Reglement Peters I. von 1721 verpflichtete die geistlichen Würdenträger darüber hinaus, in allen Eparchien Elementarschulen und einfache Priesterseminare einzurichten, die aus den Einkünften der Klöster und Bistümer zu unterhalten waren. Künftig durften nur Kleriker in Dienst genommen werden, die Absolventen von geistlichen Elementarschulen und Seminaren waren.

Peters Kirchenpolitik beruhte in hohem Maße auch auf den Erfahrungen und Eindrücken, die der Herrscher auf seinen westlichen Auslandsreisen gewonnen hatte. Auf ihnen war er mit der ganzen Vielfalt der christlichen Glaubensformen in unmittelbare Beziehung gekommen, so mit dem Kalvinismus, dem Luthertum, den Quäkern, den Anglikanern und nicht zuletzt mit den Katholiken. Dadurch wurde die Sicherheit des Monarchen im Verhältnis zur Russisch-Orthodoxen Kirche bedeutend gestärkt, der er sich ungeachtet aller Vorbehalte stets zugehörig fühlte. Dies wurde auch daraus deutlich, daß Peters religiöse Toleranz zu keiner Zeit eine schrankenlose war, sondern auf festen Prinzipien beruhte. So ließ der Zar im Jahre 1719 die Jesuiten zum zweiten Mal aus Rußland vertreiben (die erste Ausweisung war 1689 erfolgt). Den Grund für diese Maßnahme bildete deren Lehrprogramm, nach dem in ihren sowohl in Moskau als auch in Petersburg bestehenden Schulen vorgegangen wurde. Peter ordnete in seinem Ausweisungsukas vom 18. April 1719 gleichzeitig eine Durchsicht der Papiere der Jesuiten an mit der Begründung: »Weil wir hören, daß sie viele Schüler ihrem Dogma zugeführt haben, besonders unter den Kleinbürgern, so sind Zeugenaussagen darüber beizubringen und diejenigen, die in dieser oder einer anderen Sache überführt werden, in Gewahrsam zu nehmen.«

Peter hat auch, wenn er es für angemessen hielt, der orthodoxen Kirche gegen vermeintliche protestantische und andere Ketzereien beigepflichtet und sogar Todesurteile zugelassen, so im Jahre 1716. Auch den Altgläubigen gegenüber verband der Herrscher das Duldungsprinzip mit praktischen Erwägungen. Er duldete sie, wenn sie die doppelten Abgaben entrichteten, verweigerte ihnen jedoch zeitlebens die Ausübung von Staatsämtern. Ebenso stellte er jegliche Propaganda gegen die orthodoxe Kirche unter Strafe und forderte gleichzeitig die Mission derselben Kirche unter den östlichen Heidenvölkern im Machtbereich Rußlands. Demgemäß fehlte es nicht an der Verhängung schwerster Strafen, sogar von Zwangsarbeit und Knutungen. Ja, selbst die Todesstrafe wurde an Altgläubigen und Sektierern vollzogen, wenn diese sich den staatlichen Vorschriften widersetzten. Auch diejenigen, die dem Herrscher als »Atheisten« galten, konnten nicht mit zarischer Nachsicht rechnen. Unbeschadet allen Freisinns und jeglicher Aufgeklärtheit seines Staatsregiments hielt es der Zar offensichtlich für wichtig und richtig, daß seiner Regierung der Ruf der Rechtgläubigkeit erhalten blieb.

Die von Peter vertretene Gesellschafts- und Staatsideologie stimmte mit den Auffassungen seines kirchlichen Beraters Feofan Prokopowitsch überein. In seinem Bemühen, die orthodoxe Theologie von der Scholastik zu befreien, näherte sich Prokopowitsch deutlich protestantischen Gedankengängen, die auch als kryptoprotestantisch bezeichnet werden. So wissen wir, daß Prokopowitsch alle Anstrengungen unternahm, daß Johann Arndts Bücher »Vom wahren Christentum«, ein Grundwerk des lutherischen Frühpietismus, ins Russische übersetzt wurden. Dieser Aufgabe unterzog sich Prokopowitschs Kiewer Schüler Simon Todorski, der an der Universität Halle studierte. Die Übersetzung wurde 1735 in Halle mit kirchenslawischen Lettern gedruckt und fand in Rußland weite Verbreitung.

Mit Peter I. und seinem Mitstreiter Feofan Prokopowitsch war der einst von Patriarch Nikon erhobene Anspruch auf Überordnung der Kirche über den Staat in ein Nichts zerronnen. Der Monarch und sein kirchlicher Berater hatten die Einordnung der Kirche in das absolutistische Staatswesen mit starker Hand durchgesetzt. Dabei war der Zar keineswegs an die Stelle des fehlenden Patriarchen getreten; dies hatte der Monarch auch nie erstrebt. In dogmatischen Fragen blieb der Heiligste Dirigierende Synod die entscheidende Instanz, und weder Peter noch seine Nachfolger haben je den Versuch gemacht, sich in die engeren Glaubensfragen einzumischen.

Prokopowitsch war ein Ideologe der Selbstherrschaft Peters I. Der Tod des Herrschers bedeutete für ihn einen schweren Schlag. Ungeachtet der nun einsetzenden Mißlichkeiten, die den neuen Lebensabschnitt Prokopowitschs bis zu seinem Tod im Jahre 1736 kennzeichneten, vermochte dieser seine Auffassungen an Schüler und Enkelschüler weiterzugeben. Zu ihnen gehörte der ukrainische Kosak und Wanderphilosoph Grigori Skoworoda, der aussprach, was Prokopowitsch und Todorski nicht offen zu sagen wagten. Skoworoda, der am Ende seines Lebens die persönliche Freiheit verlor und Leibeigener wurde, propagierte »Verstand, Friede, Harmonie, Liebe und Glück« und träumte von einer Welt ohne Krieg, Elend und Müßiggang.

Ideologischer Außenseiter:
Iwan Tichonowitsch Possoschkow

Die neue Gesellschaftsauffassung und Staatsgesinnung, wie sie von Peter I. und seinen Mitarbeitern vertreten wurde, fand einen bezeichnenden Ausdruck im Schaffen des schriftstellerischen Außenseiters und Autodidakten Possoschkow. Iwan Tichonowitsch Possoschkow war ein Mann bäuerlicher Herkunft, der es vom leibeigenen Dorfhandwerker zum selbständigen Fabrikunternehmer und Besitzer von Land und Häusern brachte. Seine Karriere machte die Aufstiegschancen deutlich, die Peters Staat auch Menschen aus den niederen Volksschichten bot.

Der Umstand, daß Possoschkow zwei Jahrhunderten angehörte, widerspiegelte sich deutlich in seiner Weltanschauung und seinen Gesellschaftsauffassungen, die von starken Widersprüchen gekennzeichnet waren. Während Possoschkow in seinen theologischen und didaktischen Abhandlungen, so im »Spiegel« von 1708 und im »Väterlichen Testament an seinen Sohn« von 1719, im Rahmen des von Stefan Jaworski vorgezeichneten religiösen Dogmatismus verblieb und gegen Ketzer, Altgläubige, Lutheraner wie überhaupt gegen die Ausländer heftig polemisierte, trat er in seinen militärpolitischen Reformvorschlägen mit kühnen Gedanken hervor, die in ihrer Zielsetzung weit über die offizielle petrinische Gesellschaftsideologie hinausgingen und ihm am Ende seines Lebens die Einkerkerung in der Peter-Pauls-Festung einbrachten. Die Veröffentlichung seiner Schriften wurde zeitlebens unterdrückt. Diese konnten in Teilstücken erst in den Jahren 1793, 1842, 1863 und 1873 gedruckt werden.

Bereits nach der Niederlage der russischen Waffen bei Narwa im November 1700 reichte Possoschkow Reformvorschläge für die Erhöhung der Schlagkraft der Armee ein, wie sein an General Artamon Michajlowitsch Golowin gerichtetes Memorandum und die Peter I. zugeleitete Schrift »Über die Kriegsführung« von 1700/1701 deutlich machten. Darin trat Possoschkow mit einer vernichtenden Kritik an den Zuständen in der russischen Armee hervor: »Früher«, so schrieb er, »trieb man eine Menge Menschen zum Dienst zusammen, und wenn man die Leute genauer betrachtete, mußte man begreifen, daß man mit ihnen nur Schande ernten konnte. Das Fußvolk hatte schlechte Waffen, und die Leute verstanden nicht, mit ihnen umzugehen. Es kamen immer drei oder vier getötete Russen auf einen Ausländer. Und die Kavallerie war erst recht eine Schande. Sie war schlecht beritten, hatte stumpfe Säbel, und die Reiter waren schlecht gekleidet, litten Not und verstanden nicht, ihre Waffen zu gebrauchen. Ich habe gesehen, daß mancher Adliger nicht vermochte, sein Gewehr zu laden und erst recht nicht sein Ziel zu treffen.« Ausgehend von dieser Sachlage setzte sich Possoschkow mit Nachdruck für die von Zar Peter eingeleiteten Militärreformen ein, die das russische Heer dann auch in die Lage versetzten, den Sieg über den schwedischen Feind zu erringen.

Von einer erstaunlichen Selbständigkeit und Kühnheit kritischen Wirtschafts- und Gesellschaftsdenkens zeugt Possoschkows Hauptwerk »Buch über Armut und Reichtum« vom Jahre 1724, das ebenfalls an Zar Peter gerichtet war. Dieser Umstand wird bereits aus der Vorrede deutlich, wo es heißt: »Ich habe im russischen Volk, und zwar sowohl bei der richterlichen Obrigkeit als auch bei den Untergebenen, viel Unredlichkeit und eine große Menge von Ungehörigkeiten entdeckt. Daher gedachte ich, Deiner Kaiserlichen Majestät meine Meinung über alle jene Übel darzulegen. Und zur Abstellung aller jener Übel habe ich dreimal drei Abhandlungen verfaßt. Die ersten drei betreffen die Übelstände in den geistlichen Verhältnissen, den Militärangelegenheiten und in der Rechtspflege und die Frage, wie diesen Übeln abgeholfen werden könne; die zweiten drei behandeln in derselben Weise die in der Kaufmannschaft und im Handwerk bestehenden Mängel und die in dieser Hinsicht erforderlichen Reformen sowie das Räuberunwesen und die Bauernfluchten. Die dritten schließlich enthalten Verbesserungsvorschläge im Hinblick auf den Bauernstand, den Grundbesitz und den Staatshaushalt.«

Possoschkow hatte an seinem »Buch über Armut und Reichtum«, wie er bemerkt, drei Jahre gearbeitet. Mit diesem Thema reihte sich der russische Denker in den Kreis der europäischen Wirtschaftstheoretiker ein, die die Frage der Armut und des Reichtums seit dem 16. Jahrhundert immer wieder behandelten. So war im Jahre 1667 Johann Joachim Becher mit seiner Schrift »Politischer Discours von den eigentlichen Ursachen des Auf- und Abnehmens der Städte, Länder und Republiken« hervorgetreten. Fünfzig Jahre nach Possoschkow, das heißt im Jahre 1776, ließ dann der Vater der bürgerlichen politischen Ökonomie, Adam Smith, seine berühmte »Untersuchung über das Wesen und die Ursachen des Reichtums der Nationen« erscheinen.

Wie Becher vor ihm und Smith nach ihm stellte Possoschkow die Frage nach der Entstehung von Armut und Reichtum in den Mittelpunkt seiner Erörterungen. Possoschkow gab seinem Werk deshalb den Titel »Buch über Armut und Reichtum«, weil es, wie er schrieb, »die Erklärung enthält, auf welche Weise Armut entsteht und wie sie vermieden werden, das heißt, wie man großen Reichtum anhäufen kann.« Dabei war sich Possoschkow der Schwierigkeiten und auch der Gefährlichkeit bewußt, die für einen Schriftsteller im Rußland Peters I. entstehen konnten, der sich an die Untersuchung eines solch heiklen Gegenstands heranwagte. Daher erbat Possoschkow den Schutz des Zaren für seine Person, wobei er bemerkte: »Falls meine Wünsche Wirklichkeit werden, so verlange ich nichts weiter, als daß mein Name den mißgünstigen und scheelsüchtigen Leuten nicht bekannt werde, weil sie Verleumder, Rechtsverdreher und Ränkeschmiede sind. Ich habe nicht geschrieben, um ihnen zu gefallen; jedoch wenn sie meinen niederen Stand erkennen, werden sie mir sogleich nach dem Leben trachten und meine Tage verkürzen.«

Wie Feofan Prokopowitsch, trat auch Iwan Tichonowitsch Possoschkow für eine starke monarchische Gewalt in Rußland ein: »Wie Gott über die ganze Welt herrscht, so hat auch der Zar in seinem Herrschaftsgebiet die Macht«, heißt es in diesem Sinne. Es waren dies dieselben Gedanken, die sich in Prokopowitschs Schrift »Vom Recht des monarchischen Willens« fanden. Mit Zar Peter und seinem großen geistlichen Berater stimmte auch Possoschkow darin überein, daß es erforderlich war, die im Klerus bestehenden Verhältnisse neu zu ordnen und zu verbessern. In dieser Hinsicht sei es nicht nur notwendig, »jegliches Säufertum und jede Form von Ignoranz, aus denen Ketzereien entstehen«, auszurotten, sondern vor allem auch Bücher zu verbreiten, neue Schulen einzurichten und den Geistlichen die Erfordernisse von Gesellschaft und Staat zu erläutern. Als ein Mann bäuerlicher Herkunft hielt es Possoschkow nicht für schicklich, daß Geistliche sich mit landwirtschaftlicher Arbeit abgaben und Handel trieben. Dies sei vielmehr Sache der Bauern und der Kaufleute.

In seiner Kritik an den in der russischen Armee bestehenden Mißständen wies Possoschkow besonders auf den niedrigen Sold für die Soldaten und deren Hungerdasein hin, was dazu führte, daß die Plünderungen nach wie vor weit verbreitet seien. Um sich zu ernähren, seien die Soldaten darauf vielfach geradezu angewiesen. Ebenso erlaubten sich Soldaten und Offiziere Übergriffe und Rohheiten gegenüber allen Schichten der Bevölkerung.

Recht ausführlich äußerte sich Possoschkow auch über die Justiz und die Gesetzgebung. Für ein besonders dringendes Erfordernis hielt er den Erlaß eines neuen Gesetzbuches. Ein solches könne freilich nur von einem vielköpfigen Gremium ausgearbeitet werden, denen Vertreter aller Klassen und Stände angehörten: »Zu dem Ende«, heißt es in Possoschkows »Buch über Armut und Reichtum«, »muß man wählen: je zwei oder drei der gelehrtesten und fähigsten Geistlichen, ferner Bürger, die in Rechtssachen und Verwaltungsfragen erfahren sind, höhere Beamte, die nicht stolz, sondern nachsichtig sind, niedere Beamte, die die Obliegenheiten kennen, sodann vernünftige und wahrheitsliebende Adlige, auch Kaufleute, die in allerlei Geschäften erfahren sind, Soldaten mit gesundem Menschenverstand, die mancherlei erlebt und durchgemacht haben; ja, auch von den Bauern müßten, wie ich meine, solche zugezogen werden, die Gemeindeämter bekleidet haben und durch klaren Verstand ausgezeichnet sind. Ich weiß, daß es selbst unter den Mordwinen kluge Leute gibt! Wie sollte es da unter den Bauern keine klugen Leute geben?«

Wie ersichtlich, verlangte Iwan Possoschkow nichts weniger als die Einsetzung einer demokratischen Versammlung zur Ausarbeitung einer neuen Reichsverfassung, da das Gesetzbuch von 1649, das Sobornoje Uloshenije, nicht mehr den Gegebenheiten der Zeit Peters I. entsprach. Der neue Verfassungstext sollte nach seiner Ausarbeitung dem ganzen russischen Volk zur Erörterung unterbreitet werden: »Ist das neue Gesetzbuch redigiert«, schrieb Possoschkow weiter, »muß es vom ganzen Volk gänzlich frei und ohne jeglichen Zwang geprüft werden, damit niemand, weder Hohe noch Niedrige, weder Reiche noch Arme, ja auch nicht einmal die Bauern dadurch in irgendeiner Weise gekränkt werden, daß sie das neue Gesetzbuch nicht kennen. Dem Kaiser aber müssen die Gesetze nach der Redaktion und allgemeinen Beratung vorgelegt werden, damit sein scharfer Geist dieselben prüfe.«

Gedanken dieser Art wurden vor Possoschkow in Rußland noch niemals ausgesprochen. Sie beruhten auf dem Prinzip der Volkssouveränität und nahmen die Forderung nach der Mitbestimmung von bürgerlichen und bäuerlichen Gesellschaftskräften vorweg. Possoschkow war sich bei seinen Gesellschaftspostulaten darüber im klaren, daß er Gefahr lief, an den Grundfesten der bestehenden Ordnung zu rütteln und die bisherige Vorherrschaft der Adelsklasse, die auch im Staat Peters I. ungebrochen bestand, in Frage zu stellen. Und so suchte er denn auch diese Befürchtungen zu zerstreuen, wenn er meinte: »Man wird sagen, daß ich die souveräne Gewalt Ihrer Kaiserlichen Majestät durch die Mitberatung des Volkes herabsetze; aber dies ist nicht der Fall. Die Gerechtigkeit verlangt, daß jedermann, wes Standes er auch sei, zusehen muß, ob die neuen Gesetze nichts Ungehöriges oder Ungerechtes enthalten. Wer aber etwa dergleichen entdeckt, muß ohne Bedenken und ohne alle Furcht seine Meinung über die Verbesserung schriftlich aufsetzen und gehörigen Orts einreichen. Jeder weiß, wo ihn der Schuh drückt. So müssen alle an der Vollendung des Gesetzbuches mitwirken.«

Possoschkow blieb, wie ersichtlich wird, bei der Meinung, daß ohne die Mitwirkung aller Klassen und Stände des Volkes kein neues Gesetzbuch zustandekommen könne, das den Wünschen und Hoffnungen aller Bewohner des Zarenreiches entsprach: »Ein gutes und gerechtes Gesetz ist eine so große Sache und muß so allseitig und sorgfältig erwogen werden, daß niemand daran zu rütteln vermag. Daher kann man es ohne gründliche Beratung und freie Meinungsäußerung nie und nimmer zustandebringen.« Das waren kühne Gedanken, die weit in die Zukunft griffen und angesichts der in Rußland unter Peter I. bestehenden Gesellschaftsverhältnisse ein unerhörtes Wagnis darstellten.

Nach der Auffassung Iwan Possoschkows war es notwendig, in Rußland die Pflicht zur Arbeit für jedermann einzuführen. Um die Gesellschaft wohlhabend zu machen, mußte die Staatsmacht von der Erhebung drückender Steuern absehen; denn Steuern machten nach Possoschkows Meinung nur arm. Eine ausschlaggebende Bedeutung im Gefüge der sozialen Klassen und Schichten schrieb Iwan Possoschkow der Kaufmannschaft zu, ohne deren Tätigkeit der gegenwärtige Staat, wie er meinte, nicht existieren könne. »Der kaufmännische Beruf«, sagte er, »wird bei uns in Rußland sehr schlecht ausgeübt: einer betrügt und benachteiligt den anderen, bei minderwertigen Waren wird gute Qualität vorgetäuscht, statt guter Waren werden minderwertige untergeschoben, und auch ungerechte Preise verlangt man.« Ebenso bestünde unter den russischen Kaufleuten nicht die geringste Solidarität: »Sie fressen sich gegenseitig auf und gehen dabei alle zugrunde, und im Handel mit dem Ausland tun sie sich nicht in Kompanien zusammen, und sie kaufen den Fremden Waren ab, ohne sich mit ihren Berufsgenossen zu verständigen.«

Nun war dieses von Iwan Tichonowitsch Possoschkow gerügte Gebaren der russischen Kaufleute freilich auch bei anderen Völkern gang und gäbe, und er selbst, der Kaufherr und Industrieunternehmer, dürfte kaum durch andere Praktiken zu seiner Wohlhabenheit gelangt sein. Unbeschadet aller dieser Dinge blieb der Handel für den Staat jedoch »eine große, wichtige Sache«. Daher sollten nach Possoschkows Meinung »alle Richter unermüdlich darüber wachen«; denn »dank den Kaufleuten bereichert sich jeder Staat, und ohne Kaufleute kann selbst ein kleiner Staat nicht bestehen. Und deshalb sollte man ihre Freiheit hegen und erhalten und sie vor Beleidigungen bewahren, damit sie von keiner Seite in ihren Rechten verkürzt werden und nicht in Armut verfallen, und damit sie mit Eifer darauf bedacht sind, Ihrer Kaiserlichen Majestät Gewinn zu verschaffen.« Wie das Beispiel der Kaufleute in den deutschen Landen zeige, meinte Possoschkow weiter, würden diese von ihren Obrigkeiten in allem unterstützt und daher auch sehr wohlhabend: »Unsere Richter hingegen beschirmen die Menschen nicht, und durch diese Nachlässigkeit gerät das ganze Reich in Armut; denn wo die Menschen reich sind, dort ist auch der Staat reich, und wenn in einem Staat die Menschen arm sind, so kann auch der Staat nicht reich sein.«

Ebensosehr lag Possoschkow die Entwicklung von Manufakturen und Industrie am Herzen, war er doch selbst Geschäftsmann und Unternehmer. Mit besonderem Nachdruck setzte er sich für die Erkundung und Ausbeute der Bodenschätze des großen Reiches Peters I. ein. So hatte er selbst Schwefellager und Erdölvorkommen entdeckt. Um die notwendigen Industrien zu entwickeln, empfahl Iwan Possoschkow Zar Peter, um die Ausbildung der benötigten Arbeitsleute bemüht zu sein und diese besser zu entlohnen als bisher. Durch den Aufbau einer eigenen nationalen Industrie würde es dem Staat auch gelingen, vom Ausland unabhängig zu werden und den Export zu steigern. Dabei müsse die Regierung eine strenge Kontrolle ausüben sowie Erfindungen und Entdeckungen im Lande durch Preise und Anerkennungen auszeichnen.

Wie nicht anders zu erwarten, entpuppte sich Iwan Possoschkow in seinem Buch über »Armut und Reichtum« auch als Gegner der bäuerlichen Leibeigenschaft. Die russischen Bauern waren seiner Ansicht nach arm, weil sie von den Gutsherren auf das schärfste ausgesaugt wurden. Diese Sachlage wirkte sich auf Charakter und Gemüt der Bauern aus und machte sie träge und zu Wirtschaftlichkeit unfähig. Nach Possoschkows Ansicht waren die Gutsherren »nicht ewige, sondern nur zeitlich beschränkte Besitzer der Bauern«. Die Bauern stellten Untertanen des Herrschers und des Staates, wie alle anderen Klassen und Stände der russischen Gesellschaft dar. Bäuerlicher Reichtum bedeutete demgemäß auch zarischen Reichtum. Es gelte daher, die Bauern vor der Willkür und den Launen des Gutsherrn durch Gesetze zu beschützen und die bäuerlichen Abgaben und Leistungen beträchtlich zu verringern. Gleichzeitig verlangte Possoschkow die Bildung der Bauern und die Einrichtung von Landschulen, »damit auch auf dem kleinsten Dorf kein Analphabet mehr anzutreffen« sei und niemand mehr mittels eines angeblichen Steuer-Ukases den gutgläubigen Bauern beschwindeln könne.

In seinen früheren Arbeiten hatte Iwan Tichonowitsch Possoschkow als Ausgangspunkt Fragen der Religion und der Kirche gewählt. So ging es im »Spiegel« ausschließlich um Probleme der religiösen Dogmatik, und auch im »Testament« wandte sich der Verfasser erst gegen Ende der Schrift weltlichen und praktischen Fragen des Alltags und des Berufsleben zu. Diese standen in seinem letzten und wichtigsten Werk, dem »Buch von Armut und Reichtum«, derart im Vordergrund, daß diese umfängliche Abhandlung mit Recht als erster nationalökonomischer Traktat des russischen Wirtschaftsdenkens gilt. Daß im Rußland Peters I. eine Schrift solchen Inhalts überhaupt verfaßt werden konnte, beweist ein weiteres Mal, daß das gesellschaftliche Gewicht der Kaufmannschaft und des Unternehmertums als Kern des Bürgertums im Zarenreich zu Beginn des 18. Jahrhunderts nicht unterschätzt werden darf.

Possoschkow war jedoch nicht nur ein Sprachrohr seines Standes, der Kaufleute, Gewerbetreibenden und Unternehmer, sondern er artikulierte in seinem »Buch über Armut und Reichtum« auch das, was die einfachen Menschen und Untertanen des Reformzaren bewegte. Das, was die Massen dunkel empfanden, hat Iwan Possoschkow mit dem Anspruch des Volkspädagogen und Belehrers auch der Regierung deutlich und in allen Einzelheiten dargelegt und erörtert. Freilich hat sein im Februar 1724 vollendetes Werk Zar Peter, den bald danach der Tod ereilte, offensichtlich nicht mehr erreicht. Es gelangte wohl in unrechte Hände, was dem Verfasser zum Verhängnis wurde.

Die Unklarheiten in der Frage des Schicksals von Possoschkows »Buch über Armut und Reichtum« werden noch dadurch verstärkt, daß über dessen Tätigkeit im Jahre 1724 bislang nichts bekannt ist. Wir wissen nur, das Possoschkow ein Jahr später, 1725, sich in Nowgorod, Moskau und St. Petersburg aufhielt und seinen Geschäften als Unternehmer nachging. Unmittelbar nach dem Tode Peters reichte er beim Manufaktur-Kollegium eine Bittschrift ein, in der er um die Konzession zur Einrichtung einer Leinwandfabrik ersuchte. Im Juni 1725 traf er mitsamt seiner Familie und den Dienstboten in Petersburg ein, wo er in seinem Haus »auf der Petersburger Insel unterhalb des Kranwerks beim Zollamt« Quartier nahm. Am 26. August 1725 erfolgte die Festnahme des »Branntweinbrenners Iwan Possoschkow«, wie es im Protokoll der Untersuchungskanzlei hieß. In den Polizeiakten findet sich kein Hinweis auf den Grund der Inhaftierung; jedoch es besteht kein Zweifel, daß dieser mit der Autorschaft des »Buches über Armut und Reichtum« in Zusammenhang stand.

Possoschkow selbst wußte, daß mit seiner Einkerkerung die Stunde der Vergeltung gekommen war. Nicht umsonst hatte er in seiner Schrift Zar Peter angefleht, seinen Namen vor den »Mächtigen und zumal vor denjenigen, die die Wahrheit nicht lieben, vor den Mißgünstigen und Neidern« verborgen zu halten, und dabei die Worte angefügt: »Ich habe ihnen in meiner Schrift nicht geschmeichelt; sie werden mich nicht am Leben lassen.« Der Verfasser von »Armut und Reichtum« mußte nicht lange in den Kasematten der Peter-Pauls-Festung schmachten. Bereits Anfang 1726 fühlte Iwan Possoschkow sein Ende herannahen, und am 1. Februar desselben Jahres starb er.

Possoschkows »Buch über Armut und Reichtum« als publizisitisches Erzeugnis der Zeit Peters I. stellt eine hervorragende Leistung dar, die freilich eine Einzelerscheinung blieb. Das Wagnis, Zar, Regierung, die Großen,

Mächtigen und das Volk gleichermaßen belehren und bessern zu wollen, mußte der Autor im Gefängnis büßen. Iwan Tichonowitsch Possoschkow war der Wortsprecher der Gedanken und Empfindungen der Massen, die er freilich nicht erreichte. Die geringe Verbreitung des Werkes »Armut und Reichtum« wird schon daraus deutlich, daß nur drei Handschriften davon erhalten blieben. Eine dieser verbotenen Abschriften ließ sich später Michail Wassiljewitsch Lomonossow vorlegen, der für Iwan Tichonowitsch Possoschkow offensichtlich Sympathien hegte.

Peters Wirtschafts-, Gesellschafts- und Staatsreformen haben entgegen der Absicht des Monarchen und Possoschkows den Rechtsschutz des Volkes nicht verstärkt, sondern die sozialen Widersprüche in der russischen Gesellschaft noch weiter verschärft. Possoschkow scheute sich nicht, dem großen Peter die Nöte und die Sorgen des Volkes vor Augen zu führen und seine Vorschläge und Entwürfe an die höchste Stelle zu adressieren. Dabei waren ihm die enormen Schwierigkeiten des Herrschers, auf die dieser bei der Durchsetzung seiner Verordnungen und Gesetze stieß, sehr wohl bewußt, wie seine fast resignierend anmutenden, berühmt gewordenen Worte ausdrückten: »Er (der große Monarch Peter I. – E. D.) zieht vielleicht selbzehnt den Berg hinan, aber den Berg hinunter ziehen Millionen; wie soll da seine Sache gedeihen?«

Ausbildung und Erziehung

Die Grundlegung eines modernen Rußlands, um die es Peter und seinen Mitarbeitern zu tun war, setzte im System der kulturellen Veränderungen vor allem die Verwirklichung einer neuen Bildungspolitik voraus. Es ging um eine allseitige Hebung des allgemeinen Bildungsstandes der russischen Gesellschaft, dabei insbesondere um die Aneignung der wissenschaftlichen und technischen Errungenschaften, wie sie vor allem in Ländern Mittel- und Westeuropas zu verzeichnen waren. Die neuen Anforderungen in Wirtschaft, Manufakturen, Technik, bei der Anlage von Kanälen und dem Städtebau, in der Staatsverwaltung, in Heer und Flotte erforderten eine umfangreiche Schicht gebildeter Menschen. Ungeachtet der ungenügenden Systematik, der Widersprüchlichkeit und der Begrenztheit sowie der recht erkennbaren Hast der Bildungspolitik Peters handelte es sich dabei um einen großartigen Versuch, das kulturelle und geistige Leben Rußlands grundlegend neu zu gestalten. Die geistige Antriebskraft bildeten hierbei die Entdeckung und Anwendung der Vernunft im Leben der Gesellschaft. Im

Unterschied zu seinem Berater Feofan Prokopowitsch, dessen Vernunftdenken kirchlich gebunden war, zeigte sich die Rationalität Peters weitgehend glaubensfrei und weltoffen, worin die bedeutende intellektuelle Fassungskraft sichtbar wird, über die der große Reformzar Rußlands verfügte. In diesem Sinne erwies sich Zar Peter als ein echter Vertreter der frühen Aufklärung.

In welchem Maße Peter I. von den Ideen der Aufklärung ergriffen war, wird aus seinem beharrlichen Kampf deutlich, den er zeitlebens gegen jedwede Form von Aberglauben, Zauberei und Wunderschwindel führte. Er hielt alle seine Mitarbeiter beständig mit größter Strenge an, das Volk wahrheitsgemäß über alle Naturvorgänge, Ursachen menschlicher Gebrechen, Mißgeburten und Krankheiten aufzuklären und ebenso sämtliche abergläubischen Vorstellungen aus den kirchlichen Vorschriften und Lehrsätzen auszumerzen. Dabei scheute er sich nicht, jedermann zum Mitdenken zu ermahnen, ihm, dem Herrscher, direkt Mitteilung von allem Wissenswerten zu geben. In seinem Kampf gegen Aberglauben und für die Durchsetzung der Vernunft in allen Lebensbereichen kannte der Zar keine bevorzugte Klasse und Schicht und setzte sich über alle sozialen Schranken hinweg.

Verstand und Vernunft bildeten nach Peter die Voraussetzung für die Entwicklung und Verbreitung von Wissenschaften und Künsten, für die Ausbildung und Erziehung, das Lehren und Lernen, den Unterricht und die Schule. In keinem Bereich des russischen Kulturlebens wurde der geistige Umbruch, den die Säkularisierung des Denkens im 18. Jahrhundert herbeiführte, so spürbar wie im Unterrichtswesen und in der Volksbildung. Bis zu diesem Zeitpunkt war der Schulunterricht in Rußland das alleinige Vorrecht der Kirche.

In Erziehung, Unterricht und Schule sah Zar Peter unumgängliche Voraussetzungen, um die Bevölkerung seines Reiches zu einer modernen Gesellschaft zu entwickeln. Wie eilig er es mit diesem Anliegen hatte, wird aus den etwa dreißig Schul- und Lernerlassen deutlich, durch die der Monarch in fast beängstigender Eilfertigkeit Schulen der verschiedensten Typen ins Leben rief. Hierbei handelte es sich vornehmlich um Fachschulen, so um Mathematik-, Seefahrts-, Artillerie-, Ingenieur- und Bergschulen sowie um Anstalten zur Heranbildung von Medizinern, Feldscheren und Apothekern. Diesen Institutionen gab Peter den Vorrang vor den Elementarschulen, Gymnasien, Universitäten und Akademien, wie sie in westlichen Ländern bestanden.

Eine der ersten Fachschulen, die Zar Peter einrichten ließ, war die Navigationsschule, die im April 1698 in Moskau ihre Pforten öffnete und bereits im Sommer desselben Jahres nach Asow verlegt wurde. Zum selben

Zeitpunkt ordnete der Monarch die Gründung einer Kriegsschule beim Preobrashenski-Garderegiment an, und 1699, ein Jahr später, nahm in Moskau auch eine Artillerieschule auf Befehl des Herrschers die Arbeit auf. Hauptunterrichtsgegenstände an beiden Lehranstalten waren die elementare und die angewandte Mathematik sowie nautische und militärische Techniken. Durch Ukas vom 10. und 14. Januar 1701 verfügte der Zar die Einrichtung einer zweiten Artillerieschule sowie die Eröffnung einer Mathematik- und Navigationsschule in Moskau, an denen Gelehrte ausländischer Herkunft wirkten, unter ihnen der Holländer Winius und der Schotte Bruce.

Andrej Andrejewitsch Winius gehörte um die Jahrhundertwende zu den engsten kulturpolitischen Mitarbeitern Peters. Er entstammte einer bereits in der zweiten Generation in Rußland wirkenden schottischen Kaufmanns- und Unternehmerfamilie. Als Sohn des Eisenfabrikanten Andreas Winius war Andrej Andrejewitsch Winius gleichzeitig lange Jahre im russischen Staatsdienst tätig. So wirkte er seit 1664 als Übersetzer im Gesandtschafts-Prikas, der Kanzlei für Auswärtige Beziehungen, und unternahm als russischer Diplomat Reisen nach Frankreich, Spanien und England. Zudem erwarb er sich als Postmeister bedeutende Verdienste um den Ausbau des Postwesens im Zarenreich. In dieser Eigenschaft verfaßte er auch wichtige Wegeverzeichnisse und Straßenkarten, auf denen vornehmlich die nach China führenden Reiserouten eingezeichnet waren.

So wurde der junge Peter frühzeitig auf Winius aufmerksam und zog ihn seit den neunziger Jahren immer häufiger zur Erledigung von wichtigen Staatsangelegenheiten heran. 1698 übertrug ihm der Herrscher die Leitung der Moskauer Artillerieschule, danach die Aufsicht über die Ämter für Sibirien und das Artilleriewesen. Gleichzeitig leitete Winius im Auftrag des Zaren den Bau von Werken im Ural. Winius betätigte sich auch als Übersetzer ausländischer Werke mit vornehmlich kriegswissenschaftlicher und militärtechnischer Thematik ins Russische und richtete Kunstsammlungen ein. Er selbst besaß eine reichhaltige wissenschaftliche Bibliothek, in der sich Werke in zahlreichen Sprachen befanden.

Die Zahl der Schüler, die an der Moskauer Artillerieschule lernten und aus allen Schichten der Bevölkerung kamen, war anfangs recht hoch. Sie betrug im August/September 1701 180, im November 1701 250 und im September 1702 300. Die Unterrichtsfächer waren dieselben wie an den Artillerieschulen der neunziger Jahre. Die relativ hohe Zahl der Studierenden, die auf Staatskosten lernten, ergab sich aus dem akuten Mangel an technisch vorgebildeten Kadern, die der Krieg gegen Schweden erforderte. Die Absolventen wurden sofort zum praktischen Dienst einberufen. Die Anfangsschwierigkeiten, mit denen die Lehrkräfte und Studierenden an der

Artillerieschule gleichermaßen zu kämpfen hatten, ergaben sich nicht selten bereits aus den Mühen der sprachlichen Verständigung, der mangelhaften Kenntnisse der Zöglinge und den fehlenden Lehrbüchern. Nach dem Ausscheiden von Winius aus dem Staatsdienst im Jahre 1704 übernahm der zum Generalfeldzeugmeister ernannte Jacob Daniel Bruce die Leitung der Artillerieschule.

Wie andere Mitarbeiter Peters, übte auch Jakow Wilimowitsch Bruce, wie ihn die Russen nannten, eine vielseitige Tätigkeit aus. Bruce wurde in Moskau als Sohn des 1647 in russische Dienste getretenen schottischen Adligen und Obristen William Bruce geboren und gehörte selbst bereits mit dreizehn Jahren Peters Spielregimentern an. 1689 nahm Jacob Bruce am Krimfeldzug teil, dessen Scheitern der äußere Anlaß zum Sturz der Regentin Sofja wurde. Bruce zählte auch zu den Offizieren, die Peter im August 1689 ins Dreieinigkeits-Sergius-Kloster folgten. Seit diesem Zeitpunkt befand er sich ständig in der unmittelbaren Umgebung des Herrschers und machte als Militär rasch Karriere. Im Jahre 1700 war er bereits Generalmajor der Artillerie, und 1704 avancierte er zum Generalfeldzeugmeister. Diese Stellung bekleidete er bis zu seinem Ausscheiden aus dem Staatsdienst im Jahre 1726, bei dessen Gelegenheit er zum Generalfeldmarschall im Ruhestand ernannt wurde.

Bruce hat während seiner Dienstzeit als Militär auch andere wichtige Ämter ausgeübt, so als Senator und Präsident des Berg- und Manufaktur-Kollegiums. Ebenso führte er diplomatische Aufträge aus, insbesonere bei den russisch-schwedischen Friedensverhandlungen auf den Ålandinseln vom Jahre 1718 und gelegentlich des Abschlusses des Friedens von Nystad 1721. Die letzten neun Jahre seines Lebens verbrachte Bruce auf seinem Landsitz Glinki bei Moskau. Sein dortiges Wohnhaus hat sich bis heute erhalten. Es gehört zu den baulichen Denkmälern der Zeit Peters I.

Jakob Bruce, der über vierzig Jahre im Militärdienst stand, betätigte sich ebenso als Naturwissenschaftler, Übersetzer und Wissenschaftsorganisator. Wie seine in russischer, englischer, holländischer und deutscher Sprache geführte Korrespondenz ausweist, war er ein vielseitig interessierter Gelehrter, mit dem auch Gottfried Wilhelm Leibniz und Leonhard Euler Briefe austauschten. Als Leiter der Moskauer Artillerieschule entfaltete Bruce eine aktive Tätigkeit, die zur völligen Reorganisation der Anstalt führte. Das Studium der Zöglinge erfolgte jetzt in genau voneinander abgegrenzten unteren und oberen Klassen. Zu den Grundfächern, die in der Schule gelehrt wurden, gehörten Geometrie, Trigonometrie und technisches Zeichnen. Außer russischen Lehrern waren neben Bruce an der Artillerieschule auch andere Ausländer tätig.

1713 wurde in Moskau neben der bestehenden Artillerieschule eine gesonderte Schule für Militäringenieure eingerichtet, an der vor allem Arithmetik, Geometrie, Trigonometrie, Hydraulik und Fortifikation gelehrt wurden. Diese Anstalt stellte den Grundstock der späteren Militärakademien dar, deren Aufgabe darin bestand, die russische Armee mit militärtechnisch qualifizierten Offizierskadern auszustatten. Die Moskauer Militäringenieurschule wurde im Jahre 1723 mit der 1719 in Petersburg gegründeten gleichen Ingenieurschule vereinigt und in die neue Hauptstadt Rußlands verlegt. Die Petersburger Schule für Militäringenieure wies eine hohe Zahl von Schülern auf und erlangte große Bedeutung im Rahmen der militärwissenschaftlichen Ausbildung des russischen Offizierskorps.

Zu den wichtigsten Fachschulen, die auf Befehl Peters I. zu Beginn des neuen Jahrhunderts ihre Tätigkeit aufnahmen, gehörte auch die Mathematik- und Navigationsschule. Bereits im ersten Lehrjahr, das heißt 1701, wurden 180 Zöglinge unterrichtet. Bis zum Jahre 1715 erhöhte sich die Schülerzahl auf 719. Der Lehrplan der Schule war vom Zaren gemeinsam mit dem schottischen Mathematiker und Astronomen Henry Farquharson zusammengestellt worden, der selbst an der Schule lehrte. Zur Arithmetik, Geometrie und Trigonometrie kamen an der Mathematik- und Navigationsschule die Fächer Astronomie, Navigation, Geodäsie und anderes.

Ebenso wie der Artillerieschule maß Zar Peter auch der Mathematik- und Navigationsschule eine besondere Bedeutung bei. An dieser Anstalt wurden Mathematiker ausgebildet, die später sowohl in der Flotte als auch im Heer dienten. An dieser Schule unterrichteten zudem die besten Fachlehrer, über die Rußland damals verfügte. Nicht von ungefähr wurde bereits in der ersten Nummer der im Zarenreich im Jahre 1703 erstmals erscheinenden Zeitung über die Mathematik- und Navigationsschule berichtet. Neben den Ausländern Henry Farquharson, Stephan Gwynn und Richard Greis lehrte an der Schule auch der russische Gelehrte Magnizki. Insbesondere Magnizki und Farquharson leisteten durch ihr Wirken einen beachtenswerten Beitrag zur Entwicklung der Mathematik in Rußland.

Leonti Filippowitsch Magnizki war ein Bauernsohn und stammte aus dem Gouvernement Twer. Er erhielt seine Ausbildung an der geistlichen Slawisch-Griechisch-Lateinischen Akademie zu Moskau. Seit 1701 lehrte er an der Mathematik- und Navigationsschule. Bereits 1703 ließ er seine berühmt gewordene »Arithmetik« erscheinen, die noch in kirchenslawischen Lettern gedruckt war. Das Werk stellte eine Art Enzyklopädie der Mathematik, Geodäsie, Astronomie und Navigation dar und erlangte als Lehrbuch weite Verbreitung. Nach Magnizkis »Arithmetik« haben ganze Generationen russischer Menschen gelernt. An der »Mathematik« hatte auch Wassili Onofrijewitsch Kiprianow mitgewirkt, der selbst ein enger Mitarbeiter Bruces war.

Die Anregung zur Herausgabe von Magnizkis »Mathematik« stammte sicherlich von Zar Peter selbst. So bestand denn auch das Grundanliegen des Werkes darin, eine Anleitung zum praktischen Handeln zu geben. Als Vorarbeiten dienten dem Verfasser, wie er in der Vorrede seines Werkes sagt, einschlägige Schriften in griechischer, lateinischer, deutscher und kirchenslawischer Sprache. Im selben Jahr 1703 erschien auch eine Logarithmentafel, die Magnizki gemeinsam mit Farquharson und Gwynn herausgab. Eine zweite Auflage der Logarithmentafel kam 1716 heraus. Gleichzeitig veröffentlichte Magnizki, wiederum in Gemeinschaftsarbeit mit Farquharson, im Jahre 1723 die russische Bearbeitung eines holländischen Werkes über die mathematische Berechnung der Breitengrade.

Peter I. zog Magnizki bereits frühzeitig zur Ausführung wichtiger wissenschaftlicher Arbeiten heran. So zeichnete der Gelehrte zusammen mit Peter Grau, der an der Moskauer Artillerieschule lehrte, 1707 einen Stadtplan von Moskau, der leider nicht erhalten ist. Auch die übrigen russischen und ausländischen Lehrer, die an der Mathematik- und Navigationsschule tätig waren, traten mit eigenen Werken und mit Übersetzungen hervor, die als wichtige Lehrbücher Verwendung fanden. Hier sind vor allem die Arbeiten Farquharsons zu nennen.

Henry Farquharson, der mit Magnizki eng zusammenarbeitete, stammte aus Schottland. Er hatte vor seinem Übertritt in russische Dienste im Jahre 1697 als Professor der Mathematik gewirkt. Als solcher lehrte er auch an der Mathematik- und Navigationsschule in Moskau und später an der See-Akademie in St. Petersburg. Farquharson betätigte sich nicht nur als Mitverfasser von Werken Magnizkis, sondern veröffentlichte auch selbständige Arbeiten, so 1719 Lehrsätze Euklids nach einer Bearbeitung von Newton, die 1739 neu aufgelegt wurden. Gleichzeitig ließ Farquharson sein »Büchlein über die Darstellung und Beschreibung des Proportionalwinkels« erscheinen. Mit diesem Werk förderte er die Verbreitung des von Edmund Gunter im Jahre 1620 erfundenen logarithmischen Rechenschiebers, der auch unter der Bezeichnung Gunterskala bekannt ist.

Einen wichtigen Platz im Wirken dieses Mannes nahmen Farquharsons geographische Untersuchungen ein. So wurde unter seiner Leitung 1705 das zwischen Moskau und Petersburg gelegene Gebiet vermessen, um die notwendigen Angaben für die Anlage einer Verbindungsstraße zwischen beiden Hauptstädten des Landes zu erhalten. In den dreißiger Jahren arbeitete Farquharson dann eng mit den an der Petersburger Akademie der Wissenschaften tätigen Geographen zusammen und beteiligte sich ebenso aktiv an der Zusammenstellung von Kartenmaterialien über die Gegenden des Kaspischen Meeres.

In den Jahren 1701 bis 1716 verließen die Moskauer Mathematik- und Navigationsschule insgesamt 1200 Absolventen, die danach als Unteroffiziere, Kanoniere, Steuerleute und in anderen Rängen in der russischen Flotte dienten. 1715 zählte die russische Marine 154 Offiziere, unter denen sich 49 Ausländer befanden. Die übrigen 105 waren fast alle ehemalige Zöglinge der Moskauer Mathematik- und Navigationsschule. Die 1715 in Petersburg gegründete See-Akademie war der faktische Nachfolger der Moskauer Schule, die zwar noch bis zum Jahre 1752 existierte, jedoch nicht mehr ihre frühere Bedeutung errang.

Die Petersburger See-Akademie spielte bereits im ersten Jahrzehnt ihres Bestehens eine große Rolle. Ihr Wirken in diesem Zeitraum war auf das engste mit der Tätigkeit Grigori Grigorjewitsch Skornjakow-Pissarews verknüpft, der der Akademie von 1719 bis 1722 auch als Präsident vorstand. Skornjakow-Pissarew befand sich bereits seit 1694 im Militärdienst und hatte an mehreren Feldzügen des Nordischen Krieges teilgenommen. Als enger Mitarbeiter Peters I. entfaltete er eine energische Tätigkeit auf zahlreichen Gebieten. So nahm er an den Untersuchungen der Staatsverschwörung um den Zarewitsch Alexej ebenso teil wie an den Bauarbeiten am Ladogakanal und den hydrotechnischen Arbeiten in verschiedenen Städten des Landes. 1722 erschien in Petersburg aus seiner Feder der erste russische Leitfaden der Mechanik unter dem Titel »Die Statik oder Mechanik als Wissenschaft«.

Die Mechanik stellte nach Skornjakow-Pissarews Auffassung eine Kunst dar, deren Beherrschung die Menschen in die Lage versetzte, große Lasten mit geringer Kraft, das heißt unter Benutzung von Maschinen, zu transportieren. Bereits diese Definition zeigte klar das Anliegen des Verfassers: auch er wollte mit seinem Büchlein eine Anleitung zur praktischen Bautätigkeit geben. Nach dem Tode Peters geriet Skornjakow-Pissarew in die um die Person von Menschikow anhebenden Streitigkeiten, die mit seiner Kaltstellung und Deportation nach Sibirien endeten, von wo er erst 1743 zurückkehren durfte.

Mit den Ingenieur-, Mathematik- und Navigationsschulen in Moskau und Petersburg öffneten auch Ingenieurschulen in anderen Städten Rußlands ihre Pforten, so in Woronesh, Kasan, Astrachan und Nishni Nowgorod. Auch andernorts entstanden auf Weisung Zar Peters Schiffsbauschulen, und sogar bei großen Manufakturen ließ der Herrscher Werkschulen einrichten, so etwa in den eroberten baltischen Gebieten.

Auch andere Fachschulen wurden auf Befehl des Monarchen ins Leben gerufen. Zu ihnen gehörte die »Medizinische Schule« in Moskau, die 1707 beim dortigen Militärhospital entstand. Hier bildete der 1703 nach Rußland gekommene holländische Arzt Niklaas Bidloo Mediziner aus, die vorrangig als Feldschere in der russischen Armee eingesetzt wurden. Niklaas Bidloo war der Sohn des damals berühmten Leydener Anatomen Gottfried Bidloo, der seinem Vater nachzueifern suchte. In einem Rückblick aus dem Jahre 1712 berichtete Niklaas Bidloo von 50 Personen, die er in den Jahren seit 1707 im Auftrag des russischen Herrschers in der Chirurgie ausgebildet habe. Allerdings waren ihm auch einige wieder entlaufen, da sie sich den Anforderungen und dem Lernzwang, der in den von Zar Peter eingerichteten Anstalten ausgeübt wurde, nicht gewachsen fühlten.

Das russische Medizinalwesen zu organisieren – diese Aufgabe hatte der Monarch schon 1706 seinem ausländischen Mitarbeiter Areskine übertragen. Robert Areskine war von Geburt Schotte und hatte zunächst in Oxford, dann auch in Leyden und Paris Medizin und Philosophie studiert. 1703 wurde er Mitglied der Royal Society in London, 1704 trat er in russische Dienste und erhielt den Posten eines zarischen Leibarztes. Bereits 1706 berief ihn Peter auch zum Präsidenten des Apotheker-Prikases. Seit 1713 war er zugleich Leiter der Petersburger Kunstkammer und der dortigen Bibliothek. In dieser Eigenschaft wurde er zum Initiator der wissenschaftlichen Forschung in Rußland, wie seine Verbindungen, die er zu den Akademien in London und Berlin unterhielt, verdeutlichten.

Im Auftrag Peters I. bemühte sich Areskine, Gelehrte zu gewinnen, mit dem Auftrag, Rußland und die besonders von Moskau weit entfernten Gebiete sowie deren Nachbarländer wissenschaftlich zu erforschen. Hierbei ging es vor allem um Sibirien. Im Zusammenhang damit ließ Peter I. in Tobolsk und Astrachan Schulen einrichten, die zum Ausgangspunkt nicht nur für die Erforschung Sibiriens und Transkaukasiens, sondern auch Zentral- und Ostasiens wurden. Noch unmittelbar vor seinem Tode entwarf Robert Areskine einen großangelegten Plan, in welcher Weise in Rußland die Wissenschaften zur Blüte gebracht werden könnten. Seine Nachfolge als Leiter der Petersburger Kunstkammer und Bibliothek trat Ende 1718 Laurentius Blumentrost der Jüngere an, der spätere erste Präsident der Petersburger Akademie der Wissenschaften.

Bereits seit 1709 bemühte sich der russische Monarch auch um die Einrichtung von Fachschulen für das Bergwesen. Der Aufschwung der metallurgischen Produktion im Ural und in Karelien erforderte eine große Anzahl gutausgebildeter Schmelzer und Chemiker, die die komplizierten chemischen Vorgänge, die bei der Eisen- und Stahlgewinnung zu beachten waren, beherrschten. Daher war es notwendig, rasch auch die dringend erforderlichen Bergschulen ins Leben zu rufen. Besondere Verdienste erwarb sich hierbei Peters Mitarbeiter Wassili Nikititsch Tatischtschew. In den Fachschulen für Bergwesen, die im Ural und in Karelien eingerichtet wurden, erhielten die dortigen Zöglinge eine Ausbildung, die sie in die Lage versetzte, künftig als qualifizierte Meister und Ingenieure des Hüttenwesens tätig zu sein.

Ungeachtet der allerorts auftretenden Schwierigkeiten ging Zar Peter nicht von seinem Vorhaben ab, innerhalb der russischen Gesellschaft eine breite gebildete Schicht zu schaffen, ohne deren tatkräftigen Einsatz kein Fortschritt möglich war. Dabei erkannte der Monarch ganz klar, daß es sich bei alledem lediglich um den Anfang eines Werkes handelte, das die Generationen nach ihm mit aller Kraft fortsetzen mußten.

Ließ der Besuch der Fachschulen da und dort zu wünschen übrig, so wurden die Schüler auf Befehl des Herrschers wie Rekruten zwangsweise ausgehoben. Der spürbare Mangel an einer technischen Intelligenz machte es für Peter unumgänglich, auch Jugendliche nichtadliger Bevölkerungsschichten zum Besuch der Ingenieur-, Artillerie-, Navigations-, Medizin- und Bergschulen zu veranlassen, nötigenfalls mit Gewalt. Dies führte dazu, daß auch Kinder von Vorstädtern, Soldaten, Kanonieren, Kosaken, Amtsschreibern, Händlern, Kaufleuten und Bauern sowie andere Einzug in die neuen Schulen hielten. Nicht wenige von ihnen lernten fleißig und waren bestrebt, sich das erforderliche Wissen anzueignen. Mit den Schülern dieser Anstalten wurden nicht selten auch praktische Übungen veranstaltet, so in Kasernen, auf Artillerieschießplätzen, auf Schiffen, in Festungen, ebenso in Laboratorien, auf Werften, in Fabrikhallen, Bergwerken und anderswo. An allen Schulen herrschte eine strenge Disziplin. Verstöße wurden mit Stockschlägen und anderen Körperstrafen geahndet, und zwar ungeachtet der Standeszugehörigkeit der Zöglinge.

Bei den Fachschulen für Artilleriewesen, Navigation, Bergbau und Medizin handelte es sich um weltliche Lehranstalten, in denen die Schüler ihre Ausbildung auf Staatskosten erhielten. Sie stellten den Kern des neuen Schulwesens in Rußland unter Peter I. dar. Die gleichen Merkmale wies auch ein anderer Schultyp auf, der ebenfalls den unmittelbaren Bedürfnissen der petrinischen Zeit seine Entstehung verdankte: die Schule für Fremdsprachen beim Gesandtschafts-Prikas, eröffnet 1701 vom Übersetzer Nikolaus Schwimmer, fortgeführt von dem livländischen Probst Glück, der 1703 als Kriegsgefangener nach Moskau kam.

Der Pfarrerssohn Ernst Glück, der aus Wettin bei Halle stammte, in Altenburg das Gymnasium besucht und in Wittenberg und Leipzig Theologie und orientalische Sprachen studiert hatte, war bereits in den siebziger Jahren des 17. Jahrhunderts als Hauslehrer ins Baltikum gekommen. Erfüllt von pietistischem Geist, betrachtete er als sein Lebenswerk die Übersetzung der Bibel für die in Livland lebenden Letten, Esten und Russen. Die hierfür notwendigen Hebräischkenntnisse erwarb er in Hamburg bei dem Hebraisten Esdras Edzard, wo er sich in den Jahren 1679 und 1680 aufhielt. Hier lernte Glück auch August Hermann Francke kennen. 1680 ins Baltikum zurückgekehrt, übernahm er zunächst in Dünamünde die Stelle eines Garnisonspredigers, wurde dann Pastor in Marienburg und schließlich Probst von Kokenhusen. Hier gründete er 1687 eine Art Lehrerbildungsanstalt und dazu mehrere Gemeindeschulen.

Glück erlernte rasch das Lettische, Estnische, Russische und Kirchenslawische hinzu. Ausgerüstet mit solch umfangreichen Sprachkenntnissen übersetzte er den Katechismus Luthers, das Neue Testament und das Alte Testament ins Lettische. Das Neue Testament übertrug er auch ins Estnische. Ebenso wurden von ihm andere Übersetzungen veranstaltet, darunter solche ins Russische. So ging bei der Eroberung Marienburgs durch die russischen Truppen im Jahre 1702 und Glücks Gefangennahme auch sein Manuskript einer vollständigen Übersetzung der Bibel in die russische Umgangssprache verloren.

Durch die in seinem Haus lebende Ziehtochter und Haushälterin Martha Skawronskaja, die spätere Kaiserin Katharina I., wurde Glück mit Alexander Danilowitsch Menschikow und bald darauf auch mit dem Zaren selbst bekannt, der den sprachgebildeten livländischen Schulmann mit der Übernahme der Leitung der Schwimmerschen Fremdsprachenschule in Moskau beauftragte. Bereits im Jahre 1703 begann Glück mit der Reorganisation seiner Wirkungsstätte. Und schon ein Jahr später, 1704, berichteten Besucher der Lehranstalt Glücks vom umfangreichen Arbeitspensum ihres neuen Leiters und dessen ausgezeichneten Kenntnissen in der russischen Sprache.

Die Schule Glücks war von diesem im Einvernehmen mit Zar Peter als akademisches Gymnasium organisiert worden. Die notwendigen finanziellen Mittel stellte der Monarch zur Verfügung. Als Direktor der staatlichen Anstalt wurden Glück weitgehende Vollmachten eingeräumt. Bei den Schülern handelte es sich anfangs fast ausschließlich um Adelssöhne, die der Herrscher eigens zu diesem Zweck vom Militärdienst befreien ließ und die von der Regierung ein Tagegeld erhielten. Das Gymnasium gliederte sich in sechs Klassen. Das Haupterziehungsziel der Anstalt bestand darin, die adligen Zöglinge in die Probleme der Wissenschaften einzuführen und ihnen die notwendigen Kenntnisse in den fremden Sprachen zu vermitteln. Um dieses zu erreichen, übersetzte Glück auch Lehrbücher aus anderen

Sprachen ins Russische, verfaßte selbst ein Lehrbuch für Geographie in russischer Sprache, das jedoch erst nach seinem Tode im Druck erschien. Außerdem ließ er Bücher aus Halle und aus der Amsterdamer Druckerei von Elias Kopiewicz beziehen, die dieser dort im Auftrag des Zaren betrieb. Gleichzeitig begann Glück selbst mit der Abfassung eines Kirchenslawisch-Griechisch-Lateinischen Wörterbuchs, das von Fjodor Polikarpowitsch Polikarpow vollendet wurde und 1704 in Moskau erschien. Daneben arbeitete Glück an einer russischen Übersetzung von Comenius' »Orbis pictus« und »Vestibula linguae latinae«. Auch an anderen Arbeiten, die Glück in Angriff genommen hatte, fehlte es nicht. Hierher gehörten auch seine Vorarbeiten für eine russische Grammatik. Glück wollte seine Arbeiten bei Francke drucken lassen, der 1704 die notwendigen Drucktypen von Kopiewicz gekauft hatte und damit in Halle eine russische Druckerei einrichtete. Demgemäß hatte Glück schon vorher an Francke freudig geschrieben: »Nun wird es sehr wohl sein, wenn in Dero auswärtige Druckerei auch russische Typen werden geschaffet werden: Ich will auch anfänglich hinaus zum Druck senden, was nur immer unter Händen.«

Bedauerlicherweise sollte daraus jedoch nichts mehr werden. Neben den Fremdsprachen wurden an Glücks akademischem Gymnasium vor allem auch die naturwissenschaftlichen Fächer, so Mathematik, Physik und Geographie, gepflegt. Außerdem sollte die »philosophische Weisheit« nicht zu kurz kommen. Bei der Erlernung von Fremdsprachen standen Latein und Deutsch im Vordergrund: »Die großen Herren allhier«, schrieb Glück im März 1704 an Francke, seien »sehr begierig«, diese Sprachen zu erlernen. Auch Tanz- und Reitunterricht hielt Glück in seinem »Gymnasium Illustre«, das von zahlreichen Söhnen der bekanntesten russischen Würdenträger aus der unmittelbaren Umgebung des Herrschers besucht wurde, für unumgänglich, was deutlich zeigte, daß auch der Geist der westlichen Ritterakademien in Glücks Schule nicht fehlte.

Dem Direktor des Gymnasiums Glück standen weitere fünf Professoren zur Seite, dazu fünf Präzeptoren und einige andere Lehrer, die feste Gehälter bezogen. Unter den Sprachmeistern befanden sich auch solche für Englisch, Französisch, Schwedisch und Italienisch. Glücks Sohn Christian Bernhard lehrte Philosophie, Griechisch, Hebräisch, Syrisch und Chaldäisch, Glück selbst Geographie, Johann Reichmuth Latein, das er vollendet beherrschte. Dazu erhielten die Schüler vielstündige Belehrungen in Mathematik, Physik und besonders in der Navigation. Weitere Fächer waren Stilistik, Orthographie, Grammatik, Rhetorik und andere. Alles in allem war es ein reichhaltiges und anspruchvolles Programm, das den Zöglingen in Glücks Gymnasium angeboten wurde.

In Zar Peters Überlegungen sollte das Glücksche Gymnasium auch eine besondere politische Rolle spielen. Es war vorgesehen, an dieser Anstalt auch den Kindern der Oberschichten der unterworfenen Völker, wie Tataren, Kalmücken und Baschkiren, die erforderliche Ausbildung angedeihen zu lassen. Dazu bedurfte es der Aufnahme des Arabischen, Türkischen und Persischen in das Lehrprogramm der Schule. Zu diesem Zeitpunkt gab es in Europa nur eine einzige Hochschule, an der Studenten in diesen Sprachen ausgebildet wurden, und diese war die Universität Halle. Glück wandte sich daher, aufgefordert von Zar Peter, am 8. März 1704 an August Hermann Francke mit der ausdrücklichen Bitte, »tüchtige Orientalisten« als Lehrer an sein Moskauer Gymnasium zu schicken. Damit knüpfte der russische Herrscher direkte Beziehungen zum halleschen Pietismus an, dem sich der Direktor des akademischen Gymnasiums, Ernst Glück, in seiner Geisteshaltung erkennbar verpflichtet wußte.

Dem wichtigen Erziehungsgrundsatz »Mens sana in corpore sano« zollte Glück in seiner pädagogischen Arbeit am Moskauer Gymnasium große Achtung. Er wurde deshalb bereits mehrfach von Pietisten, die sich in Moskau aufgehalten und seine Lehranstalt besucht hatten, angefeindet. Es fehlte auch nicht an dem Vorwurf, der Direktor dieser Anstalt sei kein guter Christ, lasse er doch den Zöglingen dieses Gymnasium Illustre auch das Tanzen, Fechten und Reiten beibringen. So hieß es in einem Brief des Pietisten Joachim Justus Breithaupt an Philipp Jakob Spener, Glück treibe »allerlei weltliche Dinge in Moskau ... bei diesen Wegen, die nicht die Christi sind, kann das Evangelium nichts gewinnen«. Bei aller Anerkennung der ausgezeichneten russischen Sprachkenntnisse Glücks, die Breithaupt ausdrücklich rühmte, wäre es, wie er weiter bemerkte, von großem Nutzen, »wenn er (Glück – E. D.) sich nur zurückhielte von allen Dingen, die nicht theologisch sind«. Glück wußte sich gegen solche Verdächtigungen freilich zur Wehr zu setzen. So wies er in seinen Schreiben an Francke Breithaupts Anwürfe energisch zurück.

Welche Bedeutung man in Kreisen des halleschen Pietismus dem neuen Rußland Peters I. beimaß, geht schon daraus hervor, daß Francke selbst sich abmühte, unter Anleitung Heinrich Wilhelm Ludolfs die russische Sprache zu erlernen. Russischsprachige Bücher über Rußland wurden für die Francke-Bibliothek systematisch angeschafft. Im Bücherbestand der Franckeschen Anstalten befand sich die geschlossenste Sammlung von russischen Werken über Rußland in ganz Deutschland. In diesen Zusammenhang gehören auch die Bemühungen Franckes, in Halle eine russische Druckerei einzurichten, um selbst Bücher in russischer Sprache drucken zu können, was auch gelang. Wenn auch die russische Typographie in Halle nicht jene große Wirksamkeit zu entfalten vermochte, wie sie sich Francke vorgestellt hatte, so konnten doch wichtige russischsprachige Werke in der Saalestadt im Druck erscheinen, wodurch Halle zum Ausgangspunkt der deutschen Rußlandkunde im 18. Jahrhundert wurde.

Großes Interesse zeigte August Hermann Francke verständlicherweise für das zarische Gymnasium in Moskau, an dessen Spitze Glück stand. Dieser, von Spener und Francke nachhaltig beeinflußt, hatte es bereits in den ersten beiden Jahren seiner Tätigkeit vermocht, der Anstalt einen bedeutenden Platz im System des von Peter geschaffenen Bildungswesens zu sichern. Francke und seine Anhänger waren nur allzu gern bereit, auf das weitere Wirken dieser Einrichtung Einfluß zu nehmen, und es war bereits eine sorgfältig ausgesuchte Schar von gelehrten Erziehern, zu denen Johann Christian Bütner, Peter Daniel Brettschneider und Michael Boguslaw Ruttich gehörten, auf dem Weg nach Moskau, als die Nachricht vom plötzlichen Tod Glücks eintraf. In einem Brief an Peters Vertrauten Johann Reinhold von Patkul empfahl der Pietist Justus Samuel Scharschmid dem Zaren Francke bereits in deutlicher Überhebung als Praeceptor Europae.

Die Verwaltung der Schule, die Lehr- und Predigttätigkeit sowie die umfangreichen und anstrengenden Übersetzungsarbeiten, denen sich Glück mit nie erlahmender Rastlosigkeit hingab, hatten seine physische Konstitution untergraben und zum plötzlichen Tod geführt. Glück war erst 51 Jahre alt, als er am 5. Mai 1705 mitten in der Arbeit starb. Die Nachfolgeschaft als Direktor trat Glücks Mitarbeiter, der Thüringer Johann Werner Paus, an, ehemaliger Zögling der Universität Jena, der sich jedoch nicht durchsetzen konnte. Ihm folgte auf Vorschlag Franckes der Schulmann Johann Christian Bütner. Nach dessen Tod im Jahre 1714 wurde das Gymnasium Glücks mehr und mehr zu einer deutschen lutherischen Schule und verlor ihren ursprünglichen Charakter als erstes akademisches Gymnasium Rußlands.

Insgesamt haben 240 Schüler das von Glück begründete Gymnasium Academicum besucht, ein Kontingent, das im Bestand der an russischen Lehranstalten herangebildeten Intelligenz ein besonderes Gewicht darstellte. Im Schülerverzeichnis standen die Namen von Zöglingen, die berühmten Familien angehörten, darunter die von Bestushew-Rjumin, Wesselowski, Buturlin, Golowkin, Golizyn, Lefort, Sotow, Schafirow und anderen aristokratischen Geschlechtern.

Enge Verbindung zu Glück und seinem Gymnasium hatte auch Heinrich Freiherr von Huyssen gehalten, der wie Glück im Jahre 1703 nach Moskau gekommen war und hier zarischer Hofmeister, Erzieher und Kammerherr des Zarewitsch Alexej wurde. Huyssen entstammte einer alten Adelsfamilie aus Essen. Er hatte an mehreren deutschen Universitäten, darunter auch in Halle, studiert, wo er bei Christian Wolff und August Hermann Francke hörte, und er war 1688 in Straßburg zum Doktor der Rechtswissenschaften promoviert worden. Danach unternahm er ausgedehnte Reisen durch ganz Europa, auf denen er mit zahlreichen bedeutenden Persönlichkeiten zusammentraf, worüber er in seiner Autobiographie berichtete. Als toleranter Kalvinist wußte er freundschaftliche Beziehungen sowohl zu Lutheranern und Katholiken als auch zu orthodoxen Christen zu unterhalten. Huyssen war eine gebildete Persönlichkeit, nachgerade der richtige Mann, den Peter als Erzieher für seinen Sohn Alexej benötigte.

Huyssens Erziehungsinstruktion für den Zarewitsch, die der Zar mit seinem Namen unterschrieb, erwies ihren Verfasser als Verfechter der Prinzipien der frühen Aufklärung. Sie verordnete Alexej vor allem Unterricht in Geschichte und Geographie sowie in den Grundlagen der mathematischen Wissenschaften, wobei Magnizkis »Arithmetik« als Lehrbuch empfohlen wurde. Die Einführung in die Wissenschaften sollte nach den Werken der Naturrechtler erfolgen. Im Zusammenhang mit der notwendigen Ausbildung des Thronfolgers in den Fremdsprachen und in den Naturwissenschaften verwies Huyssen auf das erfolgreiche Wirken des Glückschen Gymnasiums, mit dem bereits die erste Grundlegung einer weltlichen Hochschule der Wissenschaften in Rußland erfolgt war. In seinem Kern zielte Huyssens Bildungsprogramm für den Zarewitsch, das in französischer Sprache absolviert werden sollte, auf die Zurückdrängung der Theologie, die Pflege der Staatswissenschaften und die Weiterentwicklung der Militärwissenschaft. Dabei griff Huyssen in starkem Maße auf die Lehrsätze von Samuel Pufendorf und Christian Thomasius zurück.

Aus Huyssens Wirken wurden die engen Beziehungen deutlich, die Peter und seine Mitarbeiter von Anfang an zur deutschen Wissenschaft und Pädagogik sowie deren Repräsentanten unterhielten. Dabei rissen nach dem Tode Glücks die Verbindungen, die der Zar zu den halleschen Schulmännern angebahnt hatte, keineswegs ab, sondern erfuhren ihre weitere Pflege. Der russische Herrscher hatte bereits 1699 seinen Mitarbeiter Pjotr Wassiljewitsch Postnikow nach Halle entsandt, um direkte Verbindung mit August Hermann Francke aufzunehmen. Nach 1709, dem großen russischen Sieg von Poltawa, verdichteten sich die Verbindungen zu Halle mehr und mehr. Um 1716 studierten bereits mehrere junge Russen an der dortigen Universität, wo sie unter der unmittelbaren Aufsicht Franckes standen. Im selben Jahr hielt sich der russische Resident in Berlin, Reichsgraf Gawriil Iwanowitsch Golowkin, an der halleschen Universität auf, wie eine Eintragung in Franckes Tagebuch bezeugt: »Heute das Waisenhaus besehen und sich darüber vergnügt und es seinem Herrn, dem Zaren, referieren will.« Golowkin kam auch danach mehrmals nach Halle.

Ein Jahr später, 1719, erschien der Sondergesandte des Zaren, General Grigori Petrowitsch Tschernyschow, bei Francke, um sich über den Fortgang der Arbeiten in den Stiftungen informieren zu lassen. In Franckes Tagebuchnotiz unter dem 7. November 1719 hieß es in diesem Zusammenhang: »Der russische General Tschernyschow läßt sich melden, daß er vom Zaren expressen Befehl hat, die hiesigen Anstalten anzusehen. Ich bin um 2 Uhr nachmittags zu ihm gegangen, da er durch einen Dolmetscher mit mir gesprochen, versichert, daß er hier sonst nichts zu tun habe, sondern mit der Ursachen willen her von Leipzig gekommen usw. Hierauf ist er mit mir nebst Dolmetscher hinausgegangen, hat das Waisenhaus und das Pädagogium und was damit verknüpft sich zeigen und erzählen lassen, auch etliche Male seine Intensionen eröffnet, seinen Sohn, sobald er das gehörige Alter erreicht, ins Pädagogium zu senden und mir anzuvertrauen. Gab endlich 5 Dukaten für das Waisenhaus und nahm Abschied.«

Auf Ersuchen Zar Peters entwarf Francke in der Tat ein Projekt über die Einrichtung eines Waisenhauses in Moskau. Sein Grundanliegen machte er bereits in Punkt 1 deutlich, wo es hieß: »Bei dem Waisenhaus in Moskau ist das vornehmste Stück, daß arme Kinder wohl erzogen werden, damit sie nützliche Untertanen werden können, da sie sonst ohne gute Auferziehung insgemein auf den Rand höchst schädlicher Laster geraten, daß sie Faulenzer, Bettler, Diebe, Straßenräuber und Mörder werden.« Neben dem Religionsunterricht empfahl Francke in seinem Waisenhausprojekt besonders die Beschäftigung der Zöglinge mit Geographie und Geschichte, ebenso auch mit Geometrie, der »ersten Wissenschaft«. Auch auf die Nützlichkeit der Beherrschung von Fremdsprachen wird hingewiesen. Selbstverständlich müßten die Waisenhauskinder nach Francke auch zur körperlichen Arbeit angehalten werden, »so daß sie täglich 5–6 Stunden an einer Arbeit sind, die sich zu ihren Kräften schickt«. Für Knaben und Mädchen wurde gleichermaßen Strümpfestricken und Spinnen empfohlen. Für kranke Kinder sollte besonders gesorgt werden. Eine »wichtige Aufgabe fällt auch dem Ökonom des Waisenhauses zu im Kampf gegen das Ungeziefer und um die Erhaltung der Sauberkeit« der Anstalt. Franckes Ausführungen enthielten zudem weitere Hinweise, die sich aus den Erfahrungen des Lebens im halleschen Waisenhaus ergaben.

Es ist bislang nicht bekannt, ob die Vorschläge Franckes die Einrichtung eines Waisenhauses in Moskau unter Peter I. bewirkt haben. Wohl aber wurde das in Petersburg 1725 von Feofan Prokopowitsch begründete Seminarium nach den Grundsätzen des halleschen Waisenhauses eingerichtet. Dies wurde aus einer 1725 anonym erschienenen Schrift »Kuriose Nachricht von der itzigen Religion Ihro Kaiserlichen Majestät in Rußland Petri Alexejewitsch« deutlich, wo es hieß: »Da das Waisenhaus in Halle wegen der bequemen Art, die Wissenschaften sowohl als die Glaubensgründe gründlich und wohl zu formen, und der guten Anstalten, die sonst wilde Jugend aufzuerziehen, in der ganzen Welt bekannt ist, so haben Ihro Zarische Majestät ein dergleichen Haus in Dero Land auf ebendieselbe Art auferbauen lassen, auch mit vielen Kosten verschiedene Studiosos Theologiae, so in Halle bei den Anstalten des Waisenhauses gestanden, hinkommen lassen, welche in diesem Haus alles auf gleiche Art anordnen müssen und die Jugend in den Grundsätzen der wahren evangelischen Religion auferziehen.«

Die Statuten für seine Anstalt hatte Prokopowitsch sich bereits früher aus Halle vermitteln lassen, wie wir aus einem Brief Peter Müllers an Francke vom 29. Januar 1720 wissen. Dort wurde gesagt: ». . . dieser Erzbischof Theophanus, sonst auch Prokopowitsch genannt, läßt die Theologische Fakultät ersuchen um eine Abschrift von allen Ordnungen, Statuten, Gesetzen und Privilegien der Universität zu Halle. Ingleichen wünscht er zu haben die Ordnungen, Statuten, Gesetze und Privilegien wie auch methodum docendi, disciplinam adhibendi et inspectione fugendi nebst der Einteilung der Klassen, Stunden und Lektionen in jeglicher Klasse, sowohl in der deutschen als in der lateinischen Schule, und dieses beides in paedagogio regio und im Waisenhaus, und zwar alles in lateinischer Sprache aufgesetzt. Gleichermaßen hätte er gern Bücher und Traktätchen, die von Erziehung der Kinder, Einrichtung der Schulen und anderen dergleichen Materialien handelten, und zwar auch womöglich in lateinischer Sprache, wo aber das nicht, in französischer oder deutscher.«

Nach den Vorlagen, die der russische Erzbischof Feofan Prokopowitsch aus Halle erhielt, arbeitete er für sein Seminar eine genaue Hausordnung aus, deren Text wir kennen. Einen zentralen Platz in den von Prokopowitsch für die Zöglinge seiner Anstalt festgelegten Studienverpflichtungen nahm die Erlernung der alten Sprachen ein, für die der Lehrplan ein großes Stundenvolumen vorsah. Die klassische Bildung stellte die Grundlage des darauffolgenden Studiums der Philosophie und der Theologie dar, dessen Einzelheiten bereits im Geistlichen Reglement genannt worden waren.

Aus den angeführten Verbindungen Feofan Prokopowitschs zu den wissenschaftlichen und pädagogischen Einrichtungen der Universität Halle ging hervor, daß Zar Peter darum bemüht war, auch das kirchliche Unterrichtswesen in Rußland unter Zuhilfenahme ausländischer Erfahrungen gründlich zu reformieren und zu verbessern. Bereits nach Rückkehr von seiner ersten Auslandsreise hatte der Monarch offenbar ernstlich erwogen, die in Moskau seit 1687 bestehende Slawisch-Griechisch-Lateinische Akademie zu einer Universität ausbauen zu lassen. Nach seiner Auffassung, die er zu diesem Zeitpunkt vertrat, sollten an einer solchen Universität sowohl Fachkräfte für den Staat als auch für die Kirche herangebildet werden. Gleichzeitig sollte an dieser Anstalt auch genügend Raum für das Studium der Kriegskunst und der Medizin gelassen werden. Dieser frühe Universitätsplan Peters nahm wohl deshalb keine Gestalt an, weil der zu diesem Zeitpunkt bereits todkranke Patriarch Adrian zu einer Mitwirkung an dem Projekt nicht in der Lage war. Zudem hat der im Jahre 1700 gegen Schweden ausbrechende Krieg Zar Peter keine Zeit gelassen, diesen Plan zunächst weiter zu verfolgen. Erst nach der siegreichen Schlacht von Poltawa im Jahre 1709 kam er erneut auf die Idee der Einrichtung einer russischen Universität zurück, die er sich jetzt bereits als eine rein weltliche Hochschule vorstellte. So blieben zunächst die Moskauer Slawisch-Griechisch-Lateinische Akademie und die ältere Kiewer Mohyla-Akademie die einzigen geistlichen Lehranstalten höheren Ranges im Reiche Peters I.

Eine Verbesserung der geistlichen Ausbildung erwies sich schon deshalb als schwierig, weil es an brauchbaren Lehrbüchern fast gänzlich fehlte. Hinzu kam der Widerstand der Priester gegen die vom Herrscher auch für Kleriker verordnete weltliche Bildung. So mußten die für die Ausbildung an einer geistlichen Schule vorgesehenen Schüler nicht selten mit Gewalt in die Lehranstalten gebracht werden, aus denen sie freilich ebenso häufig wieder entflohen. Es kam auch vor, daß die Zöglinge wieder nach Hause geschickt wurden, weil es in den Schulen nichts zu essen gab.

Mit den Erfolgen, die Peter I. und seine Mitarbeiter auf dem Gebiet der Bildungspolitik erzielten, war das Hauptproblem, in welcher Weise in Rußland die Grundlagen für eine angemessene Allgemeinbildung gelegt werden konnten, jedoch keineswegs gelöst. Dies wußte der Zar nur zu gut. In dieser Hinsicht mußten sich der Herrscher und seine Helfer aber nun einmal damit abfinden, daß im Zarenreich zu diesem Zeitpunkt keinerlei Voraussetzungen bestanden, um eine allgemeinverbindliche Volksschulbildung zu verwirklichen. Daher war Peter bei seinem Versuch, den er dennoch unternahm, gewiß, daß auch die Verordnung obligatorischer Bildung für die Untertanen, wie seine anderen Neuerungen auch, auf Widerstand stoßen und wenn überhaupt, dann nur mit staatlichem Zwang durchgesetzt werden konnten. Jedoch eine solche Maßnahme hielt der russische Zar in Übereinstimmung mit den anderen neuzeitlichen absoluten Monarchen in Europa nicht nur für zulässig, sondern dort, wo es nottat, geradezu für heilsam.

Die durch Ukas vom 20. Januar 1714 anbefohlene Einrichtung der sogenannten Ziffernschulen stellte eine Maßnahme dar, für die keine ausländischen Vorbilder, wie dies bei den Fachschulen und dem Typ des humanistischen Gymnasiums der Fall war, in Anspruch genommen wurden. Die Ziffernschulen waren als Grundschulen vor allem für die Unterweisung in Rechnen und Geometrie gedacht. Solche Einrichtungen sollten in allen Gouvernements eröffnet werden. Als Schulpflichtige galten Söhne von Adligen und Beamten. Im Gründungsukas wurden demjenigen, der seiner Lernpflicht nicht genügte, angedroht, daß er damit das Recht verliere, sich zu verheiraten. Die Bischöfe erhielten den Auftrag, dafür zu sorgen, daß ohne Bescheinigung der Leiter von Ziffernschulen keine Trauzeugnisse ausgestellt würden. Das Alter der Schulpflichtigen wurde auf 10 bis 15 Jahre festgelegt. Der Unterricht war unentgeltlich. In einer fünf Wochen darauf erschienenen zarischen Ergänzungsverordnung wurden die Bestimmungen über die Pflicht zum Besuch der Ziffernschulen weiter verschärft.

Wie sich zeigen sollte, kamen die Ziffernschulen ungeachtet des von Staats wegen verordneten Zwangs nur äußerst langsam in Gang. Die Adelsfamilien zeigten keine sonderliche Lust und Neigung, ihre Kinder in die neuen Anstalten zu schicken. Sie fanden schließlich auch die Mittel und Wege, um sich der gestrengen zarischen Verordnung gänzlich zu entziehen und damit die angeordneten Maßnahmen zu boykottieren. So blieb der Regierung nichts weiter übrig, als den Rückzug anzutreten. Im Januar 1716 erschien eine Verordnung, die den Besuch der Ziffernschulen neu regelte. Danach waren jetzt Kinder aus allen Ständen der Gesellschaft berechtigt, diese Einrichtungen zu besuchen. Konkrete Anweisungen enthielt die Verordnung nicht. So blieb es im Ermessen der von der Schulpflicht betroffenen Familien, sich nach Maßgabe zu verhalten. Die im Gründungsukas vom Jahre 1714 für die Adelskinder angeordnete Pflicht zum Besuch der Ziffernschulen jedenfalls wurde ausdrücklich aufgehoben.

In den folgenden Jahren erschienen weitere Erlasse, die sich auf die Ziffernschulen bezogen. So wurde in der Verordnung von 1719 festgestellt, daß die Zahl der in den Ziffernschulen lernenden Zöglinge viel zu niedrig sei. Der Senat hielt es angesichts dessen für angemessen, den Kreis der Schulpflichtigen weiter zu verbreitern und auf die Kinder von Vorstädtern, das heißt auf die Söhne von Handel- und Gewerbetreibenden, ebenso auf die von Kirchen- und Klosterdienern, wie überhaupt auf alle nichtadligen Stände auszudehnen. Gleichzeitig wurden jegliche Mißhandlung und Ausbeutung von Schülern unter Strafe gestellt.

Ein Jahr später, 1720, führten die Vorstadtgemeinden von Kargopol, Ustjug, Wologda und Kaluga in Eingaben Beschwerde über die Handhabung des Schulzwangs und legten dar, daß sie genötigt würden, ihre Kinder in weit entfernt liegende Städte zur Schule zu schicken, und viele ihrer Zöglinge dort in Gefängnissen unter Bewachung gehalten würden, während doch die kaufmännische Jugend eine gesonderte Ausbildung brauche, die ihr im Fernhandel von Nutzen sei. Was in den Ziffernschulen an Wissen, Kenntnissen und Fähigkeiten geboten würde, könnte man sich auch selbständig aneignen. Sollten die jugendlichen Kaufleute auch künftig dem Handel entzogen bleiben, so würde der Fernhandel zurückgehen und damit auch die Steuerkraft der Bevölkerung abnehmen.

Im Senat führte die Verdeutlichung der für den Stand der Handel- und Gewerbetreibenden entstandenen mißlichen Sachlage zu der Weisung, künftig die Schulen in der Nähe der Wohnsitze der Schüler einzurichten und im übrigen auch die Kinder aus der Vorstadtbevölkerung ebenso wie die Adelssprößlinge vom Schulzwang auszunehmen. Die Einschulung von Kindern aus den steuerpflichtigen Ständen sollte fortan auf der Grundlage der Freiwilligkeit erfolgen. Damit fügte sich die Regierung Peters I. ihrerseits resigniert den entstandenen Zwängen und begnügte sich in der Folge mit der Aushebung der Söhne von Sekretären, Schreibern und anderen Jünglingen, die weder dem Adel noch der Stadtbevölkerung angehörten. Mit dem Ukas vom 20. Oktober 1721 wurde auch der gesamte Nachwuchs des kirchlichen Dienststandes vom Zwang zum Besuch der Ziffernschulen befreit.

Damit war das Experiment mit den allgemein verordneten Ziffernschulen bereits gescheitert. Von den insgesamt 2051 erfaßten Schülern haben lediglich 302, das heißt etwas mehr als 14%, die Ziffernschulen absolviert. 572, das heißt fast 28%, blieben dem dortigen Unterricht fern, weil sie als Söhne von Vorstädtern oder Kirchendienern nicht verpflichtet waren, zur Schule zu gehen. Die anderen waren entweder geflohen oder hatten sich überhaupt nicht in den Schulen eingefunden. Bauernsöhne wurden weder in den Verordnungen noch in den statistischen Unterlagen namentlich genannt. Jedoch waren sie in einem nicht niedrigen Kontingent bei den Söhnen von Soldaten, Dragonern, Kanonieren und Kosaken enthalten. Zar Peter und seine Regierung scheuten sich offensichtlich, auch leibeigenen Bauernsöhnen offiziell die Pflicht zum Besuch der Ziffernschulen aufzuerlegen und sie damit als vollberechtigte Staatsbürger anzuerkennen.

Die Gründe für das Scheitern des Unternehmens waren unschwer zu finden. Hier kam vieles zusammen: das Bedürfnis nach den angebotenen Kenntnissen erwies sich für die, die es anging, als nicht zwingend; die Organisation der neuen Anstalten war äußerst mangelhaft und der Staatsapparat zeigte sich nicht in der Lage, die erlassenen Verordnungen auch im einzelnen durchzusetzen und zu verwirklichen. Vor allem fehlte es am wichtigsten, am Geld. Hinzu kam die Unsicherheit der Regierung Peters im Hinblick auf die soziologische Erfassung der Klassen und Schichten der russischen Gesellschaft, wie aus der nacheinander verordneten Befreiung der Kinder von Adligen, Stadtleuten und Geistlichen vom Schulzwang deutlich zum Ausdruck kam. Aus diesem Umstand wurde gleichzeitig deutlich, wie wenig der Gesetzgeber die Bedürfnisse und Interessen der Klassen und Schichten des Landes kannte und in welch theoretischen Formen das Ganze verblieb. Es war der Widerstand des Adels, vor allem der aristokratischen Kreise, der das Projekt der Einführung einer obligatorischen Allgemeinbildung in Rußland unter Peter I. scheitern ließ. Die Adelsfamilien gaben dem Privatunterricht durch ausländische Hauslehrer und dem westlichen Erziehungsideal des galanten höfischen Weltmannes weiterhin den Vorzug. Sie wollten in ihrer Mehrheit nichts oder nur wenig von Geometrie, Mathematik und angestrengter Lernarbeit wissen.

Hochschulprojekte und Gründung der Akademie der Wissenschaften

Bei der Beurteilung der Verdienste Peters I. um die Entwicklung der Wissenschaften in Rußland ist zu beachten, daß im Zarenreich Geistesgrößen und Repräsentanten der Weltwissenschaft wie Nikolaus Kopernikus, Galileo Galilei, Johannes Kepler, Isaac Newton, Gottfried Wilhelm Leibniz und andere, die in Mittel- und Westeuropa bereits im 16. und 17. Jahrhundert hervortraten, gänzlich fehlten. Der Moskauer Staat wurde daher von den gebildeten Zeitgenossen im In- und Ausland, was den Stand der Wissenschaften anging, geradezu als eine »Tabula rasa« empfunden, wie sich Leibniz ausdrückte. Die gleiche oder fast die gleiche Ansicht vertraten Zar Peter und seine Mitarbeiter. Auch Michail Wassiljewitsch Lomonossow hat sich später noch in ähnlicher Weise geäußert.

Im Unterschied zu Mittel- und Westeuropa kannte Rußland keine mittelalterlichen Akademien und Universitäten. Nach erfolglosen Versuchen der Einrichtung von Universitäten und höheren Schulen im 16. Jahrhundert und zu Beginn des 17. Jahrhunderts entstanden seit der Mitte des 17. Jahrhunderts auch im Zarenreich Hochschulen, die von ihrer Gründung her als geistliche Akademien angelegt waren. Die Wiedervereinigung großer Teile der Ukraine mit Rußland in den Jahren 1648 bis 1654 war eng verbunden mit der Ausbreitung des insbesondere von ukrainischen Lehranstalten vermittelten Wissens auch nach Rußland. Bedeutung erlangte hierbei die Kiewer Mohyla-Akademie, die erste Hochschule der Ukraine, die 1632 durch den Zusammenschluß der Kiewer Bruderschaftsschule (gegründet 1615) mit der Schule des Kiewer Höhlenklosters (entstanden 1631) unter dem Kiewer Metropoliten Petro Mohyla eingerichtet wurde. 1633 erhielt sie den Namen eines Kollegiums, und 1701 ließ sie Zar Peter in den Rang einer Akademie erheben.

Die Kiewer Akademie stellte zu Anfang des 18. Jahrhunderts noch immer ein bedeutendes Bildungszentrum Süd- und Südwestrußlands dar. An ihr wurden auch Lehrkräfte ausgebildet, die danach an der Moskauer Slawisch-Griechisch-Lateinischen Akademie wirkten, der ersten großrussischen Hochschule und allgemeinbildenden Lehranstalt. Die geistliche Institution war im Jahre 1687 als Hellenisch-Griechische Akademie auf der Grundlage einer gräkophilen Schule entstanden. Das Projekt hierfür stammte von Simeon Polozki und Silvester Medwedew. Den Anstoß zur Gründung der Akademie gab die bereits 1665 in Moskau ins Leben gerufene Lateinschule, der vor allem die Aufgabe zugedacht war, angehende russische Diplomaten durch Ausrüstung mit den notwendigen Fremdsprachen auf den auswärtigen Dienst vorzubereiten. 1685 richteten auch die Jesuiten in Moskau eine Sprachschule ein, die ähnliche Zielsetzungen verfolgte wie die Lateinschule. Die neue Lehranstalt der Jesuiten zwang die orthodoxe Kirche, den bereits lange gehegten Plan der Einrichtung einer höheren Lehranstalt in Moskau nun endlich zu verwirklichen, wollte sie nicht hinter den Jesuiten zurückstehen und auf die Vermittlung einer gehobenen Bildung für ihre Kleriker verzichten.

So kam es zur Gründung der Moskauer Slawisch-Griechisch-Lateinischen Akademie. Deren Wirken gingen langwierige Auseinandersetzungen voraus, die zwischen den Wortsprechern des Lateinischen und denen des Griechischen ausgefochten wurden. Der Streit ging zunächst darum, in welchem Umfang lateinisch-westliche, das heißt nichtorthodoxe Lehren und wissenschaftliche Anschauungen in Rußland verbreitet werden sollten. Durch den starken Zuzug von ukrainischen und weißrussischen Gelehrten nach Moskau seit der Mitte des 17. Jahrhunderts wurde die latinisierende Richtung innerhalb der geistigen Bewegung Rußlands bedeutend gestärkt. Die Aufgeschlossenheit führender kirchlicher Kreise für das Lateinische und die westliche Kultur und Wissenschaft stand mit den Interessen des russischen Staates in völligem Einklang. Es ging um die Verbreitung wissenschaftlicher Kenntnisse und Lehren sowie um den wirtschaftlichen, politischen und kulturellen Anschluß an die fortgeschritteneren Länder Mittel- und West-

Studenten der Kiewer Mohyla-Akademie

europas. In den sich vielfach überschneidenden und durchkreuzenden, nicht immer leicht zu durchschauenden geistigen Auseinandersetzungen, in die auch die Altgläubigen verwickelt waren, äußerte sich zugleich die Krise, von der das Denken Altrußlands ergriffen wurde. Es waren dies deutliche Kennzeichen einer geistigen Gärung in der russischen Gesellschaft, die das Heraufkommen einer neuen Kultur, Ideologie und Wissenschaft ankündigten.

An der Moskauer Slawisch-Griechisch-Lateinischen Akademie wurden die Zöglinge für den Dienst als Staatsbeamte und kirchliche Würdenträger herangebildet. Neben Griechisch und Latein erhielten sie Unterricht insbesondere in Kirchenslawisch, Poetik, Rhetorik, Dialektik, Physik, zu Beginn des 18. Jahrhunderts dann auch in den modernen Fremdsprachen, so in Deutsch und Französisch, sowie in den Fächern Medizin, Philosophie und anderen Disziplinen. Von besonderer Wichtigkeit war, daß die Moskauer Akademie von Kindern aller Schichten der russischen Gesellschaft besucht wurde, angefangen vom jungen Fürsten- bis zum Bauernsohn. In dieser Hinsicht trug die Anstalt dasselbe Antlitz wie die weltlichen Schulen, die Peter I. einrichten ließ. Als Hochschule, in der auch weltliche Gelehrte ihre Ausbildung erhielten, spielte sie in der russischen Volksbildung eine bedeutsame Rolle. Zu ihren Absolventen gehörten bekannte Persönlichkeiten der petrinischen Zeit, so der Gelehrte, Übersetzer und Druckereidirektor Fjodor Polikarpowitsch Polikarpow-Orlow, der auch als Lehrer an der Akademie wirkte; der Dichter Antioch Dmitrijewitsch Kantemir; Pjotr Wassiljewitsch Postnikow, der erste russische Doktor der Medizin; der Mathematiker Leonti Filippowitsch Magnizki und zahlreiche andere Persönlichkeiten des kulturellen und wissenschaftlichen Lebens Rußlands. Bis zur Gründung der Petersburger Akademie der Wissenschaften stellten die Moskauer Slawisch-Griechisch-Lateinische Akademie und die Kiewer Mohyla-Akademie die höchsten Bildungsstätten Rußlands und der Ukraine dar.

Zar Peter I. hatte von Anfang an eine hohe Meinung von den Wissenschaften. Diese zu fördern, war der russische Herrscher unermüdlich bestrebt, und er hat sich dabei als außerordentlich vielseitig, ideenreich und voller Initiative erwiesen. Zeit seines Lebens zeigte der Monarch größtes Interesse an wissenschaftlichen Untersuchungen und Experimenten. Ausgehend davon brach er auch radikal mit den Gepflogenheiten seiner Vorgänger auf dem Herrscherthron, die ihren Untertanen verboten hatten, ins Ausland zu gehen und sich dort in den Wissenschaften zu bilden.

Angesichts der Rückschläge, die sich bei der Einrichtung und dem Wirken der neuen Schulen in Rußland einstellten, bewies der Zar bei den Vorbereitungen zur Schaffung einer Akademie der Wissenschaften, der längst erstrebten Lichtquelle, besondere Vorsicht und Umständlichkeit. Schon 1697 hatte Peter I. Leibniz um die Ausarbeitung einer Denkschrift über die Organisation der wissenschaftlichen Forschung ersucht und sich mit dem Gedanken der Einrichtung einer Akademie der Wissenschaften in seinem Reich getragen. Auch mag dem russischen Herrscher die Idee einer Akademiegründung gekommen sein, als er 1698 in Holland zusammen mit dem berühmten Hermannus Boerhaave den Botanischen Garten von Leyden besichtigte und sich von Antony Leeuwenhoek den Umgang mit dem Mikroskop erläutern ließ. Ebenso war der russische Monarch wohl von der Londoner Royal Society beeindruckt worden, deren Museum er im gleichen Jahr besuchte. Jedenfalls hatte Sir Francis Lee dem Zaren im selben Jahr angelegentlich die englische Akademie als nachahmenswertes Muster empfohlen.

Wenige Jahre später, 1701, wußte der kaiserliche Agent Otto Pleyer von dem festen Vorsatz des Zaren zu berichten, in Rußland eine Akademie mitsamt den üblichen Fakultäten zu errichten, also eine Wissenschaftsinstitution vergleichbar den Universitäten, wie sie in anderen Ländern Europas bestanden. Ins Jahr 1706 gehört schließlich ein Entwurf über die Schaffung eines Gesamtsystems von Forschungs- und Lehranstalten aus der Feder des Griechen Seraphim, der freilich auf die theologischen Fächer großen Wert legte. Auch Iwan Tichonowitsch Possoschkow empfahl die Einrichtung einer neuen Akademie, die gleichfalls mehr als geistliche Anstalt gedacht war. Jedoch an ein Aufgreifen und eine Verwirklichung der vorhandenen Akademiepläne war in Rußland, solange der Krieg gegen Schweden für das Zarenreich nicht siegreich entschieden war, nicht zu denken. Erst nach dem Triumph der russischen Waffen bei Poltawa am 8. Juli 1709 konnten sich Peter und seine Berater wieder mehr dem begonnenen Reformwerk zuwenden, zu dessen Bestandteil an vorderster Stelle die Einrichtung einer Akademie der Wissenschaften gehörte.

Im einzelnen bekannt sind die Akademieentwürfe und die wissenschaftlichen Denkschriften, die Leibniz dem Zaren und dessen Ratgebern einreichte. Das gleiche gilt für die Korrespondenz und die Unterredungen, die mit Leibnizens Schüler Christian Wolff in der gleichen Angelegenheit geführt wurden. Durch Heranziehung von Leibniz und Wolff zu den Vorbereitungsarbeiten für die Gründung einer Akademie der Wissenschaften in Rußland durch Peter I. erlangte das zarische Akademieprojekt gesamteuropäischen Rang.

Der Philosoph, Mathematiker, Diplomat und vielseitige Gelehrte Gottfried Wilhelm Leibniz, einer der hervorragendsten Vertreter des Akademiegedankens in Europa, bemühte sich nach der Gründung der Berliner Akademie der Wissenschaften im Jahre 1700 auch um die Einrichtung von Akademien in Petersburg, Wien, Dresden und in anderen europäischen Metropolen. Als Präsident der Berliner Sozietät kannte er wie kein anderer die Arbeiten, die an den damaligen wissenschaftlichen Gesellschaften durchgeführt wurden. In einer Gelehrtensozietät auf russischem Boden sah Leibniz einen Eckpfeiler der ihm vorschwebenden Weltrepublik der Wissenschaften, die er über Rußland bis nach China ausgebreitet wissen wollte. Leibniz hat sich zeit seines Lebens auf das lebhafteste für Rußland interessiert. Ihm schwebte vor, die gewaltigen Potenzen des Zarenreiches für die Neugestaltung der europäischen Zivilisation zu nutzen und mit Hilfe dieses großen Reiches die Türken von Europa zurückzudrängen. So richtete er an maßgebliche Persönlichkeiten der damaligen Zeit zahllose Schreiben, in denen er Vorschläge entwickelte, in welcher Weise der große osteuropäische Staat auf dem Gebiet der Wissenschaften rasch vorangebracht werden könnte.

Von Rußland hatte Leibniz schon während seines Aufenthalts in Rom im Jahre 1689 ausführliche Informationen durch die Jesuitenpatres erhalten, die als Missionare in China wirkten. Der Nertschinsker Vertrag vom Jahre 1689 zwischen Rußland und dem Reich der Mitte rückte nicht nur China, sondern vor allem das Zarenreich in das Blickfeld der europäischen Völker. So war es verständlich, daß Leibniz alle Vorgänge mit Aufmerksamkeit verfolgte, die den Staat Peters I. betrafen.

Für Leibniz stellte Rußland das Reich der Mitte in der damals mehr oder minder gut bekannten Welt dar. In diesem Land stießen drei Kontinente zusammen: Europa, Asien und Amerika. Besonders Ostasien, das heißt China, mit seiner großen alten Kultur erfuhr Leibnizens Hochschätzung. Um China näher an Europa heranzurücken, entwickelte Leibniz bereits in den neunziger Jahren des 17. Jahrhunderts phantastisch anmutende Pläne der Anlage von Verbindungswegen zwischen China und Europa. Und nicht zufällig ließ der Gelehrte im Jahre 1697 im Zusammenhang mit der großen Europareise des russischen Zaren seine Schrift »Novissima Sinica« erscheinen, durch die die Bedeutung des westlichen Auslandsaufenthalts Peters I. demonstrativ unterstrichen werden sollte. Er unternahm daher alle Anstrengungen, um mit dem russischen Herrscher in persönlichen Kontakt zu kommen, was freilich erst in späteren Jahren gelingen sollte.

Leibniz war bereits zu diesem Zeitpunkt von der Persönlichkeit des Zaren fasziniert, wie wir aus einem Brief wissen, den er am 4. August 1797 an den Conte Francesco Palmieri, Cavalier am Hofe zu Hannover, schrieb. In ihm bezeichnete Leibniz Peter im Zusammenhang mit dessen Reformplänen als »grand homme«, »héroique« und »héros«. Auch in späteren Schreiben Leibnizens findet sich dieselbe Hochschätzung des russischen Monarchen, der nach Ansicht des Gelehrten in seltener Weise Weisheit und Macht in seiner Person vereinigte.

Wie intensiv sich Leibniz mit Rußland beschäftigte, zeigt eine Kartenskizze des von Peter I. geplanten Wolga-Don-Kanals, die Fjodor Alexejewitsch Golowin, der der Großen Gesandtschaft des Zaren angehörte, 1697 für Leibniz zeichnete. Im August desselben Jahres richtete Leibniz eine erste große Denkschrift an François Lefort. In dem Memorial wurden bereits die Grundgedanken für einen umfassenden Plan zur Entwicklung der Wissenschaften und Künste in Rußland entwickelt: Einrichtung einer allgemeinen Anstalt zur Pflege der Wissenschaften und der Künste; von Bibliotheken, Druckereien, Buchhandlungen, naturwissenschaftlichen Sammlungen; Zusammenstellungen von Anschauungsmaterialien technischer und künstlerischer Art; Aufbau einer Volksbildung, reichend von der Elementarschule bis zur Akademie; Erforschung des Landes, der Geschichte der

Völker Rußlands und deren Sprachen. Darauf aufbauend könnte, so meinte Leibniz, an die Hebung der Landwirtschaft, des Bergbaus, des Handwerks, an die Anlage von Kanälen, Verkehrswegen, an die Austrocknung von Sumpfgebieten etc. geschritten werden.

Bereits in seiner Denkschrift von 1697 machte Leibniz den russischen Zaren auf die Bedeutung der Mathematik für die Verbreitung von Bildung und Wissenschaften aufmerksam. Es war dies ein Gedanke, auf den er in seinen späteren Vorschlägen immer wieder zurückkam. So brachte Leibniz seinen Lehrer Erhard Weigel, der seit Jahren Professor der Mathematik in Jena war, in Vorschlag für eine Beratung Peters I. in schulischen und wissenschaftlichen Fragen mit etwaiger späterer Dienstverrichtung im Zarenreich: »Es ist bekannt, daß Herr Weigelius, ein in Mathesi sehr erfahrener und gelehrter Mann und der dabei ein ganz löbliches Ansehen zum gemeinen Besten führet, welches er sonderlich in seiner vorgeschlagenen Tugendschule zu erkennen gegeben, allwo er darauf treibet, daß die Jugend in den Schulen nicht nur zu Verbal-, sondern auch Realwissenschaften, aber auch zu Tugenden geführt werden möchte. Ich stehe auch in dem Gedanken, daß ein und andres davon gar wohl in wirkliche Übung zu bringen wäre.« Jedoch Weigel starb bereits 1699, ohne mit Zar Peter oder einem seiner Ratgeber in Verbindung getreten zu sein. Weigel galt durch seine schulreformerische Tätigkeit und die Einrichtung von Tugend-, Sprach- und Kunstschulen zu dieser Zeit in deutschen Landen als Berühmtheit.

Mit welchem Eifer Leibniz dabei war, weitere Pläne für die Entwicklung der Wissenschaften und Technik in Rußland zu entwerfen, wurde aus der von ihm verfaßten Generalinstruktion für die Gründung der Berliner Sozietät der Wissenschaften vom 11. Juli 1700 deutlich. Dort hieß es: »Es ist bekannt, in was für einem besonders guten Vernehmen wir mit dem moskowitischen Zaren stehen, und wie dieser Fürst zu den Natur- und Kunstwerken, sonderlich aber zu der Schiffahrt große Lust bezeige. Weile nun derselbe wegen seiner großen Macht und weitläuftigten Lande zu unserm durch der Sozietät Aufrichtung abzielenden gemeinnützigen Zweck ein Großes beitragen kann, so wollen wir bedacht sein, wie deswegen mit diesem Monarchen bei Gelegenheit Handlung gepflogen und dienliche Anstalt gemachet werde, daß von den Grenzen unserer Lande an bis nach China nützliche Observationes astronomicae, geographicae, daneben nationum, linguarum et morum rerumque artificialium et naturalium nobis incognitarum und dergleichen gemachet und der Sozietät zugeschickt werden. Weilen auch in Sonderheit bekannt, daß die declinations des Magnets auf den Orten und Zeiten sich ändert, an deren Erkenntnis aber der Geographie und Schiffahrt ein überaus Großes gelegen, so könnte dieser

Punkt vom Rhein bis an die Memel, und so ferner in dem nordischen und östlichen Teil der Welt, da er bishero ganz oder doch größtenteils unerörtert geblieben, durch eigene Personen mit Vergünstigung oder Vorschub des Zaren oder auch anderer Potentaten untersuchet werden.« Das Grundanliegen von Leibniz wurde auch aus dieser Stellungnahme ganz deutlich: Rußland ist das Bindeglied zwischen Europa und Asien. In Wechselwirkung von Geben und Nehmen sollten Rußland und die Berliner Sozietät in Kulturaustausch treten, und das Zarenreich könnte durch seine Lage zwischen West und Ost auf dem Gebiet der Wissenschaften eine Quelle wichtiger Forschungen sein. Leibniz war ständig bemüht, mit den wissenschaftlich interessierten Ratgebern des Zaren Kontakt herzustellen und auch aufrechtzuerhalten. Dies gilt vor allem für den zarischen Hofmeister Heinrich von Huyssen, den Erzieher des Zarewitsch Alexej, der 1702 nach Rußland gekommen war. Mit Huyssen stand Leibniz bereits seit 1692 in brieflicher Verbindung. Auf Vorschlag von Leibniz wurde Huyssen 1710 Auswärtiges Mitglied der Berliner Akademie der Wissenschaften.

Leibniz machte seit 1697 alle Anstrengungen, um sein Wissen über Rußland zu erweitern. Zu diesem Zweck beschäftigte er sich auch mit der russischen Sprache, sammelte konkretes Sprachmaterial aus den Weiten des Russischen Reiches, um tiefer in das Wesen und die verwandtschaftlichen Beziehungen der slawischen Sprachen einzudringen. Einen Einblick in die slawistische Sphäre von Leibnizens Sprachstudien vermittelten bereits die Briefe an den schwedischen Gelehrten Johann Gabriel Sparfvenfeldt, vor allem aber die engen Beziehungen zu dem Mitglied der Berliner Akademie der Wissenschaften, dem Slawisten Johann Leonhard Frisch, der Leibniz in der russischen Sprache unterwies. Daneben beschäftigte sich Leibniz mit der älteren Geschichte und Literatur Rußlands, wie wir aus Briefen an den Berliner Orientalisten Mathurin Veyssière de la Croce wissen.

Ebenso hat Leibniz nach 1700 bis zu seinem Tode immer wieder neue Vorschläge zur Schaffung eines höheren Bildungssystems in Rußland unterbreitet. Fast jeder seiner Entwürfe gipfelte in der Empfehlung, ein »Kollegium zu fundieren«, ein »ansehnliches, wohl autorisiertes« Kollegium zur Leitung der Studien, Künste und Wissenschaften im Zarenreich einzusetzen. Jedoch ungeachtet der Beschäftigung mit dem großen Land, dessen Geschichte, Sprache und Kultur, wurde aus der Stellungnahme von Leibniz deutlich, daß der große Gelehrte keine rechte Vorstellung von Rußland besaß. Gebannt von seiner geradezu messianistisch anmutenden Bildungsidee, die die Gestalt des großen Reformzaren in ihm erweckte, verglich Leibniz, wie er im Jahre 1708 schrieb, Rußland mit einem »neuen Topf, so noch nicht fremden Geschmack in den Studien angenommen«.

Dieses so plastische Bild war irreführend, und die Wissenschaften konnten im Zarenreich auch nicht von außen eingeführt werden, »auf einmal und nach einem eigen Riß einer neuerbauten Stadt«, wie Leibniz meinte. Um dies zu bewerkstelligen, galt es, die nationalen Traditionen und institutionellen Voraussetzungen zu beachten, die es in Rußland bereits seit Generationen gab. Ohne Kenntnis des Vorhandenen und dessen Nutzung war es unmöglich, Neues zu pflanzen.

Im Jahre 1711 kam es in Torgau zur ersten persönlichen Begegnung zwischen Leibniz und Peter I. Damit ging ein Wunsch in Erfüllung, den der Gelehrte bereits als Dreißigjähriger hegte: »Mein ganzer Ehrgeiz hat einzig darin bestanden, einen großen Fürsten zu finden, der mehr als gewöhnliche Einsichten hat, und ich glaube, daß es in den menschlichen Dingen nichts so Schönes und Edles gibt als eine große Weisheit, die mit einer großen Macht verbunden ist.« Wie wir aus einem Brief an Johann Fabricius vom 8. Dezember 1711 wissen, hatten sich Leibnizens hochgespannte Erwartungen bei der lange begehrten ersten Begegnung mit dem russischen Zaren voll und ganz erfüllt.

Nun folgte ein Promemoria dem anderen. So wiederholte Leibniz bereits im Oktober 1711 seine Vorschläge zur Entwicklung von Wissenschaft und Forschung in Rußland, wobei er gleichzeitig zahlreiche Hinweise auf die praktische Verwirklichung seiner Empfehlungen gab: »Seine Zarische Majestät fundiert ein Kollegium, welches in Dero Namen die Direktion der Studien der Künste und Wissenschaften im Zarischen Reich haben soll und worin verschiedene Nationen Platz finden mögen. Dieses Kollegium soll die Aufsicht über alle Schulen und Lehrende, Druckereien, das ganze Buchwesen und den Papierhandel, auch Arznei, Apotheken, desgleichen über die Salz- und Bergwerke und endlich über die Investitionen und Manufakturen, und Instruktion neuer Kulturen, der Vegetabilien, neuer Fabriken und neu einzuführender Kommissionen, also ein Kollegium sanitatis, Bergkollegium und Vorsteher auch zu Nahrungssachen in sich halten, und soll jeder zarische Untertan bei schwerer Strafe schuldig sein, diesem Collegio zu obigem Zweck mit allem Dienlichen nach Billigkeit an die Hand zu gehen. Damit es aber alles dies bestreiten und Seiner Majestät Genüge leisten könne ohne Beschwerung der zarischen Intraden, so gönnet Seine Majestät diesem ihrem Collegio einige Vorteile bei dem kitaischen, kaspischen und neuen baltischen Handel, so dem zarischen Landesinteresse nicht entgegen. Will auch bei neuen nützlichen Einführungen dem Collegio mit privilegiis an hand gehn, inzwischen auch geben sie sofort demselbigen das Bücherprivilegium, die Kalender, Gazette und andere Courante, auch Zinsbücher, Formularien und Edikten-Verlag ... Dagegen wird das Kollegium sich angelegen sein lassen, daß die Jugend wohl erzogen, gute Lehrer und Bücher angeschafft, gute Anstalten zu menschlicher Gesundheit gemacht..., Bibliotheken und Kunstkammern angeschaffet und allerhand nützliche Nachrichten aus Europa und China zusammengebracht, erfahrende Leute und Künstler angelockt und in summa die Wohlfahrt, Nahrung und Flor der zarischen Lande und Leute durch Künste und Wissenschaften beobachtet und befördert werden. Der Präsident oder Direktor dieses Collegii soll Stelle in dem höchsten Zarischen Staatsrat als Wirklicher Geheimer Rat haben, auch ihm ein Platz im Geheimen Kriegsrat zustehen.«

Einen zentralen Punkt in den Vorschlägen von Leibniz zur Entwicklung der Wissenschaft und Technik in Rußland nahmen die Forderungen nach Schaffung von Verbindungswegen zwischen West und Ost ein. Die Schaffung von Verkehrswegen, die Verbindung der gewaltigen russischen Flüsse durch Kanäle, die Erforschung der zwischen Nordostsibirien und Nordamerika bestehenden Zusammenhänge, des Zustands der dortigen Meere und alles andere, was geeignet war, die Völker des Westens mit den Völkern des Ostens zu verbinden, stand im Mittelpunkt des Interesses des großen Gelehrten. In diesem Zusammenhang ließ Leibniz sich gelegentlich des Besuchs Peters I. bei Herzog Anton Ulrich von Braunschweig-Wolfenbüttel im Jahre 1711 eine Reliefkarte von Rußland vorführen, wobei er erklärte: »Die Vorbildung des großen Moskowitischen Reiches, damit sie eine neue und besondere Erfindung in sich habe, sollte nicht sein eine bloße Ebene wie die Landkarten, sondern eine wahre Abzeige der Höhe und Vertiefung des Landes, der Ströme Ursprung, Lauf und Einfluß in das Meer anzudeuten. Zu welchem Ende zu sehen sein sollten die fünf Meere zu unterst und das hohe Land zu oberst samt dem Mittel, nämlich das Weiße Meer mit dem Lauf der Dwina, des Obii, des Jenissej und der Lena, das Baltische mit dem Einfluß der Narwa und Düna, das Schwarze mit dem Einfluß des Don, Dnepr und Dnestr, das Kaspische mit dem Einfluß der Wolga, das Orientalische oder Japanische mit dem Einfluß des Amurstroms, so aus der Moskowitischen Tartarei herkommt... Der Lauf der Ströme in die Meere des Moskowitischen Reiches mit den angrenzenden Landen würde folgender Gestalt zuwege gebracht werden: Das ganze Vorbild ein hohler Kasten sei voll Wasser, welches durch gehörige Löcher herausquillt und die Ströme dargibt, zuunterst aber in die abgedachten fünf Meere sich endigt, welche eine verborgne Kommunikation außer des hohen Kastens und eine verborgne miteinander haben.« Leibniz fügte hinzu, daß diese Reliefkarten in einer Kunstkammer aufgehoben werden sollten als Anleitung für Fürsten, »ihre Lande dergestalt nach der Wahrheit en Relief oder erhoben, wie es in der Natura, ist mit mehrerer Genauigkeit als allhier nötig vorstellen zu lassen«.

Wenige Monate später, am 16. Januar 1712, kam Leibniz in einem Brief an den Zaren nochmals grundsätzlich auf sein Anliegen, Rußland und seinem großen Herrscher bei der Entwicklung der Wissenschaften dienlich zu sein, zurück: »Ich werde es mir vor die größte Ehre, Vergnügen und Verdienste schätzen, Eurer Großen Zarischen Majestät in einem so löblichen und gottgefälligen Werke dienen zu können, denn ich nicht von denen bin, so allein auf ihr Vaterland oder sonst auf eine gewisse Nation erpicht sein, sondern ich gehe auf den Nutzen des ganzen menschlichen Geschlechts. Denn ich halte den Himmel für das Vaterland und alle wohlgesinnten Menschen für dessen Mitbürger, und ist mir lieber, bei den Russen viel Gutes auszurichten als bei den Deutschen oder anderen Europäern wenig, wenn ich gleich bei diesen in noch so große Ehre, Reichtum und Ruhe sitze, aber dabei andern nicht viel nutzen sollte; denn meine Neigung und Lust geht aufs gemeine Beste. Zu diesem Zweck führe ich vorlängst große Korrespondenz in Europa, ja bis China, und ich bin nicht allein von vielen Jahren her in den königlichen französischen und englischen Sozietäten ein Mitglied, sondern dirigiere auch als Präses die Königlich-Preußische Sozietät der Wissenschaften, welche zu Ehren Eurer Majestät hohem Ansehen auf alle Weise zu konkurrieren suchen wird, auch sich bereits an des Herrn Herzogs Ludwig Rudolf zu Braunschweig-Lüneburg Durchlaucht schriftlich dazu erboten. Solche Sozietät zu Berlin hat der König auf meine Vorschläge fundiert, und habe ich solche Anstalt dabei an Hand gegeben, daß sie dem König fast nichts zu unterhalten kostet. Viel besser aber könnte nicht nur dergleichen, sondern ein weit Mehreres in Eurer großen Zarischen Majestät großem Land geschehen und Fama bald zur Sachetat werden.«

Leibniz setzte sich, wie ersichtlich, mit allem Ernst für die Gründung einer selbständigen Russischen Akademie der Wissenschaften ein und nicht für eine Moskauer oder Petersburger Filiale der Berliner Sozietät, wie einige dortige Akademiemitglieder meinten. In dieser Hinsicht wurden die Verbindungen von Wichtigkeit, die Leibniz zum russischen Generalfeldzeugmeister Jacob Bruce unterhielt, der zu den engsten Mitarbeitern Peters I. gehörte. Bruce gegenüber, der sich für mathematische und technische Forschungsfragen lebhaft interessierte, äußerte sich Leibniz ausführlich über einen magnetischen Globus und die magnetische Deklination. Dabei erläuterte der Gelehrte die Eigenschaften, über die ein Kartograph, wie ihn Rußland brauchte, verfügen müßte: »Ein solcher Mann würde auch nach verrichteter solcher Arbeit auf viele Weise nützlich zu gebrauchen sein, nicht nur zur Observierung der Sterne, welche allerdings zur Geographie, Schiffart und sonsten dienlich, sondern auch zu Spezialkarten, Landmesser, Wasserleitungen, Bauwesen und hundert andern nützlichen Verrichtungen, vornehmlich aber gute Observatores im Lande anzuziehen ... Es müßte aber ein solcher Mann zur Reise mit den nötigen Instrumenten in Vorrat überflüssig versehen werden, weil – was etwa mangelhaft werden möchte – unterwegs nicht wohl zu ersetzen, und sind demnach nötig gute Wegemesser, Kompasse, Quadranten und andere wohl eingeteilte Instrumente, große Pendeluhren, Wasserwaage, Probierwaage, Tubus opticus, Mikroskopia, Mikrometra, Barometria, gute Magnete, Clobus magneticus, sonderlich aber wäre annoch dienlich Instrumentum inclinatorium, damit auch inclinatio magnetis, welche von Declinations unterschieden, observiert werden könne ...« Sogar um eine geeignete Person wollte sich Leibniz bemühen.

Bereits nach seiner ersten Begegnung mit dem russischen Herrscher verlieh Leibniz wiederholt seiner Freude Ausdruck, in Zar Peter den lange gesuchten »großen Herrn« gefunden zu haben, der sich der Wissenschaft annehmen wolle, und zwar nicht nur »jetziger, sondern auch künftiger Menschen Nutzen und Wohlfahrt befördern und dem ganzen menschlichen Geschlecht, insonderheit aber den Russen und allen anderen slawonischen Nationen zunutz und zustatten kommen«. Anläßlich seines zweiten Zusammentreffens mit dem Zaren in Karlsbad im Herbst 1712 ließ der Herrscher eine Urkunde ausfertigen, in der Leibniz zum russischen Geheimen Justizrat berufen wurde. In ihr hieß es: »Wir, Petrus der Erste Zar und aller Reußen Selbsthalter etc. etc., haben uns in Gnade entschlossen, den kurfürstlichen braunschweigischen Geheimen Justizrat Gottfried Wilhelm von Leibniz wegen seiner Uns angerühmten und von Uns befundenen guten Qualitäten und Wissenschaften auch zu Unserm Geheimen Justizrat anzunehmen und zu bestellen, und weilen wir Nachricht haben, daß er zur Vermehrung der mathematischen und anderen Wissenschaften, Untersuchung der Historie und Aufnahme der Studien insgesamt ein Großes beitragen kann, seiner zu den habenden Zweck, die Studien, Künste und Wissenschaften in Unserm Reich mehr und mehr zu florieren machen, zu bedienen, und haben Wir ihm wegen der obenerwähnten Charge Unsers Geheimen Justizrats eine jährliche Besoldung von tausend Taler Albert vermachen wollen, welche ihm jährlich von Unsretwegen bezahlt werden sollen, und wozu wir die behörigen Ordres stellen wollen«.

Die Bestallungsurkunde war mit dem 1. November 1712 datiert. Seit diesem Zeitpunkt stand Leibniz nun auch in russischen Diensten. In seiner Eigenschaft als Russischer Geheimrat bemühte sich Leibniz bereits in den Jahren 1713 und 1714 in Wien um ein russisch-österreichisches Bündnis, freilich erfolglos. In welchem Maße er sich auch in der Folge für die Hebung des russischen Bildungswesens einsetzte, zeigten seine Denkschriften, die er noch in seinem Todesjahr, 1716, vorlegte. Diese waren sowohl an den Vizekanzler des Zaren, Pjotr Pawlowitsch Schafirow, als auch an Peter selbst gerichtet. In seinem großen Promemoria für den russischen Herrscher ging Leibniz ausführlich auf die notwendige Schaffung eines Schulsystems und die Einrichtung einer Akademie der Wissenschaften in Rußland ein. Im Mai 1716 traf er in Pyrmont zum letztenmal mit dem Zaren zusammen.

Was die Vorschläge von Leibniz zur Schaffung von Schulen im Zarenreich anging, so knüpfte der Gelehrte hierbei an die Vorstellungen an, die er bereits 1697 entwickelt hatte: »Die Schulen, belangend vor die Kinder, sollten dieselbigen sein zugleich Tugend-, Sprach- und Kunstschulen. Tugendschulen, daß die Kinder zur Gottesfurcht, Güte, Gehorsam, Ehrbarkeit beizeiten gewöhnet würden, Sprachschulen, daß die, so Handwerksleute und dergleichen, sollen im Slawonischen, die zur Kaufmannschaft gewidmet, auch in Latein und Deutsch, die Gelehrte werden, sollen dabei etwas Griechisch, auch wohl Französisch und Welsch, die Geistlichen daneben insonderheit im Hebräischen, endlich die Hauptgelehrte sein und zu hohen und geistlichen Ämtern gelangen, sollen vollkommner Kundschaft der griechischen Sprache und einigermaßen im Arabischen geübet werden sollen, der Dolmetscher oder Interpreten zu geschweigen.«

Neben den Tugend-, Sprach- und Kunstschulen forderte Leibniz die Eröffnung von »Kinderschulen«. Diese sollten Anstalten sein, »damit die Kinder darin lernen einen Katechismus als Auszug aus der Heiligen Schrift, dann ferner etwas von der Logik oder Schlußkunst, Musik, Rechnen, Zeichnen, teils auch Schnitzen, Drechseln, Feldmessen und Haushaltssachen, danebst den Anfang vom Gebrauch der Waffen und der Reitkunst, alles nach eines jeden Natur und Neigung.«

Die Kinderschulen sollte man am besten bei Klöstern und Stiftern einrichten, wo die Knaben der nötigen Aufsicht und Disziplin unterzogen werden könnten. Mit dem 12. oder 14. Lebensjahr sollten die Schüler dann aus den Kinderschulen entlassen und zu einem Handwerksmeister oder Kaufmann in die Lehre geschickt werden. Diejenigen, die einmal ein Studium absolvieren wollten, sollten jedoch bis zu ihrem 18. Lebensjahr an den Schulen verbleiben, »damit sie in Sprache, Künsten, Wissenschaften, Leibesexerzitien, Wohlgeordnetheit und anderen Wohlanständigen Übungen es weiterbringen können«. Danach »kann man die, so zum Kriege gebrauchet werden sollen«, in die Garnisonen oder in die Seehäfen schicken und dort aus ihnen »Land- und Seeoffiziere« machen. »Andere, so zu Zivilämtern gewidmet, könnten auf Universitäten, auch wohl Ritterakademien ziehen, müssen aber allda nicht sofort in eine unbeschränkte Freiheit treten, wie dieser schädliche Mißbrauch bei den deutschen Universitäten und

Akademien eingerissen, sondern wie vor ein paar hundert Jahren gebräuchlich gewesen und noch an etlichen Orten außer Deutschland üblich, in gewissen Collegiis oder Bursis wohnen und allda unter der Principalium oder Bursariorum Aufsicht stehen, bis sie es so weit gebracht, daß sie einem Amt tüchtig vorstehen, sich verheiraten, ihre Familie regieren und ihre Haushaltung wohl führen können.«

An den Universitäten sollten sich nach der Ansicht von Leibniz »die jungen Leute insonderlich in der Vernunftskunst und Beredsamkeit üben und nicht allein Exercitia, Disputatoria, doch förmlicher als insgeheim geschieht, sondern auch Oratoria sowohl in der gelehrten als auch in der Muttersprache halten.« Besondere Bedeutung komme in der Universitätsausbildung dem Mathematikstudium zu. Die erforderlichen hohen Schulen, das heißt die Universitäten und Ritterschulen, sollten »billig in den Hauptstädten angelegt werden, als sonderlich in Moskau, Kiew, Astrachan etc.«. Die anderen »Schulen wären nach Gelegenheit der Städte und Lande sonderlich vermittelst der Klöster zu verteilen«.

Leibniz hat die Einrichtung der Akademie der Wissenschaften in Petersburg und von höheren Schulen in den großen Städten Rußlands nicht mehr erlebt, denn er starb bereits am 14. November 1716. Das junge, aufstrebende Rußland mit seinem begabten Herrscher an der Spitze hat den großen Gelehrten jedoch bis zuletzt auf das stärkste fasziniert und ihn an seinem Lebensabend nochmals zu einer enthusiastischen Äußerung dem Zaren gegenüber hingerissen: »Denn weil in Dero Reich großenteils noch alles die Studien betreffend neu und gleichsam ein weiß Papier, so können unzählig viel Fehler vermieden werden, die in Europa allmählich und unbemerkt eingerissen, und weiß man, daß ein Palast, der ganz von neuem aufgeführt wird, besser herauskommt, all wenn daran viele Saecula über gebauet, gebessert und auch viel geändert worden.« Und in einem Brief Leibnizens vom 2. Juli 1716 finden sich über Zar Peter die Sätze: »Ich kann nicht genug die Lebhaftigkeit und Urteilskraft dieses großen Fürsten bewundern. Er läßt geschickte Leute von überallher kommen, und wenn er sich mit ihnen unterhält, sind alle erstaunt, wie passend er zur Sache spricht.«

Es besteht gar kein Zweifel, daß die Vorschläge und die gelehrte Persönlichkeit von Leibniz auf Zar Peter und seine Berater den Eindruck nicht verfehlten. Welchen Wert der russische Herrscher den deutschen Anregungen beimaß, geht schon daraus hervor, daß er sich nach dem Tode von Leibniz an dessen Schüler Christian Wolff wandte und diesen zur Mitwirkung an der Einrichtung einer Akademie der Wissenschaften in Rußland ersuchte. Zu einer persönlichen Begegnung zwischen Zar Peter und Wolff kam es jedoch nicht. Auch gelang es den Beratern des Monarchen nicht, Wolff zu veranlassen, nach Rußland zu gehen und hier seine wissenschaftlichen Arbeiten fortzusetzen.

Freilich, es darf nicht vergessen werden, daß das persönliche Erlebnis des Zaren ein Jahr nach dem Tod von Leibniz, der Pariser Aufenthalt von 1717 und der damit verbundene Einblick in die französische Kultur und Wissenschaft, nicht zuletzt in die Arbeit der Académie des Sciences, Peter wohl nachhaltig beeindruckten. Im Juni 1718 wurde dem Zaren ein Projekt über die Erziehung der Jugend und die Ausbildung der Beamten vorgelegt, auf das Peter mit der denkwürdigen Resolution reagierte: »Eine Akademie errichten!« Die Vorbereitung der Akademiegründung legte der Zar in die Hände seines neuen Leibarztes Laurentius Blumentrost, der dem im Januar 1719 verstorbenen Dr. Robert Areskine im Amt nachgefolgt war. Als Gehilfe Blumentrosts betätigte sich der Bibliothekar Johann Daniel Schumacher. Blumentrost war in seiner Funktion des Archiaters gleichzeitig der inoffizielle »Bildungsminister« Rußlands unter Peter I.

Die Familie Blumentrost stammte aus Mühlhausen. Sie war jedoch bereits in dritter Generation in Rußland ansässig. Ihre Hauptrepräsentanten betätigten sich als Ärzte. Zu ihnen gehörte auch Laurentius Blumentrost der Jüngere, der ehemalige Zögling des Moskauer Gymnasiums Ernst Glücks. Bereits 1706, mit fünfzehn Jahren, wurde er zum Studium ins Ausland geschickt. Blumentrost begab sich zunächst an die Universität Halle, wo er unter Anleitung des berühmten Friedrich Hoffmann mit besonderem Eifer Arzneikunde trieb, aber auch die Vorlesungen Christian Wolffs besuchte. Von beiden Gelehrten ist Blumentrost spürbar angeregt worden. Von Halle ging es dann nach Oxford und Leyden, wo er Hermannus Boerhaave hörte und bei diesem auch zum Doktor der Medizin promovierte. 1713 begab sich Blumentrost nach Frankreich, um seine medizinischen Studien zu vervollständigen. Nach der Rückkehr ins Zarenreich wurde er 1714 zum Leibmedikus von Peters Schwester, Prinzessin Natalja, ernannt. Als der Zar schwer erkrankte, behandelte ihn auch Laurentius Blumentrost. Da Areskine, der Leibarzt des Herrschers, infolge seiner angegriffenen Gesundheit Peter I. auf dessen Reisen nicht mehr begleiten konnte, wurde er in dieser Eigenschaft von Blumentrost vertreten. Gleichzeitig übertrug der Herrscher Blumentrost die Aufsicht über die zarische Bibliothek und die Kunstkammer, eine Aufgabe, der sich Blumentrost mit Energie annahm. Es blieb nicht aus, daß der Monarch schließlich Blumentrost auch mit den Vorbereitungsarbeiten zur Gründung einer Akademie der Wissenschaften betraute. In der 1724 erteilten Instruktion hieß es wörtlich: »Unserem Leibarzt Laurentius Blumentrost obliegt es, die für diese Akademie erforderlichen Personen ausfindig zu machen und anzustellen.«

Blumentrost dürfte es wohl auch gewesen sein, der auf der Suche nach gelehrten Männern für die künftige Russische Akademie der Wissenschaften Zar Peter erneut auf seinen halleschen Lehrer Christian Wolff aufmerksam machte, von dem der Monarch bereits wußte. Es war Wolff, der den Studenten Blumentrost für die Mathematik und die Physik zu interessieren vermocht hatte. Die Mathematik und die Physik waren zugleich die hauptsächlichsten Fächer, die Wolff zu Beginn des 18. Jahrhunderts an der Universität Halle vertrat. Demgemäß haben die Zeitgenossen in Wolff vor allem den Mathematiker und Physiker gesehen. Erst der Nachwelt wurde er mehr als Philosoph nahegebracht.

Die Hinwendung von Christian Wolff zur Mathematik entsprach dem Zug der Zeit. Dieser Sinnesrichtung hatte sich auch Zar Peter I. von Rußland voll geöffnet. Bereits in der Moskauer Ausländervorstadt und noch mehr 1697 in Holland und 1698 in England suchte der russische Monarch vorzugsweise den Kontakt mit Mathematikern. Auf seiner ersten Auslandsreise hatte Peter 1698 auch den Universitäten Halle und Leipzig Besuche abgestattet. Auf den nächsten Reisen von 1711 und 1712/13 erfolgten dann Abstecher nach Wittenberg, Torgau und Freiberg, ebenso in den Harz und in andere deutsche Gegenden, wo der russische Zar sich für das Hüttenwesen und den Bergbau interessierte. Bereits zu diesem Zeitpunkt hat Peter wohl von dem halleschen Professor Wolff gehört. Jedenfalls schon im Juli 1716 schickte Peter zu Wolff nach Halle, um von ihm wissenschaftliche Gutachten einzuholen und dem angesehenen Gelehrten den Eintritt in russische Dienste anzubieten, wie wir aus Wolffs Selbstbiographie wissen: »Es verlangte mich schon zu selbiger Zeit der russische Kaiser Peter der Erste unter sehr vorteilhaften Konditionen, damit er jemanden um sich hätte, den er in den mathematicis und physicis gleich fragen könnte, wenn ihm etwas vorkäme.«

Um diese Zeit befand sich Wolff in der fruchtbarsten Periode seines Schaffens. Darauf hat den russischen Herrscher kein anderer als Leibniz aufmerksam gemacht, der den eine Generation jüngeren Wolff als seinen Schüler betrachtete. Leibniz hatte Wolff zwar nur wenige Male gesehen, stand mit ihm jedoch in regem Briefwechsel. In seinen Denkschriften hatte Leibniz den halleschen Gelehrten dem Zaren als Verfasser des besten und modernsten Physiklehrbuchs mit Nachdruck empfohlen. Es war somit sicherlich der Mathematiker und Physiker und nicht der Philosoph Wolff, der den russischen Herrscher für diesen Mann einnahm. Wolff war in dieser Frage mit dem Zaren völlig einer Meinung, wie aus den Worten hervorging, mit denen er seine »Physik« von 1723 Peter I. widmete: »Weil nun aber Eure Kaiserliche Majestät ... einsehen, daß man die Mathematik und Physik auf eine solche Weise exkolieren müsse, wie sie zur Wohlfahrt eines

Landes erforderlich, wofern man darin alles in einen guten Zustand setzen will, so haben Dieselben die allergnädigste Intention für Dero allergetreuesten Untertanen, daß sie ihnen zum Besten alle gründliche Wissenschaft, insonderheit aber die Mathematik und Physik in mehrere Aufnahme bringen, als sie in anderen Ländern haben, damit man mit ehestem sagen kann, daß Verstand und Wissenschaft in einem so reichen Maß in Rußland anzutreffen.«

Für die Aufrichtung seiner Akademie brauchte Peter in der Tat vor allem Mathematiker und Physiker. Aus diesem Grunde erhielten Blumentrost und Schumacher den Auftrag, die Werbungen bei Wolff und anderen ausländischen Gelehrten verstärkt fortzusetzen und alle notwendigen Geräte herbeizuschaffen, die für die Einrichtung der Russischen Akademie der Wissenschaften erforderlich waren. Worum es sich dabei handelte, wird ganz deutlich aus der Zusammenstellung der Aufträge Peters I. an Schumacher für dessen Auslandsreise. Danach sollte dieser folgendes ausführen, veranlassen und bewerkstelligen:

»1. Die Karte vom Kaspischen Meer und das Handschreiben seiner Zarischen Majestät der Académie Sciences überbringen.

2. Von den Modellen der im Observatorium (zu Paris) befindlichen Maschinen Skizzen anfertigen.

3. Über die Handwerker und Instrumente, über das angefangene (kunstgeschichtliche) Buch und die Drucke, auch über das akustische Rohr des Père Sébastian Erkundungen einziehen.

4. Bei Herrn Duvernoy père wegen der aus Wachs verfertigten Anatomie anfragen.

5. Den Herrn Delisle, Astonomen und Geographen, und des Herrn Duverney fils, Anatom zu Paris, in den Dienst Sr. Kais. Maj. nehmen.

6. In Deutschland – den Herrn Professor Wolff.

7. Mit Orfyraeus wegen des Perpetuum mobile sprechen, wenn möglich auch das Urteil des Herrn Wolff über dessen Nutzen einholen und mit ihm darüber verhandeln.

8. Den Gärtner, der bei Herrn de la Courte in Leyden arbeitete, hierher schicken.

9. Bei Herrn Fahrenheit tragbare und Schiffsthermometer und bei Herrn Moeschenbrock Maschinen und Instrumente, die zur experimentellen Physik gehören, in Auftrag geben.

10. In England einen Mann auftreiben, der mit Experimenten umzugehen und die dazu notwendigen Instrumente zu verfertigen versteht.

11. Die Museen gelehrter Leute, die öffentlichen sowohl als die privaten, besichtigen und dabei beachten, worin das Museum Sr. Car. Maj. von ihnen sich unterscheidet; wenn im Museum Sr. Maj. etwas nicht vor-

handen sein sollte, diesem Mangel abhelfen oder wenigstens einen Rat geben, wie dem abgeholfen werden könne.

12. Bestrebt sein, Sr. Kais. Maj. eine vollständige Bibliothek zu beschaffen.
13. Endlich mit Gelehrten in Korrespondenz treten zur Mehrung der Künste und Wissenschaften in den Staaten Sr. Maj., und im besonderen zur Schaffung einer Sozietät der Wissenschaften, ähnlich wie in Paris, London, Berlin und anderen Orten.«

Noch zu Lebzeiten von Leibniz fragte Wolff bei diesem an, wie er sich dem Anerbieten des Zaren gegenüber verhalten solle. Entgegen seiner Auffassung, die Leibniz elf Jahre zuvor geäußert hatte: »Wenn ich jung wäre, würde ich nach Moskowien gehen«, riet er jetzt Wolff nicht dazu, den russischen Auftrag anzunehmen. Demgemäß heißt es in Wolffs Autobiographie: »Da der Herr von Leibniz dieses (die Annahme des Rufs nach Rußland – E. D.) nicht für gut ansehe und ich ihm nicht gerne zuwider leben möchte, so suchte ich dieses geziehmend abzulehnen, ohne daß dieser große Monarch mir abgeneigt würde.«

Allem Anschein nach war Christian Wolff zum Vizepräsidenten der neuen Russischen Akademie der Wissenschaften ausersehen. Obwohl Wolffs Stellung an der Universität Halle zu diesem Zeitpunkt bereits recht unsicher war und die Pietisten ihn auf das erbitterste anfeindeten, was mit seiner Vertreibung nach Marburg am 8. November 1723 enden sollte, vermochte sich der Gelehrte nicht zu einer Zusage zu entschließen. Die Gründe, die er zu seiner Rechtfertigung vorbrachte, waren im wesentlichen die gleichen, die ihn Anfang der vierziger Jahre abermals bewogen, auch die Berufung an die Berliner Akademie abzulehnen. Zunächst stellte Wolff jedoch Bedenken in den Vordergrund, die mit der ungewohnten Umgebung und den russischen Lebensverhältnissen begründet wurden: »Die größte Schwierigkeit«, so schrieb er an Blumentrost, »die sich ereignet, dörfte wohl darin bestehen, ob ich mich in ein rauhes Klima schicken dürfte und ohne Abbruch der Gesundheit oder auch größerer Gefahr an ganz andere Speise und Trank werde gewöhnen können, als ich jetzt gewohnt bin. Dabei ist auch noch eine Hauptfrage, ob ich mit meinen Ansichten bei den Wissenschaften nicht weiter gehe, als zur Zeit den Russen gefallen dörfte und ich daher würde müssen unterwegs lassen, was ich bei hiesiger Station auszuführen geschickt sein möchte, und vielleicht ein anderer nicht ausführen dörfte, was ich unterlassen müßte.«

Der Hauptgrund dafür, daß Wolff das von Peter I. ausgegangene Angebot nicht annahm, bestand wohl darin, daß er mit dem Akademieprojekt, so wie es bereits um 1720 vorlag, nicht einverstanden war. Die nach Peters Vorstellungen zu begründende Russische Akademie sollte die Pflege der

Wissenschaften mit der Praxis verbinden und der Erforschung des unermeßlichen Landes sowie der Entwicklung der Volkswirtschaft dienen. Dieselben Ansichten hatte Leibniz mit allem Nachdruck in all seinen europäischen Akademieplänen vertreten. Die Petersburger Akademie sollte nicht nur der Ort der Wissenschaften, sondern auch eine Anstalt sein, die die wissenschaftliche Bearbeitung dringender volkswirtschaftlicher und staatlicher Aufgaben sicherte und zugleich das Bildungszentrum zur Verbreitung von Kenntnissen im Zarenreich darstellte.

Bei der Errichtung der Akademie der Wissenschaften stützte sich Zar Peter auf seine bisherigen Erfahrungen als Staatsmann und Politiker. Ungeachtet aller Anregungen, die von den Akademien in London, Paris und Berlin übernommen wurden, sowie den wichtigen Hinweisen, die von Leibniz und nun auch von Wolff kamen, entstand die Petersburger Akademie auf der Grundlage der historischen Notwendigkeiten des Landes und der Möglichkeiten, über die Rußland zu diesem Zeitpunkt verfügte. In diesem Sinne hieß es eindeutig in dem am 22. Januar 1724 vorgelegten Akademieprojekt: »Man kann hier nicht dem von anderen Staaten akzeptierten Vorbild folgen, sondern muß den Zustand des hiesigen Staates sowohl hinsichtlich der Lehrenden als auch der Lernenden im Auge haben und ein Gebäude errichten, durch das nicht nur der Ruhm dieses Staates im Hinblick auf die Hebung der Wissenschaften in der Gegenwart verbreitet würde, sondern auch künftig deren Lehre und Verbreitung dem Volke zum Nutzen gereichen würde.« Am 28. Januar 1724 erließ Zar Peter I. den offiziellen Gründungsukas, dem das bestätigte Akademieprojekt beigefügt wurde. Beides zusammen gilt als das Gründungsstatut der Petersburger Akademie der Wissenschaften.

Die Akademie sollte, wie aus dem Statut von 1724 deutlich wird, auch die in Rußland noch immer fehlende Universität einschließen. Gleichzeitig eine Akademie und eine Universität einzurichten, überstieg die Möglichkeiten des petrinischen Staates. Eingedenk dieser Sachlage hatte der Zar im Gründungsstatut festhalten lassen: »Obgleich durch eine Akademie Künste und Wissenschaften gefördert und verbreitet werden, so werden sie im Volke doch so bald nicht Früchte tragen.« Aber auch die Einrichtung einer Universität lasse noch kein zuverlässiges Bildungssystem entstehen und schaffe auch nicht die erforderlichen wissenschaftlichen Grundlagen, weil es in Rußland noch »keine richtigen Schulen, Gymnasien und Seminare gibt, in denen die jungen Menschen die Grundkenntnisse vermittelt bekommen, um sich danach die höheren Stufen der Wissenschaften anzueignen«. Und so sei es nicht möglich, daß unter den gegebenen Umständen eine Universität genügend Nutzen bringen könne.

Ausgehend davon sah das Statut eine dreistufige Gliederung der Institution vor: eine Akademie nach dem Muster der Pariser Akademie, eine auf öffentlichen Vorlesungen der Akademiemitglieder beruhende Universität und ein Gymnasium, in dem von den Akademiemitgliedern ausgebildete Zöglinge später der Jugend eine wissenschaftliche Grundausbildung vermitteln sollten. Die Akademie sollte drei Klassen haben: eine Klasse für Mathematik; eine Klasse für Mechanik, Physik, Anatomie, Chemie und Botanik und eine Klasse für Humaniora (Eloquenz, Altertümer, Geschichte, Naturrecht, Öffentliches Recht, Politik, Ethik, möglichst auch Ökonomie). Bei jeder Klasse sollte ein Übersetzer tätig sein, dem aufgetragen war, die von den Akademiemitgliedern verfaßten Abhandlungen und Lehrbücher ins Russische zu übersetzen, »da es dem russischen Volk nicht nur zu großem Nutzen, sondern auch zum Ruhme dienen wird, wenn solche Bücher in russischer Sprache gedruckt werden«. Der Akademie unterstanden auch Bibliothek, Museum (Kunstkammer) und Buchdruckerei. Die Universität sollte aus drei Fakultäten bestehen: Der Juristischen, der Medizinischen und der Philosophischen Fakultät. Das Fach Theologie war weder an der Akademie noch an der Universität vertreten, sondern wurde wie vordem an der Moskauer geistlichen Slawisch-Griechisch-Lateinischen Akademie gelehrt. Die Trennung von der Theologie bildete eine logische Folge des Wissenschaftsverständnisses Zar Peters I. und entsprach den Tendenzen der Zeit. Mit dieser Entscheidung wurden auch die Weichen für die künftige Wissenschaftsentwicklung in Rußland gestellt. Als 1755 in Moskau die erste selbständige Universität Rußlands eingerichtet wurde, fehlte auch ihr die Theologische Fakultät.

Im letzten Punkt des Akademiestatuts legte der Zar fest, daß für den Unterhalt der Akademie die Zoll- und Lizenzeinnahmen der baltischen Städte Narwa, Pernau und Arensburg verwendet werden sollten. Die Akademie war dem Herrscher unmittelbar unterstellt. Ein Präsident leitete die Arbeiten der Akademie, und für die Regelung der ökonomischen Angelegenheiten war ein Direktor zuständig. Den Akademiemitgliedern wurde zur Pflicht gemacht, sich gründlich mit ihrem jeweiligen Wissenschaftsgebiet zu beschäftigen und ein Lehrsystem auszuarbeiten, aus dem hervorging, in welcher Weise die studierende Jugend unterwiesen werden sollte. Jedes Akademiemitglied war zudem gehalten, wöchentlich zweimal an Konferenzen teilzunehmen und bei dieser Gelegenheit über Gegenstände seines Fachs Vorträge zu halten sowie die ihm anvertrauten Studenten auszubilden. Die an die Akademie berufenen Adjunkten und Studenten, die ihre Unterweisung durch die Professoren unentgeltlich erhielten, waren wiederum verpflichtet, im Gymnasium, Observatorium, in der Bibliothek und in der Kunstkammer zu arbeiten und dort die erforderlichen Belehrungen durchzuführen. Zu dem Aufgabenbereich der Adjunkten und Studierenden gehörte auch die Anfertigung von Übersetzungen. Aus den Reihen der Akademiemitglieder wurde ein ständiger Sekretär bestimmt, der alles, was in der Akademie zur Verhandlung kam, protokollarisch festhielt und das wichtigste davon im Abstand von ein bis zwei Jahren der Öffentlichkeit durch den Druck zugänglich machte. Gleichzeitig war er gemeinsam mit dem Akademiebibliothekar für die Korrespondenz mit den ausländischen Gelehrten zuständig. Die in den Konferenzen verlesenen und gebilligten Abhandlungen sollten gesammelt und unter dem Titel »Commentarii Academiae Petropolitanae« in lateinischer Sprache veröffentlicht werden.

Was das unter der Aufsicht der Akademie und der Universität stehende Gymnasium anging, so sollten die dortigen Schüler vor allem in den Anfangsgründen der Wissenschaften, so in der Geometrie, Arithmetik, Geschichte, Geographie, Logik, Rhetorik sowie in den Sprachen, im Schreiben, Zeichnen und Tanzen Unterricht erhalten. Der Schwerpunkt der Sprachausbildung lag auf dem Lateinischen und dem Deutschen. Die besten Zöglinge des Gymnasiums sollten als Studenten zum Besuch auch anderer Kollegien zugelassen werden und hierbei von den Professoren in den jeweiligen Fächern verstärkt ausgebildet werden. Außer der Akademie der Wissenschaften sollte nach dem Gründungsplan auch eine Akademie der Künste mit den dazu gehörigen Institutionen und Werkstätten ins Leben gerufen werden.

Bei der endgültigen Formulierung des Akademiestatuts hatten offensichtlich die Gedanken von Leibniz, der sich in seinen Empfehlungen an den russischen Zaren stets für die Verbindung der zu gründenden Akademie der Wissenschaften mit einer höheren Lehranstalt eingetreten war, eine Rolle gespielt. Bei der vorgesehenen Kombination von Akademie und Universität, denen zudem ein vorbereitendes und ergänzendes Gymnasium angeschlossen sein sollte, handelte es sich um eine in der damaligen europäischen Wissenschaftsorganisation ungewöhnliche neuartige Erscheinung. Im Unterschied zu seinem Lehrer Leibniz schreckte dessen Meisterschüler Christian Wolff vor der Verwirklichung von Peters Akademieprojekt sichtlich zurück. Zwar hatte Wolff in seiner Widmungsrede an Zar Peter I. vom Jahre 1723, die er seinem Werk »Vernünftige Gedanken von den Wirkungen der Natur« voranstellte, den russischen Herrscher mit überschwenglichen Worten gepriesen und auf die große Weisheit und die »Heldentaten« des »mächtigen Beförderers der Wissenschaften« aufmerksam gemacht, dabei offensichtlich jedoch nicht die besondere Gesellschaftssituation erkannt, in der sich das Zarenreich zu diesem Zeitpunkt befand. Wolff unternahm sogar

213

den Versuch, den Zaren von seinem Akademievorhaben abzubringen, wobei er auf die Schwierigkeiten verwies, die es im Wirken der Berliner Akademie gab. So schrieb der Gelehrte in seinem Brief vom 26. 6. 1723 an Blumentrost: »Ich kann 4. nicht bergen, daß einige der Meinung gewesen, es wäre vielleicht für das Land dienlicher, wenn anstatt der Akademie der Wissenschaften andere Universitäten angelegt würden ... Will man aber die Sache mit der Akademie der Wissenschaften zwingen, so gehet es uns nach diesem wie in Berlin, daß der Name in der Welt bekannt ist, aber nichts davon gesehen wird.« Gleichzeitig gab er zu erwägen, »daß eine ordentliche Universität, da Leute dasjenige dozieren, was die Wissenschaften unter den Russen gemein machen kann, nicht allein dem Lande verträglicher ist, als was eine Académie des Sciences prästieren kann«. Man sollte sich daher nach Wolffs Ansicht noch eine gewisse Zeit gedulden: denn die »Errichtung der Akademie der Künste und Wissenschaften kann nicht eher bewerkstelligt werden, bis wir geschickte Leute haben, die was prästieren können«. Wolff zeigte sich überzeugt, daß es in »einigen Jahren dahin kommen kann, daß eine Académie des Sciences mit Russen besetzt wird, welches alsdann dem Lande erst einen rechten Ruhm bringet«.

Ungeachtet dessen, daß Wolff auch in den Briefen, die er von seiner neuen Wirkungsstätte aus, der Universität Marburg, schrieb, sich gegen einen Übertritt in russische Dienste aussprach, versicherte er in einem Schreiben an Graf Fjodor Alexejewitsch Golowin vom 9. Dezember 1724, »daß ich unverändert, so viel an mir ist, das Interesse der Kaiserlichen Akademie der Wissenschaften zu befördern bereit bin, es mag sich mit meiner Person fügen, wie es will«. Wolff galt bereits zu diesem Zeitpunkt in Rußland als große Autorität. Seine Werke genossen im Zarenreich fast die gleiche Popularität wie die von Hugo Grotius und Samuel Pufendorf. Der petrinische Staat suchte in der west- und mitteleuropäischen wissenschaftlichen und politischen Literatur die erforderlichen Aufschlüsse zur Schaffung der neuen ökonomisch-technischen Grundlagen des Landes. Christian Wolff war ein enzyklopädisch gebildeter Gelehrter von europäischem Rang, und das Studium seiner Werke gehörte nicht nur zum Pensum Zar Peters und seiner Mitarbeiter, sondern aller Gebildeten Rußlands.

Wolffs Schriften waren zu diesem Zeitpunkt im Zarenreich bereits recht verbreitet. In der zarischen Bibliothek befanden sich die zweibändigen »Elementa matheseos universae« von 1713/15. Außerdem war dem Zaren auch Wolffs deutsche »Physik« von 1723 bekannt, in der sich die Widmung an den russischen Herrscher befand. In Jacob Bruces Bücherregalen standen vornehmlich physikalische und mathematische Werke Wolffs, so die »Trigometrischen Tabellen« von 1711, das dreibändige »Buch zur Erkenntnis der Natur und Kunst« von 1721, die zweibändige »Metaphysik« von 1722, die lateinische »Physik« von 1723 und andere. Auch der hervorragende Gelehrte der petrinischen Zeit und Berater des Zaren, Wassili Nikititsch Tatischtschew, besaß die Hauptwerke Christian Wolffs, darunter die »Teleologie« und »Ethik«, den »Auszug aus den Anfangsgründen aller mathematischen Wissenschaften« sowie den »Kurzen Unterricht von den vornehmsten mathematischen Schriften«. Auch Dimitrie Cantemir, einer der bedeutendsten Gelehrten Rußlands unter Peter I., nannte Bücher von Wolff sein eigen. Dasselbe galt für Erzbischof Feofan Prokopowitsch und andere Ratgeber Peters. Aber auch die Gegner der petrinischen Reformen, so Stefan Jaworski und Feofilakt Lopatinski, lasen eifrig Wolffs Schriften, wie wir aus den Katalogen ihrer großen Bibliotheken wissen.

Das Interesse für Wolff und seine Werke war im Rußland Peters I. und seiner unmittelbaren Nachfolger unzweifelhaft groß. Dabei sah man, wie anderswo, in dem deutschen Gelehrten vor allem den Vertreter der exakten Wissenschaften, den Mathematiker und Physiker. Es war daher nur verständlich, daß Wolff bei der Gründung der Petersburger Akademie der Wissenschaften sofort zum Ehrenmitglied gewählt wurde unter Zuerkennung einer lebenslänglichen Pension und des Titels eines Professors der Mathematik. Als die »Commentarii« der Petersburger Akademie zu erscheinen begannen, befanden sich in deren erstem Band auch Wolffs Abhandlungen »Principia dynamicae«.

Welches Ansehen Wolff und seine Werke in Rußland genossen, geht auch aus Schreiben hervor, die aus der Feder pietistischer Anfeinder des Gelehrten stammten. So hieß es in einem Brief des protestantischen Predigers Albert Vierorth vom 7. März 1724, in dem dieser von Petersburg aus an August Hermann Francke nach Halle berichtete: »Hier hat Wolff einen großen Anhang, der ihm wohl will. Diese lästern nun und sagen, die Theologi Hallenses gerieten nun auch in den Verfolgungsgeist.« Im gleichen Brief ging Vierorth auf ein Gespräch ein, daß er »mit einer vornehmen Standesperson« geführt hatte, »die auch Wolffen sehr ästimiert«. Derselbe Würdenträger habe, nachdem er die Wolffsche »Metaphysik« gelesen habe, bemerkt: »Wolff ist ein guter Mathematiker, die Metaphysik aber sollte er in Frieden lassen.« Und Vierorth schloß seinen Bericht verdrossen mit dem Bemerken: »Die fautores des Wolfii wünschen noch immer, daß er hierher kommen möchte, flattieren sich, er werde gewiß kommen. Gott wende es ab; denn er würde hier einen großen Anhang bekommen.«

Die Pietisten beunruhigte somit mehr als alles andere die Aussicht, daß Wolff doch noch nach Petersburg gehen und hier seinen Einfluß verstärken könnte. Jedoch der Gelehrte ging nicht nach Rußland, wußte er doch genau, was Zar Peter von ihm wollte. So hatte Wolff dem russischen Herrscher für die Moskauer Navigationsschule bereits vor Jahren den Astronomen und Mathematiker Henry Farquharson empfohlen, und er brachte jetzt für die Akademie der Wissenschaften ernstzunehmende Gelehrte in Vorschlag, die vor allem auf dem Gebiet der mathematischen und der physikalischen Wissenschaften arbeiteten. Zu diesem Zweck führte er eine ausgedehnte Korrespondenz, in der er den Betreffenden nahelegte, sich nach Rußland zu begeben. Da drohte ein Ereignis die vom russischen Herrscher und seinen Ratgebern mit Wolff gepflogenen Unterhandlungen in Frage zu stellen: der frühe Tod Peters des Großen am 28. Januar 1725. Christian Wolff zeigte sich von der Todesnachricht aufs äußerste betroffen, wie er Blumentrost brieflich wissen ließ. Gleichzeitig bedankte er sich für die Aufnahme als »Membrum Honorarium bei der Akademie der Wissenschaften«, die im März 1725 erfolgt war. In der Ernennungsurkunde wurde die Erwartung ausgesprochen, daß Wolff »der Akademie Interessen in Deutschland wahrnehmen« würde.

Peter dem Großen war es somit nicht vergönnt, die von ihm gegründete Akademie auch ins Leben treten zu sehen. Jedoch seine Nachfolgerin, Kaiserin Katharina I., zeigte sich entschlossen, die Vorsätze Peters auszuführen. So ließ sie unmittelbar nach ihrem Regierungsantritt die russischen Gesandten in Paris und Berlin wissen, daß alle Vereinbarungen des verstorbenen Kaisers, darunter auch die, die die Einrichtung der Petersburger Akademie der Wissenschaften betrafen, auch künftig ihre volle Gültigkeit behielten. In diesem Sinne erhielt Blumentrost den Auftrag, diejenigen Männer, die für eine Arbeit in Rußland gewonnen worden waren, zum Dienstantritt im Zarenreich aufzufordern. Mit jedem einzelnen Gelehrten sollte ein förmlicher Kontrakt geschlossen werden, der das jeweilige Arbeitsverhältnis regelte und nach Ablauf der festgelegten Frist jedem Wissenschaftler freistellte, um seine Entlassung anzusuchen und Rußland wieder zu verlassen.

So trafen im Sommer 1725 bereits mehrere der berufenen Akademiemitglieder in Petersburg ein, unter ihnen der Mathematiker Jakob Hermann, der Physiker Georg Bernhard Bülfinger, der Mathematiker Christian Goldbach, der Mathematiker Friedrich Christoph Mayer, der Kirchenhistoriker Johann Kohl und der Physiker Christian Martini. Ihnen folgten im Herbst desselben Jahres als Mathematiker die Gebrüder Nikolaus und Daniel Bernoulli und als Historiker und Geograph der Adjunkt Gerhard Friedrich Müller. Die neuangekommenen Mitglieder der Akademie wurden der Kaiserin durch Blumentrost vorgestellt. Bald darauf, am 7. Dezember 1725, bestätigte Katharina I. das von ihrem Vorgänger erlassene Akademiestatut, und am 21. Dezember berief sie Laurentius Blumentrost zum Akademiepräsidenten. Damit stand der Eröffnung der Petersburger Akademie der Wissenschaften nichts mehr im Wege. Am 27. Dezember 1725 fand die feierliche Eröffnungssitzung in Anwesenheit Kaiserin Katharinas I. statt.

An der Petersburger Akademie der Wissenschaften trafen sich Russen, Ukrainer und Belorussen mit Angehörigen fast aller europäischen Völker, so mit Deutschen, Franzosen, Italienern, Engländern, Dänen und Schweden, die ihre Wissenschaftsauffassungen mit nach Rußland brachten und sie hier in schöpferischer Arbeit weiterentwickelten. Unter den ersten Akademiemitgliedern dominierten vor allem deutsche Gelehrte, von denen die meisten Anhänger der Lehren von Leibniz und Wolff waren.

Aus den Berichten über die Anfänge der Petersburger Akademie geht hervor, daß Katharina I. der Anstalt umfangreiche Finanzmittel zur Verfügung stellte, damit die Forschungs- und Lehrarbeiten zügig vorangehen konnten. Das Vorlesungsverzeichnis ließ deutlich den Vorrang der naturwissenschaftlichen Fächer erkennen. Die Gelehrten der Akademie, die auch an der Universität wirkten, bemühten sich in ihren Veranstaltungen um Anschaulichkeit und Allgemeinverständlichkeit, wie sie in den von Peter I. inspirierten Erziehungsplänen gefordert wurden. Bald erschienen gedruckte Einführungen in die Astronomie und Physik. Größtes Interesse konnten auch die geographischen und kartographischen Werke beanspruchen, hatte doch Peter I. noch kurz vor seinem Tod die systematische Vermessung der riesigen Weiten des Zarenreiches angeordnet. Ebenso wandte man sich mit Energie der Erforschung der Vergangenheit, der russischen Geschichte zu. Große Aufmerksamkeit fanden ebenso die Arbeiten, in denen die Sprachen der Völker Rußlands untersucht wurden. Zu all diesen Zwecken unternahm die Akademie der Wissenschaften ausgedehnte Expeditionen nach Sibirien und Kamtschatka, bei deren Durchführung Pionierarbeit geleistet wurde und auf deren Ergebnisse die nachfolgenden Generationen von russischen Wissenschaftlern aufbauen konnten.

Wissenschaftliche Erkundungen und Forschungsreisen

Ein besonderes Anliegen Peters waren auch die wissenschaftliche Erkundung und Erforschung seines Reiches. Die Bedeutung Rußlands für die Entwicklung der wissenschaftlichen Forschung in den europäischen Ländern war bereits aus Sigmund von Herbersteins »Rerum Moscoviticarum commentarii« von 1549 sowie Adam Olearius' »Ausführlicher Beschreibung der kundbaren Reise nach Moskau und Persien« vom Jahre 1646 sichtbar geworden. Die genannten Werke fanden im 16. und 17. Jahrhundert eine große Anzahl von gelehrten Lesern. Laurentius Rinhubers »Wahrhafte Relation von der Moskowitischen Reise« von 1685 und Georg Adam Schleißings »Neuentdecktes Sibirien« von 1690 verstärkten das Interesse am großen russischen Reich mit seinen riesigen östlichen Weiten, die die Verbindung zwischen Europa und Asien darstellten. Besondere Aufmerksamkeit erregte dabei verständlicherweise das geheimnisvolle Sibirien, das Bindeglied zwischen Rußland und China.

Wichtig für die Verbreitung der Sibirienkenntnis wurde vor allem die Schrift des Holländers Witsen. Nicolaas Witsen, ein gebürtiger Amsterdamer Patriziersohn, bereiste bereits in den sechziger Jahren Rußland im Rahmen einer niederländischen Gesandtschaft, der aufgetragen war, zur Förderung der Handelsbeziehungen zwischen Holland und dem Zarenreich beizutragen. Die Familie Witsen stand seit über fünfzig Jahren in Handelsbeziehungen mit Rußland. Neben seiner kaufmännischen und wissenschaftlichen Tätigkeit wirkte Witsen aktiv als Verbindungsmann zu den reformierten Kirchengemeinden in der Moskauer Ausländervorstadt. Im Jahre 1692 veröffentlichte er sein großes Werk »Noord en Oost Tartaryen«, das eine Beschreibung Sibiriens enthielt und auch eine Karte brachte, die zusammen mit der Sibirienkarte des russichen Geographen und Historikers Semjon Uljanowitsch Remesow vom Jahre 1701 für die weitere Entwicklung der sibirischen Kartographie bedeutungsvoll wurde. Witsens Buch »Noord en Oost Tartaryen«, von dem 1698 und 1705 weitere Auflagen erschienen, blieb für längere Zeit ein zuverlässiges Nachschlagwerk, und es stellt auch noch heute, nicht zuletzt wegen der zahlreichen Abbildungen, die es enthält, ein unentbehrliches Quellenwerk zur Geschichte Rußlands dar. Witsen wurde von Zar Peter und Leibniz, mit dem er ebenfalls in Verbindung stand, hoch geschätzt.

Seit Anfang der neunziger Jahre sandte der russische Herrscher mehrere Reisegesandtschaften nach China, die ihren Weg über Sibirien nahmen und nicht wenige neue Angaben über dieses riesige Landmassiv erbrachten. Hier ist vor allem die Abordnung zu nennen, die im Auftrag Peters I. in den Jahren 1692 bis 1694 nach Peking reiste und unter der Leitung von Ewert Isbrand-Ides und Adam Brand stand. 1695 zurückgekehrt, legte Brand im Jahre 1697 einen ausführlichen Reisebericht in deutscher und Isbrand-Ides 1698 in deutscher und 1704 in holländischer Sprache vor. Beide Werke, die auch in andere Sprachen übersetzt und mehrmals nachgedruckt wurden, enthielten wichtige Informationen und aussagekräftige Illustrationen zur Lebensweise der Völker Sibiriens.

Die Kenntnis Rußlands und der russischen Sprache gewann durch das am Ende des 17. Jahrhunderts allgemein verbreitete Interesse an Sibirien und China eine wesentliche Vertiefung. Diesem Bedürfnis kam in starkem Maße die von Heinrich Wilhelm Ludolf verfaßte »Russische Grammatik mit Sprachbuch« entgegen, die mit Unterstützung Witsens 1696 in Oxford gedruckt wurde. Durch Ludolfs »Russische Grammatik« erhielt die vom Volk gesprochene russische Sprache erstmalig eine wissenschaftliche Grundlegung. Diese war für ausländische Kaufleute und Manufakturisten, die am Ende des 17. und zu Anfang des 18. Jahrhunderts nach Rußland kamen, von großer Bedeutung, da diese in ständiger Verbindung mit dem russischen Volk standen. Für Peter I. persönlich verfaßte Ludolf als Anhang zu seiner Grammatik zudem eine Wortliste, in der die wichtigsten militärischen Ausdrücke in russischer und deutscher Sprache nebeneinander angeordnet wurden.

Obwohl es noch an großen Entdeckungsfahrten fehlte, war die Erforschung Sibiriens am Ende des 17. und zu Anfang des 18. Jahrhunderts bereits in vollem Gange. 1687 unternahm Wladimir Wassiljewitsch Atlassow mit seinen Kosaken einen erneuten Erkundungszug nach Kamtschatka, während sich Danila Jakowlewitsch Anziferow und Iwan Petrowitsch Kosyrewski 1711 zu großer Fahrt auf die Kurilen aufmachten. In den kosakischen Unternehmungen verband sich Entdeckungsreise mit Beutezug. Im Jahre 1715 brach eine Expedition unter Oberstleutnant Iwan Dmitrijewitsch Buchholtz nach Mittelasien zur Goldsuche auf, ohne jedoch nennenswerte Erfolge zu erzielen. So kehrte die Abordnung bereits 1716 ergebnislos zurück. Peter I. freilich erschienen allein die mitgebrachten Informationen so wichtig, daß er immer neue Erkundungstrupps aussandte, so die große Expedition unter Generalmajor Iwan Michailowitsch Licharjow nach Turkestan, der jedoch ebenfalls wenig Glück beschieden war. Infolge von Krankheiten mußten die Arbeiten bald ganz abgebrochen werden. Den gleichen Weg nahm in den Jahren 1722 bis 1724 nochmals der Artilleriehauptmann Iwan Stepanowitsch Unkowski.

Das wissenschaftliche Ergebnis der Entdeckungsreisen, zu denen auch die Unternehmen gehörten, die von Fürst Alexander Bekowitsch Tscherkasski und Kapitän Leonti Jakowlewitsch Sojmonow angeführt wurden, waren erste informative Karten von Kamtschatka, dem Kaspischen Meer und vom Aralsee. Ebenso ließ Peter I. von russischen Seeleuten und Kartographen Karten des Schwarzen Meeres, der Ostsee und des Weißen Meeres sowie Sibiriens zeichnen. So umfaßte der Sibirienatlas von Semjon Uljanowitsch Remesow insgesamt 24 Blätter. 1716 erteilte der Monarch dem Seefahrer und Topographen Alexander Iwanowitsch Koshin den Befehl, den Wasserweg nach Indien zu erkunden und die wichtigsten Stationen dorthin auf einer Karte festzuhalten. Zwei Jahre später wurde Generalleutnant Wassili Alexejewitsch Urussow aufgetragen, den Kaspisee zu vermessen. Er sollte sein Unternehmen zusammen mit Koshin und dem Obristen Trawin durchführen und die bereits vorliegenden Angaben auf ihre Richtigkeit hin überprüfen: »Bei dieser Besichtigung«, hieß es in Peters Ukas, »ist mit Fleiß nach den Häfen und Flüssen Ausschau zu halten, insbesondere nach dem Fluß Kura, und darauf zu achten, wo die Schiffe landen können. Auch sollst du erkunden, ob man bei Sturmflut irgendwo Schutz finden und sich bergen kann, ebenso feststellen, wo es Sandbänke und Steine unter dem Wasser und dergleichen mehr gibt. Wenn in diesem Sommer noch Zeit dazu ist, sollst du auf dem Meere kreuzen, und was für Inseln oder Untiefen du findest, auch wie breit das Meer überall ist, das trage in die Karte ein.« 1719 schließlich erhielten die Markscheider Iwan Michajlowitsch Jewreinow und Fjodor Fjodorowitsch Lushin die Instruktion, sich nach Kamtschatka zu begeben und festzustellen, wo Asien und Amerika zusammenstießen. Die beiden erreichten die Kurilen und nahmen diese kartographisch auf.

Im Zuge der Erforschung der östlichen und südöstlichen Gegenden des russischen Riesenreiches mit seinen zahllosen Flüssen, Meeren, Seen, Halbinseln und Inseln wurden auch umfangreiche geologische Schürfungen durchgeführt. Im Donezbecken gelang es Peter I., mit der Förderung von Steinkohle zu beginnen. Zur Erforschung Sibiriens zog der Monarch auch deutschlivländische und schwedische Kriegsgefangene heran, die im Jahre 1711 nach Tobolsk, dem Verwaltungszentrum Sibiriens gebracht worden waren und hier eine wichtige Schule gründeten. In Tobolsk betätigten sich ebenso Abgesandte des Hallenser Pietisten August Hermann Francke als Prediger, Seelsorger und Lehrer, darunter Christoph Eberhard, der über seinen dortigen Aufenthalt ein Tagebuch verfaßte, das bislang jedoch nicht aufgefunden worden ist. Wichtige Mitteilungen über die kulturelle und schulische Betätigung der deutschen und schwedischen Kriegsgefangenen in Sibirien sowie deren Anteil an der Erforschung des großen Landesteils finden sich in Eberhards 1718 bis 1721 erschienenen mehrteiligen Schrift »Über den inneren Zustand der schwedischen Kriegsgefangenen in Rußland«, die unter dem Pseudonym von Alethophilus herauskam. In den gleichen Zusammenhang gehört das im Jahre 1728 veröffentlichte Werk von Kurt Friedrich von Weech »Wahrhafte und umständliche Historie von den schwedischen Kriegsgefangenen in Rußland und Sibirien«.

August Hermann Francke und seine Mitarbeiter haben die Pläne des russischen Zaren, Sibirien zu durchforschen, mit Nachdruck unterstützt. Es war Christoph Eberhard, Franckes Schüler in Tobolsk, der Peter I. auf den Arzt und nachfolgenden Sibirienforscher Dr. Daniel Gottlieb Messerschmidt aufmerksam machte. Messerschmidt stammte aus Danzig und hatte in Halle studiert, wo ihm eine ausgezeichnete Ausbildung zuteil geworden war. Von Robert Areskine, dem Leibarzt des Zaren, im September 1717 für die Durchführung von Forschungsreisen in Sibirien im Auftrag Peters I. gewonnen, begab sich Dr. Messerschmidt Anfang 1718 nach Petersburg, um die geplante Expedition anzutreten.

Der russische Herrscher zeigte sich an der Reise Messerschmidts persönlich sehr interessiert. Sie vorzubereiten, war Aufgabe der Kunstkammer, der der Leibarzt des Zaren vorstand. Nach dem Tode Areskines im November 1718 übernahm Dr. Laurentius Blumentrost die Stelle des Leibarztes und damit die Verantwortung für die Organisierung der Forschungsreise Dr. Messerschmidts. Beide Mediziner kannten sich wohl bereits von ihrer halleschen Studienzeit her. Welche Bedeutung der Monarch und sein neuer Leibarzt dem Unternehmen Messerschmidts beimaßen, ging schon daraus hervor, daß der Pariser Akademie im Jahre 1720 davon Mitteilung gegeben und auch über die Reiseroute informiert wurde, die Messerschmidt und seine Expedition nehmen sollten.

Daniel Gottlieb Messerschmidt bereiste als erster Gelehrter in offiziellem Auftrag Peters I. von 1720 bis 1727 Sibirien. Obwohl die Petersburger Akademie der Wissenschaften noch nicht gegründet war, darf diese Sibirienreise als erstes akademisches Unternehmen gelten. Die achtjährige Forschungsreise erbrachte eine Fülle von naturwissenschaftlichen, archäologischen und sprachwissenschaftlichen Resultaten. Im März des Jahres 1727 kam Messerschmidt wieder in Petersburg an, von wo aus er im Jahre 1719 aufgebrochen war. Unterdessen hatte sich viel verändert. Der große Zar lebte nicht mehr, und Kaiserin Katharina I. war bereits todkrank. 1730 veröffentliche Messerschmidts Reisebegleiter im ersten Jahr der Expedition, Philipp Johann Tabbert von Strahlenberg, in Stockholm und Leipzig sein aufsehenerregendes Werk »Der nord- und östliche Teil von Europa und Asien«, das bald auch ins Französische und Englische übersetzt wurde. Tabberts Buch fand verständlicherweise vor allem in Rußland Aufmerksamkeit, so bei dem Gelehrten und Organisator des russischen Berg- und Hüttenwesens, Wassili Nikititsch Tatischtschew, der mit ihm in persönlicher Verbindung stand und zu dessen Werk in den Jahren 1731 und 1732 zahlreiche Bemerkungen verfaßte.

So war in Petersburg das Interesse für Messerschmidt und dessen Forschungsreise um 1732 offensichtlich recht rege, obwohl Tabbert-Strahlenberg verständlicherweise nur Bruchstücke aus den von Messerschmidt gesammelten Sibirienmaterialien erwähnen konnte. Da starb im März 1735 unerwartet Messerschmidt. Damit wurde eine Drucklegung der wissenschaftlichen Angaben und Unterlagen seiner Forschungsreise noch unwahrscheinlicher als vordem. Die Materialsammlung war jedoch bereits von Messerschmidt recht sorgfältig geordnet worden und konnte daher schon mit Gewinn genutzt werden. Von dieser Möglichkeit machten Gerhard Friedrich Müller und die Naturforscher Johann Amman, Johann Georg Gmelin, Samuel Gottlieb Gmelin und Peter Simon Pallas ausgiebig Gebrauch. Aber lediglich Pallas veröffentlichte im Jahre 1782 einige Mitteilungen von Messerschmidts Reisetagebuch, die sich auf Gegenden bezogen, die er selbst nicht durchreist hatte. Erst in den Jahren 1962 bis 1977 konnten die Ergebnisse von Messerschmidts Forschungsreise durch Sibirien in fünf Teilen unter der maßgeblichen Herausgeberschaft von Eduard Winter veröffentlicht werden. Die Tagebücher Messerschmidts stellen eine noch weitgehend unausgeschöpfte, hervorragende Quelle zur Naturgeschichte, Gesellschaft und Kultur Sibiriens zu Beginn des 18. Jahrhunderts dar.

Bis in die letzten Lebenstage hinein hielt Peter I. unverrückbar an der Absicht fest, sein großes Reich gründlich erforschen und dabei auch die Wasserstraßen kartographisch aufnehmen zu lassen, die die Kontinente Asien und Amerika voneinander trennten. Diesen Auftrag erteilte er noch 1724 dem Dänen Vitus Bering, der als Marineoffizier seit 1703 in russischen Diensten stand. Der 1680 Geborene hatte als junger Matrose auf holländischen Schiffen bereits alle Meere der Welt befahren und in Rußland während des Nordischen Krieges rasch Karriere gemacht. Seine insbesondere auf ostindischen Meeren erworbenen Kenntnisse gaben den Ausschlag, daß der Zar ihm die Leitung der I. Kamtschatka-Expedition (I. Bering-Expedition) übertrug, zu der die Vorausabteilung am 24. Januar 1725, vier Tage vor dem Tod Peters I., aufbrach. Berings Begleiter und Gehilfen bei dem Unternehmen waren der Däne Martin Petersohn Spanberg und russische Seeleute, darunter der Marieneunterleutnant Alexej Iljitsch Tschirikow und der Maat Pjotr Tschaplin. Zur Bering-Expediton gehörte eine umfangreiche Begleitmannschaft, bestehend aus Zimmerleuten, Schmieden, Soldaten, insgesamt 158 Personen.

Die Strapazen, denen sich Vitus Bering und seine Begleiter ausgesetzt sahen, waren gewaltig. Allein die Reise nach Ochotsk nahm fast zwei Jahre in Anspruch. Erst im Frühsommer 1727 vermochten Bering und seine Mannschaft mit der in Ochotsk gebauten Schaluppe »Fortuna« erstmalig nach der 1200 km langen und 450 km breiten Halbinsel Kamtschatka überzusetzen und in Bolscherezk an der Westküste zu landen. Anfang Juli desselben Jahres konnte auch das zweite größere Schiff, der Schoner »St. Gabriel«, in Ochotsk zu Wasser gelassen werden und Kurs auf Kamtschatka nehmen. Bering umschiffte jetzt auch die Südspitze von Kamtschatka und fuhr dann die Küste entlang in Richtung Norden an der Tschuktschenhalbinsel vorbei, ohne jedoch Land zu erblicken. Da der Winter nahte und man überzeugt sein mußte, daß im Norden keine Verbindung zwischen Amerika und Asien bestand, erteilte er den Befehl zur Rückkehr nach Kamtschatka.

Die gesuchte Westküste Alaskas hatte sich Bering somit nicht gezeigt. Anfang September 1728 landete die »St. Gabriel« in Nishne-Kamtschatsk, wo die Mannschaft Winterquartier bezog. Im nächsten Jahr, 1729, unternahm Bering einen erneuten Versuch, die Westküste Amerikas zu finden, jedoch auch diesmal ohne Erfolg. So war man von dem Bericht, den er in Petersburg erstattete, wo der Däne im März 1729 unverrichteter Dinge eingetroffen war, nur wenig angetan. Nichtsdestoweniger wurde ihm auch die Gesamtleitung der II. Kamtschatka-Expedition (II. Bering-Expedition), zu der es 1733 bis 1743 kam, anvertraut. Jedoch erst die nachfolgenden großen Akademischen Expeditionen und Forschungsreisen, die in der zweiten Hälfte des 18. Jahrhunderts durchgeführt wurden, sollten der Entwicklung der russischen Wissenschaft und Technik gewaltige Impulse vermitteln. Die von zahlreichen Gelehrten gesammelten reichhaltigen geographischen mineralogischen, botanischen, zoologischen und anderen Materialien sowie die neuen Erkenntnisse auf zahlreichen Gebieten erbrachten ein mächtiges und zugleich imponierendes Wissenschaftspotential, das für die weitere wirtschaftliche und kulturelle Entwicklung des Russischen Imperiums von größter Bedeutung wurde.

Buchwesen und Bibliotheken

Eine nachdrückliche Förderung ließ Zar Peter I. auch dem Buch- und Bibliothekswesen angedeihen. Schulen, Volksaufklärung, Bildung und Wissenschaften in Rußland zu entwickeln und voranzubringen, war ohne leistungsfähigen Buchdruck, ohne Lehrbücher, Zeitungen, Zeitschriften und andere Druckerzeugnisse, wie sie in westlichen Ländern längst üblich waren, undenkbar. Der Kampf um das russische Buch, den Peter I. mit ganzer Kraft eröffnete, hatte die Schaffung einer eigenen nationalen Kultur, Bildung und Wissenschaft zum Ziel. Es ging um die Freiheit des Denkens und die Beseitigung der Unwissenheit des Volkes. Mit Hilfe des Buches, der Zeitungen und Zeitschriften galt es, die kulturellen Reichtümer der Vergangenheit und Gegenwart zu erschließen und den Lesern nahezubringen.

Ungeachtet der Fortschritte, die der Buchdruck in Rußland seit seiner Einführung um die Mitte des 16. Jahrhunderts erzielt hatte, war das Zarenreich in dieser Hinsicht im Vergleich zu den fortgeschrittenen Ländern des Westens nahezu hoffnungslos zurückgeblieben. Es bedurfte des persönlichen Einsatzes Peters I., nun auch auf diesem Feld den Durchbruch zu erzielen. Bereits 1698 richteten holländische Drucker auf Veranlassung des Monarchen bei der Rüstkammer in Moskau die erste Stecherwerkstatt ein. Gleichzeitig gelang es dem Herrscher, durch Gewährung außerordentlicher Privilegien auch in Amsterdam eine russische Druckerei zu eröffnen. Auf hartnäckigen Widerstand stieß Peter I. bei seinem Unterfangen, das bisherige kirchenslawische Alphabet zu beseitigen und durch ein modernes weltliches russisches Alphabet, die »bürgerliche Schrift« (Zivilschrift) zu ersetzen. So kam es nicht sofort zur vom Zaren gewünschten Buchstabenfolge, und bereits ausgeschiedene Lettern mußten zunächst wieder aufgenommen werden, bevor sie in den dreißiger Jahren des 18. Jahrhunderts endgültig aus dem russischen Alphabet verschwanden. Das geistliche Schrifttum freilich erschien noch lange Zeit in kirchenslawischen Lettern.

Bereits die ersten in Zivilschrift abgefaßten Druckwerke, die 1707/08 herauskamen, fanden weite Verbreitung. Die neuen Lettern kamen zunächst aus der Amsterdamer Druckerei. 1710 erschien Peters Ukas, durch den die Einführung der neuen Schrift offiziell angeordnet wurde. Die Alphabetsreform trennte bereits im Schriftbild die weltlichen von den kirchlichen Druckerzeugnissen. Die Buchstaben der bürgerlichen Schrift waren einfacher und glatter als die alten kirchenslawischen, wobei auch mehrere aus dem Griechischen stammende Zeichen ausgemerzt wurden. Der bereits äußerlich sichtbare Unterschied wirkte verständlicherweise auch im Sinne der sprachlichen Emanzipation von den kirchlichen Traditionen.

Die Schriftreform, die sich über mehrere Jahre hinzog, bedeutete somit nicht nur eine technische Veränderung der bisherigen Druckgepflogenheiten, sondern einen völligen Umbruch in der bisherigen Stellung, die das Buch in der russischen Gesellschaft einnahm. Die neue Maßnahme bewirkte eine Veränderung in der Geisteshaltung der russischen Menschen. Durch die neuen Bücher wurde immer klarer, daß ohne sie für Rußland keine Aussicht bestand, den Anschluß an die fortgeschrittenen Länder Europas zu finden und die zur Reformierung der russischen Gesellschaftsverhältnisse erforderlichen Fachkräfte heranzubilden. Daher setzte sich der Herrscher mit Nachdruck für die rasche Erweiterung des russischen Buchdrucks ein, unterstützt vor allem von den Setzern Wassili Onufrijewitsch Kiprianov, Andrej

Iwanowitsch Bogdanow, Jan Thesingh, Elias Kopiewicz, Michail Petrowitsch Awramow, Fjodor Polikarpowitsch Polikarpow-Orlow und anderen, deren Namen wir immer noch nicht kennen. Der neue Inhalt der in Zivilschrift abgefaßten Bücher der petrinischen Zeit kam auch in einem veränderten Äußeren zum Ausdruck. Die neuen Publikationen enthielten ein Frontispiz, ein Vortitelblatt mit Titelbild, durch das dem Leser bereits eine möglichst maximale Information über den Inhalt des Werkes gegeben werden sollte. Im Jahre 1708 erschienen insgesamt zehn Bücher. Ihr Hauptthema war der Krieg, das heißt die Verteidigung von Festungen, was angesichts der zu diesem Zeitpunkt vom Norden her in Rußland einrückenden Schweden nicht verwunderlich war.

Die Buchproduktion des Jahres 1708 war in hohem Maße von Peter selbst inspiriert, der jedes einzelne Werk persönlich begutachtete und zensierte, bevor es zum Druck ging. Bei den Publikationen handelte es sich sowohl um Originalwerke als auch um Übersetzungen. Neben militärtechnischen Büchern, in denen vorrangig Fragen der See- und Landkriegstechnik behandelt wurden, kamen auch philosophische und historische Werke heraus. Zu ihnen gehörten die Schriften Christian Hugghens und Bernard le Bovier de Fontenelles, denen für die Verbreitung des heliozentrischen Weltbildes in Rußland maßgebliche Bedeutung zukam, ebenso die Werke des berühmten Festungsbaumeisters Ludwigs XIV., Sebastian Vaubans, und Samuel Pufendorfs Schriften. Der Übersetzer von Vaubans Werk über die besten Methoden bei der Befestigung von Städten war Wassili Suworow, der Vater des berühmten Feldherrn Alexander Suworow, der ebenfalls noch nach Vaubans Schriften Fortifikationstechnik studierte. Auch der russische Kanonengießer Timofej Fjodorow machte als Übersetzer von ausländischen Werken über den Einsatz der Artillerie von sich reden. Für die Herausgabe von ausländischen Werken über die Befestigungstechnik und den Einsatz der Artillerie hatten sich neben Zar Peter vor allem Kiprianow und Bruce eingesetzt. Nach dem frühen Tod Leforts übernahm Bruce die Aufgabe, den Herrscher über die wichtigsten Neuerscheinungen der europäischen Militärwissenschaft wie auch anderer Wissenschaften auf dem laufenden zu halten.

Die Übersetzungen stellten ohne Zweifel ein bewährtes und rasch wirksames Mittel zur Verbreitung von Kenntnissen dar. Peter drängte immer wieder die Übersetzer zur Eile, und er bemühte sich wiederholt persönlich um geeignete Übersetzer. Aber auch seine engsten Mitarbeiter, die ausländischer Abstammung waren und über die notwendigen Sachkenntnisse verfügten, hielt er an, sich an den Übersetzungsarbeiten zu beteiligen. Das galt sogar für seine Offiziere Jacob Bruce und Adam Weyde, denen der Herrscher während der Schlacht, vom Sattel des Pferdes herab, seine diesbezüglichen Anweisungen erteilte.

Der Monarch selbst griff bei seiner Mitwirkung an den russischen Ausgaben ausländischer Werke nicht selten tiefgehend in die jeweiligen Texte ein, besonders wenn es sich um Übertragungen aus dem Holländischen und dem Deutschen handelte, die er selbst auch sprachlich genügend kontrollieren konnte. Er strich häufig Unnützes und achtete streng auf Klarheit und Verständlichkeit im Ausdruck. So wies der Zar in einem Brief vom Februar 1709 den Übersetzer Iwan Nikititsch Sotow an, die ausländischen Termini im Russischen genauer wiederzugeben: »Das Buch über die Befestigungslehre, das Sie übersetzt haben, ist von uns gelesen worden. Die Gespräche sind sehr gut und klar übersetzt. Wie man aber den Bau von Fortifikationen lehren soll, ist sehr unklar und unverständlich übersetzt. Auch sind in der Tabelle die Maße nicht angegeben; das betreffende Blatt haben wir in korrigierter Fassung eingeklebt, und das alte, herausgeschnittene Blatt schicken wir Ihnen auch, so daß Sie, was falsch und unverständlich war, selbst sehen können. Und was das Buch betrifft, das Sie jetzt übersetzen, so müssen Sie sich bemühen, verständlicher zu übertragen, insbesondere jene Abschnitte, die darlegen, wie man es (praktisch – E. D.) machen soll. Und man soll sich bei der Übersetzung nicht Wort für Wort an den Text halten, sondern, nachdem man den Inhalt verstanden hat, ihn in der eigenen Sprache so ausdrücken, wie er am ehesten begreiflich wird.«

Besonders achtete Peter auch darauf, daß die Übersetzungen genügend durchgearbeitet, korrigiert und gestrafft und so die Brauchbarkeit und der Nutzen der Werke erhöht wurden. In diesem Zusammenhang scheute der Herrscher auch nicht vor einer Kritik an der ausländischen, insbesondere der deutschen Buchproduktion zurück: »Weil die Deutschen gewohnt sind, ihre Bücher mit vielen unnützen Geschichten zu füllen, nur damit sie recht umfangreich erscheinen, soll das alles nicht übersetzt werden außer der Sache selbst und einem kurzen Gespräch von jedem Gegenstand.« Peters konkrete Aussetzungen bezogen sich auf das seinerzeit berühmte land- und hauswirtschaftliche Lehrbuch »Georgica curiosa« von Wolf Helmhard von Hohlberg, das 1682 in erster und 1715/16 in fünfter Auflage erschienen war. Der Zar hatte, wie er weiter schrieb, bei seiner Korrektur der russischen Übersetzung Hohlbergs »Traktat über den Ackerbau zurechtgemacht«, das heißt das »Unbrauchbare« und die »überflüssigen Geschichten« gestrichen, »die nur Zeit kosten und den Lesern die Lust nehmen«.

Besonderen Wert legten der Monarch und seine Mitarbeiter verständlicherweise auf die Herausgabe von Schullehrbüchern. Hierher gehörte vor allem auch ein Schullesebuch, das Jacob Bruce gemeinsam mit Gawriil Bushinski und Johann Werner Paus zusammenstellte. Es erschien 1717 unter dem Titel »Ehrenspiegel der Jugend« und erlebte bis 1723 vier Auflagen. Einen wichtigen Platz nahm ebenso die russische Ausgabe von Erasmus von Rotterdams »Liber aureus« ein. 1720 veröffentlichte Feofan Prokopowitsch seine »Elementarunterweisung für Knaben«. Bruce plante den Druck von speziellen Schullehrbüchern für Planimetrie und Mechanik.

Auch ukrainische Werke des 17. Jahrhunderts ließ Peter in neuer Auflage herausbringen, so 1721 die berühmte »Grammatik« des Meleti Smotrizki vom Jahre 1619, die seither in vielen Auflagen verbreitet war. Bearbeiter und Buchkorrektor war Fjodor Polikarpowitsch Polikarpow-Orlow, der bereits 1701 bzw. 1704 eine Fibel »Bukwar« und ein »Slawisch-Griechisch-Lateinisches Wörterbuch«, ein dreisprachiges Lexikon als Hilfsmittel für den Sprach- und Leseunterricht, vorgelegt hatte. Die vielgelesene »Synopsis« aus dem Jahre 1674, eine kompilative Darstellung der russischen Geschichte, wurde in zwei Neuausgaben nachgedruckt.

Nach dem Bau von St. Petersburg wurden auch in der neuen Stadt mehrere Druckereien eingerichtet, die maßgeblich zur Verwirklichung von Peters Publikationsvorhaben beitrugen. Den Schwerpunkt bildeten nach wie vor Übersetzungswerke, unter ihnen wiederum solche aus dem Bereich der »Künste«, das heißt der angewandten Naturwissenschaften, vor allem der Mathematik, Physik, Anatomie und Botanik. Zahlreiche Übersetzungswerke waren gut gelungen, andere wiederum nicht, was vor allem auf das Konto der Übersetzer ging, die nicht über die ausreichende Qualifikation für ihre Tätigkeit verfügten. Vor allem die russische wissenschaftliche Terminologie ließ noch sehr zu wünschen übrig. Darüber wurde von den späteren Gelehrten, so von Michail Wassiljewitsch Lomonossow und anderen, nicht selten Klage geführt. Noch ein Jahr vor seinem Tod, im Januar 1724, erließ Zar Peter in diesem Zusammenhang einen Ukas, in dem er verlangte, daß ein Übersetzer nicht nur die Sprache beherrschen, sondern auch Fachmann des jeweiligen Wissenschaftsgegenstandes sein müsse. Deshalb gelte es vor Inangriffnahme von Übersetzungen immer rechtzeitig folgendes zu veranlassen: »Wer Sprachen kann, aber nicht sachverständig ist, soll die Künste erlernen, wer die Künste versteht, aber nicht sprachkundig ist, soll zum Erlernen der Sprachen beordert werden.«

Der Monarch drängte jedoch nicht nur Schriftsteller, Übersetzer und Drucker zur Herausgabe von neuen Büchern in russischer Sprache, sondern veranlaßte auch, solche in anderen Sprachen herauszubringen. Die Zielstellung der fremdsprachigen Drucke war die gleiche wie die der in russischer Sprache abgefaßten Veröffentlichungen. Sie dienten nahezu allesamt praktischen Bedürfnissen und gaben Anleitung auf den verschiedensten Lebensgebieten. Ein besonderes Anliegen war die Propagierung der inneren und auswärtigen Politik des russischen Zaren. Auch der ausländische Leser sollte mit den in Rußland vor sich gehenden Veränderungen bekanntgemacht werden. So stellen die in fremden Sprachen verfaßten zeitgenössischen Schriften über Rußland, die vom Zaren inspiriert wurden, ebenfalls eine außerordentlich wichtige Informationsquelle über die petrinische Zeit dar. Die wichtigsten dieser Schriften hat Rudolf Iwanowitsch Minzlow in seinem 1872 erschienenen Werk »Peter der Große in der ausländischen Literatur« zusammengestellt.

Besondere Bedeutung unter den fremdsprachigen Schriften erlangten namentlich die in deutscher Sprache veröffentlichten Drucke, die in vielen Fällen die Texte von zarischen Manifesten, Ukasen, Privilegien und Friedensverträgen wiedergaben. Hierher gehörten »Der Großzarischen Majestät etc. Deklaration wider die Ottomanische Pforte« von 1711; »Seiner Großzarischen Majestät etc. publiziertes Manifest von dem treulosen Friedensbruch des türkischen Sultans Achmed« vom gleichen Jahre; »Ihro Großzarischen Majestät Universale an die gesamten Untertanen des Königreichs Schweden« vom Juli 1714 und die Veröffentlichung des Nystader Friedensvertragstextes von 1721 in deutscher Sprache ebenso wie die Schriften »Kurioser Abriß und Beschreibung der Hauptstadt und Festung Riga« und »Eigentliche Beschreibung der an der Spitze der Ostsee neuerbauten russischen Residenzstadt St. Petersburg« von 1718. Die deutschen Drucke erschienen in Moskau, Riga, St. Petersburg, Leipzig und anderenorts.

Die vom Zaren angeregten fremdsprachigen Informationsschriften über Rußland stellten ein wichtiges Mittel zur raschen Kontaktaufnahme mit dem Ausland dar. Peter und seine Mitarbeiter nutzten nicht nur den neuen kyrillischen Buchdruck, der zum Beispiel auch in Halle betrieben wurde, zur Verbreitung von Informationen über das neue Rußland, sondern auch die in ausländischen Sprachen erschienenen Werke. Einen wichtigen Platz im neuen Publikationssystem Peters I. nahmen die Flugschriften, Zeitungen und Zeitschriften ein, die erstmalig im Zarenreich erschienen. In noch stärkerem Maße als bei der Herausgabe von Büchern wirkte der Zar bei der Zusammenstellung der ersten Zeitungen Rußlands mit. Man kann mit Recht behaupten, daß er die ersten Zeitungsnummern selbst geschrieben hat.

In Mittel- und Westeuropa erschienen bereits seit dem 17. Jahrhundert wöchentliche Zeitungen, und die »Leipziger Zeitung« kam seit 1660 sogar schon täglich heraus. In Rußland existierte im 17. Jahrhundert erst eine Art Vorläufer von Zeitung. Hierbei handelte es sich um die sogenannten Kuranten, um Auszüge aus ausländischen Zeitungen, die seit 1621 von den Beamten des Gesandtschafts-Prikases für den Zaren zusammengestellt wurden. Zeitungen im eigentlichen Sinne waren diese freilich nicht. Dem wachsenden Informationsbedürfnis der Bevölkerung Rußlands war damit in keiner Weise gedient. Eine Änderung trat auch hier erst mit Peter I. ein. Dieser erteilte am 16. Dezember 1702 den Befehl, alle wichtigen Nachrichten aus Rußland und den angrenzenden Ländern zu sammeln. Am 3. Januar 1703 erschien in Moskau die erste russische Zeitung unter dem Titel »Wedomosti« (Nachrichten). Der ausführliche Titel lautete: »Nachrichten von militärischen und anderen Angelegenheiten, die sich im Moskauer Staat und in den Nachbarstaaten zugetragen haben und des Wissens und Einprägens wert sind«. Der Inhalt der »Wedomosti« war recht verschiedenartig. Außer den militärischen und politischen Nachrichten wurden Informationen über Betriebe, neuentdeckte Erzlager, Erdölvorkommen, ausländische Städte, Währungen, Adelstitel und vieles andere mehr gebracht.

Es war noch nicht allzu lange her, da hatte Zar Alexej Michailowitsch alle in Rußland kursierenden ausländischen Zeitungen und Zeitschriften einziehen und sekretieren lassen. Selbst seine Mitarbeiter bedurften einer Sondergenehmigung zur Benutzung der ausländischen Periodika, die im Gesandtschafts-Prikas unter strenger Verwahrung gehalten wurden. Peters »Wedomosti« von 1703 waren insgesamt von geringem Umfang. Sie umfaßten nur vier kleine Seiten. Auch die nachfolgenden Nummern waren häufig nicht ausführlicher, jedoch erreichten einige Exemplare bereits einen Umfang von 22 Seiten. Die Auflagenhöhe zeigte große Schwankungen. Sie reichte von 30, 150, 400 bis zu 1000 und 2500 Exemplare. Im Jahre 1724 wurden 30 Exemplare gedruckt. Auch der Titel der Zeitung war Wandlungen unterworfen, wie die Bezeichnungen »Wedomosti des Moskauer Staates«, »Moskauer Wedomosti« und »Russische Wedomosti« deutlich machten.

Redigiert wurden die »Wedomosti« bis 1711 von Fjodor Polikarpowitsch Polikarpow-Orlow, dann von Michail Petrowitsch Awramow, der ein Gegner von Peters Reformen war. Unter ihm ging die Auflage der Zeitung in beträchtlichem Maße zurück. 1719 übertrug man Boris Wolkow die Leitung der »Wedomosti«, ein Jahr später dem Übersetzer Jakow Sinjawitsch. Mit der Übernahme der Redaktion durch Awramow, den Direktor der Petersburger Typographie, war die Herausgabe der »Wedomosti« gleichzeitig in die neue Hauptstadt, nach St. Petersburg, verlegt worden. Ungeachtet des Einsatzes von Wolkow und Sinjawitsch konnte der Niedergang der Zeitung jedoch nicht mehr aufgehalten werden. Einige Jahre später machte die 1724/25 gegründete Petersburger Akademie der Wissenschaften einen neuen Versuch, eine russische Zeitung ins Leben zu rufen, was auch gelang. Es waren dies die »Russischen Wedomosti«, die »St. Petersburger

Wedomosti« und die nachfolgende »St. Petersburgische Zeitung«, die gleichzeitig in einer russischen und außerdem auch in einer deutschen Ausgabe herauskam.

Alles in allem erschienen auf Weisung Peters I. zahlreiche wissenschaftliche Bücher, Zeitungen, Kartenwerke, graphische Darstellungen, Atlanten und andere Schriften, die in den Buchläden Moskaus, Petersburgs und anderer russischer Städte verkauft wurden. Mit der Verbreitung von Büchern auf das engste verknüpft war die Entstehung von Bibliotheken sowie von Bücher- und Kunstsammlungen. Neben den Privatbibliotheken existierten bereits öffentliche Bibliotheken, die Peter einrichten ließ. Umfangreiche Bücherbestände erwarb der Herrscher im Zuge der Eroberung Livlands. Außerdem kaufte er Bestände der Herzoglichen Bibliothek Kurlands in Mitau an, und auch aus Königsberg und zahlreichen anderen ausländischen Städten kamen Bücher in lateinischer, französischer, deutscher und englischer Sprache nach Rußland.

Über den größten Bücherbestand verfügte offensichtlich Peter selbst, wie wir aus dem Katalog seiner Bibliothek wissen, der von Leningrader Wissenschaftlern zusammengestellt worden ist. Dieser Arbeit ging eine jahrelange Suche durch Geschichtswissenschaftler und Bibliothekare nach Büchern aus dem Besitz Peters I. voraus. Schließlich wurden in den verschiedensten Sammlungen, Museen und Bibliotheken Rußlands Bücher entdeckt, die nachweislich Peter I. gehörten. Die Bibliothek des Zaren bestand vor allem aus Werken, die von ihm ständig benutzt wurden. Darunter waren Lehrbücher über Kriegstechnik, Festungsbau und Artilleriewesen sowie viele andere Schriften. Einen breiten Raum nahmen in Peters Bibliothek Atlanten, Landkarten, Beschreibungen russischer Landschaften, Kalender und Nachschlagewerke ein. Einen Teil dieser Werke hatte der russische Herrscher von seinen Reisen aus Deutschland, Holland und Frankreich mitgebracht. Unter den insgesamt 1663 Werken, die erhalten sind, befinden sich über 600 ausländische Bücher.

Neben Peter I. verfügten auch Mitarbeiter des Zaren über große Büchersammlungen, die der des Herrschers kaum nachstanden. So finden wir, daß Jakob Bruce ebenso viele Bücher besaß wie Zar Peter. Dasselbe galt für den Fürsten Dmitri Michajlowitsch Golizyn. Nicht weniger bedeutend waren die Bestände des zarischen Leibarztes, des Schotten Robert Areskine, Feofan Prokopowitschs, Feofilakt Lopatinskis und anderer, deren Wirken über die Zeit Peters I. hinausreichte. Peters Bibliothek bildete den Grundstock für die Bibliothek der Petersburger Akademie der Wissenschaften. Auch Bruces und Areskines Bücher wurden nach deren Tod den Beständen der Akademie-Bibliothek einverleibt.

Historisches Verständnis
und Beschäftigung mit der Geschichte

Auch das geschichtliche Verständnis und die Beschäftigung mit der Historie in Rußland erhielten durch das Wirken Peters I. einen beträchtlichen Anstoß. Schon als Knabe ließ sich der Zar von seinem Lehrer Nikita Moissejewitsch Sotow gern aus alten Chroniken vorlesen und von den russischen Fürsten erzählen. 1698, gelegentlich seines Besuchs in Amsterdam, beauftragte Peter den Drucker Jan Thesingh, als erstes Elias Kopiewiczs »Kurze Einführung in jegliche Geschichte« in russischer Sprache herauszubringen. Der Monarch trug sich zu diesem Zeitpunkt offenbar auch mit dem Gedanken, eine russische Chronik ins Lateinische übersetzen zu lassen. Jedoch wurde dieses Vorhaben nicht verwirklicht. Einige Jahre später regte der Herrscher die Übersetzung eines lateinischen Werkes über die Taten Alexanders des Großen an, dessen russische Fassung ihm jedoch nicht zusagte und erst nach der Überarbeitung durch den Vorsteher des Kloster-Prikases, Iwan Alexejewitsch Mussin-Puschkin, 1709 unter dem Titel »Das Buch des Quintus Curtius von den Taten Alexanders, des großen makedonischen Zaren« erscheinen konnte. Im selben Jahr kam in Moskau auch eine Geschichte Trojas heraus.

Die Bearbeitung von heroischen Taten und Persönlichkeiten des Altertums bildete gleichsam die methodische Vorbereitung für die Abfassung und Herausgabe einer großen »Russischen Geschichte«. Mit dieser Aufgabe wurde Fjodor Polikarpowitsch Polikarpow-Orlow betraut. Da dieser jedoch nur langsam vorankam, erhielt der Gesandtschafts-Prikas im Jahre 1711 die Anweisung, eine Geschichte des seit 1700 vor sich gehenden Krieges Rußlands mit Schweden zu schreiben, wobei Peter zahlreiche Empfehlungen vorbrachte, wie er sich das Werk vorstellte. Es ging ihm darum, eine Geschichte »des gesamten jetzigen Krieges, der zwischen den russischen, polnischen und schwedischen Heeren« geführt wird, zu verfassen. In diesem Zusammenhang traf er die Feststellung: »Die Zeitungen aber, die ich dazu dem Gesandtschafts-Prikas entnommen habe, werden zu einer ausführlichen Beschreibung des Krieges freilich nicht ausreichen. Deswegen ist erforderlich, aus dem Druckhof alle Zeitungen zu beschaffen, die dort seit Anfang des Krieges bis zur gegenwärtigen Zeit gedruckt worden sind, um zu beschreiben, was sich bei allen vorgekommenen Kriegshandlungen ereignet hat, und zwar vom Jahre 1700 bis zum jetzigen Jahr und Monat alle Nachrichten über die Kämpfe in den Städten, über die Belagerungen und die Einnahmen, über die Siege, über die Aufmärsche und andere Kriegsereignisse.«

Auf Grund dieses Befehls des Herrschers mußten sämtliche seit 1700 gedruckten Zeitungen sowie alle anderen einschlägigen Materialien, über die der Druckhof verfügte, an den Gesandtschafts-Prikas abgeliefert werden.

Zum selben Zeitpunkt befaßte sich Peter mit dem geschichtlichen Ursprung der Slawen und deren Sprachen, und zwar so intensiv, daß sich auch mehrere seiner Diplomaten im Ausland um Aufschlüsse darüber bemühten und in dieser Frage an Leibniz herantraten. Gleichzeitig sah sich der Zar durch das langsame Fortschreiten der Arbeiten Polikarpow-Orlows zu immer neuen Mahnungen veranlaßt. So hieß es in einem 1712 von Mussin-Puschkin an Polikarpow-Orlow weitergegebenen Tadel des Herrschers: »Da seine Zarische Majestät eine Geschichte des Russischen Reiches zu sehen wünscht, muß daran zuerst gearbeitet werden und nicht am Anfang der Welt und an anderen Staaten, da hierüber bereits viel geschrieben worden ist. Und deswegen sollst du mit Fleiß aus den russischen Chroniken Auszüge machen und in ein einheitliches System bringen.«

Wenige Wochen nach seiner Rückkehr aus Deutschland, im Mai 1713, übergab der Monarch Mussin-Puschkin ein Buch über Oliver Cromwell, das in lateinischer Sprache abgefaßt war, mit dem Auftrag, es ins Russische übersetzen zu lassen. Gleichzeitig betraute er jetzt seinen Berater, den Bischof Feofan Prokopowitsch, und den Lehrer des Zarewitsch Alexej, Heinrich Freiherr von Huyssen, mit der Abfassung einer Geschichte Rußlands unter seiner Regierungszeit und stellte dafür die in seinem Kabinett befindlichen Materialien zur Verfügung: »Die (Feldzugs – E. D.) Tagebücher sind sämtlich Huyssen zuzustellen«, ordnete Peter an. Jedoch auch die Arbeiten dieser beiden Autoren sollten sich noch lange hinziehen.

Endlich, im Jahre 1715, legte Polikarpow-Orlow das Kapitel über die russische Geschichte vor, das dem Monarchen freilich nicht gefiel. So blieb Peter nichts anderes übrig, als selbst eine solche Darstellung zu verfassen. Nach der Rückkehr von seiner letzten großen Auslandsreise im Jahre 1718 machte er sich ans Werk. Auf einem seiner Arbeitszettel brachte er den Vermerk an: »Über den Krieg schreiben, wie er anfing, und über die Art und Weise und über die Begebenheiten, wie er von wem geführt wurde«. Zu diesem Zweck ließ er sich alle erforderlichen kriegskundlichen und politischen Unterlagen, Berichte der Heerführer und Berater, Schlachtentagebücher und andere Materialien mehr bringen, um auf dieser Grundlage sein Werk zu schreiben. Zur selben Zeit, im Dezember 1718, kam in St. Petersburg die russische Fassung von Samuel Pufendorfs »Einleitung in die Historie« in der Übersetzung von Gawriil Bushinski heraus.

Daß es Zar Peter bei seinem Vorhaben nicht nur um eine Darstellung der eigenen Regierungszeit, sondern um eine allgemeine Geschichte Rußlands ging, wird aus den vorhandenen Quellen ganz deutlich. Ebenso gab der Monarch zu verstehen, daß eine befriedigende Geschichte Rußlands nur von russischen Autoren selbst geschrieben werden könne. Er hielt nichts von den zahlreichen Beschreibungen und Geschichten Rußlands aus der Feder von Holländern und Deutschen, da sie die russischen Quellen nicht kannten: »Ich weiß wohl«, schrieb Peter, »daß der echte Stoff zur russischen Geschichte noch im Lande hin und her zerstreut und in den Klöstern bei den Mönchen vergraben liegt. Diesen vor dem Untergang zu retten und einem geschickten Geschichtsschreiber zu verschaffen, die wahre alte russische Geschichte schreiben zu können, hab ich mir schon längst vorgenommen; ich bin aber immer wieder daran gehindert worden.«

Indes, im Dezember 1720 schien der Herrscher ernsthaft dabei zu sein, die Arbeiten an der geplanten Russischen Geschichte zu forcieren, wie aus seinem Befehl an den Regierenden Senat hervorgeht, in dem es heißt: »In allen Bischofssprengeln und Klöstern und Kathedralen sind die alten Bestallungsurkunden und andere merkwürdige Originalbriefe, auch handgeschriebene und gedruckte Geschichtsbücher durchzusehen und für die Gouverneure und Vizegouverneure und Wojewoden abzuschreiben, und diese Abschriften sind dem Senat einzusenden.«

Erstaunlich ausgeprägt erwies sich Peters historisches Einfühlungsvermögen, wie das Beispiel seiner Beurteilung der widerspruchsvollen Persönlichkeit Iwans IV., »des Schrecklichen«, verdeutlichte. So soll der Zar während der Feierlichkeiten, die gelegentlich des Friedens von Nystad im Jahre 1721 veranstaltet wurden, geäußert haben: »Zar Iwan Wassiljewitsch (Iwan IV. Grosny – E. D.) . . . ist mein Vorgänger und mein Muster. Ich habe mir denselben allezeit zum Modell meiner Regierung in Klugheit und Tapferkeit vorgestellt, aber es noch lange nicht so weit gebracht wie er. Nur die dummen Köpfe, die die Umstände seiner Zeit, seine Nation und seine großen Verdienste für dieselben nicht verstehen, nennen ihn einen Tyrannen.«

Der russische Kaiser ließ sich nach dem Sieg über Schweden seine geschichtlichen Arbeiten so angelegen sein, daß er sich inmitten seiner herrscherlichen Pflichten den Sonnabendmorgen »für die Geschichte vom Kriege« freihielt. Wieder notierte er auf einem Merkblatt: »In die Geschichte ist einzutragen, was in diesem Krieg getan worden, wann welche Verfügungen für den Bürger- und Soldatenstand getroffen wurden und das Heer- und Flottenreglement und das Reglement für die Geistlichkeit. Auch die Festungs-, Hafen-, Schiffs- und Galeerenflotten- und Manufakturbauten und die Bauten in Petersburg und auf Kotlin und anderen Orten.« Aus der Notiz wird deutlich, daß Peters Russische Geschichte nicht nur genaue Angaben über die Ereignisse des Schwedischen Krieges, sondern ebenso über das innere Reformwerk des Herrschers enthalten sollte. Gleichzeitig wollte Peter die Widerstände, die es gegen seine Politik gab, im Geschichtswerk zur Darstellung bringen. In diesem Sinne wies er seinen Kabinettssekretär Alexej Wassiljewitsch Makarow an, ihm die erforderlichen Aufschlüsse mitteilen zu lassen, so »über den Astrachaner Aufstand (1705/06 = E. D.), von wem er ausging und wie der Name des Strelitzensohnes lautete, der meuterte und nach der Untersuchung hingerichtet wurde . . ., weshalb dieser Aufstand entfacht wurde und was sich bei der Untersuchung ergab, ebenso über den Strelitzenaufstand, was sie (die Aufständischen – E. D.) bei ihrem Zug nach dem Auferstehungs-Kloster trieben«.

Der Hauptgehilfe Peters bei der Zusammenstellung des Quellenmaterials und wohl auch bei der Darstellung der Ereignisse war der zarische Kabinettssekretär Makarow, der dem Herrscher nach dessen Rückkehr vom Persischen Feldzug im Dezember 1722 den Entwurf einer Geschichte Rußlands vorlegte. Der Kaiser machte sich sogleich an die Durchsicht des Manuskripts, wobei fast keine Seite unverbessert blieb. Auch der zweiten, dritten und vierten Fassung, die Makarow anfertigen mußte, erging es so. Im Ergebnis der Korrekturen entstand ein Text, der in der Hauptsache von Peter selbst stammte. Dieses Werk, das erst im Jahre 1770 auf Befehl Katharinas II. von Fürst Michail Michajlowitsch Schtscherbatow unter dem nicht ganz zutreffenden Titel »Journal oder Tagebuch Peters des Großen vom Jahre 1698 bis zum Abschluß des Friedens von Nystad« veröffentlicht wurde, stellte weitgehend die Leistung des Zaren selbst dar. In Peters Darstellung waren als Vorarbeiten das »Tagebuch« Huyssens und die »Geschichte« Prokopowitsch eingegangen. Damit war nun doch noch durch die Aktivität des Herrschers eine russische Geschichte während der Regierungszeit Peters I. zustande gekommen.

Diese war freilich nicht die Russische Geschichte, die der Zar sich gewünscht hatte. Deshalb gab der Monarch sich auch nicht mit dem Erreichten zufrieden, sondern beauftragte den Oberprokuror des Senats, Grigori Grigorjewitsch Skornjakow-Pissarew, mit der Abfassung einer Russischen Chronik, die offenbar als Ergänzung der Geschichte der Regierungszeit Peters gedacht war. Außerdem ließ der Zar im Jahre 1722 erstmalig ein ausländisches Werk über die Geschichte der Slawen in russischer Übersetzung veröffentlichen. Es handelte sich um ein in italienischer Sprache abgefaßtes Werk über den Ursprung des Slawenvolkes und seiner Herrscher vom Jahre 1601. Auch dieses Übersetzungswerk sollte der Zusammenstellung einer ausführlichen Übersicht der Geschichte Rußlands dienen.

Welche Bedeutung Zar Peter der Geschichtsschreibung und Beschäftigung mit der Historie beimaß, geht überdies aus einem Brief hervor, den sein

Leibarzt Laurentius Blumentrost, der nachmalige erste Präsident der Petersburger Akademie der Wissenschaften, im Mai 1723 an Christian Wolff richtete, in dem es hieß: »Ob nun gleich ein Historicus und Professor Eloquentiae zu der Akademie nicht gehöret, jedennoch wollen Seine Majestät dieselben auch haben, um sich derer in allen Fällen bedienen zu können. Derohalben ersuche ich Euer Hochedelgeboren dergleichen capable Subjecta zu engagieren.«

Peter I. hat auch die Herausgabe anderer ausländischer Werke in russischer Sprache veranlaßt, darunter einer Schrift über die heidnische Götterwelt, einer Beschreibung der Taten Julius Cäsars, Wilhelm Stratemanns »Theatrum Historicum« sowie neben Samuel Pufendorfs »Einleitung in die Historie« auch dessen »De iure naturae gentium« und »De officiis hominis et civis iuxta legem naturalem«. Zudem hatten Polikarpow, Huyssen und Prokopowitsch vom Herrscher auch den Auftrag erhalten, eine Geschichte Rußlands während seiner Regierungszeit zu schreiben. Es kam freilich nur zu Bruchstücken, die vor allem von Huyssen stammten. Zu Lebzeiten des großen Herrschers bedrückte die russischen Geschichtsschreiber offensichtlich die Kolossalgestalt des Zaren, und die Verhältnisse nach Peters Tod ließen von einem solchen Vorhaben gänzlich abraten.

Was erschien, war Pjotr Pawlowitsch Schafirows »Raisonnement, was für rechtmäßige Ursachen Se. Zarische Majestät . . . gehabt, den Krieg wider den König von Schweden . . . anzufangen . . ., wer an der langwierigen Kontinuation desselben . . . Ursache sei . . .«. Der Verfasser, Peters Vizekanzler, brachte sein Werk bereits 1717 heraus. Schafirows Abhandlung enthielt die erste von Peter I. inspirierte Begründung des historischen Anspruchs Rußlands auf den Zugang zur Ostsee, auf das »Land der Väter und der Großväter«, wenn man von den Forderungen, die bereits Iwan III. und Iwan IV. erhoben hatten, absieht. Der Monarch versah das Werk mit einem Nachwort an den Leser, in dem gesagt wurde, daß der von Rußland gegen Schweden begonnene Krieg eine Präventivmaßnahme gewesen sei, um einem schwedischen Angriff zuvorzukommen. Schafirows Werk über den Krieg Rußlands gegen Schweden unter Peter I. propagierte den Kampf des Zarenreiches bis zum siegreichen Ende. Es wandte sich gegen alle, die die Sicherung des russischen Zugangs zur Ostsee nicht für notwendig hielten. Es war verständlich, daß Schafirows Schrift bald eine schwedische Ausgabe erfuhr.

Literatur, Theater und Musik

Mit Peter I. und seinem Reformwerk auf das engste verknüpft waren auch die neuen Ansätze, die sich in der Literatur zeigten. Während sich in Frankreich am Ende des 17. Jahrhunderts Charles de Perrault in seinem Poem »Siècle de Louis-le-Grand« und Bernard Le Bovier de Fontenelle in seiner »Digression sur les Anciens et Modernes« zum Sprecher des bürgerlichen Standes aufwarfen und für eine nationale Literatur eintraten, forderte in Rußland der altgläubige Protopop Awwakum in seiner Autobiographie in aufrüttelnder und leidenschaftlicher Sprache zum Festhalten an den althergebrachten Lebensgewohnheiten auf. Auch in den vielgelesenen moralisch-satirischen Werken, so der »Erzählung vom Leid-Ungemach« und der »Erzählung von Sawwa Grudzyn« aus der zweiten Hälfte des 17. Jahrhunderts, wurden das Ausbrechen der jüngeren Generation aus dem patriarchalischen Lebensrhythmus und die abenteuersuchende Lebenslust verurteilt. Hier leiteten erst Peters Reformen einen ersten Wandel ein.

Die freilich nocht recht spärliche neue Literatur der Zeit Peters I. widerspiegelte den Streit, der in Rußland um die Hegemonie des geistlichen oder des weltlichen Schrifttums geführt wurde. Hierbei ergriffen fortschrittlich gesinnte Geistliche Partei für den aufgeklärten Zaren und seine Berater. Sie setzten sich in ihren Schriften für das Reformwerk Peters I. ein. So trat Feofan Prokopowitsch auch in seinen Schuldramen für den gesellschaftlichen und kulturellen Fortschritt auf und feierte in ihnen den Sieg des Herrschers über die auf ihrem Althergebrachten beharrenden russisch-orthodoxen Geistlichen.

Während bis zu Beginn des 18. Jahrhunderts in Rußland von den griechischen und lateinischen Schriftstellern fast nur die byzantinischen Geschichtsschreiber und die Kirchenväter Verbreitung fanden, erschienen jetzt auch Übersetzungen von Horaz, Ernst Robert, Curtius, Äsop, Jean-Baptiste Poquelin, François de Salignac de la Motte Fenelon, Charles-Louis de Secondat Montesquieu und Paul Tallement. Dies zeigte, daß die bisherige Alternative: Antike oder Moderne? bereits überwunden war. Die russische Literatur dieses Zeitabschnitts strebte danach, eine ebensolche Weltgeltung zu erlangen, wie sie Peters Staat in erstaunlich kurzer Zeit auf zahlreichen Gebieten errungen hatte.

Das Reformwerk Peters I. und die neuen Lebensformen boten für die Literatur ein weites Betätigungsfeld. Freilich verfügten die Schriftsteller und Dichter in dieser Periode weder über die nötigen sprachlichen Voraussetzungen noch über die künstlerischen Erfahrungen, um die immer vielfältiger werdenden Nuancen des gesellschaftlichen Lebens voll zu erfassen.

Es erschienen zunächst nur Gelegenheitsgedichte und Erzählungen, in denen der Versuch gemacht wurde, ein neues Menschenbild sichtbar zu machen. So traten in der Historie vom russischen Matrosen Wassili Koriotski sowie in der Geschichte vom russischen Kaufmann Iwan und in der Erzählung vom russischen Edelmann Alexander typische Gestalten der Epoche Peters I. in Erscheinung. Nicht unüberlegte Abenteuerlust wie noch in der »Erzählung vom Leid-Ungemach«, sondern finanzielle Nöte veranlassen den verarmten adligen Matrosen Wassili Koriotski, in die Welt hinauszuziehen. Den Antrieb hierzu bilden ein beispielhafter Diensteifer und ein ungewöhnlicher Wissensdurst des Helden, der in der Fremde seine navigatorischen, astronomischen und meteorologischen Kenntnisse und seemännischen Fertigkeiten zu vervollkommnen sucht. So gelangt der adlige Matrose auf eigene Kosten nach Holland, wo er, ähnlich wie der Zar selbst, auf den Werften arbeitet und die ausländische Seefahrtskunst erlernt.

Fleiß, Lerneifer, Bescheidenheit, vielseitiges Wissen, Mut und Unternehmungslust, Findigkeit, aber auch weltmännische Bildung und nationales Bewußtsein – das waren die Eigenschaften der neuen Generation russischer Menschen, denen sich die Literatur der petrinischen Zeit zuwandte. Sie bildeten die Voraussetzungen für eine Karriere im neuen Rußland. Demgemäß brachte es Wassili Koriotski auf Grund seiner Verdienste vom einfachen Matrosen zum König von Florenz. Die Analogie zu Menschikows steilem Aufstieg vom Pastetenverkäufer zum Fürsten und Katharinas I. von der Dienstmagd zur Kaiserin von Rußland war nicht zu übersehen. Die Titelhelden erlebten auf ihren Bildungsreisen nach Italien, Holland und Frankreich auch die verschiedensten Liebesabenteuer, wobei geschickt darstellerische Elemente des mittelalterlichen Ritterromans mit seinen Turnieren und Zweikämpfen in die Handlung eingeflochten wurden.

Die Anfänge des russischen Theaters gehören in die Zeit Alexej Michailowitschs, des Vaters Peters I. Sie stehen in mancherlei Beziehung zur ausländischen, insbesondere zur deutschen Schauspielkunst. So ernannte Zar Alexej den aus Merseburg gebürtigen deutschen Pastor Johann Gottfried Gregorii, der als Prediger an der lutherischen Offizierskirche in der Moskauer Ausländervorstadt wirkte, zum Leiter des neuen Hoftheaters in Preobrashenskoje. Die erste Vorstellung, die Gregorii veranstaltete, fand im Geburtsjahr Peters, am 17. Oktober 1672, statt. Auf Geheiß des Herrschers hatte der Pastor eine Schauspielgruppe zusammengestellt, die für die Zarenfamilie Stücke geistlichen und weltlichen Inhalts aufführte. Bald ging man dazu über, die Theatervorstellungen wieder in den Kreml zu verlegen. Nach dem Tode Zar Alexejs im Jahre 1676 ging das von Gregorii begründete Theater ein, jedoch sollte es bald wieder in neuem Gewande erstehen.

Zu den russischen Aristokraten, die sich um die Pflege des Moskauer Theaters Verdienste erwarben, gehörten Ende des 17. Jahrhunderts die Familien der Dolgoruki, Scheremetew und Golizyn. Auch Peters Halbschwestern Sofja und Natalja bemühten sich um die Aufführung von Theaterstücken, sie betätigten sich als Schauspielerinnen und schrieben Texte für Schauspiele. An den geistlichen Akademien zu Kiew und Moskau wurden bereits seit längerer Zeit biblische Dramen aufgeführt. Peters Mitarbeiter Bischof Feofan Prokopowitsch verfaßte auch weltliche Schauspiele und brachte sie auch zur Aufführung.

Zar Peter selbst war bereits auf seiner ersten großen Reise in den Westen 1797/98 mit der ausländischen Schauspielkunst bekannt und in seiner Absicht bestärkt worden, auch in seinem Land das Theater heimisch zu machen. So kam im Jahre 1702, als an der Front schwere Kämpfe mit den Schweden ausgefochten werden mußten, auf Veranlassung des Monarchen eine deutsche Schauspieltruppe nach Moskau, die unter Leitung von Johann Christian Kunst stand. Sie setzte sich aus Studenten zusammen, die als wandernde Komödianten von Land zu Land zogen. Der Zar ließ sie in einem Haus auftreten, das er eigens für den Zweck auf dem Roten Platz in Moskau hatte bauen lassen. Bei den Vorführungen, die zweimal in der Woche stattfanden, wurde großes Gewicht auf die szenische Darbietung gelegt und in hohem Maße Kulissen, mechanische Vorrichtungen, Fluganlagen und anderes mehr eingesetzt. Die im Gesandtschafts-Prikas tätigen Dolmetscher hatten für die Übersetzung der deutschen Stücke ins Russische zu sorgen. Man spielte die damals gängigen Dramen »Scipio Africanus«, »Don Pedro«, »Bajaset«, »Tamerlan«, »Der gezwungene Doktor« u. a. Auch an Operneinlagen fehlte es während der Theatervorstellungen nicht. Als beliebte und beständige Person in der szenischen Handlung figurierte auch auf der Moskauer Bühne der Hanswurst.

Für den großen Reformator Peter stellte das von ihm unterstützte und geförderte Theater verständlicherweise nicht nur eine Stätte des Vergnügens und der Erbauung, sondern gleichzeitig eine Möglichkeit dar, nun auch mit Hilfe dieser Einrichtung seine angestrebten Neuerungen in Gesellschaft und Staat zu propagieren. So lag ihm besonders daran, bald auch russische Schauspieler auf der Bühne zu sehen, die in der Landessprache direkt Einfluß auf die Zuhörer nehmen konnten. In diesem Zusammenhang erhielt Johann Christian Kunst den Auftrag, umgehend mit der schauspielerischen Ausbildung junger Russen und Russinnen zu beginnen. Damit wurde Peters Moskauer Theater eine Lehranstalt angegliedert, die die erste russische Schauspielerschule darstellte. So erschienen denn auch bald russische Schauspieler auf der Bühne.

Bereits die Operneinlagen ließen erkennen, daß ein vollwertiges Theater der beständigen Mitwirkung von Musikern und Orchestern bedurfte. Der Zar befahl, zunächst eine Musikergruppe aus Hamburg zu verpflichten. Bald folgten dem Beispiel des Herrschers auch hohe staatliche und kirchliche Würdenträger, die ebenfalls Orchester organisierten, die sich vielfach aus leibeigenen Musikern zusammensetzten. So konnte man bald Orchesterklänge auch aus den Palais Menschikows, Golowkins und Prokopowitschs erklingen hören. Regelmäßige Konzerte wurden daher in kurzer Zeit zu einer üblichen Erscheinung in den Kreisen der petrinischen Aristokratie. Einen wichtigen Stamm von Musikern gaben schließlich die schwedischen Kriegsgefangenen ab, die die Militärmusik und die Musikchöre in Rußland heimisch machten. Mit der Orchestermusik faßte auch das Ballett allmählich Fuß, stellte dieses doch eines der vornehmsten Requisiten der Oper dar.

Wie sich zeigte, gelang es Peter I., immer mehr Stücke auf die Bühne zu bringen, die erkennbare Anspielungen auf die aktuellen politischen Ereignisse, auf die Strelitzenaufstände und die russischen Siege über den schwedischen Feind enthielten. Mit der Verleihung des Degens ließ der Monarch die bislang rechtlosen Schauspieler in die Stellung von privilegierten Personen aufrücken. Nach Übersiedlung der Zarenfamilie und der Staatsverwaltung nach Petersburg im Jahre 1712 erhielt auch das russische Theater in der Hauptstadt an der Newa eine neue Wirkungsstätte. Bald gab es in St. Petersburg mehrere Theater nebeneinander. Jedoch auch in Moskau fehlte es nicht an Bühnen, auf denen in vielen Fällen Laienkünstler auftraten. So spielte man mit Vorliebe Stücke russischer Theaterdichter. Im Jahre 1725 schrieb Fjodor Shurowski, ein Zögling der Schule für Chirurgie, zu Ehren der Kaiserkrönung Katharinas I. das Stück »Rußlands Ruhm«, und Feofan Prokopowitsch geißelte in seiner bereits 1705 in Kiew aufgeführten Tragikomödie »Wladimir« die Ignoranz von Pfaffen und Mönchen, die als wollüstige Fresser und Säufer ein unwürdiges Parasitendasein in der Gesellschaft führten.

In der Zeit unmittelbar nach dem Tode Peters I., im zweiten Drittel des 18. Jahrhunderts, erfolgten in der russischen Literatur die ersten sichtbaren Schritte in der Herausbildung einer nationalen Literatur, die im Zeichen der Frühaufklärung stand. Als deren Hauptpräsentanten erwarben sich Antioch Kantemir, Wassili Kirillowitsch Trediakowski, Michail Wassiljewitsch Lomonossow und Alexander Petrowitsch Sumarokow bedeutende Verdienste um die Normierung der russischen Schriftsprache. Die literarische Hauptform stellte dabei der Klassizismus dar, der eine starke nationale Färbung aufwies. Der russische Klassizismus spiegelte deutlich die notwendig gewordene Systematisierung der alten und der neuen Elemente in der Dichtkunst wider. Die beherrschende Leitidee der klassizistischen Literatur blieb auch in der Zeit der unmittelbaren Nachfolger des großen Monarchen der feste Glaube an die unaufhaltsame Aufwärtsentwicklung von Gesellschaft und Kultur im Russischen Reich. Ausgehend davon beschworen die russischen klassizistischen Dichter in ihren Werken Peter den Großen herauf und forderten dessen Nachfolger auf, das begonnene Werk fortzusetzen.

Auch das Theater- und Konzertwesen begann in der Zeit nach dem Tode Peters I. am kaiserlichen Hof aufzublühen. Bereits in dessen letzten Lebensjahren war eine Hofkapelle unter dem Dirigenten Johann Hübner nach Petersburg gekommen und hatte in den zarischen Palais die Kammermusik eingebürgert. Gleichzeitig wirkten Ballettgruppen und andere Orchester, deren Mitglieder deutsche, russische und italienische Tänzer, Musiker und Schauspieler waren. Im Jahre 1756 entstand in Petersburg das Russische Nationaltheater. Sein Begründer war der Kaufmannssohn Fjodor Grigorjewitsch Wolkow. Das Schauspielhaus von 1756 besteht noch heute als das Leningrader Puschkin-Theater.

Architektur und Bauwesen: Entstehung St. Petersburgs

Das Wirken Peters I. führte in Rußland zu Beginn des 18. Jahrhunderts auch zur Herausbildung eines neuen Kunstverständnisses, das weltlichen Charakter trug. Besondere Bedeutung für die neue Kunst erlangten die Reformen des Zaren, die eine wichtige Voraussetzung für den Aufschwung des künstlerischen Schaffens in Rußland darstellten.

Starke Impulse vermittelten Peters Reformen auch dem Bauwesen, was sowohl in der Errichtung neuer Städte und Gebäude als auch im Bau von Werkstätten, Manufakturen und Fabriken zum Ausdruck kam. Im Unterschied zur früheren Bautätigkeit drängte der Monarch darauf, die verschiedenartigen Bauarbeiten auf der Grundlage von genauen Plänen auszuführen. Zu diesem Zweck ließ er im Jahre 1709 eine Baukommission berufen, die sich dieser Aufgabe voll annehmen sollte. Beeindruckt von ausländischen Garten- und Parkanlagen, die der Zar auf den Auslandsreisen in Augenschein genommen hatte, hielt er seine Baumeister an, auch in Rußland Parks und Gärten in neuen Gestaltungsformen und bis dahin unbekannten Maßstäben anzulegen. In den gleichen Zusammenhang gehörten die vom Herrscher erlassenen Befehle und Verordnungen über die Förderung der Massivbauweise in den Städten, die Anlage von Straßenfluchtlinien, feuerverhütende Bebauung, Errichtung von Grünanlagen, Kais, über Entwässerung, Pflasterung und Beleuchtung der Straßen während der Nachtstunden. Aus den Vorschriften des Herrschers wurde deutlich, daß es ihm um den Aufbau moderner Städte in seinem Reiche ging. In diesem Sinne begann mit der Regierungszeit Peters I. auch für die russische Architektur eine neue Entwicklungsetappe. Das große Beispiel gab der Aufbau der neuen Stadt an den Gestaden der Newa, der späteren Residenz- und Kaiserstadt St. Petersburg.

An den von Peter inspirierten neuen Bauarbeiten beteiligten sich zahlreiche vielseitig begabte Künstler und Meister aus dem In- und Ausland, unter ihnen Iwan Petrowitsch Sarudny, der insbesondere als Maler und Bildhauer bekannt wurde. Von ihm stammt der Menschikow-Turm in Moskau, errichtet in den Jahren 1701 bis 1707 auf Initiative Alexander Danilowitsch Menschikows auf dessen Herrensitz. Mit dem Bauwerk gelang es Sarudny, an die Traditionen des hölzernen Zeltdachkirchenbaus anzuknüpfen und dem bisherigen Sakralbau ein gänzlich weltliches Antlitz zu verleihen. Bereits mit diesem Bau wurde der Umbruch deutlich, den das Wirken Peters auch in der russischen Architektur bewirkte. Von Sarudnys Menschikow-Turm gingen spürbare Wirkungen auch auf die nachfolgende Baukunst in Rußland aus. Als Bildhauer machte sich Sarudny einen Namen durch mehrere geschnitzte Ikonostase, zu denen vornehmlich der für die Peter-Pauls-Kathedrale (1722 bis 1726) in der Peter-Pauls-Festung zu St. Petersburg gehörte.

Großes Aufsehen bei den Zeitgenossen im In- und Ausland erregte der von Zar Peter befohlene Bau von St. Petersburg, mit dem wenige Jahre nach der Eröffnung des Krieges gegen Schweden begonnen wurde. Die Errichtung der neuen Stadt stand in unmittelbarem Zusammenhang mit der Außen- und Kriegspolitik des Zaren, die darauf gerichtet war, die Grenzen des Reiches an die Ostsee auszudehnen, um das Ausgreifen Rußlands nach dem Westen zu ermöglichen. Mit Petersburg sollte Rußland nicht nur ein Fenster nach dem übrigen Europa erhalten, sondern dieses auch ein solches nach dem Zarenreich. Der Platz für die neue Reichsmetropole war mit seinen niedrig gelegenen, schlammigen Flußufern der Gründung eines großen Gemeinwesens nicht eben günstig. So dürfte ehedem nur daran gedacht gewesen sein, an der Stelle einen befestigten Hafen anzulegen. Jedoch die Dinge gestalteten sich so, daß Peter den Standort schließlich zu seiner neuen Hauptstadt ausbauen ließ.

Die offizielle Gründung St. Petersburgs erfolgte am 16./27. Mai 1703, und zwar im Zusammenhang mit der Grundsteinlegung einer Festung, die den Namen der Apostel Peter und Paul erhielt. Die ersten Arbeiten mußten in unmittelbarer Reichweite der Kampfhandlungen vollzogen werden, was erhebliche Störungen mit sich brachte. Über die baulichen Anfänge der Stadt ist noch immer wenig bekannt. Im Mai 1704 war die Festung Kronschloß fertiggestellt und der Hafen damit von der Seeseite her gesichert. Dem raschen Aufbau der neuen Stadt standen jedoch gewaltige Schwierigkeiten im Wege, die vor allem in dem Mangel an den erforderlichen Materialien und Menschen bestanden. Um dem Abhilfe zu tun, gab Peter I. den Befehl, die notwendigen Mittel und Arbeitskräfte zu beschaffen und die Bauarbeiten mit größtem Einsatz voranzutreiben.

Nach der Peter-Pauls-Festung entstand als zweites großes Bauwerk Petersburgs die Admiralität. Sie war als Schiffswerft angelegt und hatte damit ebenfalls Verteidigungsaufgaben. Auch bei den nachfolgenden Baukomplexen handelte es sich vorranging um Befestigungsanlagen. So baute man hölzerne Kais an der Newa, der Fontanka und der Moika. Auf frühen Kupferstichen und Stadtplänen Petersburgs, die freilich zahlreiche Ungenauigkeiten enthalten, sind die befestigte Schiffswerft-Admiralität, der Gouverneurspalast, das Menschikow-Palais, die Peter-Pauls-Festung und nördlich davon eine große Markt- und Wohnsiedlung für die Arbeitskräfte zu erkennen. Hinzu kam dann ein größerer Komplex, zu dem die Zarenresidenz mit ihren Parkanlagen, Offiziers-, Ingenieurs- und Handwerkerhäusern gehörten. Durch diese Bauten verlor St. Petersburg etwas von seinem anfänglichen Festungscharakter und nahm Züge einer wirklichen Stadt an. Freilich waren die von der Seeseite her drohenden Gefahren durch die Festung Kronschloß noch keineswegs vollständig abgewendet. Erst Peters Entscheidungssieg über die Schweden bei Poltawa im Jahre 1709 und die darauffolgende Eroberung Livlands, Kexholms und Wiborgs 1710 gaben der neuen Hauptstadt Petersburg die notwendige Sicherheit beim weiteren Ausbau der Stadt. So konnten denn seit diesem Zeitpunkt die Bauarbeiten zügig fortgeführt werden. Im Jahre 1712 fällte Zar Peter die endgültige Entscheidung: Er ordnete die Verlegung der russischen Hauptstadt von Moskau in das neugegründete St. Petersburg an. Der Herrscher und seine Familie übersiedelten, der Senat und die Mitglieder der staatlichen Verwaltungsämter folgten. Damit war die junge Stadt St. Petersburg zur neuen Reichsmetropole Peters I. geworden.

Zu denen, die die neue Hauptstadt Rußlands geschaffen hatten, gehörten viele, darunter nicht zuletzt die Tausende von zwangsverpflichteten Arbeitskräften aus allen Teilen des Landes, die unter den denkbar härtesten Bedingungen die ihnen aufgetragenen Arbeiten ausführen mußten. Neben den einheimischen Meistern und Architekten waren es die ausländischen Fach-

Überschwemmung St. Petersburgs im September 1703

leute, die Peter I. in Italien, Holland, England, Deutschland, Frankreich und anderen Ländern anwerben und in zarische Dienste nehmen ließ. Sie alle kamen nach Rußland, um am Aufbau von Peters neuer Hauptstadt mitzuwirken. Es bedurfte freilich der starken Hand des Zaren, um das bunt zusammengewürfelte Ensemble von Baufachleuten in rechtem Maße zum Gelingen seines Werkes einzusetzen. Welche Kraft und welche Energie, welchen Elan der Monarch dabei an den Tag legte, wird aus den Worten seines Mitarbeiters Feofan Prokopowitsch ganz deutlich, der schrieb: »Es geziemt sich wahrhaftig zu bekennen: Er hat ein hölzernes Rußland vorgefunden und ein goldenes geschaffen.«

Jedoch nicht nur die Kriegseinwirkungen und der Mangel an Menschen und Material beeinträchtigten anfänglich die Bauarbeiten. Hinzu kamen die ungestümen Naturgewalten in Gestalt von Bränden, Krankheiten, Hochwassern und anderen Heimsuchungen, die sich nicht selten einstellten. Dem allem mußte die Stirn geboten werden. Bereits wenige Monate nach der Gründung der Stadt, im September 1703, war, wie es in einer zeitgenössischen Mitteilung hieß, »bei der neuen Festung, Petersburg genannt, ... ein großer Sturmwind entstanden, so durch seine Heftigkeit und langes Anhalten das Wasser aus der See so hoch auf das Land getrieben, daß es übermannshoch gestiegen ist, wodurch bei 2000 kranke und verwundete Personen, so in der Eil nicht haben können von dar weggebracht werden oder selbst fortkommen, ertrunken und mit abfallendem Wasser meistens in die See weggetragen worden«. Drei Jahre später berichtete der Zar selbst von Männern und Frauen, die auf Bäumen und Dächern saßen, »wie zur Zeit der Sintflut«. Auch die Wölfe machten den Bewohnern Petersburgs zu schaffen. So soll 1714 eine ganze Schildwache von ihnen »verzehrt« worden sein und »wenige Tage darauf eine Frau vor des Fürsten Menschikows Haus mitten am Tage«.

Zu den ersten ausländischen Architekten, denen Peter I. wichtige Bauarbeiten übertrug, gehörte der Italiener Domenico Trezzini. Er war wohl im Jahre 1706 nach Petersburg gekommen, nachdem er vorher in Dänemark gearbeitet hatte. Trezzini wirkte bis zu seinem Tode im Jahre 1734 in Rußland. In dieser Zeit bewältigte er ein umfangreiches Arbeitspensum. Ein wichtiges Bauwerk, das unter Trezzinis Aufsicht entstand, war die Peter-Pauls-Kathedrale in der St. Petersburger Peter-Pauls-Festung. Peters Aufmerksamkeit bei der Errichtung der Kirche galt vor allem dem Glockenturm, in dem er ein Wahrzeichen seiner Regentschaft sah. Die Kathedrale und der Turm haben durch den 1756 erfolgten Brand stark gelitten und mußten in den sechziger und siebziger Jahren des 18. Jahrhunderts restauriert werden. Auch das Peter-Tor von 1717/18, das sich in der Peter-Pauls-Festung befindet, stellt das Werk Domenico Trezzinis dar. Der größte Bau Trezzinis jedoch wurde der Gebäudekomplex der Zwölf Kollegien (1722, beendet 1742), der die heutige Universität Leningrad beherbergt. Für den Bau des Alexander-Newski-Klosters fertigte der italienische Architekt die ersten Entwürfe an, und die Errichtung der Kapelle im Nordflügel, die 1724 eingeweiht wurde, erfolgte nach seinen Weisungen. Die aus Holz errichteten Häuser St. Petersburgs wurden in rascher Abfolge durch den Bau massiver Steinbauten ersetzt. Nach 1727 nahm der Wohnungsbau einen sichtbaren Aufschwung.

Auf seinen Deutschlandreisen hatte Zar Peter auch in Berlin und Potsdam Station gemacht und die dortigen Prachtbauten bewundert. Als er 1712 erneut nach Berlin kam, scheint das von Andreas Schlüter 1698 begonnene Schloß, das unmittelbar vor seiner Vollendung stand, auf ihn einen so lebhaften Eindruck gemacht zu haben, daß er befahl, den Künstler durch Vermittlung von Generalleutnant Jacob Bruce unmittelbar in seine Dienste zu nehmen. So konnte dieser bereits am 8. Mai 1713 von Berlin aus dem zarischen Kabinettsekretär Alexej Wassiljewitsch Makarow mitteilen, daß der Vertrag mit Schlüter so gut wie perfekt sei: »Allein mit dem tüchtigsten hiesigen Manne bin ich schon fast übereingekommen, mit dem, der hier die Stelle eines Oberdirektors über alle Bauten einnahm. Dieser Mann will von hier, ohne Abschied erhalten zu haben, wegfahren, da ihm großes Unrecht widerfahren, und will deshalb hier nicht im Dienste bleiben. Und wenn ihm doppeltes Gehalt zugesprochen würde, will er auch noch vier Untermeister für das Architektur- und Modellfach mitnehmen. Ich hoffe, daß Seine Majestät mit ihm sehr zufrieden sein wird, da der Mann ein vorzüglicher Künstler ist, wie es nur wenige in Europa gibt; denn er ist nicht nur ein großer Architekt, sondern auch sehr berühmt als Skulpteur.«

Der bereits in seiner Berliner Zeit durch Medaillen und Gedichte auf seine Werke vielfach gefeierte Andreas Schlüter mußte seine Reise nach St. Petersburg freilich selbst finanzieren und zu diesem Behufe bei seinem Mitarbeiter und Freund, dem Gießer Johann Jacobi, der zurückblieb, ein größeres Darlehen aufnehmen. In der russischen Hauptstadt traf Schlüter wohl erst im Juli 1713 ein. Der Zar ließ ihn sogleich im Sommerpalais unterbringen, damit er den Meister in seiner Nähe hatte. Wie weiter berichtet wird, war der zum zarischen Oberbaudirektor ernannte Andreas Schlüter von Anfang an mit Arbeiten überhäuft: »Er hatte zu dieser Zeit eine große Anzahl von Geschäften in seiner Hand, indem er Paläste, Häuser, Akademien, Manufakturen, Druckereien usw. baute ... Der Zar war häufig bei ihm.« Dabei fiel den Beobachtern auch auf, daß der deutsche Meister sich in denkbar schlechtem Gesundheitszustand befand: »Schlüter war von schwacher, kränklicher Konstitution, und da er überbürdet wurde mit immerwährenden Geschäften, so ward er krank und starb, nachdem er nur ein Jahr in Petersburg gewesen.«

Andreas Schlüters Wirken in Rußland war somit mehr als kurz. Der Tod ereilte ihn Mitte Juni 1714. Der berühmte Baumeister hat in den wenigen Monaten seines Aufenthalts in St. Petersburg vor allem die Arbeiten am Schloß Peters I. im Sommergarten an der Newa, ebenso die an der Wasserkunst der Fontanka und die an den Orangerien im Sommergarten geleitet. Hinzu kamen die zahlreichen anderen Verpflichtungen, die ihm der Monarch aufgetragen hatte, darunter die Aufsicht über Befestigungsanlagen in Kronstadt. Daneben beschäftigte sich Schlüter offensichtlich auch intensiv mit dem Bau des Perpetuum mobile. Dieses Unternehmen, für das sich Peter I. bereits auf seinen ersten Europareisen stärkstens interessiert hatte und dessen Verwirklichung auch Christian Wolff nicht für unmöglich hielt, fand die nachdrückliche Unterstützung des russischen Monarchen. So kann angenommen werden, daß die Arbeiten an der komplizierten Maschine zu den letzten frohen Stunden in Schlüters mühevollem und arbeitsreichem Leben gehörten. Der Tod Schlüters stürzte dessen Familie ins Elend, wie aus Bittschreiben hervorgeht, die die Witwe und der Sohn, Anna Elisabeth Schlüter und David Schlüter, in den Jahren 1714 und 1715 an Katharina, die Gemahlin des Zaren, und an den Herrscher selbst richteten. In ihnen baten sie um Zahlung des noch ausstehenden Restgehaltes für Andreas Schlüter in Höhe von 1125 Rubel.

Mit Schlüter waren auch andere deutsche Meister und Fachleute nach St. Petersburg gekommen, unter ihnen Johann Friedrich Braunstein. Dieser wirkte viele Jahre in Rußland, beteiligte sich vor allem am Bau von Peterhof, wofür er auch die ersten Entwürfe verfaßte. Braunstein baute ebenso in Peterhof das Lustschloß Monplaisir, das 1714 bis 1725 entstand. Zudem wirkte er in Zarskoje Selo (dem heutigen Puschkin), wo neue Parks und Gärten angelegt wurden.

Bereits vor seiner letzten großen Europareise, die Peter I. in den Jahren 1716 und 1717 unternahm und die ihn auch nach Paris führte, hat sich der russische Monarch mit der französischen Baukunst beschäftigt. Dies geht aus einem Brief hervor, den er am 9./20. September 1715 und erneut am 16./27. desselben Monats an seinen Geschäftsträger Konon Nikititsch Sotow in Paris schrieb. In den beiden Briefen war die Aufforderung enthalten, Sotow solle dem Monarchen »Grund- und Aufrisse sowie Schrägbildansichten der schönsten in und um Paris befindlichen Gebäude und Gärten beschaffen, sonderlich von Palast und Park des Königs in Marly«.

Wenig später hielt sich der russische Herrscher selbst in Paris auf und wurde von dem französischen Barock in Bann geschlagen. Dieser war auf Hochwuchs und Weite sowie auf freie Gestaltung einheitlich geplanter Raumschöpfungen ausgerichtet. So verwunderte es nicht, daß Peters großzügige, auf Machtentfaltung bedachte Wesensart sich die Stilart des französischen Barocks rasch zu eigen machte. Noch ehe er in die Heimat zurückkehrte, war bereits eine von ihm angeworbene Schar französischer Künstler nach St. Petersburg unterwegs, voran der zu jener Zeit berühmte Baumeister Jean-Baptiste Le Blond, der sich insbesondere mit dem Ausbau der zarischen Lustschlösser befassen sollte. In mehreren Briefen aus Frankreich und Holland drängte der Monarch auf rasche Abfassung von Entwürfen für seine Petersburger Parkanlagen und fügte von ihm selbst verfertigte Zeichnungen bei, auf denen die Örtlichkeiten eingetragen waren, wo Marmorbildwerke, Vogelgehege und sonstige Verzierungen angelegt, Erdarbeiten ausgeführt werden sollten usw.

Da Peter I. mit seinen bisherigen ausländischen Baumeistern nicht allzu viel Glück gehabt hatte, waren seine Hoffnungen, die er in Le Blond und dessen Gehilfen setzte, um so größer. Der in Berlin in Ungnade gefallene Andreas Schlüter wurde vom Tod hinweggerafft, noch ehe er mit seinen Arbeiten recht begonnen hatte. Der aus Frankreich gekommene neue Mann, Jean-Baptist Le Blond, »der größte Ingenieur und Architekt, so jemals in Rußland«, wie ein Zeitgenosse schrieb, war vom Herrscher beauftragt worden, die bauliche Neugestaltung von Peters Hauptstadt zu bewerkstelligen. Der französische Meister selbst gab zu erkennen, daß er sich das neue St. Petersburg als riesige Seefestung vorstellte, vergleichbar den Idealstädten der italienischen Renaissance. Peter freilich konnte sich mit solchen Plänen nicht recht befreunden. Nach seiner Rückkehr aus Frankreich führte er zusammen mit seinem neuen »Generalarchitekten« eine Begehung der Örtlichkeiten der Stadt durch, wobei er sich endgültig entschloß, die von Le Blond vorgelegten Entwürfe zurückzuweisen. Peters Haupteinwand gegen den französischen Architekten bestanden darin, daß dieser die natürlichen Gegebenheiten des Stadtgeländes und die Traditionen des Landes nicht genügend berücksichtigte.

In seinen Erwartungen abermals enttäuscht, entpflichtete der Monarch Le Blond von den Aufgaben des zarischen Generalarchitekten und übertrug ihm die Aufsicht über die Weiterführung der Arbeiten in Peterhof und am großen Schloß mit den dazugehörigen Parkanlagen in Strelna. Jedoch Le Blond verstarb bereits im Jahre 1719. Zusammen mit Schlüter und Le Blond waren auch andere nach Petersburg gekommene ausländische Architekten am Werke, darunter die Deutschen Gottfried Schädel und Georg Johann Mattarnovy sowie der Schweizer Nikolaus Friedrich Härbel.

Angesichts der Schwierigkeiten, die sich der Verwirklichung von Peters Plänen, die neue Hauptstadt Rußlands mit Hilfe ausländischer Architekten in großem Stil auszubauen, in den Weg stellten, verzichtete der Monarch in der Folge auf die Anfertigung neuer Projekte und Entwürfe. Er befahl, die begonnenen Arbeiten in der bislang angeordneten Weise weiterzuführen. Zu diesem Zweck stattete er die Baukommission, an deren Spitze Uljan Senjawin stand, mit allen Vollmachten aus und drängte auf verstärkte bauliche Aktivitäten. Um die Arbeiten rasch voranzubringen, verfaßte der Zar eigenhändig mehr als hundert Weisungen und Bauskizzen, die nach seinem Tod unter den Kabinettspapieren aufgefunden wurden.

Bereits in den letzten Lebensjahren des Zaren hatte St. Petersburg das Antlitz einer majestätisch schönen Stadt angenommen. Schon 1713 war die erste Anlage des Newski-Prospekts fertig. Danach schritt man an die Errichtung des Zweiten Newski-Prospekts, der deutlich Versailler und Pariser Einfluß erkennen ließ. Dies machte deutlich, daß Le Blonds Pläne doch nicht ganz in der Versenkung verschwunden waren. So zeigte der neue Newski-Prospekt große Ähnlichkeiten mit der Avenue de Saint-Cloud und der Avenue de Paris. Als russische Architekten traten jetzt Semzow, Korobow und Jeropkin hervor. Sie wirkten auch noch nach dem Tode Peters I. Unter ihrer Leitung wurden die Schloßufer befestigt, die Pflasterarbeiten und Einfriedungen vorgenommen, Beleuchtungsanlagen errichtet, Sümpfe trockengelegt und neues Bauland erschlossen.

Wie Trezzini machte sich auch Michail Grigorjewitsch Semzow insbesondere als Baumeister von Glockentürmen einen Namen. Semzows hohe spitze Türme ließen formschöne Proportionen erkennen, die sich organisch in das Bild der flachgelagerten Stadt einfügten. Unter der Leitung Semzows entstand die Mariä-Geburts-Kirche auf dem Newski-Prospekt, die später der Kasaner Kathedrale weichen mußte. Auch die Simeon-Kirche in der Mochowaja Uliza gehörte zu den Werken Semzows. Die Glockentürme der beiden Kathedralen verbanden sich mit spitzgekrönten Bauten aus der Zeit Peters zum Wahrzeichen der frühen Silhouette von St. Petersburg.

Mit dem Wirken Semzows, des bedeutendsten russischen Architekten der zwanziger und dreißiger Jahre, begann eine rege Bautätigkeit in der Hauptstadt des Reiches. Semzow oblag die Aufsicht über zahlreiche Bauvorhaben. So beaufsichtigte er die Arbeiten am Schloßbauamt und Alexander-Newski-Kloster und leitete gleichzeitig die Schule für Architektur. Ebenso führte er umfangreiche Arbeiten im Sommergarten aus, und auch am Bau des großen »Italienischen Schlosses« am Ostufer der Fontanka und eines Verwaltungsgebäudes an der Moika wirkte er mit. Sein letztes großes Bauwerk war das Anitschkow-Palais, gelegen am Westufer der Fontanka. Es wurde jedoch erst nach dem Tod Semzows vollendet.

Wie Semzow, wandelte auch Iwan Kusmitsch Korobow in Domenico Trezzinis Spuren. Korobow konnte seine Ausbildung durch Auslandsreisen und Aufenthalte insbesondere in Holland und Flandern, wo er im Jahre 1717 arbeitete, vervollständigen. Sein Interesse galt hier vor allem dem Bau von Schiffen und Wasserwerken. Nach Petersburg zurückgekehrt, beteiligte er sich vor allem an den Rekonstruktionsarbeiten des Admiralitätskollegiums. So entwarf er das Projekt für das Einfahrtstor mitsamt dem Turm, der von einer vergoldeten Spitze gekrönt war und eine Wetterfahne in Form eines dreimastigen Schiffes trug. Aus den gradlinig verlaufenden Straßen und Vertikalen der spitz auslaufenden Glockentürme sowie anderen Turmbauten Korobows wurde dessen künstlerische Anregung durch Domenico Trezzini sichtbar.

Wie Semzow und Korobow war auch Pjotr Michailowitsch Jeropkin ein vielseitig begabter und gebildeter Künstler, der zugleich wissenschaftliche Neigungen für Fragen des Architekturwesens erkennen ließ. Ebenso betätigte sich Jeropkin als Übersetzer italienischer Fachliteratur auf dem Gebiet der Technik und Architektur. Nach seiner Rückkehr aus Italien im Jahre 1724, wo er studiert hatte, entwarf er Projekte zur Bebauung der Admiralitätsinsel und des Stadtbezirks zwischen Newa und Moika.

Semzows, Korobows und Jeropkins Hauptverdienst bestand in der planerischen Neugestaltung St. Petersburgs. Ihrer Konzeption lag der Gedanke eines Radialstraßensystems zugrunde, das die einzelnen Stadtteile miteinander verbinden sollte. Die noch von ihnen angelegten Ringstraßen, Grünflächen und Kanäle bereicherten das Stadtgelände von St. Petersburg und schufen wichtige Voraussetzungen für den weiteren Ausbau der neuen Reichsmetropole, der um die Mitte und in der zweiten Hälfte des 18. Jahrhunderts erfolgte.

Die neue Hauptstadt des Reiches, St. Petersburg, wie sie sich in den letzten Lebensjahren Peters des Großen darbot, zerstörte den synonymen Klang, den die Namen Rußland und Moskau seit dem Ende des 15. Jahrhunderts gewonnen hatten. Der große Monarch sah in der neuen Stadt an der Newa das Symbol seines Reformwerks. Er sprach von seinem »Paradies« und suchte hier in den kurzen Pausen, die ihm der zermürbende Krieg gegen den schwedischen Feind gönnte, Kräftigung und Erbauung. Wie nicht anders möglich, vollzog sich der Ausbau St. Petersburgs zu Lasten und auf Kosten anderer Städte. So konnte in der neuen Hauptstadt des Russischen Kaiserreiches unmittelbar nach dem Tode Peters I. die noch von ihm gestiftete Akademie der Wissenschaften ins Leben treten. Es war St. Petersburg, wo die ausländischen Gesandten ihre Domizile aufschlugen. Peters Gegner im Lande schalten, die neue Hauptstadt des Reiches trage güldenes Stiefelwerk, die alte hingegen müsse in Bastschuhen gehen.

St. Petersburg, die neue Metropole an der Peripherie des Reiches, wurde in Verwirklichung von Peters Konzeption zum handelspolitischen und strategischen Schlüsselpunkt des neuen Rußlands. Als Sammelbecken aufstrebender Kräfte des russischen Volkes mit unwiderstehlicher Anziehungskraft für Ausländer war es über die Ostsee und durch die baltischen Regionen eng mit den Wirtschafts- und Kulturzentren Mittel- und Westeuropas verbunden. St. Petersburg wurde, gemäß der Absicht seines Gründers, wirklich das Fenster nach dem Westen und damit das Tor zur Welt. Und kaum hatten die ersten Pfähle im Sumpf des Newa-Deltas festeren Halt gefunden, da blickte bereits die gesamte Welt staunend auf das nordische Wunder, auf die aus einer Einöde hervorgezauberte Stadt, die nach dem Willen des großen Reformzaren und durch die Leistungskraft des russischen Volkes entstanden war. Mit dem Aufstieg der »Palme des Nordens« an den Gestaden der Newa und des Finnischen Meerbusens änderte sich zugleich die Stellung der alten Reichsmetropole Moskau, die nunmehr den Rang der zweiten Hauptstadt des Russischen Reiches erhielt und, wie Alexander Puschkin schrieb, mit der Stellung einer »purpurnen Witwe« vorlieb nehmen mußte.

Bildende Kunst

Der von Peter I. eingeleitete Prozeß des Umbruchs und des Neuschaffens im Leben der russischen Gesellschaft äußerte sich auch in der Graphik, Malerei und Plastik. Bedeutungsvoll wurde hierbei, daß nun auch im Zarenreich erstmalig profilierte russische Kupferstecher mit ihren Werken hervortraten und damit ein lebendiges Beispiel für die unmittelbare Verbindung von Kunst und Wirklichkeit gaben. Auf den ersten Stichen der russischen Künstler waren insbesondere Schlachten und Stadtlandschaften dargestellt. Um die Arbeiten auf diesem Gebiet in breitem Umfang zu entfalten, berief Peter I. auch ausländische Zeichner, Stecher und Maler nach Rußland, unter ihnen Adriaan Schoonebeeck, der von 1698 bis 1705 im Zarenreich wirkte, und Pieter Pickaerdt, der seit 1702 in Moskau und St. Petersburg arbeitete.

Den Ruf des bedeutendsten russischen Kupferstechers unter Peter I. erwarb sich Alexej Fjodorowitsch Subow. Er, der Zögling der Moskauer Rüstkammer, wandte in seinen Arbeiten vornehmlich die Technik der Radierung und des Stichels an. Von ihm stammt eine ungewöhnlich große und detaillierte Stadtansicht St. Petersburgs auf insgesamt 8 Blättern, entstanden 1716/17. Auf ihr ist das rege geschäftige Treiben festgehalten, wie es in der neuen Stadt bereits vorherrschte. Auf einem anderen Stich hat Subow die siegreiche Heimkehr der russischen Flotte von einem Treffen mit schwedischen Kriegsschiffen eingefangen.

Alexej Subow suchte auf seinen Stichen dokumentarische Treue und bildhafte Anschaulichkeit der dargestellten Ereignisse zu verbinden. Aus ihnen erhielt der Betrachter eine einprägsame Vorstellung vom Leben in der jungen Hauptstadt Peters I. Ein anderer russischer Kupferstecher, der sich gleichzeitig mit Alexej Subow betätigte, war Iwan Adolski der Ältere.

Eine besondere Bedeutung in der russischen Kunstentwicklung unter Peter I. erlangte auch die Porträtmalerei. In ihr fanden die Bestrebungen nach einem realistischen Menschenbild, wie sie in Rußland bereits gegen Ende des 17. Jahrhunderts sichtbar geworden waren, ihre Fortsetzung. In dieser Hinsicht betätigten sich vor allem die russischen Maler Nikitin und Matwejew. Beide hatten sich im Auftrag des Zaren in Italien beziehungsweise Holland aufgehalten und dort mit den Techniken der westlichen Proträtmalerei vertraut gemacht. Insbesondere Iwan Nikititsch Nikitin hinterließ zahlreiche Porträts, die die Originalität des Künstlers ganz deutlich werden lassen. Er hat Peter I. zu Beginn der zwanziger Jahre des 18. Jahrhunderts mehrmals porträtiert. Wahrscheinlich stammt auch das bekannte Rundbildnis des Zaren von seiner Hand. Der Monarch schätzte Nikitin sehr. Er ließ ihm jegliche Unterstützung angedeihen und schenkte dem Maler ein unweit des Winterpalais gelegenes Anwesen. Nikitin malte auch den zarischen Kanzler Graf Gawriil Iwanowitsch, einen Feldhetman sowie andere Personen. Zu Nikitins Porträts gehören auch das kleine Bildnis von 1720, auf dem die Zarentochter Anna Petrowna dargestellt ist, ebenso das Bildnis, das Peter den Großen auf dem Totenbett zeigt, das der Künstler noch 1725 angefertigt hat. Auch als Schlachtenmaler hat sich Nikitin betätigt, wie die Gemälde »Die Schlacht von Poltawa« und »Die Schlacht auf dem Kulikowo Pole« bezeugen.

Andrej Matwejewitsch Matwejew malte als junger Künstler vor allem Paläste und Kirchen aus, jedoch ist darüber wenig bekannt. Zu seinen Porträts gehört das »Selbstbildnis mit Gemahlin«, das 1729 entstand. Matwejews Hauptschaffenszeit gehört in die dreißiger Jahre, wo er als einer der führenden Maler in Erscheinung trat. Zugleich betätigte er sich als Leiter der bei der Baukanzlei eingerichteten Malerschule.

Das aufstrebende Rußland Peters I. bot auch den zahlreichen Künstlern, die nach Rußland kamen, ein umfangreiches Betätigungsfeld, und deren Zustrom hielt auch nach dem Tode des großen Zaren an. Das Interesse für die Plastik nahm in Rußland im Zusammenhang mit den kulturellen und künstlerischen Neuerungen beträchtlich zu. Dies galt besonders für die Rundplastik. Vor dem 18. Jahrhundert stand die Plastik weitgehend im Dienste der Kirche und fand in der Verzierung der Rahmen von Heiligenbildern, der Ikonostase, der Altarbalustraden, Kirchengeräte, Türen usw. Verwendung. Weniger vom Geist der Askese beherrscht als die Malerei, breitete sich die Plastik frühzeitig auch im profanen Leben aus. So gab es in den Häusern von Adligen und reichen Kaufleuten kunstvolle Gebrauchsgegenstände aus Holz, Elfenbein und verschiedenem Metall, die durch Schnitzwerk und Gravierungen verziert waren. Die Arbeiten der Moskauer und danach auch der Petersburger Goldschmiede sowie anderer russischer Städte des beginnenden 18. Jahrhunderts waren im ganzen Land bekannt. Peter I. selbst zeigte frühzeitig Geschmack an plastischen Bildwerken. So ließ er zur Ausschmückung seiner Schlösser und Gärten aus Venedig größere Mengen von Gartenplastiken kommen, die noch heute in den Sommergärten Leningrads zu sehen sind.

So war zu Beginn des 18. Jahrhunderts auch in Rußland die dekorative Plastik weit verbreitet. Beispiele dafür stellte der Skulpturenschmuck der Kirche von Dubrowizy (1690–1704), am Menschikow-Turm (1705–1707), an den von Andreas Schlüter gebauten Flachreliefs des Petersburger Sommerpalais (1714) und an dem aus Stein geschnitzten Innenraumschmuck in Peters Kabinett zu Monplaisir dar, ausgeführt von Nicolas Pineau, der von 1716 bis etwa 1726 in Rußland wirkte. Auch die Ikonostas-Schnitzereien fanden in der Zeit Peters ihre Fortführung, wie der Ikonostas der Peter-Pauls-Festung, geschaffen von den Holzschnitzern Iwan Telegin und Tichon Iwanow nach einem Projekt von Iwan Petrowitsch Sarudny, verdeutlichte.

Ein Bildhauer von Format war der Italiener Bartolomeo Carlo Rastrelli, der Vater des berühmten Architekten Bartolomeo Francesco Rastrelli. Carlo Rastrelli hatte den Vorschlag Peters angenommen und war 1716 über Frankreich, wo er vorwiegend dekorative Arbeiten ausgeführt hatte, nach Rußland gekommen. Im Zarenreich entfaltete er eine vielseitige Tätigkeit. Im Vordergrund standen zunächst bildhauerische Arbeiten, die der Ausschmückung der Kaskaden von Peterhof dienten. Zusammen mit Andrej Konstantinowitsch Nartow arbeitete er am Modell für eine Triumphsäule, die in Anlehnung an die berühmte Trajanssäule die Erinnerung an den Nordischen Krieg wachhalten sollte. Durch den Tod Peters wurde das Vorhaben nicht verwirklicht, jedoch die Zeichnungen blieben erhalten. Die Siegessäule sollte den Namen tragen: »Der russische Samson zerfleischt den schwedischen Löwen bei Poltawa 1709«. Auch auf andere Ereignisse der Kriegszeit sollte Bezug genommen werden, so auf die Einnahme Rigas und die Gründung Petersburgs. Auf dem Postament der Säule sollten zudem russische Soldaten und Bauern gezeigt werden.

Carlo Rastrelli arbeitete zu Lebzeiten Peters I. mit großer Intensität an der skulpturischen Darstellung des großen Herrschers. Schon 1719 nahm er die Maske des Monarchen ab und schuf eine Wachsbüste. 1723 entstand die bekannte Bronzebüste Peters I., die in den Jahren 1723 bis 1729 in mehreren Exemplaren gegossen wurde. Lange arbeitete Rastrelli auch am Peter-Monument, einer Reiterstatue, die nach dem Tode des Künstlers, 1745/46, in Bronze gegossen wurde. Erst Kaiser Paul ließ im Jahre 1800 Rastrellis Peter-Denkmal vor dem Michajlow-(Ingenieur)Palais aufstellen. Die Figur Peters hat Rastrelli überlebensgroß dargestellt. Das Monument hatte das Denkmal Ludwigs XIV. von François Girardon zum Vorbild, unterschied sich jedoch davon durch Schlichtheit der Form und betonte Monumentalität. Während der Regentschaft von Kaiserin Anna Iwanowna schuf Rastrelli die bekannte Bronzestatue »Anna Iwanowna mit dem Mohrenknaben« (1741). Carlo Rastrelli blieb bis zu seinem Tode im Jahre 1744 der bedeutendste Bildhauer Rußlands.

VOLKSBEWEGUNGEN
UND SOZIALER WIDERSTAND

Der Nordische Krieg und das Reformwerk Peters waren begleitet von einem vernehmbaren Raunen und Grollen, das aus den Tiefen der Volksmassen kam. Der Kampf mit Schweden und die Modernisierung von Gesellschaft und Staat in Rußland vollzogen sich unter dem gleichzeitigen Protest und Widerstand breiter Volksschichten, die sich in elementaren Ausbrüchen äußerten, zu denen es während der entscheidenden Kämpfe gegen Karl XII. kam. Besonders schwer lastete der Krieg auf den bäuerlichen Massen und der Bevölkerung der Städte. Zu der Fronarbeit sowie dem Natural- und Geldzins kamen zahllose andere staatliche Abgaben und Leistungen. Zehntausende, ja Hunderttausende Menschen wurden von Zar Peter zum Bau von Städten, Kanälen und Straßen gezwungen und mit Gewalt immer neue Massen von Rekruten ausgehoben. Viele Menschen kamen durch Hunger, Unfälle, Krankheiten, körperliche Mißhandlungen und Entkräftung ums Leben. Die Folge von alledem war eine Massenverelendung breiter Bevölkerungsschichten auf dem Lande und in den Städten. Die Zahl der unbewohnten Häuser und Behausungen nahm zu, die Steuerrückstände der Bevölkerung stiegen ins ungemessene. Von der Armut betroffen waren nicht zuletzt die in den Manufakturen tätigen Arbeitsleute, die durch den langen Arbeitstag und die willkürliche Behandlung vollends zugrunde gerichtet wurden. Es blieb somit nicht aus, daß zahllose verarmte und zur Verzweiflung getriebene Menschen in die Randgebiete, an den Don, nach Sibirien und in andere Regionen des Reiches, flohen. Aber auch hier war das Leben hart, und es fehlte allerorts an Nahrungsmitteln. So dauerte es in vielen Fällen nicht allzu lange, bis adlige Grundbesitzer erschienen und die Flüchtlinge in erneute Abhängigkeit brachten. Mit ihnen hielt die neue staatliche Administration Einzug, wodurch sich der Druck, der auf den steuerpflichtigen Menschen lastete, um ein Vielfaches erhöhte.

In welchen Formen sich die Bedrückung der arbeitenden Volksschichten vollzog und welchen Leiden die Menschen ausgesetzt waren, ging aus den Klagen hervor, die immer wieder vorgebracht wurden. So hieß es in einem von den Behörden als »aufrührerisch« bezeichneten Schriftstück: »Seht doch, ihr rechtgläubigen christlichen Geschlechter, wie wir ... hier auf Erden lebend ... des freien Lebens beraubt werden, wie man uns von Haus zu Haus, von Ort zu Ort, von Stadt zu Stadt jagt, uns beleidigt und mit Verbitterung erfüllt, wie man uns unsere Häuser wegnimmt, unsern Handel, den Ackerbau, das Handwerk und alle früheren Erwerbstätigkeiten vernichtet ... und alle ehrbaren Leute ihres Vermögens sowie der städtischen und altüberlieferten Gesetze verlustig erklärt ... Die Holznutzung, die wir für alle unsere Verrichtungen so dringend nötig haben, ist uns verboten worden; an vielen Orten hat man uns den Fischfang, den Handel und die Manufakturgewerbe weggenommen, und überall bedrückt uns das Unglück, in der Rechtspflege stauen sich die Prozesse wegen der großen und unerträglichen Gebühren ... Der Hunger plagt uns, und viele sind daran schon gestorben, Häuser und Pfarreien sind verödet, die heiligen Kirchen verfallen, denn die Zimmerleute und Steinmetzen hat man fortgejagt ...«

Durch besondere Schärfe zeichnete sich die Kritik aus, die gegen Zar Peter persönlich vorgebracht wurde. So hieß es in der Stellungnahme eines Bauern: »Seit Gott diesem Zaren den Thron gegeben, haben wir keine frohen Tage mehr erlebt: alle werden bedrückt, und stets gibt es neue Steuern. Wir müssen unentgeltlich Pferde und Wagen stellen, und man läßt uns Bauern nicht zu Atem kommen.« Auch ein Bojarensohn beschwerte sich mit ähnlich drastischen Worten: »Was ist das für ein Zar? Uns alle hat er zum Dienst genötigt; unsere Bauern und unser Gesinde schleppt er zur Armee; nirgends kann man sich vor ihm verbergen; alle kommen um. Dabei nimmt er selbst am Dienst teil. Daß man ihn bislang nicht umgebracht hat? Wenn sich jemand fände, ihn zu töten, so würde der Dienst aufhören; auch das Volk hätte es leichter.« Dasselbe Klagelied stimmten die Soldatenfrauen an: »Was ist das für ein Zar? Er hat unsere Männer völlig ruiniert und ihre Familien dazu, indem er sie zu Soldaten machte. Wir und unsere Kinder sind schutz- und hilflos geworden. Wir können unser Leben nur mit Tränen verbringen.« Und schließlich meinte ein Leibeigener: »Wenn er (Zar Peter – E. D.) noch lange am Leben bleibt, wird er uns alle umbringen. Ich begreife nicht, weshalb man ihn bisher nicht getötet hat, fährt er doch oft schon frühmorgens oder spätabends oder sogar nachts mit geringer Begleitung oder auch ganz alleine umher. Was ist das für ein Zar? Er ist ein Feind des Volkes, und mag er auch noch so lange in Moskau umherfahren und herumreiten – zuletzt wird er doch ohne Kopf sein.« Die gegen Peter gerichtete Sozialkritik erhielt eine besondere Zuspitzung in den Äußerungen der Altgläubigen, die den Zaren als Satan bezeichneten und die Menschen dazu aufforderten, sich in den Einöden zu verbergen, »so wie auch der Prophet Jeremias den Kindern Gottes befohlen hatte, aus Babylon zu fliehen ...«

Aufstand in Astrachan

Zu ebendemselben Zeitpunkt, als die kriegerische Auseinandersetzung mit Schweden ihrem ersten Höhepunkt zustrebte und den Einsatz aller Kräfte des Landes erforderlich machte, wurde Peter I. mit drei gefährlichen Aufständen konfrontiert. Angesichts der schwierigen militärischen Lage, in der sich das Zarenreich befand, war an eine sofortige Niederwerfung der Volkserhebungen durch Einsatz starker Truppeneinheiten nicht zu denken. Der Herrscher zeigte sich daher geneigt, mit den Aufständischen zu verhandeln und sich auf Kompromisse einzulassen.

Den Anfang machte die Garnison von Astrachan, die am 30. Juli 1705 meuterte und damit den Aufstand entfachte. Zu Beginn des 18. Jahrhunderts war Astrachan ein bedeutsamer strategischer Punkt, Ort mehrerer Soldaten- und Strelitzenregimenter sowie ein ebenso wichtiges Marktzentrum, das zahlreiche Kaufleute aus Buchara, Armenien, Persien und Indien anlockte. Zu den hauptsächlichsten Handelswaren gehörten Rohseide, Salz und Fischprodukte, die in Form von gesalzenen, getrockneten und geräucherten Fischen in großen Mengen nach Zentralrußland ausgeführt wurden. Fischfang, Salzgewinnung, Laden und Löschen von Schiffen – all dies zog viele Menschen an und bot Flüchtigen und sonstigen Angehörigen des ungebundenen Volkes die Möglichkeit, sich als Treidler, als Burlaki, Ruderer und Transportarbeitsleute verschiedenster Art zu verdingen. Die Garnison zählte mehr als 3500 Mann, unter denen sich zahlreiche ehemalige Moskauer Strelitzen befanden, die hier in der Verbannung lebten.

Der Astrachaner Aufstand währte fast neun Monate und erfaßte einen Großteil der umliegenden Gebiete. Seine Wortführer waren anfangs ehemalige Strelitzen und Altgläubige, zu denen sich bald Händler, Handwerker, Arbeitsleute und arme Kosaken gesellten. Den Anlaß der Erhebung bildete das Willkürregiment der städtischen Administration, insbesondere des Wojewoden Timofej Iwanowitsch Rshewski, der durch Einführung von immer neuen Steuern sowie durch brutale Durchsetzung von Peters Kleiderreform und Barttrachtentfernung den offenen Widerstand der Stadtbevölkerung herausforderte. Durch Anwendung härtester Methoden der Steuereintreibung hatte der Wojewode, der die Angehörigen der Strelitzengarnison auch zu persönlichen Dienstleistungen zwang, ein feinmaschiges Netz von Taxen und Abgaben aller Art geschaffen. So ließ er von den Verkaufsbuden ein Standgeld, von Barken und Booten Landungsgebühren und ein Hafengeld erheben, Badestuben, Eiskeller und Öfen besteuern und ebenso für das Schleifen von Äxten und Messern Gebühren erheben. Nicht wenige der eingebrachten Gelder flossen in die Taschen obrigkeitlicher Steuereintreiber, und auch Rshewski selbst dürfte dabei nicht zu kurz gekommen sein, obwohl darüber keine speziellen Untersuchungen angestellt worden sind.

Die Folge des erhöhten Steuerdrucks und der Abgabenvermehrung war ein Ansteigen der Preise auch für Brot, Salz und Holz, von dem vor allem die gewerbetreibende Bevölkerung betroffen wurde, zu denen auch die Strelitzen und anderen Soldaten gehörten. Die unter den Angehörigen der Garnison vorhandene Aufruhrstimmung wurde verstärkt durch die Härte und die Schroffheiten der höheren Offiziere, die in den meisten Fällen Ausländer, vor allem Deutsche, waren. Die allerorts anzutreffende Unzufriedenheit unter den Strelitzen und Soldaten nahm bereits die Form offenen Widerstands an, als Rshewski am 23. Juli 1705 Peters Erlaß über das Abschneiden der Bärte sowie das Tragen neuer Kleidung empfing und sofort mit Gewalt durchzusetzen begann. Diese Maßnahme gab den Anstoß zur bewaffneten Gegenaktion, und in allen nachfolgenden Verlautbarungen der Aufständischen wurde dieses Vorgehen des Wojewoden als Anlaß der Erhebung gebührend hervorgehoben.

An der Spitze der Ende Juli 1705 ausbrechenden Astrachaner Aufstandsbewegung standen bereits recht profilierte Führergestalten, so der Strelitz Iwan Wassiljewitsch Scheludjak und der reiche Fischhändler Jakob Iwanowitsch Nossow, ein angesehener Vertreter der Vorstadtbevölkerung. Scheludjak, der über militärische und rednerische Fähigkeiten verfügte, vermochte durch seinen persönlichen Einsatz der Bewegung von vornherein eine besondere Wucht zu verleihen, und Nossow, der große Autorität besaß und es mit den Altgläubigen hielt, gelang es, der Erhebung durch seine Wahl zum Ataman eine erste organisatorische Grundlage zu geben.

Der Verlauf des Astrachaner Aufstands, wie er sich in seiner ersten Phase vollzog, ist recht gut bekannt. Am frühen Morgen des 30. Juli 1705 drangen einige Hundert aufständische Städter, Strelitzen und Soldaten in den Kreml ein und töteten mehrere Obristen und alle ausländischen Offiziere. Auch der Wojewode, der sich versteckt hatte, wurde entdeckt und umgebracht. Die Zahl der Toten belief sich auf etwa dreihundert. In mehreren großen Versammlungen, die unmittelbar danach stattfanden, wurden nach dem Vorbild der Kosakenberatungen Älteste gewählt und durch Verkündung neuer Verordnungen die Erlasse Rshewskis für ungültig erklärt. Außerdem wandten sich Iwan Scheludjak und Jakow Nossow in Werbebriefen an die Donkosaken und die Städte Terki, Krasny Jar sowie Gurjew und baten um Unterstützung für ihre Bewegung. Gleichzeitig ließen sie ein Schriftstück ausfertigen, in dem die Angelegenheit der Erhebung in der Sicht der Aufständischen festgehalten wurde. Das Dokument, in dem die Astrachaner Bewegung ihre Rechtfertigung erfuhr, trug die Unterschriften nicht nur der gewählten Regimentsvertreter, sondern auch der Vorstadtbürgermeister und der Kaufmannschaft. Auf der Grundlage der neuen Verordnungen, die auf den öffentlichen Versammlungen erlassen wurden, teilten die Aufständischen den Besitz der Adligen unter sich auf, übernahmen die Aufsicht über die Zoll- und Schanksteuereinnahmen und regelten die Arbeiten in den Salpeterwerken und Pulverlagern. In den von den Aufständischen erlassenen Proklamationen hieß es zudem, daß man gegen Moskau ziehen und vom Herrscher die Beseitigung der Willkürherrschaft der zarischen Beamten verlangen wolle.

Unmittelbar nach der Abrechnung mit den Repräsentanten der verhaßten Administration Rshewskis schlossen sich den Astrachaner Insurgenten auch die Militärsiedlungen von Krasny Jar, Tschorny Jar und Gurjew sowie die Terekkosaken an, wodurch die Aufstandsbewegung bedeutend erweitert wurde. Die Donkosaken ebenfalls zum Aufstand zu bewegen, gelang jedoch nicht. Im Gegenteil, diese sandten den Regierungstruppen Hilfsabteilungen in Stärke von 2000 Kosaken zur Niederwerfung des Astrachaner Aufstands. Damit waren die Möglichkeiten, die Astrachaner Erhebung räumlich weiter auszuweiten, erheblich beschnitten, und der Versuch der Terekkosaken, Zarizyn zu nehmen, mißlang.

In Astrachan selbst traten die Ereignisse nach der Aufrichtung der Volksmacht in ihr zweites Stadium. Das Aufstandslager spaltete sich jetzt in zwei Gruppen auf: in die Masse der nichtbesitzenden Soldaten, Arbeitsleute und Stadtarmen, denen die begüterten Stadtbewohner, die Handel- und Gewerbetreibenden sowie die Oberschichten des Klerus gegenüberstanden. Als die Arbeitsleute, Soldaten und Stadtarmen ihre Absicht bekundeten, die Lagerräume der reichen Kaufleute in Besitz zu nehmen, wandten sich diese um Schutz an den Zaren und baten um sofortige Entsendung von Regierungstruppen.

Peter I. erhielt die erste Nachricht vom Astrachaner Aufstand am 11. September 1705. Er weilte zu diesem Zeitpunkt in Mitau und zeigte sich von den Meldungen, die ihm zugingen, stark beunruhigt. So setzte er eiligst seinen Oberbefehlshaber Generalfeldmarschall Boris Petrowitsch Scheremetew mit Kavallerie- und Infanterierregimentern nach Moskau in Marsch mit der Weisung, dort alle Maßnahmen ergreifen zu lassen, um die Hauptstadt gegen einen eventuellen Angriff der Aufständischen zu sichern. Demgemäß hatte der Zar befohlen, die Regierungskasse aus Moskau abzutransportieren und an einem sicheren Ort zu vergraben und ebenso alle Waffenvorräte in Sicherheit zu bringen. Sogar die russische Briefpost, die den Verkehr Moskaus mit dem Ausland aufrechterhielt, sollte zeitweilig ihre Tätigkeit einstellen. Darüber hinaus wurden weitere Truppenteile aus Narwa, Petersburg, Smolensk und Archangelsk schleunigst an die Wolga dirigiert.

Sehr bald erreichten den Zaren jedoch wieder beruhigend wirkende Mitteilungen. Zu ihnen gehörte die Nachricht, daß sich die Donkosaken nicht der Astrachaner Bewegung angeschlossen hatten. Der Herrscher ordnete jetzt an, die unterdessen in Gefangenschaft geratenen Aufständischen nach Grodno zu bringen, wo Peter seit Mitte September 1705 sein Standquartier hatte. Peter verfolgte die Absicht, sich über die Ziele der Astrachaner Rebellen genau zu informieren und möglichst durch Amnestiezusagen die Aufständischen zur Unterwerfung zu veranlassen. Offensichtlich gewann der Zar den Eindruck, daß die Astrachaner Insurgenten durch das Regiment Rshewskis über Gebühr hart mit Steuern und Abgaben bedrückt worden waren, was über die Kräfte der dortigen Bevölkerung ging. So befahl er Ende Januar 1706 den Administratoren, die in den Städten der Wolganiederung amteten, bei der Erhebung von Abgaben und Steuern Milde und Nachsicht walten zu lassen. Im Februar 1706 unterzeichnete der Herrscher einen Amnestieerlaß und entsandte Ende des gleichen Monats eine zehnköpfige zarische Deputation in die aufrührerische Stadt Astrachan.

Zu diesem Zeitpunkt gedachte Zar Peter immer noch, den Astrachaner Aufruhr mit Milde aus der Welt schaffen zu können. Diesen Geist atmete sein Schreiben an Feldmarschall Scheremetew vom 28. März 1706, das in dieser Hinsicht geradezu beschwörende Ermahnungen enthielt. So hieß es: »Schließlich und endlich sollen sie alle durch Gnade und Schuldvergebung ermutigt werden. Wenn die Stadt Astrachan genommen ist, soll auf keinen Fall gegen sie und gegen die Anstifter irgend etwas veranlaßt werden.« Das gleiche sollte für Tschorny Jar und die anderen aufständischen Militärsiedlungen gelten. Auch hier seien alle Mittel anzuwenden, um die dortige Bevölkerung wieder für den Herrscher zu gewinnen.

Jedoch Peters Hoffnungen auf einen friedlichen Ausgleich mit den Aufständischen erfüllten sich nicht, und Scheremetew mußte doch noch Gewalt anwenden. Als der Generalfeldmarschall Mitte März 1706 mit seinen Truppen vor Astrachan erschien, wurde er zwar von den vermögenden Bürgern der Stadt willkommen geheißen, jedoch Jakow Nossow und seine Kämpfer verwehrten ihm den Weg und stellten sich zum Kampf. Freilich mußten sie sich infolge der schwachen Kräfte, die zur Verfügung standen, alsbald in den Kreml zurückziehen, wo sie durch Artilleriebeschuß schließlich zur Aufgabe genötigt wurden. Am 13. März 1706 zogen die Truppen Scheremetews in Astrachan ein und nahmen Jakow Nossow sowie die anderen aufrührerischen Stadtältesten in Gewahrsam. Die Anführer der Erhebung ließ Scheremetew zur Aburteilung nach Moskau überstellen. Hier wurde ihnen im Preobraschenski-Prikas der Prozeß gemacht. Nach der Verurteilung der Aufständischen wurden 6 Insurgenten gerädert, 73 geköpft und 242 gehängt. Die Exekutionen fanden erst im Winter 1707/08 statt. Den Ataman Jakow Nossow hätte ebenfalls das Rad erwartet, wäre er nicht schon während der Folterungen gestorben. Nossows Frau und Tochter mußten den Weg in die Verbannung antreten.

Als dem Zaren die Einnahme Astrachans gemeldet wurde, war er befriedigt und tief erleichtert. Er dankte in überschwenglichen Worten seinem Generalfeldmarschall für den »Triumph und die Viktoria über die verdammten Bösewichter«. Scheremetew erhielt außerordentlich große Belohnungen, und in Menschikows Haus in Petersburg feierte Peter den Astrachaner Sieg mit einem festlichen Gelage, begleitet von Kanonendonner und Flintensalven. Durch den Prozeß gegen die Astrachaner Aufrührer war offenbar geworden, daß die daran beteiligten Gruppen in keinerlei Beziehungen zum schwedischen Feind oder zu anderen ausländischen Mächten gestanden hatten. Wie sich ebenso zeigte, war die soziale Basis der Astrachaner Erhebung nicht stabil genug, und die aus den verschiedenen Volksschichten kommenden Aufständischen verfügten über kein klar umrissenes Gesellschaftsprogramm.

Bulawin-Bewegung am Don

Der Aufstand in Astrachan war kaum beendet, als im Herbst 1707 unter den Donkosaken Unruhen ausbrachen, die sich zu einer breiten sozialen Bewegung auswuchsen. Bis zur Mitte des darauffolgenden Jahres nahm die Erhebung einen siegreichen Verlauf und konnte erst danach allmählich unterdrückt werden. Die Ursachen dieser größten Massenbewegung gegen Peters Herrschaftsregime lagen in der sozialen Bedrückung der bäuerlichen Massen im Gefolge der eigensüchtigen Wirtschaftsweise der Gutsherren, der steigenden staatlichen Abgabenlasten, der Furcht der Menschen vor den ständigen militärischen Rekrutierungen sowie der Zwangsarbeit auf Werften und bei der Anlage von Kanälen. Die Bauern, die in Scharen aus den zentralrussischen Gebieten entliefen, fanden Aufnahme bei den Donkosaken, deren Lebensräume dem direkten Zugriff des russischen Zaren entzogen waren. Jedoch Peter unternahm alle Anstrengungen, um seinen Verordnungen auch im Bereich der Kosaken Geltung zu verschaffen, und er verlangte die strikte Befolgung der Ukase, in denen die Auslieferung flüchtiger Bauern gefordert wurde. Der Ton des russischen Zaren, den er gegenüber den Kosaken anschlug, wurde dabei immer drohender.

An den Don entwichen nicht nur Bauern, sondern jetzt mehr und mehr auch arme Bewohner der Grenzstädte, Arbeitsleute aus staatlichen Werken und Manufakturen, vor allem die miserabel verpflegten Zimmerleute der Woronesher Schiffswerften, ferner Angehörige der wegen ihres schweren Dienstes berüchtigten Garnison von Asow und Sträflinge aus der dortigen Kolonie. Ihnen allen gewährten die Kosaken Aufnahme und bauten sogar Dörfer für sie. In seiner Kriegsbedrängnis forderte Zar Peter die Kosaken kategorisch dazu auf, die zu ihnen geflüchteten Personen auszuliefern, um sie im Kampf gegen den Reichsfeind einzusetzen.

Bereits im Jahre 1705 hatte Peter von den Kosaken die Schleifung eigenmächtig errichteter Dörfer und Forts verlangt. Diese hatten freilich den zarischen Befehl nicht ausgeführt. 1706 belohnte der Herrscher die Donkosaken für ihre Nichtunterstützung der aufständischen Astrachaner durch Verleihung neuer Fahnen und Standarten, wobei er seine Anordnung auf Abriß der Befestigungsanlagen und Auslieferung von Läuflingen wiederholte. Jedoch die Zahl der letzteren stieg immer mehr an. Zu denen, die zu den Kosaken flohen, gehörten auch Soldaten der Armee des Generalfeldmarschalls Scheremetew, die das Weite suchten, als dieser nach der Niederwerfung des Astrachaner Aufstands mit seinen Truppen nach Kiew aufbrach.

Um die Autorität der Zarenmacht durchzusetzen, beorderte der Monarch im Sommer 1707 eine Militärabteilung unter dem Befehl des Fürsten Oberst Juri Wladimirowitsch Dolgoruki ins obere Dongebiet mit dem Auftrag, die Läuflinge und Deserteure ausfindig zu machen und mitsamt Frauen und Kindern unter strenger Bewachung zurückzubringen. Bei der Aktion handelte es sich um einen gewaltsamen Eingriff in die Rechte und Privilegien der Kosaken. Um den Anschlag abzuwehren, schlossen sich die Gesuchten und Bedrohten gegen die Such- und Strafexpedition Dolgorukis zusammen, wobei sie in dem Kosakenhauptmann Bulawin einen verwegenen Anführer fanden.

Kondrati Afanassjewitsch Bulawin, geboren um 1660, war der Sohn eines Dorfatamans aus der Trjochisbjanskaja Staniza am Don. Er hatte als Soldat an den Feldzügen gegen die Krimtataren teilgenommen und war Ataman der Siedlung Bachmut geworden. Aus dem Krieg heimgekehrt, organisierte er seit 1705 arme Kosaken, Bauern und entflohene Leibeigene zwischen Wolga, Don und Dnepr in bewaffneten Abteilungen, die den Strafexpeditionen zarischer Generale verlustreiche Kämpfe lieferten. Bulawin, der offen-

bar bereits seit geraumer Zeit einen Aufstand gegen die Regierung vorbereitete, gelang es jetzt, eine bedeutende Anzahl flüchtiger ukrainischer
und russischer Bauern, Deserteure, Salzsieder und sonstiger wandernder
Arbeitsleute seiner Kampfabteilung zuzuführen und mit dieser das aus 200
bis 250 Mann starke Detachement Dolgorukis am 9. Oktober 1707 zu überfallen und niederzumachen. Zu denen, die getötet wurden, gehörte auch
Fürst Dolgoruki selbst. Ein ähnliches Schicksal ereilte andere Strafabteilun-
gen der Regierung, die Dolgoruki zum Aufgreifen von Läuflingen und
Deserteuren in die Städte und Kosakensiedlungen am Don, Chopjor,
Busuluk und der Medwediza ausgesandt hatte.

Damit war am Don eine gewaltige und für Zar Peter äußerst gefährliche
Bewegung entstanden, die ständig neuen Zulauf von Dnepr-Kosaken, ver-
streuten Altgläubigen und Unzufriedenen aller Volksschichten erhielt.
Bulawin versandte in alle Windrichtungen »aufrührerische Schreiben« und
suchte auch die Baschkiren im Uralgebiet, die schon seit langem mit der
Moskauer Regierung im Kampf standen, für seine Ziele zu gewinnen. Das
Programm, das er verkündete, wandte sich an das gesamte arme Volk, das
alle Lasten zu tragen hatte, und rief es auf, die Übergriffe der Fürsten,
Bojaren, Ausländer und sonstigen Gewinnmacher nicht länger hinzunehmen
und sich für den wahren christlichen Glauben sowie einen gottesfürchtigen
Zaren einzusetzen. Mit Nachdruck verlangte Bulawin die Befreiung aller
Eingekerkerten. Nach einem neuen Waffenerfolg über Streitkräfte aus Asow
und Abteilungen des zarentreuen Kosakenatamans Lukjan Maximow ver-
größerte sich der Zulauf von Bulawins Aufstandsarmee bis auf 17 000
Mann. Vor den Städten Tembow und Tula auf der einen, Tscherkassk und
damit auch Asow auf der anderen Seite entstand die Gefahr, in den Zugriff
der Abteilungen Bulawins zu geraten.

Ungeachtet der Rückschläge, die Bulawin und seine Abteilungen im
darauffolgenden Herbst 1707 bis Frühjahr 1708 hinnehmen mußten,
breitete sich die Aufstandsbewegung am Don weiter aus. Von Saporoshje in
der Ukraine aus, wohin Kondrati Bulawin geflüchtet war, rief er bereits dazu
auf, die Bojaren und Wojewoden zu erschlagen. Im Frühjahr 1708 erschien
er erneut mit einem starken Heer am Chopjor. Angesichts dieser Sachlage
sah sich der Zar genötigt, die gegen die Aufständischen aufgebotenen
Regierungstruppen beträchtlich zu verstärken. Bulawin selbst erhielt jetzt
eine spürbare Verstärkung durch Abteilungen aufständischer Bauern aus
den Gebieten um Woronesh, Koslowsk und Tambow. Ende März erteilte er
seiner Armee den Befehl, auf Tscherkassk zu marschieren und dort mit der
kosakischen Oberschicht, die zur Zarenmacht hielt, abzurechnen. Zu
diesem Zweck ließ er umfangreiche Vorbereitungsmaßnahmen einleiten.

Der Kosakenbewegung am Don strömten jetzt ständig neue Kämpfer zu, unter ihnen zahlreiche Bauern und arme Städter. Die Aufständischen besetzten Städte und Siedlungen, töteten Wojewoden und Gutsbesitzer, setzten neue Verwaltungen ein und wählten sich eigene Atamane. Sie öffneten die Gefängnisse und ließen die Sträflinge frei, verbrannten die Grundbücher und rekrutierten immer neue Kämpfer gegen die Zarentruppen. Um der tödlichen Gefahr zu entgehen, die von Bulawin und seiner Bewegung dem Staat drohte, ließ Peter starke Verbände von Fronttruppen gegen die Aufständischen in Marsch setzen. Den Oberbefehl übertrug der Herrscher jetzt dem Fürsten Wassili Wladimirowitsch Dolgoruki, einem Bruder des von den Insurgenten getöteten Fürsten Juri Dolgoruki. Die Stärke der Truppen, die der Zar gegen Bulawin einsetzte, belief sich auf etwa 32 000 Mann. Das war eine gewaltige Streitmacht, wenn man bedenkt, daß der Gesamtbestand der russischen Armee zu Beginn des Nordischen Krieges im Jahre 1700 nur an die 40 000 Mann betrug.

Inzwischen rückte von Tscherkassk aus erneut der Ataman Lukjan Maximow mit einem Kosakenheer gegen die Abteilungen Bulawins vor. An der Liskowatka, einem oberhalb Panschin Gorodok in den Don mündenden kleinen Fluß, kam es zur Schlacht, in der die Aufständischen einen glänzenden Sieg errangen. Damit war der Weg nach Tscherkassk frei. Dutzende von Kosakenstanizen traten jetzt auf die Seite Bulawins über, der als Sieger in Tscherkassk einzog. Am 6. Mai 1708 wurden auf Beschluß des Krug, der Kosakenversammlung von Tscherkassk, der Ataman des Donheeres Lukjan Maximow und die Kosakenältesten an Bulawin ausgeliefert, der sie hinrichten und ihr Vermögen konfiszieren ließ. Am 9. Mai wählte der Krug anstelle Maximows Kondrati Bulawin zum Ataman des gesamten Donkosakenheeres.

Nach diesem großen Erfolg wandte sich Bulawin von Tscherkassk aus direkt an Zar Peter. Er klagte Lukjan Maximow an, versprach getreuen Dienst und drohte im Falle kriegerischer Verfolgung mit dem Abmarsch seiner Aufstandsarmee »an einen anderen Fluß«, das heißt zu den Kubankosaken. Um dem Herrscher zu verdeutlichen, wie ernst es ihm mit seinen Forderungen war, ließ Bulawin Peter wissen: »Wenn unser Zar mit Zorn gegen uns heranrückt, muß es dahin kommen, daß der Sultan Asow zurückerhält. Wir werden jetzt keinerlei Truppen oder Proviant nach Asow durchlassen, bis die dortigen Befehlshaber sich zu uns gesellen. Will der Zar unsere Rechte und Privilegien nicht achten, so werden wir von ihm abfallen und uns an den türkischen Sultan mit der Bitte wenden, uns als Untertanen aufzunehmen, weil der Zar in seinem ganzen Reich das Christentum ausrottet und das Bartscheren einführt« sowie seinem Volk schwere Lasten auferlegt. Das Schreiben, das mit dem 27. Mai 1708 datiert war, schloß mit der Bitte an den Ataman der Kubankosaken, davon eine Abschrift anfertigen zu lassen und das Original dem Sultan nach Konstantinopel zuzuleiten. Sein letzter Satz lautete: »Wir, der Ataman des Donheeres, Kondrati Bulawin, und das ganze Donheer stehen zu dir, o türkischer Sultan. Unserem Herrscher aber traue auch im Frieden nicht, weil er viele Länder mitten im Frieden verwüstet hat und noch verwüstet und weil er gegen deine Macht eine große Flotte und ein großes Heer ausrüstet.«

Zar Peter sah im Bulawin-Aufstand einen Anschlag auf sein Aufbauwerk und eine Gefahr, die es dem schwedischen Feind ermöglichen konnte, den russischen Staat in seiner Existenz zu gefährden. Es war in der Tat ein höchst bedrohlicher Zeitpunkt, setzte doch Karl XII. soeben zum Vorstoß ins Innere Rußlands an. An der Wolga machten die Baschkiren Peter zu schaffen, und der alte Hetman Iwan Stepanowitsch Masepa, der seinen Übertritt auf die schwedische Seite vorbereitete, ohne daß der russische Herrscher davon wußte, schickte sich an, mit Bulawin gemeinsame Sache zu machen. Falls nun die neuen Hafenplätze am Asowschen Meer und vielleicht auch Woronesh mit seinen Werften in die Hände der Aufständischen fielen, so konnte der ganze Süden verloren gehen, und Türken und Tataren mochten die große Gelegenheit nutzen, um mit den Schweden sowie auch mit den Rebellen in Verbindung zu treten. Es blieb daher abzuwarten, welche Kampfstrategie Bulawin entwickeln würde, um den Zaren an der verwundbarsten Stelle zu treffen. Dieser selbst freilich ordnete bereits die schärfste Unterdrückung der Bulawin-Bewegung an und befahl Fürst Wassili Dolgoruki, sofort gegen die Insurgenten vorzugehen und das »Feuer ein für allemal auszulöschen«. Die Dörfer und Siedlungen der Aufständischen sollten eingeäschert, die Einwohner getötet, die Anführer gerädert und gespießt werden.

In welchen Formen die Abrechnung mit den Aufständischen vor sich ging, ließ Fürst Dolgoruki Zar Peter seit dem 15. Mai 1708 in laufenden Mitteilungen wissen. Darin war von Vierteilen, Rädern und Hängen die Rede. Aber noch verfügte Bulawin über starke Kräfte, und die Gefahr war nicht abgewendet. Peter I. hielt angesichts dessen seine Anwesenheit auch auf diesem Schauplatz für dringend geraten und zeigte sich in seinen zahlreichen Schreiben und Weisungen erkennbar erregt. So bezeichnete er jetzt Bulawin als »Teufel« und »eine die unterirdische Mine zündende Lunte«.

Kondrati Bulawin selbst hatte bereits am 13. Mai 1708 den Befehl zum Vormarsch seiner Streikräfte erteilt. Danach sollte die Gruppe, die unter dem Befehl des Atamans Semjon Alexejewitsch Drany stand, zum nördlichen Donez, die Abteilung unter Ataman Ignat Fjodorowitsch Nekrassow und Ataman Nikita Goly in Richtung Chopjor und Wolga und das Detachement unter Ataman Iwan Loskut nach Woronesh vorstoßen. Gleichzeitig suchte Bulawin die Atempause zu nutzen, um Fühlung mit der im Kubangebiet nomadisierenden Kleinen Nogaierhorde und kosakischen Altgläubigen aufzunehmen. Ebenso setzte er sich selbst mit einer Streitmacht gegen Asow in Bewegung, das von einer etwa 5000 Mann starken Garnison gehalten wurde. Nach der Sicherung des Hinterlandes der Aufständischen sollte der Vorstoß auf Moskau erfolgen, um dort den Herrschenden den Todesstoß zu versetzen.

Die Aufteilung der Aufstandsarmee in mehrere Gruppen bedeutete freilich eine Aufsplitterung der Streitkräfte Bulawins. Nichtsdestoweniger gelangen den Insurgenten mehrere Siege, wie die Einnahme Dmitrijewsks und Zarizyns im Juni 1708 bewies. Gleichzeitig machte Bulawin den Versuch, bei Saratow die Wolga zu überqueren und mit den aufständischen Baschkiren in Verbindung zu kommen. Dieses Vorhaben scheiterte jedoch an der Gegenaktion des zarentreuen Kalmückenchans Ajuka-Tajscha, der 20 000 Mann zur Unterdrückung des Baschkirenaufstands entsandte. Auch die Operation Bulawins gegen Asow mißlang infolge des Eingreifens der Festungsartillerie und der Marinegeschütze der Asowflotte.

Zum selben Zeitpunkt, als sich diese Ereignisse abspielten, war Karl XII. auf russischem Boden erschienen. Ein durchschlagender Sieg Bulawins in diesem Augenblick hätte in Rußland wenn nicht alles, so doch vieles in Frage gestellt. Jedoch die Aufstandsmacht war bereits am Zusammenbrechen und das Schicksal Bulawins und seiner Bewegung besiegelt. Unmittelbar nach der Niederlage vor Asow kam es bei der obersten Kosakenführung in Tscherkassk zu einer Verschwörung gegen Bulawin. Er wurde überfallen und am 7. Juli 1708 im Kampf mit den Ältesten getötet. Nach einer anderen Version erschoß sich Bulawin selbst, um nicht lebend in die Hände seiner Feinde zu geraten.

Mit dem Tod Kondrati Bulawins verlor die Aufstandsbewegung ihren führenden Kopf. Die nachfolgenden Kämpfe von Bulawins Atamanen blieben in einzelnen Aktionen stecken, die von den Regierungstruppen leicht unterdrückt werden konnten. Freilich dauerten die Auseinandersetzungen noch das ganze Jahr 1708 hindurch an, und auch in den beiden darauffolgenden Jahren kam es zu Bauernunruhen, die große Teile Zentralrußlands ergriffen. Jedoch die physische Ausschaltung Bulawins, des aktivsten Vorkämpfers der unzufriedenen Massen, befreite Zar Peter von einem Druck, der schwer auf ihm gelastet hatte. Hinzu kam, daß es im August des gleichen Jahres 1708 auch gelang, mittels kalmückischer Unterstützung mit den rebellierenden Baschkiren fertig zu werden, auch wenn dadurch freilich die dortigen Unruhen nicht gänzlich aufhörten.

Nach der Vernichtung Bulawins und seiner Streitmacht machte sich Generalmajor Fürst Wassili Wladimirowitsch Dolgoruki nun daran, auch den Atamanen der anderen Aufstandsabteilungen den Todesstoß zu versetzen. Als treibende Kräfte der Kampfscharen Nikita Golys, des »Nackten«, Semjon Alexejewitsch Dranys, des »Zerlumpten«, Ignat Fjodorowitsch Nekrassows, Iwan Bespalys und Luka Michajlowitsch Chochlatschs wirkten vor allem die Leibeigenen der südrussischen Regionen sowie der Gebiete am Unterlauf der Wolga. Hinzu kamen Kosaken vom Don und aus der Ukraine, arme Städter und Arbeitsleute, Russen, Ukrainer, Baschkiren und Angehörige anderer nichtrussischer Völker. Durch besondere Aktivität taten sich die Leute hervor, die im Schiffstransport, in Salzsiedereien, beim Fischfang, in Eisenhütten und auf Werften arbeiteten. Eine nicht geringe Rolle spielten Altgläubige, aus deren Reihen auch bedeutende Führer der Aufstandsbewegung am Don kamen, so Nikita Goly, Ignat Nekrassow sowie möglicherweise Luka Chochlatsch und Kondrati Bulawin selbst.

Die Losungen der Führer der Aufstandsbewegung am Don wurden nach dem Tode Bulawins immer radikaler. Es ging jetzt um den Kampf gegen alle Ausbeuter des arbeitenden Volkes, um deren physische Ausrottung und die Vernichtung des Leibeigenschaftsregimes. Dabei hofften die Aufständischen noch immer auf die Weisheit des Zaren und die Gerechtigkeit jener, die ihn bei seiner Regentschaft berieten. Freilich mußten Goly, Nekarassow und die anderen Atamane bald erkennen, daß keine Hoffnung auf ein gütliches Einschwenken Zar Peters und seiner Regierung bestand.

Nikita Goly, der gemeinsam mit den Atamanen Semjon Drany und Iwan Bespaly operierte, unternahm den Versuch, vom nördlichen Donez aus nach Panschin-Gorodok zu marschieren, um sich mit Ignat Nekrassow zu vereinigen, der hier mit 10 000 Mann stand. Indes, es gelang den Strafbataillonen Fürst Dolgorukis und Fürst Pjotr Iwanowitsch Chowanskis, dieses Vorhaben zu vereiteln und die aufständischen Abteilungen Anfang Juli 1708 in Einzelgefechten zu zerschlagen, wobei Drany den Tod fand. Nach der Vernichtung von Dranys Abteilungen verfügte Goly nur noch über 7000 Mann, mit denen er den Kampf fortsetzte, in der Hoffnung, sich doch noch mit Nekrassow vereinigen zu können. Jedoch am 4. November 1708 wurde auch Goly von den Zarentruppen vernichtend geschlagen. Er selbst geriet in Gefangenschaft, wurde nach Moskau gebracht und dort aller Wahrscheinlichkeit nach hingerichtet.

Angesichts der Schläge, die die Strafbataillone Peters den Aufstandsabteilungen zufügten, bestand für Ataman Ignat Nekrassow keine Aussicht mehr, mit Erfolgsaussichten den Kampf gegen die militärische Übermacht des Zaren fortzuführen. Er versammelte daher Ende August 1708 die ihm verbliebene Streitmacht, die an die 7000 Mann zählte, setzte über den Don und floh in das Kubangebiet, wo er sich mit seinen Begleitern niederließ und eine »Kosakenrepublik« gründete. Nach Nekrassows Tod, im Jahre 1740, traten die nach ihm benannten Kosaken auf türkisches Gebiet über. Erst nach der Februarrevolution 1917 kehrten einige ihrer Nachkommen nach Rußland zurück.

Mit der Unterdrückung der Aufstandsbewegung am Don verlor die dortige Bevölkerung die letzten Reste von Unabhängigkeit, und die russische Leibeigenschaft hielt ihren Einzug auch in die südlichen Randgebiete von Peters Reich. Bereits die Meldung vom Ende des Atamans Bulawin versetzte den Zaren in helle Freude, und er ordnete sogleich an, in allen Landesteilen Dankeskundgebungen und Volksfeste zu veranstalten. Freilich vergaß er nicht, auch die nötigen Befehle über die Bestrafung der Aufständischen zu erteilen. Dabei fiel auf, daß der Herrscher milde Töne anschlug und anregte, nur die »Anstifter und Rädelsführer« hinzurichten und lediglich solche Siedlungen und Orte zu zerstören, die die Rolle von Aufstandsquartieren gespielt hatten. Im übrigen ließ der Zar Fürst Dolgoruki in dieser Hinsicht völlig freie Hand, da die Angelegenheit, wie der Herrscher meinte, nicht von der Ferne her, sondern am Ort selbst entschieden werden müsse.

Wie beim Strafgericht über die Astrachaner Aufständischen, hatten die Henker auch bei der Aktion gegen die Bulawin-Kämpfer alle Hände voll zu tun. Es wurde gerädert, geviertelt, gehängt und geköpft. Zahllose Rebellen befestigte man an Flößen und ließ sie den Don hinunterschwimmen. Ebenso gnadenlos wurden Ortschaften, Siedlungen, Höfe und Hütten niedergebrannt und die Menschen davongejagt. Ungeachtet des Massenterrors und der dadurch erzwungenen Befriedung des Dongebiets nahmen auch nach der Niederschlagung des Bulawin-Aufstands die Unruhen in Rußland kein Ende, und es entstanden immer wieder neue Aufstandsherde. So operierte im Wolgagebiet mit Erfolg eine Abteilung von Aufständischen, die unter der Führung von Gawriil Startschenko stand. Ihr gelang es, Gutsbesitzer von ihren Anwesen zu verjagen, Beamte abzusetzen und an verschiedenen Örtlichkeiten zeitweilig eigene Verwaltungen einzurichten. Jedoch hatten die lokalen Aktionen infolge der unzureichenden Organisation und des spontanen Charakters der Bewegungen keinerlei Erfolgsaussichten, was ihre Niederlage unvermeidlich machte. Insgesamt trug der Aufstand der Kosaken und Bauern unter der Führung Kondrati Bulawins dazu bei, die von den Volksbewegungen des 17. Jahrhunderts ausgehenden Traditionen des sozialen Kampfes wachzuhalten und das Andenken an Stenka Rasin neu zu beleben.

Erhebung der Baschkiren

Zur selben Zeit, als Zar Peter die Astrachaner Insurrektion und den Bulawin-Aufstand niederschlagen ließ, kam es im Wolga- und Uralgebiet in den Jahren 1705 bis 1711 unter den Baschkiren, Tataren und Udmurten zu Auflehnungen gegen die russische Herrschaft. Die Erhebung der Baschkiren in der Regierungszeit Peters I. konfrontierte das Zartum erneut mit der Befreiungsbewegung der nichtrussischen Völker im Bestand des russischen Reiches, die bereits im 17. Jahrhundert hervortrat. Der auf allen Volksschichten lastende Druck von Peters Kriegs- und Reformpolitik machte sich bei den sogenannten fremdstämmigen Völkern Rußlands besonders bemerkbar. Die Erhebungen der Baschkiren waren hervorgerufen durch die Willkür- und Gewaltherrschaft der zarischen Beamten, die unerträglich hohe Besteuerung, durch Zwangstaufen und zahlreiche andere Bedrückungen mehr. Obzwar die Einbeziehung der Baschkiren in den Bestand des russischen Staates im 16. Jahrhundert deren Übergang von einer halbnomadischen zu einer seßhaften Lebensweise und zum Ackerbau maßgeblich gefördert hatte, betrieben die Zarenregierungen und örtlichen Machthaber seit diesem Zeitpunkt in Baschkirien eine erbarmungslose Russifizierungs- und Kolonialpolitik, die das mohammedanische Volk in seiner physischen Existenz bedrohte. So kam es bereits in den Jahren 1662 bis 1664 und 1681 bis 1683 zu Widerstandsbewegungen der Baschkiren gegen die zarische Bedrückungspolitik. Angesichts dessen blieb nicht aus, daß sich die Hoffnungen dieses Volkes auf den türkischen Sultan richteten, von dem es die Befreiung von der russischen Herrschaft erwartete.

Den Anlaß zur Erhebung von 1705 bis 1711 gaben die Praktiken einer im Jahre 1704 nach Ufa gekommenen Abteilung von Steuereintreibern, die der dortigen Bevölkerung zusätzliche Leistungen abverlangten, mit Gewalt 1000 Rekruten aushoben und auf ebensolche Weise 5000 Pferde requirierten. An die Spitze des gegen die russische Herrschaft ausbrechenden Aufstands traten die baschkirischen Adligen Aldar Issekejew und Kutschuk Tjulekejew, die über Reichtum und Ansehen verfügten. Sie stellten der Erhebung das Ziel, sich vom russischen Staatsverband loszusagen und ein baschkirisches Chanat zu bilden, das unter der Oberherrschaft der Türkei stehen sollte. Der Aufstand, der sich zunächst in den Jahren 1705 und 1706 ausbreitete, konnte von den Truppen Zar Peters jedoch rasch unterdrückt werden. 1707 und 1708 brachen erneut Unruhen aus, und in den Jahren 1709 bis 1711 verlagerte sich die Aufstandsbewegung nach dem Osten, nach Sibirien in das Gebiet der Nogaiertataren.

Die Aufstände der Baschkiren richteten sich nicht nur gegen die Zaren-
beamten und die Strafbataillone der Regierung, sondern brachten auch die
in diesem Raum bestehenden Dörfer russischer Siedler in arge Mitleidenschaft. So wurden im Verlaufe der Auseinandersetzungen von den aufständischen Baschkiren Hunderte russischer Dörfer zerstört und zahllose
russische Bauern in die Sklaverei verkauft. Durch den Anschluß der Wolga-
tataren, Tschuwaschen, Tscheremissen und Wotjaken an die Aufstandsbewegung der Baschkiren entstand für die Regierung Peters eine bedroh-
liche Situation. Jedoch, es gelang den russischen Truppen, mit Unterstützung kalmückischer Abteilungen den aufständischen Baschkiren im
Sommer 1710 eine entscheidende Niederlage beizubringen.

Zar Peter ließ alle sozialen Erhebungen in seinem Reich schonungslos
und mit Waffengewalt unterdrücken. Für die Bestrebungen der bäuerlichen
Massen, das Leibeigenschaftsjoch abzuwerfen, zeigte weder er noch einer
seiner Mitarbeiter Verständnis. Daß die Schollenbindung und der unerträg-
liche Steuerdruck, der auf der Bevölkerung lastete, die Hauptursachen dafür
waren, daß es in Rußland so schwer aufwärts ging, wagte der Monarch nicht
einzugestehen. Jedoch durch die harte Unterdrückung des Astrachaner Aufstands, der Bulawin-Bewegung am Don und der Erhebung der Baschkiren
waren die Wurzeln des Widerstands der Volksmassen keineswegs beseitigt,
und die Unzufriedenheit schwelte unter dem erhöhten Druck weiter.

So kam es nach der Einführung der Kopfsteuer 1719 in Rußland erneut zu
Bauernunruhen und zu ersten Aufständen von Manufakturarbeitern. Die
den Manufakturbetrieben verschriebenen Possessionsbauern verweigerten
die Arbeit, verließen die Werke und leisteten da und dort bereits der lokalen
Obrigkeit bewaffneten Widerstand. Beispiele hierfür stellten die Unruhen
dar, die 1721/22 in den Moskauer Tuchmanufakturen zu verzeichnen
waren. Die Ursachen für die in Erscheinung tretenden neuen Bauern- und
Lohnarbeiterrevolten waren die niedrigen Arbeitslöhne, die gewaltsam
abverlangten Zusatzarbeiten, die schweren Arbeitsbedingungen und die
körperlichen Züchtigungen der Arbeitenden. Die Arbeitsleute wurden von
den Verwaltungen der staatlichen Manufakturen und den Privatunternehmern gleichermaßen wie Leibeigene behandelt. Die in den Manufakturen der spätpetrinischen Zeit tätigen Arbeitsleute suchten sich bereits
durch neue Kampfmethoden der unwürdigen Behandlung durch Staat und
Privatunternehmer zu erwehren, wie die nachfolgenden Streikbewegungen
deutlich machten.

ZAREWITSCH ALEXEJ
UND DIE KONSERVATIVE OPPOSITION

Die Unzufriedenheit mit dem Regierungssystem Peters I. hatte nicht allein die niederen Volksschichten, so Bauern, arme Städter, Soldaten, Arbeitsleute und einfache Geistliche, ergriffen, sondern breitete sich auch unter dem Adel aus, der sich bei der Besetzung der hohen Staatsämter durch nicht seltene Bevorzugung von Ausländern und Emporkömmlingen wie Alexander Danilowitsch Menschikow, Alexej Alexandrowitsch Kurbatow und Pawel Iwanowitsch Jagushinski, die aus den untersten Volksschichten stammten, zurückgesetzt fühlte. Hinzu kam die Verbindung des Herrschers mit Katharina, seiner späteren zweiten Gemahlin, die ebenfalls niedrigster und noch dazu fremder Herkunft war. Es nahm daher nicht wunder, daß zahlreiche russische Menschen die Gerüchte für wahr hielten, in denen es hieß, daß der Monarch kein echter Zarensohn, sondern ein untergeschobener Fremdling sei. Zum verzweifelten sozialen Widerstand der unteren Volksschichten, die alle Lasten, die sich aus dem Krieg und Peters Reformwerk ergaben, zu tragen hatten, kam somit die Opposition altorthodox orientierter, reformfeindlicher Kreise des Adels und des hohen Klerus, die durch den radikalen Bruch des Herrschers mit der Tradition geradezu provoziert wurde.

Die dem Regime Peters ablehnend gegenüberstehenden Teile des Adels und der Geistlichkeit setzten ihre Hoffnungen auf den Sohn des Herrschers, den Zarewitsch Alexej Petrowitsch. Dieser, geboren am 18. Februar 1690, entstammte der ersten Ehe des Monarchen mit Jewdokija Fjodorowna Lopuchina. Nach dem frühen Tode seines ein Jahr jüngeren Bruders Alexander, der bereits 1692 starb, blieb Alexej lange Jahre der einzige Sohn des Herrschers. Bis zu ihrer Verstoßung im September 1698 hatte die Zarin Jewdokija ihren Sohn bei sich. Danach kam Alexej auf Befehl des Monarchen unter die Obhut von Peters Schwester Natalja Alexejewna. Mit sechs Jahren erhielt der Zarewitsch Unterricht durch Nikifor Kondratjewitsch Wjasemski, der ihn in den Anfangsgründen unterrichtete. Alexejs erster Lehrer scheint keine große wissenschaftliche Leuchte gewesen zu sein. Es waren vor allem kirchenhistorische Schriften, zu deren Lektüre Wjasemski seinen Zögling anhielt. Alexejs Vater, Zar Peter, verdankte sein Wissen und Können ganz anderen Quellen, so in erster Linie dem Umgang mit Männern der Praxis, Militärs und Ingenieuren, Handwerkern und Kaufleuten. Im

Gegensatz dazu verblieben Wjasemskis Bildungsprogramm und Erziehungs-
methoden für Alexej im Rahmen der herkömmlichen Gepflogenheiten am
Altmoskauer Zarenhof. Dies verspürte freilich nicht nur der Herrscher,
sondern auch der junge Thronfolger selbst, der später eingestand, gegen
seinen Lehrer Wjasemski deswegen gelegentlich auch tätlich geworden zu
sein.

Es scheint, daß der russische Herrscher bereits vor seiner ersten großen
Reise in den Westen von 1797/98 den Plan faßte, den Zarewitsch zur Er-
ziehung und Ausbildung nach Deutschland zu schicken. Zunächst war an
den sächsischen Hof, an Dresden, gedacht, wobei als Erzieher Generalmajor
Georg Carl von Carlowitz wirken sollte. Jedoch nach dem Ausbruch des
Nordischen Krieges und dem Tod des sächsischen Generals vor Düna-
münde bei Riga im März 1700 mußte dieser Plan zunächst fallengelassen
werden. In den darauffolgenden Jahren bemühten sich mehrere europäische
Höfe um den russischen Thronfolger, und es kamen Bildungsangebote aus
Wien, Berlin, Kopenhagen und Versailles.

Zar Peter schwebte offensichtlich für seinen Sohn eine Ausbildung vor,
wie sie für junge Prinzen an westlichen Ritterakademien vermittelt wurde.
Zunächst griff der Monarch auf einen Vorschlag zurück, der noch von
General Carlowitz stammte, der den Danziger Lehrer Martin Neugebauer
als Mentor des Zarewitschs empfohlen hatte. Neugebauer war nach dem
Studium in Leipzig nach Rußland ausgewandert. Hier übte er auf Veranlassung Peters I. von 1701 bis 1702 die Stellung eines zarischen Hof-
meisters und Erziehers Alexejs aus. Jedoch Neugebauer überwarf sich rasch
mit den russischen Beratern des Thronfolgers und mußte daraufhin Rußland verlassen. Er rächte sich durch ein anonymes Pasquill, in dem er die im
Zarenreich bestehenden Verhältnisse in den düstersten Farben malte. Sein
Nachfolger als Erzieher Alexejs wurde der aus Essen stammende Freiherr
Heinrich von Huyssen, der, obwohl nur von November 1703 bis zum
Februar 1705 in dieser Eigenschaft tätig, mit Erfolg sein Amt versah. Der für
den Zarewitsch aufgestellte Bildungsplan enthielt als Unterrichtsgegenstände
vor allem Lesen und Schreiben, Bibellektüre, Französisch, Deutsch, Geographie, Staatenkunde, Geometrie und Arithmetik, Tanzen und Reiten,
Universalgeschichte, Zeitungslektüre, Stilübungen und militärische Exerzitien. Huyssens Erziehungsprogramm sah auch die Anlegung einer Hand-
bibliothek vor, für die die verschiedensten Werke im westlichen Ausland gekauft werden sollten.

Da Huyssen von Zar Peter bereits im Frühjahr 1705 mit diplomatischen
Aufträgen ins Ausland geschickt wurde, mußte die Ausbildung des Zarewitsch unterbrochen werden. Der Thronfolger hatte auf verschiedenen

Wissensgebieten bereits einen guten Anfang gemacht. Dies galt auch für die französischen und deutschen Sprachstudien. So rühmte der preußische Gesandte Johann Georg Freiherr von Keyserlingk die Fortschritte des russischen Thronfolgers im Deutschen mit der Bemerkung, daß Huyssen es weit genug »in einem Jahre mit ihm gebracht« habe. Huyssen selbst hat in einem Schreiben an Gottfried Wilhelm Leibniz eine Charakteristik des damals fünfzehnjährigen Zarewitsch gegeben, in der es hieß: »Es mangelt dem Prinzen weder an Fähigkeiten noch lebhaftem Geiste. Sein Ehrgeiz ist durch Vernunft gemäßigt, durch gesundes Urteil und ein großes Verlangen ausgezeichnet, sich alles anzueignen, was sich für einen großen Fürsten ziemt. Er ist von gelehriger und fügsamer Natur und wünscht durch emsigen Fleiß das einzubringen, was in seiner Erziehung vernachlässigt worden ist. Ich bemerke an ihm eine große Neigung zur Frömmigkeit, Gerechtigkeit, Aufrichtigkeit und Reinheit der Sitten; er liebt die Mathematik und die ausländischen Sprachen und legt ein reges Verlangen an den Tag, fremde Länder zu bereisen; er wünscht, die französische und die deutsche Sprache sich gründlich anzueignen, und hat schon angefangen, im Tanzen, Fechten und den militärischen Übungen Unterricht zu nehmen, was ihm großes Vergnügen macht. Der Zar hat ihm erlaubt, in der Beobachtung der Fasten nicht zu streng zu sein, aus Furcht, seiner Gesundheit und Kraftentwicklung zu schaden; aber aus Frömmigkeit lehnt der Prinz jede Begünstigung dieser Art ab.«

Auch wenn man in Rechnung stellt, daß Huyssens Beschreibung der Anlagen des Zarewitsch erkennbare Züge der Idealisierung trug, so wurde daraus doch deutlich, daß Alexej dabei war, sich auf seine künftigen Aufgaben vorzubereiten. Wie sich zeigte, wirkte sich die Abkommandierung Huyssens zum diplomatischen Dienst auf die weitere Entwicklung des Thronfolgers äußerst nachteilig aus. Nicht nur der deutsche Gelehrte, sondern auch der Monarch selbst hatte keine Möglichkeit, sich nach 1705 um die Erziehung Alexejs zu kümmern. Wie sich zeigte, gab es überhaupt niemanden, der um die Ausführung der in Huyssens Bildungsprogramm für den Zarewitsch vorgesehenen Festlegungen wirklich Sorge trug. Ausgerechnet Alexander Danilowitsch Menschikow, der bereits zur Zeit der Wirksamkeit Huyssens den Titel eines Oberhofmeisters führte, machte der Zar jetzt zum Haupterzieher Alexejs. Jedoch Menschikow war auf Grund seiner mangelhaften Bildung und angesichts der zahlreichen Ämter, die er ausübte, nicht in der Lage, sich um die Fortbildung des Thronfolgers zu kümmern. So blieb Alexej sich völlig selbst überlassen, und die bereits erworbenen Kenntnisse gingen wieder weitgehend verloren. Als der Zarewitsch im Jahre 1708 seine Studien ernsthafter betrieb, hieß es, daß er angefangen habe, sich mit der französischen und der deutschen Sprache zu beschäftigen. Die Aufsicht führte jetzt wieder Nikifor Wjasemski, der bei seinem Zögling zu der Zeit freilich keine Autorität mehr genoß. Bereits in diesen Jahren bildete sich bei Alexej die Neigung zu übermäßigem Trinken und Gelagen heraus, die er nach dem Beispiel des Vaters zu veranstalten begann.

Wie für Huyssen, war Alexej auch für Zar Peter ein Mensch mit bestimmten Veranlagungen: »Gott hat dich nicht ohne Verstand geschaffen«, sagte der Vater zu seinem Sohn später, als der Konflikt zwischen beiden bereits ausgebrochen war. Der Thronfolger ließ jedoch frühzeitig einen Hang zu Kirche und Frömmigkeit, eine Vorliebe für Bibellektüre, Gebet und liturgische Zeremonien erkennen, wodurch er sein Ausweichen vor den harten Forderungen, die der Vater an ihn stellte, zu verdecken suchte. In diesem Gebaren Alexejs äußerten sich gleichzeitig die Schwäche und Halbheit im Charakter des Thronfolgers, der schon in jungen Jahren gleichsam gespalten war.

Von den geistlichen und weltlichen Personen, mit denen der Zarewitsch in Moskau Umgang pflegte, standen die meisten der Politik Peters ablehnend oder zumindest kritisch gegenüber. So war Alexejs Beichtvater, der Protopop Jakow Ignatjew, ein bewußt scharfer Gegner der Regierungsmaximen Zar Peters. Das gleiche galt für den Bojaren Abram Fjodorowitsch Lopuchin, einen Bruder der verstoßenen Mutter des Zarewitsch. Demgemäß erwies sich Alexej schon von frühester Kindheit an mit den oppositionellen Stimmungen seiner nächsten Umgebung aufs engste vertraut, und es blieb nicht aus, daß er sich auch mehr und mehr mit ihnen identifizierte. Damit verbunden war ein bewußtes Abkapseln vom Leben des Vaters und ein Sichverstellen, sobald sich ein Ausweichen vor dem despotischen Zaren nicht vermeiden ließ.

Nach zeitgenössischen Berichten soll die Entfremdung, zu der es zwischen Vater und Sohn kam, in erheblichem Maße durch den ehrgeizigen, begabten und skrupellosen Favoriten des Zaren, Alexander Danilowitsch Menschikow, inspiriert worden sein, der in seiner Eigenschaft als Oberhofmeister den Thronfolger sogar prügeln durfte, ohne daß der Herrscher Anstoß daran nahm. Jedoch auch der Zar selbst war von Anfang an mit den Leistungen Alexejs nicht zufrieden, und er schrieb bereits Ende 1708 dem Thronfolger in strengem Tone: »Du kümmerst dich nicht um die Geschäfte, du gehst müßig!« Angesichts der gefahrvollen Situation, in der sich Rußland am Vorabend der Schlacht von Poltawa befand, beteuerte der Sohn dem Vater, all seine Kräfte bei der ihm aufgetragenen Rekrutierung neuer Truppenteile einsetzen zu wollen, was er wohl zu diesem Zeitpunkt auch wirklich tat. Gleichzeitig war der Zarewitsch nach den Schreiben, die Wjasemski an den

Zarewitsch Alexej Petrowitsch

Monarchen richtete, dabei, Geschichtswerke in deutscher Sprache zu lesen, Deklinationen im Deutschen zu lernen, Geographie mit Hilfe eines Atlasses zu treiben und anderes mehr zu bewerkstelligen. Alexej selbst berichtete dem Vater im Mai 1709, daß er vorhabe, sich auch näher mit der Fortifikationslehre zu befassen. Nach dem Sieg bei Poltawa im Juni/Juli 1708 faßte Zar Peter endgültig den Entschluß, Alexej zur weiteren Ausbildung ins Ausland zu entsenden.

Je mehr der Zarewitsch heranwuchs, um so größer wurde das Interesse, das man im Ausland an seiner Person nahm. Während der russische Thronfolger in Moskau noch Deklinationen im Deutschen und Französischen übte, dachte Zar Peter schon an die Verheiratung des Sohnes mit einer ausländischen Prinzessin. So hatte Heinrich von Huyssen bereits 1707 in Wien das Verzeichnis der heiratsfähigen Prinzessinnen durchgemustert: dem Zaren schwebte eine der Töchter Kaiser Josephs I. vor. Da der Imperator keine Söhne hatte, könnte der Zarewitsch als Gatte einer Kaisertochter dereinst deutscher Kaiser werden – das war die Überlegung. Ebenso wurden andere Partien für Alexej ins Auge gefaßt, so eine Prinzessin aus dem Haus von Braunschweig-Wolfenbüttel, der die Kaiserin Wilhelmine Amalie entstammte. Ebenso schlug der zarische Gesandte am kaiserlichen Hof, Johann Christoph Freiherr von Urbich, im Verein mit Baron Huyssen vor, Alexej Petrowitsch für ein oder zwei Jahre nach Wolfenbüttel auf die Ritterakademie zu schicken, damit er dort seine Studien abschließen könne.

Bereits Ende August 1707 gelang es Baron Urbich, von Herzog Anton Ulrich zu Braunschweig-Wolfenbüttel die Einwilligung zum Ehebündnis seiner Enkeltochter Charlotte Christine Sophie mit dem russischen Thronfolger Petrowitsch zu erhalten. Das Heiratsprojekt fand einen hohen Gönner in König August II. von Polen, der sich der Angelegenheit annahm. Der russische Sieg bei Poltawa 1709 gab schließlich den Ausschlag. Jetzt unternahm man in Wolfenbüttel größte Anstrengungen, um auch Prinzessin Charlotte für den Ehekontrakt zu gewinnen, und war voll des Lobes über den russischen Zaren, pries dessen Tapferkeit und andere vorzügliche Eigenschaften des russischen Monarchen. Peter selbst gab sein Einverständnis zur Verbindung des Zarewitsch mit Prinzessin Charlotte Christine Sophie von Braunschweig-Wolfenbüttel, überließ die letzte Entscheidung jedoch seinem Sohn selbst. So hing denn alles von der gegenseitigen Neigung Charlottes und Alexejs ab.

Bereits im Herbst 1709 wurde der Zarewitsch von Prinzessin Charlotte in Deutschland erwartet. Alexej befand sich zu diesem Zeitpunkt jedoch noch in Polen, und zwar im Verband der Truppen Menschikows, der dabei war, König Stanisław Leszczyński außer Landes zu vertreiben. Ende Oktober 1709 erteilte Zar Peter dem Sohn den Auftrag, sich nach Dresden zu begeben, um dort seine Studien aufzunehmen. Jedoch die Abreise des Thronfolgers aus Polen verzögerte sich. Im Gefolge des Zarewitsch befand sich auch Baron Huyssen, der die Reise von Warschau nach Dresden, die im Frühjahr 1710 endlich erfolgte, ausführlich beschrieben hat. Nach einigen Tagen des Aufenthalts in Dresden, wo Alexej Sehenswürdigkeiten der Stadt besuchte, ging die Fahrt über Freiberg, Chemnitz und Joachimsthal, deren Bergwerke der Zarewitsch ebenfalls in Augenschein nahm, weiter nach Karlsbad. Unweit davon, in dem Städtchen Schlackenwerth, wo Alexej Petrowitsch ein schöner Garten und Wasserkünste gezeigt wurden, sah der russische Thronfolger zum ersten Mal Prinzessin Charlotte von Braunschweig-Wolfenbüttel.

Eine Beschreibung der Schlackenwerther Begegnung wurde von den Teilnehmern der Zusammenkunft nicht angefertigt. Jedoch hat sich Alexej darüber kurz in einem Schreiben an seinen Beichtvater Jakow Ignatjew geäußert. Dort hieß es: »Hier gibt es einen Fürsten von Wolfenbüttel, der in der Nähe von Sachsen lebt. Er hat eine Tochter und steht im Verwandtschaftsverhältnis zum König von Polen, der auch in Sachsen herrscht. Die Prinzessin lebt bei ihrer Verwandten, der Königin von Polen. Man hat schon lange um sie für mich geworben, jedoch der Vater hat mir davon nichts Genaues mitgeteilt. Ich habe sie nun gesehen, und der Vater hat davon erfahren, und er hat an mich geschrieben und gefragt, wie sie mir gefiele und ob ich sie heiraten wolle. Nun weiß ich, daß er mich nicht mit einer Russin verheiraten will, sondern mit einer hiesigen, und zwar nach meiner Wahl. Ich schrieb ihm, daß ich, da es doch sein Wille sei, eine Ausländerin zu heiraten, die Prinzessin heiraten würde, die ich gesehen und die mir gefallen hätte; sie sei ein guter Mensch und eine Bessere könne ich nicht finden. Sei so gut und bete: Gott wolle, wenn dieses sein Ratschluß sei, diese Angelegenheit vollbringen, wenn nicht, verhindern; denn ich hoffe auf ihn. Wie er will, wird es geschehen! Schreibe mir, wie dein Herz in dieser Angelegenheit empfindet.«

Jakow Ignatjew und die ihm Gleichgesinnten standen einer Eheschließung des russischen Thronfolgers mit der Prinzessin Charlotte von Braunschweig-Wolfenbüttel ablehnend gegenüber, und sie ließen ihre Meinung auch Alexej zukommen, der darüber in große Erregung gekommen sein soll. Ein zuverlässiges Zeugnis über die äußere Erscheinung der künftigen Gemahlin des Thronfolgers besitzen wir nicht. Die beiden vorhandenen Porträts zeigen Prinzessin Charlotte als ein außerordentlich schlankes Mädchen im Alter von siebzehn Jahren und hinterlassen den Eindruck einer hübschen und liebreizenden jungen Frau.

Über den russischen Thronfolger Alexej Petrowitsch selbst wurden zu diesem Zeitpunkt an den deutschen Fürstenhöfen recht unterschiedliche Urteile gefällt. So verwiesen die preußischen Räte, die ihm begegnet waren, auf dessen anstößige Manieren. Demgemäß hieß es in einem Brief König Friedrichs I. von Preußen an Kurfürstin Sophie von Hannover, datiert mit dem 11. Februar 1710: »Daß der Zarewitsch so übel erzogen ist, solches hat mir mein Geheimer Rat v. Kamecke gesagt, welcher ihn gesehen. Er soll fast nichts den Leuten antworten. Also kommt solches mit demjenigen, so Eure Kurfürstliche Durchlaucht mir geschrieben, ganz überein. Man darf aber nichts davon sagen, denn solches wird nicht gern gehört. Der Herzog von

Braunschweig wird es aber auch beklagen. Ich bedaure nur die gute Prinzessin, daß sie einen solchen Herrn haben soll. Sie scheint von gutem Gemüt zu sein, aber bei solchen Leuten zu sein, ist eine große Resolution. Ich würde mich nimmer dazu resolvieren! Es ist aber auch ein Gewissenswerk, ein Kind dahin zu schicken.« In anderen Schreiben des Preußenkönigs an Kurfürstin Sophie wird darauf hingewiesen, daß Alexej seinem »Herrn Vater nicht ähnlich« sehe und »wie ein Pfaff soll erzogen sein«, daß es ihm »aber an Verstand« keineswegs mangle und er »sonsten doch sehr gelobet« werde, »und alle, die ihn gesehen, sagen, er sei ein guter Herr«. »Daß aber der Zarewitsch nicht spricht, solches hat er nicht vom Herrn Vater; die Prinzessin wird ihn aber schon sprechend machen, denn sie spricht viel.« Dieselbe Meinung drückte auch die Kurfürstin Sophie von Hannover in ihren Briefen an die Raugräfinnen und Raugrafen zu Pfalz aus.

Mit dem großen Sieg Peters I. über den Schwedenkönig Karl XII. im Jahre 1709 war ein neues mächtiges Reich auf der europäischen Bühne erschienen, das bei den westlichen Potentaten nicht nur Verwunderung, sondern zugleich Angst und geheimes Grauen hervorrief. Verständlicherweise weit positiver fielen die Charakteristiken aus, die am sächsischen Hof von Alexej Petrowitsch gegeben wurden. So hieß es in einem Schreiben der Oberhofmeisterin Frau von Roo: »Der Zarewitsch ist sehr fleißig, betreibt alles, was er unternimmt, sehr eifrig, verläßt aber das Haus selten. Um seinetwillen findet hier zweimal in der Woche ein französisches Schauspiel statt. Obgleich er die Sprache nicht versteht, findet er viel Vergnügen daran ... Der Zarewitsch scheint mir Frauen gegenüber höchst gleichgültig. Obgleich es Personen gibt, die seine Aufmerksamkeit zu erregen suchen, so gelingt es ihnen nicht. Die Zukunft wird uns darüber belehren.«

In Wirklichkeit fing man nach dem Schlackenwerther Treffen in der Umgebung von Prinzessin Charlotte an, diese bereits als Braut des russischen Thronfolgers zu betrachten. Demgemäß veränderten sich auch die Werturteile über Alexej zum Positiven hin. Welches Erscheinungsbild der zwanzigjährige Zarewitsch bot, wird aus den sich widersprechenden Beschreibungen seiner Person nicht ganz deutlich. So sprach der kaiserliche Gesandte am Zarenhof, Heinrich Wilhelm Graf Weltzeck, davon, daß der russische Kronprinz »mit dem Leib sich nicht wohl haltet und weder im Gehen noch Stehen in rechte Manier schicket«. Obwohl er gut gewachsen sei, erschienen seine Schultern »hochgerücket«, was der Beobachter mit der Art erklärte, wie von den orthodoxen Priestern geistliche Lektüre betrieben werde, die bei deren Ausführung, auf dem Stuhl sitzend, das Buch auf den Knien hielten. Weltzeck erschien Alexej »mehr melancholisch als lustig«, was dazu führe, daß sich der Thronfolger bei der Konversation sehr zurückhalte. Im übrigen räumte der kaiserliche Berichterstatter ein, daß der Zarewitsch täglich »etwas manierlicher« würde und am Erfolg seines Bildungsaufenthalts im Ausland keinerlei Zweifel bestünden.

Im September 1710 unternahm Alexej Petrowitsch von Dresden aus eine Reise nach Torgau, um dort Prinzessin Charlotte erneut zu sehen. Diese schien, wie sie danach schrieb, jetzt Gefallen am Thronfolger gefunden zu haben: »Der Zarewitsch hat sich in seinem Betragen zu seinem Vorteil verändert, aber das Gesicht ist hagerer und gelber geworden ... Gegen mich war er, wie in Karlsbad, sehr höflich – die Herren auch. Er hat mir nichts Besonderes gesagt und scheint überhaupt gegen alle Frauen vollkommen gleichgültig.« Charlottes Mutter, die Herzogin Christine Luise, bestätigte dieses Urteil: »Meine Tochter Charlotte versichert mir, der Zarewitsch habe sich sehr zu seinem Vorteil verändert, er zeige sich klug, benehme sich mit liebenswürdigem Anstande und sei voll edler Gesinnung; sie fühlt sich glücklich.«

Alexej Petrowitsch hatte sich während seines Torgauer Aufenthalts in bester Laune gezeigt. Er war fast jeden Tag auf der Jagd, von der er immer erst spätabends heimkehrte, um dann mit seinen Gastgebern zu speisen. Von Verschüchtertheit, Verängstigung und Sonderbarkeiten in seinem Betragen konnte nach allem, was er bei dieser Gelegenheit unternahm, keine Rede sein. Nach Dresden zurückgekehrt, vertiefte er sich erneut in seine Pflichtlektüren, verfaßte Briefe an seine künftigen Verwandten, um sich dann im Mai 1711 mit seinem Gefolge nach Wolfenbüttel zu begeben, wo der Ehekontrakt abgeschlossen werden sollte.

Der Thronfolger hatte sich unterdessen in seine Braut offensichtlich verliebt. Zar Peter, der über den Verlauf der Dinge auf dem laufenden gehalten wurde, fragte im August 1711 bei seinem Sohn an, ob er die Prinzessin Charlotte zu heiraten gedenke: »Laß mich das wissen, ohne zu zögern.« Ende September teilte der Zarewitsch dem Monarchen mit, daß er dazu bereit sei. Auch der Lebensgefährtin des Vaters, Katharina, hatte der Thronfolger seinen Vorsatz übermittelt und ihr überdies bereits am 7. Mai 1711 seinen Glückwunsch zukommen lassen: »Madame, ich habe gehört, daß der Zar, mein Vater, Ew. Gnaden zu seiner Gemahlin erklärt hat. Ich gratuliere Ew. Gnaden und bitte, daß ich auch ferner in Ihrer Gunst bleiben möge.« Und in seinem Nachsatz bemerkte Alexej: »Dem Zaren, meinem Vater, habe ich nicht zu gratulieren gewagt, weil ich von niemandem eine schriftliche Benachrichtigung erhalten habe.« In späteren Schreiben sprach der Zarewitsch Katharina als »Meine gnädige Frau Mutter« an.

Unterdessen war es so weit. Die Hochzeit konnte stattfinden. Alles wartete nun auf den Zaren, der nach dem unglücklichen Prut-Feldzug vom

Juni/Juli 1711 zunächst Erholung in Karlsbad suchte. An einigen deutschen Höfen war man bereits außer Rand und Band. So schrieb die alte Kurfürstin Sophie von Hannover an die preußische Kronprinzessin Sophie Dorothea mit Brief vom 26. August 1711: »Ich bin auf Nachricht vom Zaren gespannt. Ich habe mir vorgenommen, tüchtig mit ihm auf der Hochzeit zu tanzen und mich mit meinem alten Rock mit den gestickten Blumen zu putzen, den ich für Hochzeiten der braunschweigischen Prinzessinen aufhebe«.

Endlich, Anfang Oktober, traf der russische Herrscher in Torgau ein. Im Ehekontrakt, über den sich die beiden Seiten nach längerem Hin und Her geeinigt hatten, waren auch die konfessionellen Fragen geregelt worden: die Prinzessin und ihr deutscher Hofstaat sollten evangelisch-lutherisch bleiben, die Kinder des fürstlichen Paares im russisch-orthodoxen Bekenntnis erzogen werden. Am Sonntag, dem 14./25. Oktober 1711, fand in Anwesenheit des Zaren Peter I. von Rußland und der Königin Christiane Eberhardine von Sachsen–Polen die Hochzeit des Zarewitsch Alexej Petrowitsch mit Prinzessin Charlotte von Braunschweig-Wolfenbüttel statt. Das große Ereignis wurde sogleich Gegenstand der schriftstellerischen Tätigkeit von Hofpoeten und Publizisten. Glückwünsche, die von Deputationen dem hohen Paar dargebracht wurden, erschienen im Druck, ebenso Beschreibungen der Festlichkeiten und Illuminationen.

Peter hielt sich etwa eine Woche in Torgau auf. Er war gelegentlich der Trauung seines Sohnes zum ersten Mal mit Gottfried Wilhelm Leibniz zusammengetroffen. Der russische Herrscher knüpfte große Hoffnungen an die Begegnung mit dem großen Gelehrten, vor allem was die Einrichtung wissenschaftlicher Institutionen im Zarenreich anbetraf. Im Zusammenhang mit dem Ehebund zwischen dem Zarewitsch und Prinzessin Charlotte von Braunschweig-Wolfenbüttel fand an der Berliner Akademie eine Sitzung der Philologischen Klasse statt. Dort wurde darüber beratschlagt, in welcher Weise die Akademie am besten Einfluß auf die Entwicklung von Bildung und Wissenschaften in Rußland nehmen könne. Man beschloß, durch Vermittlung von Leibniz und der nunmehrigen russischen Kronprinzessin Charlotte für die Förderung der Wissenschaften im Zarenreich Sorge zu tragen.

Die Hochzeitsfeierlichkeiten waren kaum vorüber, als Alexej vom Herrscher die Order erhielt, zwecks Übernahme wichtiger Regierungsaufträge seinen Studienaufenthalt abzubrechen und sich zu den russischen Truppen zu begeben, die in Pommern standen. Dies bedeutete zunächst die Trennung der Neuvermählten. Jedoch bereits Ende Dezember 1711 konnte Charlotte ihrem Gemahl nach Thorn nachfolgen. Von hier berichtete sie Anfang

Januar 1712 in einem Schreiben an die besorgten Eltern: »Der Zarewitsch überhäuft mich mit Beweisen seiner Freundschaft. In jedem Augenblick gibt er mir neue und immer neue Zeichen seiner Liebe, so daß ich das volle Recht habe, mich überaus glücklich zu schätzen, obgleich der Ort, den ich jetzt bewohne, nichts weniger als angenehm ist.« Dies entsprach freilich den Tatsachen. Zudem hatte der russische Monarch die beiden ohne ausreichende Geldmittel gelassen, so daß Menschikow Zar Peter dringend um Abhilfe des untragbaren Zustands ersuchen mußte.

Jedoch das Leben der russischen Kronprinzessin Charlotte sollte auch nicht allzu ruhig werden, als sie im Sommer 1713 in St. Petersburg eintraf und sich dort nach vorheriger abermaliger Trennung wieder mit ihrem Gemahl zusammenfand. Aber noch schrieb sie Ende August desselben Jahres nach Wolfenbüttel: »Der Zarewitsch liebt mich leidenschaftlich; er gerät außer sich, wenn mir das Geringste fehlt, und ich habe ihn auch übermäßig lieb.« In der Tat: die Verhältnisse für die junge ausländische Prinzessin am Petersburger Hof waren nicht gerade rosig, und auch Alexej konnte nicht verhindern, daß zwischen seiner Frau Charlotte auf der einen und seiner Stiefmutter Katharina und Tante Natalja Alexejewna auf der anderen Seite Spannungen auftraten. Auch zwischen dem Kronprinzenpaar selbst fehlten Reibereien nicht. Sie standen vor allem in Zusammenhang mit den Geldangelegenheiten. So kühlte sich das Verhältnis der Ehegatten rasch und fühlbar ab, wie die Kronprinzessin ihre Mutter wissen ließ: »Immer habe ich mich bemüht, den Charakter meines Mannes zu verbergen. Jetzt aber ist die Maske ohne meinen Willen gefallen. Ich bin unglücklicher, als man es glauben könnte.«

Es entsprach der Wahrheit: der Thronfolger hatte sich seit seinem Weggang aus Deutschland nicht zum Günstigen hin entwickelt. Dies fiel auch dem Herrscher auf, der vor allem Anstoß daran nahm, daß der Zarewitsch immer stärker die Neigung erkennen ließ, sich vor angestrengter Arbeit und militärischen Anforderungen zu drücken. Mit dem Ausweichen vor der Verantwortung in Zusammenhang stand ein üppiger Alkoholkonsum, dessen sich Alexej bereits im pommerschen Lagerleben befleißigt hatte. So sah sich die junge Frau immer häufiger den Belästigungen und dem Jähzorn ihres betrunkenen Gemahls ausgesetzt, was zu Streit und ständigen Auftritten führte.

Im Sommer 1713 erhielt Alexej Petrowitsch von Zar Peter den Auftrag, den Schiffsbau in Ladoga zu beaufsichtigen. Diese Aufgabe wurde von ihm offensichtlich ebenso wenig zur Zufriedenheit des Monarchen ausgeführt wie die früheren Weisungen des Herrschers. Seitdem führte der Zarewitsch eine gänzlich private Existenz in einem der neuerbauten Palais der neuen

Stadt St. Petersburg. Da Alexej offensichtlich an der Schwindsucht litt, reiste er mit Zustimmung des Vaters um die Mitte des Jahres 1714 nach Karlsbad, von wo er erst Ende Dezember heimkehrte, ohne seiner Gemahlin auch nur ein einziges Mal geschrieben zu haben. Diese hatte ihm unterdessen, am 12. Juli 1714, eine Tochter mit Namen Natalja geboren.

Nach seiner Rückkehr setzte Alexej sein bisheriges Leben, das durch die Ablehnung jeglicher Mitverantwortung gekennzeichnet war, fort. Die Art, in der er nun seiner Gemahlin gegenübertrat, war bereits geeignet, die Gemeinsamkeit des Kronprinzenpaares vollends zu zerstören. Der Thronfolger nahm sich jetzt eine Leibeigene seines Lehrers Nikifor Wjasemski, die Finnin Affrossinja, als Mätresse ins Haus und behielt sie bis an sein Lebensende. Gleichzeitig suchte er immer häufiger Zuflucht beim Alkohol. So schrieb seine Frau am 7. Januar 1714: »Seit er zurückgekommen ist, verbringt er nur einen Teil der Nacht zu Hause, und dann liegt er bewußtlos da von all den starken Getränken.«

In der freudlos gewordenen Ehe des Kronprinzenpaares gab es nur noch wenige Lichtblicke, so wenn der Zarewitsch seine kleine Tochter Natalja liebkoste und in seinen Armen wiegte. Am 12. Oktober 1715 gebar Charlotte einen Sohn, den nachmaligen Kaiser Peter II. Jedoch das kurze Glück ward gänzlich dahin, als die Kronprinzessin zehn Tage später, am 22. Oktober 1715, an den Folgen der Geburt verschied.

In der insgesamt vier Jahre währenden Ehe hatten Alexej und Charlotte nur zwei Jahre als Gatten zusammengelebt. Einen Einfluß auf ihren Gemahl vermochte die Kronprinzessin nicht auszuüben, und in dem wichtigen Augenblick der Geburt ihres Sohnes wurde sie vom Leben abberufen. Unmittelbar nach der Bestattung Charlottes, am 9. November 1715, brachte Peters zweite Gemahlin Katharina einen Sohn mit Namen Peter zur Welt, der freilich als vierjähriges Kind sterben sollte. Auch wenn Kronprinzessin Charlotte am Leben geblieben wäre, hätte sie doch wohl schwerlich die nun mit Macht über den Zarewitsch hereinbrechende Katastrophe abwenden können.

Zar Peter war seiner Schwiegertochter stets mit Wohlwollen und Sympathie begegnet und hatte ihr auch in den letzten Stunden ihres Lebens beigestanden. Ob Charlotte den zwischen Vater und Sohn schwelenden und nun offen ausbrechenden Konflikt ahnte, ist nicht bekannt. Sie hatte es aber sicherlich verspürt. Bereits am 27. Oktober 1715, dem Tag der Bestattung der Kronprinzessin, ließ der Zar Alexej seine »Bekanntmachung an meinen Sohn« übergeben, die mit dem 11. Oktober datiert und in Form eines Ultimatums gehalten war. Das Schreiben begann mit dem Hinweis auf die furchtbaren Anstrengungen, die nötig gewesen waren, um die tödliche Ge-

Kaiser Peter II., Sohn Alexej Petrowitschs

fahr, die Rußland von Schweden gedroht hatte, abzuwenden: Dann hieß es wörtlich: »Diese Früchte verdanken wir, nächst Gottes Hilfe, den Mühen unserer treuen Untertanen und Söhne Rußlands. Erwäge ich nun diese unserem Vaterland von Gott verliehene Wohlfahrt und blicke auf mein Geschlecht, das mir nachfolgen soll, so fühle ich mehr Kummer in Rücksicht auf die Zukunft als Freude mit Hinblick auf die Gegenwart, weil du, mein Sohn, alle diejenigen Mittel verschmähst, die dich nach mir zur Herrschaft tüchtig machen sollen. Gott ist daran nicht schuld, denn er hat dich nicht ohne Verstand gelassen, hat dir auch die körperliche Stärke nicht ganz genommen: Du hast zwar keine sehr starke, aber auch keine ganz schwache

281

Natur.« Dann ließ Peter seinen Hauptvorwurf folgen: »Vor allem von militärischen Dingen willst du nichts hören. Ohne dir unrechtmäßige Kriege anzuraten, verlange ich von dir nichts mehr als sorgfältiges Erlernen dessen, was zum Kriegführen gehört; denn niemand kann ordentlich herrschen, der nicht weiß, was diese Kunst vorschreibt und verlangt ... Du aber bist der Kriegskunst abgeneigt und kümmerst dich auch um nichts ... Entschuldigst du dich etwa nicht mit der Schwäche deiner Gesundheit, daß du die kriegerischen Anstrengungen nicht ertragen kannst? Aber auch das ist keine Räson! Denn ich wünsche keine Anstrengungen, sondern Lust zur Sache, die keine Krankheit beseitigen kann.« Zum Schluß kam der Zar nochmals auf die Thronfolge zurück und sagte: »Wie oft habe ich dich dafür (der Untätigkeit wegen – E. D.) nicht nur gescholten, sondern auch geschlagen, wie viele Jahre spreche ich mit dir fast gar nicht mehr; aber nichts hat Erfolg gehabt, nichts nützt etwas, alles ist umsonst, alles in den Wind gesprochen, und du willst nichts als zu Hause sitzen und dein Vergnügen haben.« Und das zarische Schreiben schloß mit der Drohung: Sollten die Ermahnungen erneut nichts fruchten, »so wisse, daß ich dir die Nachfolge entziehen und dich enterben werde wie ein brandiges Glied ... Baue nicht darauf, daß du mein einziger Sohn bist und daß ich solches nur zur Abschreckung schreibe. Bei Gott, ich werde es wahr machen! Habe ich doch für das Vaterland und meine Untertanen mein Leben nicht geschont, wie kann ich dann dich Untauglichen schonen? Besser ein fremder Tüchtiger als ein eigener Untauglicher!«

Aus Peters Schreiben an Alexej sprach die Sorge um die Zukunft Rußlands. Der Zarewitsch, der sich nach dem Empfang des väterlichen Ultimatums mit seinen Beratern verständigte, zeigte sich bereit, auf die Thronfolge zu verzichten. So antwortete der Fünfundzwanzigjährige bereits am 31. Oktober auf das Schreiben des Zaren mit der Bitte, ihn wegen Untauglichkeit der Thronfolge zu entkleiden, wobei er sich als »ein von Fäulnis befallener Mensch« bezeichnete. Der Monarch freilich war mit der Stellungnahme seines Sohnes keineswegs zufrieden und antwortete bereits am 19. Januar 1716 in sichtlicher Erregung mit einem neuen Schreiben, das er als »letzte Mahnung« bezeichnete. Darin bezichtigte er Alexej der doppelten Moral und Lüge, da dieser in seinem Antwortschreiben als Ursache einer Regierungsunfähigkeit lediglich »geistige und körperliche Gebrechlichkeit« genannt habe. In Wirklichkeit verfolgten der Zarewitsch und seine Berater nach der Meinung des Zaren eine klar erkennbare Taktik. Deshalb hielt der Vater dem Sohn von neuem vor: »Hilfst du mir denn in meinen unerträglichen Kümmernissen und Anstrengungen, hast du doch jetzt ein reifes Alter erlangt? Wahrhaftig, nicht im mindesten! Ja, es ist allen bekannt, daß du alle meine Unternehmen verabscheust, die ich, der ich meine Gesundheit aufs Spiel setze, für mein Volk wage, und nach mir würdest du der Zerstörer aller dieser meiner Werke sein. Daher ist es unmöglich, daß du bleibst, was du gern bleiben möchtest: nicht Fisch, noch Fleisch; deshalb mußt du dich entweder ändern und so offen und ehrlich mein würdiger Nachfolger werden, oder ein Mönch. Ohne dieses kann mein Geist keine Ruhe finden, zumal ich jetzt krank bin. Antworte mir sogleich mündlich oder schriftlich. Tust du es nicht, werde ich mit dir verfahren wie mit einem Bösewicht.«

Dem Monarchen genügte somit nicht der einfache Thronverzicht seines Sohnes, der sich von allen Staatsgeschäften zurückzieher und als Privatmann auf seinen Gütern leben wollte. Als solcher wäre der Zarewitsch in den Augen aller der legitime Nachfolger Peters geblieben, ein gefährlicher Prätendent, der bei passender Gelegenheit sofort lanciert werden konnte. Um diese Gefahr abzuwenden, sollte Alexej ins Kloster gehen und Mönch werden.

Um vor dem Vater Ruhe zu erlangen, willigte der Thronfolger sogleich ein und teilte dem Monarchen mit: »Ich wünsche den Mönchsstand und bitte um die gnädige Erlaubnis dafür.« In Wirklichkeit hatte Alexej keineswegs diese Absicht, sah aber zunächst keinen anderen Weg, um weiteren Zornesausbrüchen des Herrschers zu entgehen. Zar Peter selbst, der eben zu einer neuen großen Reise in den Westen aufbrach, die ihn auch nach Paris führen sollte, schien in seinem weiteren Vorgehen gegen den Sohn in diesem Augenblick unsicher geworden. Er suchte ihn daher vor seiner Abreise auf und empfahl dem Angeschuldigten den Entschluß, Mönch zu werden, nochmals reiflich zu überlegen und nichts zu übereilen. Peter wollte, wie er Alexej wissen ließ, noch ein halbes Jahr auf die Antwort seines Sohnes warten. Offensichtlich trug sich der Monarch zu diesem Zeitpunkt mit dem Gedanken, den Zarewitsch erneut in politischen Kombinationen zu verwenden und zum zweiten Mal mit einer ausländischen Prinzessin zu verheiraten.

Peter war Ende Januar 1716 ins Ausland abgereist. Am 26. August desselben Jahres wandte er sich von Kopenhagen aus wiederum an den Thronfolger. Obzwar das Schreiben im Unterschied zu den vorherigen Proklamationen in sachlichem Ton gehalten war, enthielt es doch erneut die Forderung auf sofortige Entscheidung: Alexej solle entweder binnen einer Woche zu ihm nach Kopenhagen abreisen oder umgehend den Tag seines Klostereintritts mitteilen. Der Brief schloß mit dem Bemerken, daß dem Herrscher bekannt sei, »daß du die Zeit in deiner gewohnten Unfruchtbarkeit vertust«.

Damit befand sich Alexej Petrowitsch in einer neuen Zwangslage, und ein Ausweichen war nicht möglich. Daher suchte der Zarewitsch sogleich den Fürsten Menschikow auf und teilte mit, daß er sich sofort zum Herrscher begeben werde. In diesem Sinne ließ er auch den Senat informieren. In Wirklichkeit gedachte der Thronfolger die für ihn günstige Gelegenheit der Reise ins Ausland zur Flucht aus Rußland zu nutzen, um sich dem Zugriff des Vaters zu entziehen. Das Fluchtvorhaben war offensichtlich bereits seit längerer Zeit geplant und sollte jetzt ausgeführt werden.

Der sechsundzwanzigjährige Alexej war, wie sich zeigte, nicht gewillt, den vom Herrscher verlangten Preis der Weltentsagung zu zahlen. Freilich mochte auch die Angst, die den Thronfolger befallen hatte, nicht wenig zu seinem Entschluß, die Heimat zu verlassen, beigetragen haben. Im übrigen rechnete Alexej Petrowitsch wie viele andere Würdenträger im Zarenreich mit der Möglichkeit eines baldigen Thronwechsels, war der Herrscher doch häufig krank. Wie der Thronfolger in späteren Verhören zugab, habe man zu dieser Zeit davon gesprochen, daß, wer wie der Zar an der schweren Krankheit der Epilepsie leide, kein langes Leben haben könne. So glaubte Alexej seit 1716, daß dem Vater im Höchstfall noch zwei Jahre beschieden sein würden.

Jedoch dazu kam es nicht. Der Herrscher blieb noch mehrere Jahre am Leben, und Alexej sollte seinem Schicksal nicht entgehen.

Am 26. September 1716 reiste der Zarewitsch aus Petersburg ab. In seiner Begleitung befand sich auch Afrossinja. Menschikow, der nichts ahnte, hatte den Thronfolger mit genügend Reisegeld versorgt. Indes, es vergingen mehrere Wochen, ohne daß Alexej sich beim Zaren meldete, so daß dieser nach dem Verbleiben seines Sohnes nachforschen ließ. In einem Schreiben vom 20. Dezember 1716 teilte Peter dem neuen Kaiser Karl VI. das Verschwinden seines Sohnes mit und bat bei dessen Auffindung behilflich zu sein. Alexej selbst war bereits am 10./21. November heimlich in Wien angekommen, in einem Wirtshaus abgestiegen und unmittelbar danach bei den kaiserlichen Räten vorstellig geworden. Er erbat den Schutz seines Schwagers, des Kaisers, den Charlottes Schwester Elisabeth Christine zur Frau hatte. Der Imperator ließ den Zarewitsch zwei Tage später nach Weyerburg bei Wien und Anfang Dezember auf das Bergschloß Ehrenberg in Tirol bringen, wo sich Alexej bis Anfang Mai 1717 aufhielt. Danach fand der russische Thronfolger Zuflucht im Kastell St. Elmo bei Neapel.

Der Zar, dem die wechselnden Aufenthalte des flüchtigen Sohnes von seinen Agenten und Diplomaten alsbald gemeldet wurden, verlangte von Karl VI. die sofortige Auslieferung Alexejs. Jedoch der Kaiser beschränkte sich in seinen Antworten auf die Versicherung, er werde mit aller Sorgfalt darauf bedacht sein, daß der russische Thronfolger nicht in feindliche Hände falle, sondern angewiesen werde, »die vaterliche gnadt beyzubehalten« und den richtigen Weg wiederzufinden.

Peter war von der Flucht seines Sohnes höchst betroffen. Der Schlag traf ihn in einem Augenblick, als die militärischen Aktionen der russischen Truppen in Norddeutschland auf zunehmenden Widerstand stießen. Durch die Verwicklung des Kaisers in die Angelegenheit drohte die Flucht des Zarewitsch eine völkerrechliche Dimension zu erlangen. Daher verlangten die zarischen Emissäre, die am Kaiserhof vorstellig wurden, immer energischer die Rückführung Alexejs nach Rußland. Als Vermittlerin zwischen dem Kaiser und dem Zaren schaltete sich jetzt die Herzogin Elisabeth Christine von Braunschweig-Wolfenbüttel ein. Sie versprach, die Angelegenheit rasch zur Zufriedenheit des Zaren zu erledigen, nur solle dieser seinem Sohn gestatten, als Privatmann auf einem seiner Güter zu leben. Dabei bemerkte sie: »Ich kenne die Natur des Zarewitsch. Es ist ganz umsonst, daß der Vater ihn zu militärischen Dingen anhalten will: der Zarewitsch will lieber einen Rosenkranz als Pistolen in seinen Händen haben.«

So nahmen die Dinge ihren Lauf. Pjotr Andrejewitsch Tolstoj, einer der fähigsten Mitarbeiter Peters, wurde im September 1717 in Neapel bei Alexej vorstellig und überreichte ihm ein Schreiben des Vaters. Darin bezeichnete der Zar den Sohn als »Verräter«, der durch seine Flucht dem Vaterland größte Schande zugefügt habe. Der Monarch forderte den Thronfolger auf, auf schnellstem Wege nach Rußland zurückzukehren. Der Zarewitsch gab angesichts der aussichtslosen Lage, in der er sich befand, alle Hoffnungen auf und fügte sich dem Verlangen des Vaters. Er erklärte seine Bereitschaft zur Rückreise nach Rußland. Er war nur noch ein schwacher Illusionist, der am 31. Januar 1718 in Moskau ankam.

Der Zarewitsch hatte durch seine Flucht den russischen Herrscher vor der ganzen Welt kompromittiert. Peter, der erst am 21. Dezember 1716 von seiner großen Reise zurückgekehrt war, ließ am 3. Februar im Audienzsaal des Kreml die Würdenträger seines Reiches versammeln und Alexej als Arrestanten vorführen. Der Zarewitsch warf sich dem Vater zu Füßen und bat um sein Leben. Daraufhin teilte ihm der Herrscher in einem Nebengemach seine Bedingungen mit: Verzicht auf die Thronfolge und Anzeige aller Mitwisser seiner Fluchtaktion. Im Anschluß daran verlas Vizekanzler Baron Pjotr Pawlowitsch Schafirow die vorbereitete Thronverzichtserklärung des Zarewitsch, in der Alexej seinen einjährigen Halbbruder Peter, den Sohn Katharinas, als Thronfolger anerkannte.

Gleichzeitig ließ der Herrscher durch ein Manifest dem ganzen Volk die Veränderung in der Thronfolge bekanntmachen. In ihm wurde nochmals und in aller Ausführlichkeit die Lebensgeschichte des erstgeborenen Sohnes dargestellt. Mit aller Leidenschaft prangerte Peter die Flucht Alexejs und dessen Klagen vor dem Kaiser in Wien an, die dem Ruf des Zaren von Rußland größten Schaden zugefügt hätten. So hatte der Thronfolger sein Auftauchen am Kaiserhof dort damit gerechtfertigt, daß ihm der Vater nach dem Leben trachte. Im Manifest war ebenso von der Aussage des Zarewitsch die Rede, der Kaiser habe ihm versprochen, ihn nicht nur vor dem Vater zu beschützen, sondern Alexej auch gegen den Willen des Zaren mit bewaffneter Hand den russischen Thron zu verschaffen.

Am Tage danach begann bereits der Prozeß gegen Alexej. Der Zar selbst entwarf die Fragepunkte, auf die der Angeklagte Antwort erteilen mußte. Alexej suchte auf vielen eigenhändig niedergeschriebenen Seiten, denen er noch Ergänzungen anfügte, seine Handlungsweise zu erklären. Er unternahm dabei den Versuch, durch die Nennung seiner Berater und Enthüllung von deren Ratschläge sich selbst zu entlasten, das heißt seine Aussagen den Erwartungen des Zaren anzupassen. Zu den bereits in der ersten Phase der Untersuchungen durch Alexejs Aussagen kompromittierten Personen gehörten vor allem der alte Lehrer des Zarewitsch, Nikifor Kondratjewitsch Wjasemski, Admiralitätsrat Alexander Wassiljewitsch Kikin, Generalleutnant Fürst Wassili Wladimirowitsch Dolgoruki, der Protopop Jakow Ignatjew, der Kammerdiener Iwan Afanassjew, der Kammerherr und zarische Gesandte am sächsisch-polnischen Hof, Semjon Grigorjewitsch Naryschkin, und die Zarewna Marija Alexejewna, die Halbschwester des Herrschers.

Aus diesem zunächst noch kleinen Kreis suchte der Monarch genaue Aufschlüsse über das Fluchtunternehmen des Zarewitsch zu erhalten. Dabei richtete sich der Blick des Zaren auf Alexander Kikin und Iwan Afanassjew, die er für die Hauptschuldigen und Mitwisser hielt. Um rasch Geständnisse zu erhalten, ließ man die beiden sogleich in Gewahrsam nehmen und mit dem Hebebaum, also durch Ausrenken der Armgelenke foltern. Generalleutnant Fürst Wassili Wladimirowitsch Dolgoruki, ein ausgezeichneter Offizier, den Peter sehr schätzte und der noch auf der letzten Reise des Herrschers durch Holland und Frankreich zum zarischen Gefolge gehört hatte, wurde in Fußeisen geschmiedet und in strenger Haft gehalten. Im Verlaufe des beginnenden Prozesses wurden weitere Personengruppen in den Kreis der Verdächtigen einbezogen, darunter auch die erste Gemahlin Peters, Jewdokija Fjodorowna Lopuchina, und ihre Parteigänger. Dabei stellte sich heraus, daß die Exzarin zwar nichts mit der Flucht ihres Sohnes zu tun gehabt, jedoch bald nach ihrer Einkleidung das Nonnengewand abgelegt hatte und in Liebesbeziehungen zu einem verheirateten Offizier getreten war.

Was Peters Halbschwester Marija Alexejewna anging, so kam ans Licht, daß diese sowohl zu Alexej als auch zu Jewdokija Kontakte unterhalten hatte, wodurch sich beim Herrscher der Eindruck verstärkte, daß ein ganzes Netz konspirativer, gegen das Regierungssystem gerichteter Verbindungen bestanden hatte.

Bereits nach den ersten Verhören und Folterungen stand für den Monarchen fest, daß eine Verschwörung gegen seine Herrschaft zugunsten des Zarewitsch Alexej im Gange gewesen war. Auch die ausländischen Agenten und Diplomaten, die am Zarenhof akkreditiert waren, haben diese Meinung vertreten. Peters Staatsregiment befand sich zu diesem Zeitpunkt offensichtlich in einer Krise. Angesichts dieser Sachlage glaubte sich der Monarch berechtigt, rasch und hart durchzugreifen. Am 5. März 1718 ließ Peter ein Manifest erscheinen, in dem die Exzarin Jewdokija Fjodorowna, die Zarewna Marija Alexejewna und der bereits seiner Würde entkleidete ehemalige Bischof von Rostow, Dossifej, der ebenfalls als Verschwörer überführt worden war, des Staatsverrats angeklagt wurden. In dem in Tausenden von Exemplaren gedruckten Schriftstück fanden sich eine ausführliche Darlegung der Verfehlungen der Beschuldigten und eine wörtliche Anführung ihrer Geständnisse. Das Manifest zielte auf die moralische Vernichtung des genannten Personenkreises. Nach dem Urteilsspruch wurde die ehemalige Zarin Jewdokija erneut als Nonne in ein Kloster zu Staraja Ladoga bei Schlüsselburg gebracht. Hier lebte sie bis zur Thronbesteigung ihres Enkels Peters II. im Jahre 1728. Die Halbschwester Peters, Zarewna Marija Alexejewna, ließ der Monarch in der Schlüsselburg einkerkern. 1721 durfte sie nach Petersburg zurückkehren, wo sie 1723 gestorben ist.

Indes, mit der moralischen Vernichtung kamen nicht alle Parteigänger Alexejs davon. Mehrere von ihnen wurden im März 1718 unmenschlichen Foltern unterzogen, durch Knutungen entkräftet, an Nase und Zunge verstümmelt und auf qualvolle Weise zu Tode gebracht. Als einen der ersten ließ Peter den Liebhaber Jewdokijas, Major Stepan Bogdanowitsch Glebow, nach furchtbaren Folterungen spießen und pfählen: Admiralitätsrat Alexander Wassiljewitsch Kikin und Bischof Dossifej, der frühere Beichtvater Jewdokijas, wurden gerädert. Alexejs Lehrer Nikifor Kondratjewitsch Wjasemski kam mit der Verbannung davon, und auch Generalleutnant Fürst Wassili Wladimirowitsch Dolgoruki konnte sich in die Verschickung retten, von der er 1724 zurückkehren durfte.

Peter freilich schien nach der Ausschaltung derjenigen, die er für die Hauprädelsführer hielt, keineswegs beruhigt, und sein Hauptschlag stand noch bevor. Aus den Aussagen Afrossinjas, Alexejs Mätresse, die den Thronfolger schwer belastete, sah sich der Herrscher in der Annahme bestätigt, daß Alexej bei seiner Flucht ins Ausland in landesverräterische Beziehungen zu fremden Mächten getreten sei. Um einen Beweis dafür zu erhalten, ordnete er an, nun auch seinen Sohn der notwendigen peinlichen Befragung zu unterziehen. In den dem Zarewitsch erneut abverlangten schriftlichen Aussagen vom Mai 1718 hatte der Thronfolger eingestanden, daß er dem Ruf eines aufständischen Heeres bereits bei Lebzeiten des Vaters gefolgt wäre. Ob dieses Geständnis durch die Folter erpreßt war, muß offenbleiben. In weiteren Auskünften, die Alexej erteilte, hieß es, daß er ebenso zeitlebens auf das einfache Volk gehofft und auf alle gezählt habe, die die gewaltsamen Veränderungen des Vaters ablehnten. Am 19. und am 24. Juni 1718 wurde der Thronfolger in der Peter-Pauls-Festung geknutet. Dabei gestand er, in einem Beichtgespräch dem Protopopen Jakow Ignatjew seinen Wunsch mitgeteilt zu haben, daß der Vater doch sterben möge, worauf der Geistliche geantwortet habe: »Gott wird dir vergeben: wir alle wünschen ihm den Tod.«

Mit diesem Eingeständnis Alexejs betrachtete Peter das Vorhandensein eines Aufstandsplans des Sohnes gegen den Vater als erwiesen. Er ersuchte jetzt bereits die geistlichen und weltlichen Würdenträger des Reiches um Festsetzung des Strafmaßes für die Vergehen Alexej Petrowitschs. Am 22. Juni 1718 ließ der Monarch seinem Sohn nochmals die Frage vorlegen, weshalb er die Thronfolge auf anderem Wege als auf dem des Gehorsams erstrebt habe. Der nach fünfundzwanzig Peitschenhieben mit aufgerissenem Rücken zu Tode erschöpfte Thronfolger bemühte sich mit letzter Kraft, dem Vater die erwarteten Aufschlüsse zu geben. Dabei bezichtigte sich Alexej erneut der verräterischen Bereitschaft, mit dem deutschen Kaiser Karl VI. gegen den Zaren von Rußland konspiriert zu haben, in der Absicht, den Vater zu stürzen und sich selbst auf den Thron zu bringen.

Am 24. Juni 1718 erfolgte eine erneute Knutung des Thronfolgers, der sich einen Tag später eine abermalige Befragung anschloß. Das Todesurteil war zu diesem Zeitpunkt bereits unterschrieben. Den einstimmigen Beschluß hatte eine vielköpfige Versammlung gefaßt, die am 24. Juni 1718 im Senatspalast von St. Petersburg zusammengetreten war. Dem Todesurteil lag Alexejs Aussage vom 22. Juni 1718 zugrunde, die er nach der ersten Folterung gemacht hatte. Nach dem Schuldspruch war vom Zarewitsch insgeheim seit Jahre darauf hingearbeitet worden, mit Hilfe der unteren Volksschichten und Unterstützung durch Truppen des Kaisers um den Preis der Zerstörung des russischen Staates den Zarenthron zu erlangen. Dem Todesurteil hatten insgesamt 126 Personen, das heißt Minister, Senatoren, Gouverneure, Offiziere aller Dienstgrade, Beamte verschiedener Ressorts, Inhaber von Hofrängen und zahlreiche andere Würdenträger, zugestimmt.

Die letzte Knutung des Thronfolgers, die am 26. Juni 1718 erfolgte, hat Alexej Petrowitsch nicht mehr überlebt. Er starb aller Wahrscheinlichkeit nach am späten Nachmittag des gleichen Tages an den Folgen der Folterung.

Der Tod Alexejs bedeutete nicht nur den Abschluß der Tragödie des Thronfolgers, sondern zugleich das Scheitern der konservativen Opposition gegen das Staatsregiment Peters I. Unter den Hingerichteten, Eingekerkerten und Verbannten befanden sich freilich keine politischen Führergestalten. Es war ein Personenkreis von Oppositionellen, der sich als unfähig erwies, ein eigenes, zukunftsweisendes politisches Programm zu entwickeln. Die Urteilsfindung fußte auf dem zu dieser Zeit auch in anderen Ländern üblichen Rechtsmittel der Tortur, die zahllose Opfer forderte. Dabei setzte der Zar einen kolossalen Apparat von Marterwerkzeugen und Hinrichtungsinstrumenten, bestehend aus Peitschen, glühenden Eisen, Spieß, Richtbeil und Rad, in Bewegung, um mit dem Zarewitsch und seiner Anhängerschaft abzurechnen.

Peters Sohn Alexej war ein mäßig begabter, willensschwacher Mensch und als solcher nicht in der Lage, jene Aktivität und jenes staatsmännische Interesse aufzubringen, das der Vater von ihm erwartete und das für einen künftigen Zaren von Rußland notwendig war. Da ihm das Format einer Persönlichkeit fehlte, vermochte der Thronfolger auch nicht zum Führer der oppositionellen Kräfte zu werden, die insgeheim auf ihn setzten. Er ließ sich vielmehr in die Stimmung des Widerstands hineinziehen, was zu seinem Verhängnis führte. Bereits mehrere Monate vor der Verkündigung des Todesurteils gegen den Zarewitsch, am 3. Februar 1718, hatte Peter durch Manifest all seinen Untertanen kundgetan: »Kraft väterlicher Gewalt, die auch jedem unserer Untertanen nach den Gesetzen unseres Staates das Recht gibt, seinen Sohn zu enterben, . . . und als autokratischer Herrscher nehmen Wir um des Staatsnutzens willen Unserem Sohn Alexej das Recht der Nachfolge auf Unserem Allrussischen Thron, selbst dann, wenn keine andere Person in Unserer Familie mehr übrigbleiben sollte.«

Peter sah im Tod des Zarewitsch eine Notwendigkeit. So hat das Rußland des großen Zaren in dem Bestreben, einen neuen und mächtigen Staat zu schaffen, selbst den eigenen Sohn des Monarchen nicht geschont. Mit dem Tode Alexejs mußte die konservative Opposition zu Lebzeiten Peters I. alle Hoffnungen auf eine Rückkehr zu den alten Zuständen begraben. Der Monarch, der seinen ihm im Jahre 1715 von Katharina geborenen zweiten Sohn, der den Namen des Vaters trug, von Anfang an in überschwenglicher Freude als »Rekruten« und »kleinen Matrosen« vergötterte, schloß sich in größter Verbitterung in sein Arbeitszimmer ein, als das Kind bereits im

Frühjahr 1719 starb. Wie der Herrscher selbst, war auch der kleine Peter von den Vertretern der konservativen Opposition und den reformfeindlichen Kräften des alten »bärtigen« Rußlands als ausländischer Bastard und falscher Zarensohn verunglimpft worden.

Alexej hingegen lebte mehrmals in Gestalt von Prätendenten wieder auf. So gab sich 1723 ein in der Gegend von Wologda in Erscheinung tretender Bettler namens Alexej Rodinow als Zarewitsch Alexej aus. Ebenso führte in den letzten Monaten der Regierungszeit Peters und zu Anfang der Herrschaft Katharinas I. der ehemalige Soldat Alexander Semnikow, der in der Ukraine auftauchte, den Namen des Thronfolgers Alexej. Er wurde 1725 enthauptet. Zur selben Zeit soll sich auch ein sibirischer Bauer Alexej Petrowitsch genannt haben. Noch in den dreißiger Jahren des 18. Jahrhunderts gelang es kosakischen Prätendenten, die sich als der angeblich gerettete Zarewitsch Alexej Petrowitsch ausgaben, in der Ukraine Anhänger unter Geistlichen und Soldaten zu finden, bevor sie auf Befehl der Regierung gespießt, geviertelt und geköpft wurden.

LETZTE LEBENSJAHRE

Auf europäischer Bühne

Nach dem Frieden von Nystad im Jahre 1721 bemühte sich Peter I. auf dem Gebiet der auswärtigen Beziehungen darum, die in Ost- und Nordosteuropa sowie im östlichen Teil Mitteleuropas erlangte Vormachtstellung auszubauen und sein Reich voll in das europäische Mächtesystem zu integrieren. Gleichzeitig aktivierte er in den letzten Lebensjahren seine Nahostpolitik und versuchte ebenso den Handelsverkehr, der zwischen Europa und Asien vor sich ging, verstärkt den Interessen Rußlands dienstbar zu machen. In diesem Zusammenhang stieß der Zar auch mit militärischen Kräften in die westlichen und südlichen Küstengebiete des Kaspischen Meeres vor. Auch die diplomatischen Aktionen, die der russische Monarch im Ostseeraum unternahm, zielten auf eine Erweiterung der merkantil-maritimen Dimensionen der zarischen Position in Nordeuropa.

Eine besondere Bedeutung bei der Befolgung seiner Großmachtpolitik auf europäischer und asiatischer Bühne maß Zar Peter I., der sich nun auch Kaiser von Rußland nannte, der Wirksamkeit seiner Diplomaten zu. Bereits nach der ersten großen Reise in den Westen von 1697/98 hatte der Monarch den Befehl erteilt, die Organisationsform des diplomatischen Verkehrs seines Reiches neu zu regeln und die Grundlagen für einen arbeitsfähigen auswärtigen Dienst zu schaffen. Dazu gehörte insbesondere die Einrichtung ständiger Vertretungen des Zarenreiches in den wichtigsten europäischen Hauptstädten. Demgemäß ließen sich bereits im Jahr 1700 zarische Residenten in Warschau, Stockholm, Konstantinopel, Kopenhagen und Den Haag akkreditieren, das als Informationszentrum der europäischen Diplomatie zu diesem Zeitpunkt größte Bedeutung besaß. Wien erhielt 1701 einen russischen Gesandten. Nach dem Sieg bei Poltawa im Jahre 1709 schlugen zarische Residenten ihre Domizile auch in London, Berlin, Paris, Madrid und in anderen europäischen Metropolen auf.

Die Einrichtung der diplomatischen Missionen im westlichen Ausland bewirkte eine wesentliche Aktivierung der Außenpolitik Rußlands als einer europäischen Großmacht ersten Ranges. Im Unterschied hierzu verzichtete Peter auf die Etablierung gleicher Missionen in den asiatischen Ländern und begnügte sich in diesem Raum wie vordem mit dem Einsatz von

Sondergesandtschaften, die den diplomatischen Verkehr zwischen dem Zarenreich und den Ländern des Ostens regelten. Eine Ausnahme machte nur die zarische Vertretung, die es in Buchara gab.

Das System der ständigen Auslandsvertretungen des russischen Reiches wurde ergänzt durch ein ausgedehntes Netz konsularischer Missionen, die in erster Linie die ökonomische Kooperation Rußlands mit den betreffenden Ländern fördern sollten. Zu solchen Einrichtungen kam es im Umkreis von Hamburg, Venedig und Breslau bis Cadiz, so in den bedeutenden Häfen und Handelszentren Amsterdam, Paris, Bordeaux, Wien, Lüttich und Nürnberg. Nur England und Dänemark, die eigene Agenten in Rußland unterhielten, blieben unberücksichtigt. Im Jahre 1723 besaß das Russische Imperium im Ausland bereits mehr als zwanzig ständige Vertretungen. Es war dies eine Zahl, die auch während des gesamten 18. Jahrhunderts nicht überschritten wurde. Gleichzeitig hatten in St. Petersburg auch die ständigen diplomatischen Vertretungen der europäischen Mächte ihre Arbeiten aufgenommen. Ihre Zahl erhöhte sich zwischen 1702 und 1719 von sechs auf elf.

Die Unterhaltung diplomatischer Vertretungen im Ausland belastete in erheblichem Maße das staatliche Budget des Zarenreiches, und dies angesichts der dringenden Kriegsanforderungen, denen sich der Monarch vor dem Friedensschluß von Nystad ständig ausgesetzt sah. Hatte Peter bei dem Einsatz seiner Diplomaten anfangs in erheblichem Maße auf ausländische Mitarbeiter wie Johann Reinhold von Patkul, Heinrich von Huyssen, Albrecht von Lieth und Johann Christoph von Urbich zurückgreifen müssen, so gelang es ihm, die Stellen im auswärtigen Dienst bald in zunehmender Zahl mit Russen zu besetzen. Am Ende der Regierungszeit Peters I. hatten die meisten Ausländer bereits den diplomatischen Dienst im Russischen Kaiserreich verlassen.

Zu den neuen und bedeutendsten Männern der russischen Diplomatie gehörten vornehmlich Nachkommen der alten Moskauer Führungsschichten, so Fürst Boris Iwanowitsch Kurakin, Fürst Wassili Lukitsch Dolgoruki sowie die Fürsten Dmitri Michajlowitsch und Pjotr Alexejewitsch Golizyn, die die höchsten außenpolitischen Positionen in den europäischen Hauptstädten einnahmen. Dabei bildete sich die Tradition heraus, daß die Söhne der ersten Generation ständiger russischer Vertreter im Ausland, die in die Fußstapfen der Väter traten, bereits als Gehilfen in der konkreten Diplomatenarbeit auf ihr späteres Wirken vorbereitet wurden. Durch die Schaffung eines funktionierenden auswärtigen Dienstes und den Einsatz von befähigten Diplomaten war es Zar Peter I. möglich, die Interessen Rußlands als Großmacht im europäischen Kräftespiel voll zur Geltung zu bringen.

Zar Peter I.

Die Politik des russischen Zaren im baltischen Raum war nach Nystad darauf gerichtet, ein Wiedererstarken Dänemarks, Schwedens und Polens zu verhindern. In diesem Sinne unterstützte der Monarch den Anspruch des Herzogs von Holstein-Gottorf auf Restitution der schlesischen Besitzungen, wobei er einen Ausgleich Holsteins mit Dänemark befürwortete. Nach dem Scheitern des zwischen den beiden Staaten in Aussicht gestellten Kompromisses machte sich der Zar den Revisionsanspruch des Holsteiner Fürsten zu eigen, ohne dabei in aktive Handlungen gegen Dänemark einzutreten.

Einen anderen Charakter trug die Schwedenpolitik des Zaren. Sie war eindeutig auf die Sicherung der russischen Interessen und die Abwehr eines möglichen Revanchekrieges der geschwächten nordischen Macht gerichtet.

Dazu gehörte, daß der russische Monarch die Ansprüche des Herzogs Karl Friedrich von Schleswig-Holstein-Gottorf auf den schwedischen Thron als Druckmittel gegen antirussische Tendenzen in der schwedischen Politik benutzte. Peter erzielte in diesem Bestreben einen bestimmten Erfolg, als sich am schwedischen Hof 1723 ein Übergewicht über die englandfreundliche Partei König Friedrichs I. ergab. Davon ausgehend gelang es dem russischen Zaren, im Februar 1724 mit Schweden eine Defensivallianz zu unterzeichnen und damit Friedrich I. Offensivhandlungen gegen Rußland zu verwehren. In einem Geheimartikel gaben sich die beiden Monarchen die Zusage, den Herzog von Schleswig-Holstein-Gottorf bei der Wiedererlangung Schleswigs von Dänemark zu unterstützen. Peter selbst dokumentierte sein Interesse und seine Aktivität in der Schleswigfrage durch die von ihm initiierte Heirat seiner Tochter Anna mit dem Herzog Karl Friedrich von Schleswig-Holstein-Gottorf, die am 22. November / 15. Dezember 1724 geschlossen wurde. Hinter dieser letzten Ehekombination Peters stand die Hoffnung des russischen Herrschers, Kiel zum Freihafen für die aus dem Zarenreich expotierten Güter zu machen.

Einen besonderen Platz in Peters Ostseepolitik nahm das Verhältnis seines Landes zu England-Hannover ein. Wie sich zeigte, stieß der Zar in seiner baltischen Politik, der die Ausdehnung des russischen Ostseehandels zugrunde lag, immer wieder auf den Widerstand Englands. Auch nach dem Frieden von Nystad bestanden die Spannungen zwischen Rußland und England–Hannover fort, und König Georg I. unterstützte diplomatisch nicht nur Schweden gegen das Zarenreich, sondern suchte auch Dänemark gegen Peter I. in Frontstellung zu bringen. So kam es zu Lebzeiten des großen Zaren, und zwar ungeachtet der Vermittlungsbestrebungen Frankreichs, zu keiner Verbesserung des russisch-englischen Verhältnisses.

Peters europäische Großmachtpolitik tangierte auch mehrere andere Mächte, zu denen vor allem Frankreich und Österreich gehörten. Mit den beiden Staaten strebte der Zar Allianzverträge an. Für die französische Politik lag es nahe, ein starkes Rußland als Gegengewicht zu dem in siegreichen Türkenfeldzügen gekräftigten Österreich zu erhalten. Hinzu kamen die Interessen, die man in Paris an einem regen Handelsverkehr mit Rußland zeigte. Peter selbst dachte auch in diesem Zusammenhang wieder an eine Ehekombination, das heißt an die Verheiratung seiner jüngsten Tochter Elisabeth mit König Ludwig XV. oder einem französischen Prinzen aus dem Hause Bourbon. In Paris freilich war man zu Zugeständnissen an Peter nur bereit, wenn dieser auch französischen Wünschen im Hinblick auf die Regelung der polnischen Thronfolge entgegenkam, wozu sich der russische Herrscher freilich nicht zu verstehen vermochte. Zudem wollte Paris ohne die Zustimmung Londons kein Bündnis mit Rußland eingehen. So verliefen die französisch-russischen Allianzverhandlungen schließlich im Sande.

Auch mit Wien hatte Zar Peter, den man dort nicht als Kaiser anerkannte, was seine Werbungen anbetraf, wenig Glück. Außerdem waren die Nachwirkungen der Alexej-Affäre noch recht spürbar. So zeigte sich der kaiserliche Gesandte am Zarenhof, Graf Stephan Wilhelm Kinsky, der in den Jahren 1721 bis 1723 in St. Petersburg verhandelte, zunächst nicht bereit, auf die russischen Vorschläge einzugehen. Freilich änderte sich dies bereits 1724, als die Spannungen zwischen Österreich und England stärker wurden und der Kaiser in Wien nun unter Hintanstellung der Bedenken, die er gegen Peters Beziehungen zu dem rebellischen Franz Rákóczi und zu den Serben in Ungarn sowie gegenüber der russischen Politik im Ostseeraum hegte, das Bündnis mit dem Zaren suchte. Bereits im Oktober 1724, noch vor dem Tod Peters I., ließ Kaiser Karl VI. die Bereitschaft erkennen, auf die Forderungen des russischen Monarchen einzugehen und sich der zarisch-schwedischen Defensivallianz anzuschließen. Wie sich zeigte, gab es zwischen St. Petersburg und Wien im Hinblick auf die polnische Frage und das Türkenproblem eine breite Basis gemeinsamer Interessen, die einen russisch-österreichischen Bündnisvertrag zustandekommen ließen, der freilich erst nach dem Tode des Zaren, am 17. April 1726, unterzeichnet wurde.

Persischer Feldzug und Ausgreifen nach Asien

Peters Außenpolitik beinhaltete nicht nur den Ausbau der europäischen Position Rußlands, sondern ebenso die Stärkung der Stellung des Zarenreiches im asiatischen Raum. Den Hintergrund für das russische Ausgreifen nach Asien bildete das Ziel des Zaren, sein Land zum Mittler des Handels zwischen Europa und Asien zu machen. Eine wichtige Rolle spielte hierbei die Absicht des Monarchen, direkte Handelsbeziehungen mit Indien herzustellen. Zu diesem Zweck entsandte Peter seit 1714 immer häufiger militärische Expeditionen, Gesandtschaften und Forschungstrupps in den Raum des Kaspischen Meeres und nach Mittelasien, um die nach Indien führenden Land- und Wasserwege zu erkunden. Das wichtigste Unternehmen dieser Art war die Gesandtschaft unter dem Oberstleutnant Artjomi Petrowitsch Wolynski vom Mai 1715, der den zarischen Auftrag erhalten hatte, Flußläufe und Verkehrswege, insbesondere in der Provinz Ghilan, dem Zentrum der persischen Seidenproduktion, zu erforschen und über die bestehenden Verhältnisse im persischen Reich zu berichten. Wolynski sollte zudem den Schah veranlassen, den gesamten armenischen Handel mit Rohseide auf dem Wasserweg nach St. Petersburg umzuleiten. Ebenso erwartete der Zar Mitteilungen darüber, ob sich über Persien ein Handel mit Indien anbahnen ließ.

Wolynskis Expedition war recht erfolgreich. Es gelang, mit dem Schah einen Handelsvertrag abzuschließen und eine Fülle von Nachrichten über Persien mit nach Astrachan zu bringen, wohin er im August 1718 zurückkehrte. Die besondere Aufmerksamkeit Peters fanden die Berichte des Gesandten, in denen von der inneren Schwäche Persiens und dortigen Aufstandsbewegungen gegen den Schah die Rede war. So meinte Wolynski, daß man sich diesen Staat ohne den Einsatz größerer militärischer Streitkräfte in kürzester Zeit gefügig machen könne.

Unterdessen war auch die Ostküste des Kaspischen Meeres, die nicht zu Wolynskis Erkundungsgebiet gehört hatte, in den Jahren 1716 bis 1718 von zarischen Topographen vermessen worden. Obgleich Artjomi Wolynski, der vom Herrscher 1719 den Posten des Gouverneurs von Astrachan erhielt, zum Angriff gegen Persien drängte, wartete der Zar erst die Beendigung des Krieges mit Schweden ab, bevor er sich zum Feldzug gegen den Schah entschloß. Dabei galt es jetzt freilich für Peter, rasch zu handeln, um der Türkei zuvorzukommen, die im Hinblick auf Persien dieselben Absichten verfolgte.

Den Anlaß zur militärischen Aktion gegen das Reich des Schahs gab die Ausplünderung russischer Handelsniederlassungen in Schemacha. Nach der Konzentration umfangreicher Streitkräfte am Kaspischen Meer in einer Stärke von 100 000 Mann eröffnete der russische Herrscher im Juli 1722 die Kampfhandlungen gleichzeitig zu Lande und zu Wasser mit dem Ziel, Derbent, Baku und Schemacha zu erobern. Bereits am 23. August 1722 zog Peter an der Spitze seiner Truppen in Derbent ein, das sich kampflos ergeben hatte. Jedoch mußte der russische Monarch unmittelbar danach infolge Munitionsmangels und fehlenden Proviants sowie wegen der klimatischen Strapazen, denen sich seine Soldaten ausgesetzt sahen, den Rückzug nach Astrachan anordnen, wobei er im eroberten Derbent eine Garnison zurückließ. Im zweiten Feldzug gelang es dann dem Zaren, im Dezember 1722 von der See her Rescht, das in der Provinz Ghilan lag, zu besetzen und im Juli 1723 auch Baku in Aserbaidshan zur Übergabe zu zwingen.

Damit befanden sich die Schlüsselpositionen am Kaspischen Meer in russischer Hand. Am 12./23. September 1723 wurde in St. Petersburg Frieden zwischen dem Schah und dem Zaren geschlossen. In dem Vertrag trat Persien Derbent, Baku und die am südwestlichen und südlichen Ufer des Kaspischen Meeres gelegenen Provinzen Ghilan, Mazanderan und Astrabad an Rußland ab. Der Zar selbst sicherte dem Schah Hilfeleistungen gegen von der Türkei unterstützte Aufstandsbewegungen in Persien zu.

Die von Peter in den eroberten persischen Gebieten eingesetzte russische Verwaltung machte sich mit Eilfertigkeit und Energie daran, die erlangten neuen Territorien militärisch zu sichern und wirtschaftlich auszubeuten. So entstand nördlich von Derbent ein neuer Hafen, der den Namen Petrowsk erhielt. Er war als der Endpunkt des aus St. Petersburg kommenden großen Handelsweges gedacht. Petrowsk sollte neben Seide vor allem Naphta in die zarische Hauptstadt liefern. Ein wichtiges Mittel bei der Sicherung der neugewonnenen persischen Gebiete für das Russische Kaiserreich sollten die christlichen Siedler abgeben, die vor den Persern und den Türken bei Rußland Schutz suchten.

Angesichts der Gegenaktionen, die der Sultan bereits während des russischen Persienfeldzuges einleitete, mußte sich der Zar mit dem Erreichten begnügen. So war es den Türken gelungen, ganz Transkaukasien, einschließlich Tiflis und Jerewan, zu besetzen. Es waren englische Diplomaten, die die Osmanen zum raschen Vorgehen gegen die Russen angefeuert hatten. Konstantinopel selbst strebte jedoch danach, mit dem russischen Kaiser im persischen Raum zu einem Interessenausgleich zu gelangen. Und so kam unter französischer Vermittlung am 12./23. Juni 1724 in Konstantinopel ein Vertrag zustande, in dem sich Rußland und die Türkei über gegenseitige Gebietsabgrenzungen im östlichen Schwarzmeerraum und über die Unabhängigkeit Persiens verständigten. Nach dem Abkommen behielt das Zarenreich die im Petersburger Vertrag von 1723 von Persien zugestandenen Gebietserwerbungen an der West- und Südküste des Kaspischen Meeres und erkannte die türkische Herrschaft im östlichen Georgien mit Schirwan, in Armenien mit Jerewan und in einem großen Teil von Aserbaidshan an.

Als realistischer Staatsmann und Politiker wußte Peter, daß es sich bei seinem Vorgehen gegen Persien nur um eine beschränkte militärische Aktion handeln konnte. Sein Blick auf Asien freilich reichte unvergleichlich weiter. Artjomi Petrowitsch Wolynski hat später ausgesagt, der Zar hätte, wären seine Pläne in Persien vollends geglückt und hätte er ein längeres Leben gehabt, sicherlich den Versuch unternommen, bis nach Indien und China vorzustoßen. Derselbe Wolynski hatte bereits in einem Bericht aus Persien vom März 1717 auf das Beispiel Alexanders des Großen angespielt, und 1722 erwähnte auch der Naib von Derbent gelegentlich des siegreichen Einzugs Kaiser Peters in die Stadt den großen Alexander als deren Begründer. Schließlich gratulierte der russische Senat nach diesem Ereignis »Peter dem Großen, der in die Fußstapfen Alexanders des Großen getreten« sei. Ebenso erinnerte Christian Wolff, der sein Buch »Vernünftige Gedanken von den Wirkungen der Natur« von 1723 dem Zaren widmete, in seiner Huldigung daran, daß der Kaiser von Rußland als Beförderer der Wissenschaften dem großen Alexander »besonderer Umstände halber, die männiglich vor Augen liegen, noch weit überlegen« sei. Zudem hatte es bereits in einem Bericht des kaiserlichen Residenten Otto Pleyer vom Jahre 1710 geheißen, daß Zar Peter Alexander den Großen als Persönlichkeit der Weltgeschichte hoch schätzte, »dessen Historien er sich meistens, wenn er zu Bette gehet oder einschlafen will, will lesen lassen«. Dabei soll der russische Monarch darüber nachgedacht haben, »wo (er ihn – E. D.) nicht zu übertreffen, doch zum wenigsten zu imitieren« vermochte.

Nun mag Zar Peter von dem Genie des großen Mazedoniers noch so angetan gewesen sein: die entscheidenden Impulse zu seinem Handeln erhielt er nicht aus der Geschichte, sondern von den Vorstellungen, Bedürfnissen, Bedrängnissen und Antrieben der ihn umgebenden Welt. Neben Indien nahm im asiatischen Konzept des russischen Herrschers von Anfang an China eine Schlüsselstellung ein. So ist bereits in der großen Denkschrift, die der livländische Adlige Johann Reinhold von Patkul im Oktober 1699 im Auftrag des Zaren vorlegte, das verlockende Bild eines russischen Monopols im Orienthandel festgehalten. Danach würde dem Monarchen die »unvergleichliche Avantage« zuteil, »mit mehrem ... Vorteil, als kein Potentat in der Welt bis dahin hat zu tun vermocht, das Commercium aus Orient, insonderheit aus Persien, China, auch anderen Orten her, in Okzident zu führen und das Monopolium darin zu behaupten«.

Nun gehörte China bereits im 17. Jahrhundert zum russischen Blickfeld, und man war am Zarenhof daher über die wirtschaftlichen, gesellschaftlichen und politischen Verhältnisse einigermaßen informiert. Peter selbst hat sich über China wohl nicht direkt geäußert, und er wußte, wie angenommen werden kann, nichts Genaueres von seinem kaiserlichen Mitbruder, dem bedeutenden Herrscher Kang-hsi, der im Jahre 1722 starb. Auch umgekehrt dürfte es sich so verhalten haben. Zur Genüge freilich war Peter und seinen Mitarbeitern bekannt, daß es sich bei China um ein hochzivilisiertes Reich handelte, das als solches nicht erst von den Aufklärern entdeckt zu werden brauchte.

Nach dem Abschluß des russisch-chinesischen Vertrags von Nertschinsk im Jahre 1689 war es Peter I. und seiner Regierung gelungen, den zarischen Handel im Reich der Mitte zu erweitern und auch in Peking Geschäfte zu betreiben. Auf dieser Grundlage hatte der Zar es auch vermocht, das zwischenstaatliche Verhältnis beider Reiche weiterzuentwickeln. So nahmen im Zeitraum von 1698 bis 1722 vierzehn staatliche Karawanen ihren Weg von Rußland nach China. Als im zweiten Jahrzehnt des 18. Jahrhunderts der russisch-chinesische Karawanenhandel in eine Krise geriet, entsandte Peter eine Abordnung nach Peking, die in den Jahren 1720/21 unter der Leitung von Andrej Petrowitsch Ismajlow in China verhandelte. Ihre Aufgabe bestand darin, von Peking die volle Freiheit des Handelsverkehrs und den Abschluß eines Konsularabkommens mit China zu erreichen. Obwohl es zu keiner Neuregelung der bestehenden Handelsbestimmungen kam, erreichte Ismajlow dennoch die Einrichtung eines russischen Konsulats in der chinesischen Hauptstadt, das freilich nur kurze Zeit bestand. Am Ende der Regierungszeit Peters I. stellte sich eine weitere Verschlechterung der russisch-chinesischen Beziehungen ein. Erst der Vertrag von Kjachta, der im Oktober 1727 zwischen beiden Mächten abgeschlossen wurde, führte zu einer grundlegenden Verbesserung des russisch-chinesischen Verhältnisses, regelte den Grenzverlauf und garantierte den freien Handelsaustausch zwischen Rußland und China.

Peters Blick und Raumgefühl reichten von der Ostsee, dem Schwarzen Meer und dem Kaspisee bis zum Stillen Ozean. Welche Pläne der russische Herrscher dabei in seinen letzten Lebensjahren schmiedete, ging aus der zarischen Instruktion vom 5. Dezember 1723 hervor, in der vorgesehen war, eine Eskadron nach Madagaskar zu entsenden, um dort einen Stützpunkt des Russischen Kaiserreiches für den Handel mit Indien zu gewinnen. Das Unternehmen kam freilich nicht zustande. Die Hauptgründe für die Undurchführbarkeit solch hochgesteckter Pläne lagen in der Schwäche und Unreife des kaufmännischen Potentials wie der bürgerlichen Gesellschaftsklasse in Rußland überhaupt. So gelang es dem Zaren zeitlebens nicht, das russische Kaufmannskapital in genügendem Maße am Handel mit den Ländern des Ostens zu interessieren.

Peters an praktischen Zwecken orientiertes Denken enthielt eine starke Dynamik. Auswärtige Bestrebungen, Handelspolitik und Entdeckerneugier bildeten in den Handlungen des großen Kaisers von Rußland eine untrennbare Einheit. Hierher gehörten auch die von Peter angeordnete Inkorporation Kamtschatkas und der zarische Griff in den Nordpazifik. Bei seinen Plänen, in den pazifischen Küstenbereich, das heißt zu den Kurilen, nach Japan und Amerika vorzudringen, wurde der Monarch von Fjodor Stepanowitsch Saltykow beraten, der seine Ausbildung im westlichen Ausland erfahren hatte, jedoch bereits 1715 starb. In seinen Überlegungen konnte Kaiser Peter der Große ebenso auf Empfehlungen zurückgreifen, die von Gottfried Wilhelm Leibniz stammten. Noch am 23. Dezember 1724 / 3. Januar 1725, fünf Wochen vor seinem Tode, erteilte der Zar dem in russischen Dienste getretenen dänischen Seemann Vitus Bering die Order, das Nördliche Eismeer und den Nordpazifik wissenschaftlich zu erforschen und endgültig die Existenz der Wasserstraße zu bestätigen, die Asien von Amerika trennte. Bei dieser Gelegenheit sollte Bering auch mit größtem Eifer auf die Auffindung eines Weges bedacht sein, der »über das Eismeer nach China und Indien« führte.

Thronfolgeordnung und »Testament«

Unter dem Eindruck der Auseinandersetzung mit dem Zarewitsch Alexej bemühte sich Peter I. um eine staatsrechtliche Begründung für eine neue Thronfolgeordnung. Diese sollte es dem russischen Herrscher ermöglichen, einen Nachfolger nach seinem eigenen Willen zu bestimmen. Demgemäß ließ Peter der Große durch Gesetz vom 5. Februar 1722 verfügen, daß der jeweilige russische Monarch künftig nicht an die natürliche Thronfolge gebunden sei, sondern seinen Nachfolger selbst wählen könne. Die Begründung ging von der »absalomischen Bosheit« des Zarensohnes Alexej aus, berief sich auf biblische Beispiele und Präzedenzfälle aus der russischen Geschichte, um dann auf das Einerbengesetz von 1714 Bezug zu nehmen.

Das Thronfolgegesetz ließ den Bruch des russischen Kaisers mit den alten Moskauer Rechtsvorstellungen am sinnfälligsten werden. Seine entscheidende Stelle lautete: »Es soll jederzeit im Willen des regierenden Herrschers liegen, die Nachfolge, wem er will, zu bestimmen und den Bestimmten, wenn er irgendeine Untauglichkeit gewahr wird, wieder zu entfernen.« Um seine Auffassung von der Thronfolge weiter zu präzisieren, beauftragte der Zar seinen theologischen und juristischen Mitarbeiter, den Ukrainer Feofan Prokopowitsch, mit der Ausarbeitung eines umfänglichen Traktats über »Das Recht der Monarchen in willkürlicher Bestellung der Reichsfolge«, der noch 1722 in russischer und deutscher Ausgabe erschien. Dieser Kommentar zu Peters Thronfolgegesetz enthielt in der Bestimmung des Nachfolgers des Herrschers im Russischen Imperium wesentliche Ergänzungen. So traf Prokopowitsch im Auftrag Peters die Feststellung, daß der Herrscher bei der Bestellung des Nachfolgers »selbst auf die Sohnschaft keine Rücksicht nehmen« dürfe: »Ist ein Monarch in seinen Söhnen so unglücklich, daß er keinen zur Herrschaft geeignet ansieht, so hat er vor Gott die Pflicht, ... von anderer Seite her einen Geeigneten und Gutgearteten zu suchen und diesen zum Erben einzusetzen.«

Feofan Prokopowitschs Schrift »Das Recht der Monarchen in willkürlicher Bestimmung der Reichsfolge« vom Jahre 1722 rechtfertigte das absolute Verfügungsrecht des Herrschers sowohl mit naturrechtlichen als auch mit theologischen Argumenten. Die Abhandlung Prokopowitschs diente Kaiser Peter als zusätzliche theoretische Stütze für die von ihm erlassene neue Sukzessionsordnung. Sie sollte die Ansprüche abwehren helfen, die gegebenenfalls im Namen seines Enkels Peter Alexejewitsch, des Sohnes Alexejs und der Prinzessin Charlotte von Braunschweig-Wolfenbüttel, erhoben werden konnten. Dabei blieb unklar, ob Peter der Große seinen 1715 geborenen Enkel überhaupt von der Thronfolge ausschließen wollte. Ins Auge gefaßt hatte der Kaiser für alle Fälle auch die Möglichkeit, daß seine Tochter Anna, die am 22. November / 15. Dezember 1724 Herzog Karl Friedrich von Schleswig-Holstein-Gottorf verlobt wurde, einen Sohn haben könnte, der als russischer Thronfolger in Frage käme. Wie Feofan Prokopowitsch später berichtete, soll der Herrscher am Vorabend der Krönung Katharinas, die im Mai 1724 erfolgte, auch die Thronfolge seiner zweiten Gemahlin in Erwägung gezogen haben. Durch den Krönungsakt hatte Katharina zwar die Würde einer Kaiserin erhalten, aber nicht das Thronfolgerecht.

Peter der Große erwies sich in der Bestimmung eines Thronfolgers als unentschlossen. Er wollte sich, wie es seine Art war, alles vorbehalten, nichts übereilen und abwarten. Dies tat er auch so lange, bis es zu spät war und der Tod ihn ereilte. Das Ausbleiben einer förmlichen und überzeugenden Entscheidung in der Thronfolge stiftete in der Folge nicht nur Durcheinander und Unheil, sondern machte zugleich die Grenzen in der Entschlußkraft des großen Herrschers deutlich. Denn obwohl das Thronfolgegesetz vom Februar 1722 bis zum Ende des 18. Jahrhunderts in Kraft blieb, vollzog sich die Sukzession der Herrscher nach wie vor auf der Grundlage des von Peter und Prokopowitsch abgelehnten Geblütsrechts. Das bedeutete, daß die genealogische Verbindung zur Romanow-Dynastie auch weiterhin den Ausschlag gab. Durchbrochen war lediglich die traditionelle Primogenitur, die erst 1799 wiederhergestellt wurde.

Wie ernst es Kaiser Peter I. bei seinem Gedanken einer grundlegenden Änderung der russischen Thronfolgeordnung war, wurde bereits aus dem in der Forschung umstrittenen Brief deutlich, den der Herrscher im Sommer 1711 vom Prutfeldzug aus, umringt von einer erdrückenden türkischen Übermacht, an den Senat gerichtet haben soll: »Herren Senat! ... Wenn dieses Äußerste geschieht (Zar Peter in Gefangenschaft gerät oder den Tod erleidet – E. D.), so dürft ihr mich nicht mehr als euren Zaren und Herrscher betrachten und nichts erfüllen, was von mir, wenn auch mit handschriftlichem Befehl, gefordert wird, ehe ich nicht selbst vor euch erscheine in meiner Person. Wenn ich aber zugrunde gehe, und ihr erhaltet treue Nachricht davon, dann erwählt unter euch den Würdigsten mir zum Nachfolger.« In dem Streit um die Echtheit dieses merkwürdigen Schreibens, der bereits von den Zeitgenossen mit Heftigkeit geführt wurde, antwortete der zur Stellungnahme aufgeforderte Feofan Prokopowitsch im Jahre 1731 der Regierung Kaiserin Annas mit den Worten: »Wem seiner Majestät Stil oder Wortbedeutung nicht unbekannt ist, für den ist es auch heute nicht schwer zu erkennen und zu unterscheiden, welches seiner Majestät Sätze sind und welche nicht von ihm sind.«

Bei der Beurteilung des Wesens der Persönlichkeit Peters ist es notwendig, auch auf das sogenannte Testament des großen Kaisers einzugehen, das freilich längst als Fälschung erkannt wurde. Der eigentliche Text stammt erst aus dem Jahre 1836, doch geht dieser auf frühere Veröffentlichungen aus dem Jahre 1812 und vor allem auf das von dem polnischen General Michał Sokolnicki dem französischen Direktorium unterbreiteten »Aperçu sur la Russie« zurück. Inhaltlich verband das »Testament« eine objektive Darstellung der Ziele zarischer Außenpolitik mit phantastischen Plänen für eine russische Vorherrschaft in Europa. Es fügt sich in die Vorstellung von einem europäischen Gleichgewicht und dessen angeblicher Bedrohung durch Rußland ein.

Der ursprünglich polnische Text gab als vermeintliches Vermächtnis Peters des Großen den Willen an, »den Staat in einem System ununterbrochenen Krieges zu halten« und sich »mit allen nur möglichen Mitteln nach Norden, die Ostsee entlang und nach Süden auszudehnen«. Zu diesem Zweck sollten »ständig unter den deutschen Prinzessinnen Gemahlinnen für die russischen Fürsten gesucht werden, um auf solche Weise die Verbindungen durch familiäre Bande und Interessengemeinschaft zu vervielfältigen sowie überall Einfluß in den deutschen Landen zu erreichen«. Dabei sei es wichtig, alles in aller Heimlichkeit vorzubereiten, »um dann den großen Schlag zu führen« und die russischen Truppen »bis zum Rhein« vormarschieren zu lassen. Und in dem zur Unterstützung der napoleonischen Propaganda redigierten Artikel 13 hieß es, man dürfe keine Gelegenheit versäumen, »Persien zu bekriegen, seinen Niedergang zu beschleunigen, um so bis zum Persischen Golf vorzudringen und über Syrien den alten Handel mit der Levante zu erneuern«.

Napoleon selbst, der sich anfänglich verbeten hatte, »Unsinn über Rußland zu schreiben«, verbreitete sich später ebenfalls über die »russische Gefahr« und operierte ebenso mit den Argumenten des falschen Testaments Peters des Großen, so daß er zeitweilig selbst als dessen Verfasser betrachtet wurde. Jeweils zu Zeiten, wenn Angst vor den Russen heraufbeschworen werden sollte, so zur Zeit des Einmarsches von Zarentruppen in Ungarn 1849, des Krimkrieges, der polnischen Aufstände, des ersten und zweiten Weltkriegs und sogar noch zu Zeiten des McCarthyismus in den USA, wurde der Text von Peters »Testament« in die politische Debatte eingeschleust. Der große russische Zar freilich hatte und hat mit den illusionären und überspannten Richtlinien und Parolen des Pseudo-Testaments, in denen der permanente Krieg gepredigt wird, nichts zu tun, beruhten doch seine Erfolge zu jeder Zeit seines Lebens darauf, daß ihm jeder illusionäre Sinn abging und er in seiner Politik stets auf dem Boden des Möglichen und Machbaren verblieb.

Leiden und Tod

Zar Peter hat nicht selten über physische Leiden geklagt, die ihn während seines Lebens quälten, und er war wiederholt gefährlich krank gewesen. Bereits im Jahre 1692 bangte man um sein Leben. Sehr häufig litt der Herrscher an Wechselfieber, und mehrmals mußte er Bäder aufsuchen, um sich Linderung und Heilung zu verschaffen. In den letzten Lebensjahren nahm sein chronisches Leiden einen bedenklicheren Charakter an.

Es war nicht Peters Art, seinen Körper zu schonen. Der genaue Zeitpunkt, seit dem der Herrscher an einer schmerzhaften Strangurie (Harnzwang) litt, dürfte sich wohl kaum feststellen lassen. Es ist anzunehmen, daß der Kaiser bereits während des russisch-persischen Krieges von 1722/23 auf das stärkste von dem Leiden befallen war. In einer Beschreibung seines Mitarbeiters und Leibarztes Robert Areskine vom Sommer 1717 war von einer Erkrankung auch von Peters Leber und der Gallenwege die Rede, was zu wiederholten Gallenkoliken und Appetitlosigkeit des Herrschers führte. Spätere Forscher haben aus dieser Angabe geschlossen, daß es sich hierbei um Schrumpfung und Zerfall der Leber handelte, die auf den übermäßigen Alkoholgenuß, dem der Monarch frönte, zurückging.

Im Sommer des Jahres 1724 verschlimmerten sich die Blasenbeschwerden des Kaisers. Es bildeten sich jetzt Abnormitäten am Blasenhals, und an der Blase traten Geschwülste mit geschwürigen Abszessen auf. Im November desselben Jahres erkältete sich Peter bei der Rettung von Soldaten und Matrosen, die mit ihrem Boot bei Ljachta unweit von St. Petersburg gestrandet waren und mit den Wellen kämpften. Um die von dem Tode Bedrohten zu retten, war der Kaiser von seiner Schaluppe aus kurzer Hand ins Wasser gesprungen und an das gestrandete Boot herangewatet. Jedoch schien diese bei Blasenleiden gefährliche Erkältung nicht die letzte Krankheit ausgelöst zu haben. Denn Peter nahm danach in großer Ausgelassenheit an dem nachweihnachtlichen Festtrubel teil, was mit erneutem Alkoholgenuß verbunden war. Da er bald darauf am Sonntag, dem 17./28. Januar 1725, schwer erkrankte, dürfte der erneute Alkoholstoß das auslösende Moment dargestellt haben. Zu den fieberhaften und äußerst schmerzhaften Krämpfen, die jedes erträgliche Maß überstiegen, traten nun zeitweiliges Versagen des Sprachzentrums und tiefe Bewußtlosigkeit. Um den Kaiser bemühten sich mehrere Ärzte, darunter vor allem der behandelnde zarische Leibmedikus Laurentius Blumentrost der Jüngere, der englische Chirurg und Wundarzt Wilhelm Horn, der Hofbader und Chirurg Christoph Paulson sowie der aus Holland stammende Moskauer Arzt Niklaas Bidloo.

Kaiser Peter starb am Donnerstag, dem 28. Januar / 8. Februar 1725, um 5 Uhr morgens, an einem Blasenleiden, das in Verbindung mit Leberatrophie den Tod herbeiführte. Wie aus seiner nächsten Umgebung verlautete, hatte der Herrscher noch auf dem Totenbett versucht, letzte Anweisungen niederzuschreiben oder zu diktieren. Da Hand und Zunge jedoch bereits versagten, blieben seine Anstrengungen vergeblich.

Den amtlichen Mitteilungen zufolge herrschte nach dem Ableben Peters I. im ganzen Land große Trauer. Tief betroffen zeigten sich vor allem die Vertrauten und nächsten Mitarbeiter des Monarchen, die unter seinem mächtigen Schutz zu Ansehen und Ruhm emporgestiegen waren. Zu ihnen gehörte insbesondere Feofan Prokopowitsch, der die Trauerpredigt hielt. Aus der Ansprache wurden die Erschütterung und der Verlust deutlich, die die Reformanhänger betroffen hatten. Feofan begann seine Grabrede mit den Worten: »Was ist geschehen? Was müssen wir erleben? O Russen, was sehen wir, was tun wir? Wir begraben Peter den Großen, den Vater des Vaterlandes, dem die Russen ein ewiges Leben gewünscht.« Jedoch »der unermeßliche Reichtum seiner Kraft und seines Ruhmes ist mit uns. Und wie er Rußland gestaltet hat, so wird es bleiben.«

Freilich gab es auch andere Stimmen. So zeigte ein in Umlauf gebrachter satirischer Volksbilderbogen einen toten Kater, der, auf Schlittenkufen geschnürt, von Mäusen mit Trommelschlag und Dudelsackgetön zu Grabe gezogen wurde. An den Fürstenhöfen des westlichen Auslands atmete man sichtlich auf, als der Tod des Kaisers von Rußland gemeldet wurde. Eine Ausnahme machte offenbar König Friedrich Wilhelm I. von Preußen, der seinen Petersburger Gesandten Gustav von Mardefeld anwies, der dortigen Trauerstimmung die gebührende Achtung zu bezeugen.

In Rußland selbst wurde sogleich spürbar, daß der gewalttätige Kaiser mit seinem organisierenden Willen fehlte, der das Zarenreich auf die Bahn des

Fortschritts gedrängt hatte. Jedoch hatten die Wandlungen, die von dem starken Zaren eingeleitet worden waren, dem Land keine neue sozial-ökonomische Grundlage zu geben vermocht. Noch war der Bau des neuen Staates nicht vollendet und noch befand sich Peters Werk auf brüchigem Boden, was rasch deutlich werden sollte. Und so nahm denn das Ringen zwischen dem neuen und dem alten Rußland unter den Nach-folgern Peters des Großen, wenn auch in veränderten Formen, seinen Fortgang.

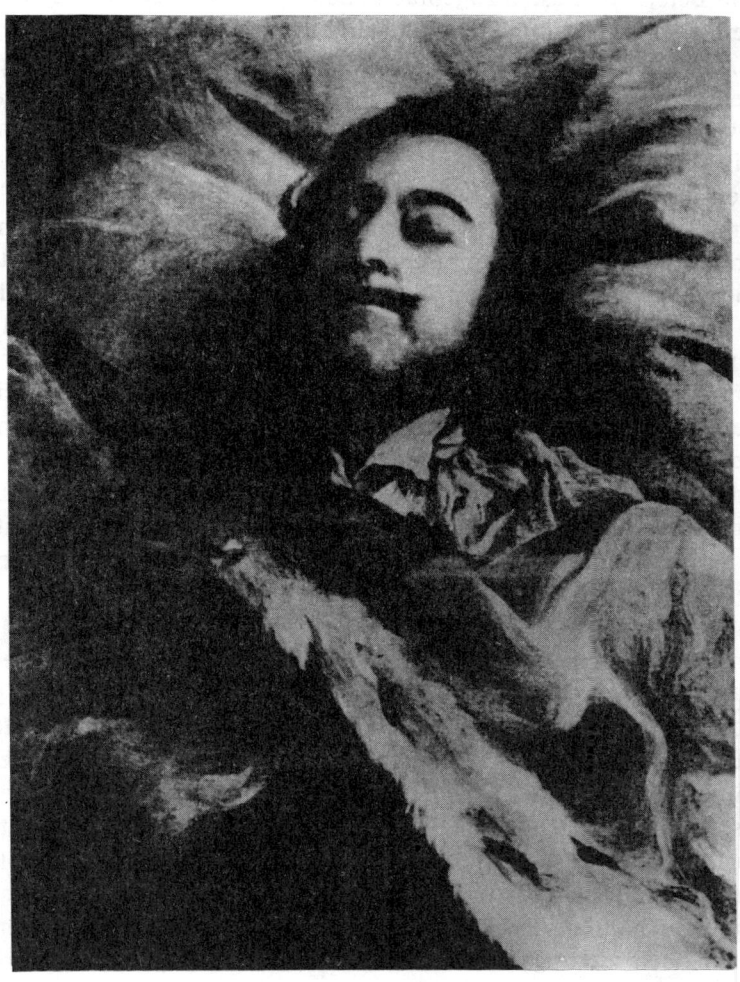

Peter I. auf dem Totenbett

305

EPILOG

Peters Persönlichkeit und Wesen waren von Vielschichtigkeit gekennzeichnet. Von seinen Vorgängern auf dem Zarenthron hatten nicht wenige ihre Zeit mit Beten und Fasten zugebracht, den Hofjuwelieren bei der Arbeit zugesehen oder sich durch Spaßmacher kurzweilige Geschichten erzählen lassen. Ganz anders der Zar und Kaiser Peter, der zeitig aufzustehen pflegte, um den ganzen Tag über, unterbrochen nur von kurzen Pausen, tätig zu sein, wie Christoph Eberhard, ein Mitarbeiter August Hermann Franckes, der seit 1711 in russischen Diensten stand und dem Monarchen gelegentlich Stunden in Hebräisch und Latein erteilte, festgehalten hat: »Er steht früh auf um $3^1/_2$ Uhr und schreibt Ordres bis 7 Uhr. Dann kommen seine Generäle und Minister, so gibt er ihnen Ordres. Um 10 Uhr speist er bis 11 Uhr, da er vier Gerichte hat. Von 11–12 redet er mit denen, (mit denen – E. D.) er etwas zu reden hat. Von 12 Uhr schläft er. Von 6–7 spricht er mit einigen Leuten. Von $7–3^1/_2$ genießt er der Ruhe.« Die Momente der Ruhe, die ihm der Krieg und die Staatsgeschäfte ließen, füllte der Herrscher meistens mit Drechseln, Besichtigungen und Prüfungen von Instrumenten und technischen Vorrichtungen sowie mit allerei Hantierungen in Werkstätten und Ateliers aus. In zahlreichen Geschichten, die über ihn in Umlauf kamen, wurden auch die chirurgischen und zahnärztlichen Fertigkeiten des Zaren gerühmt, und man erzählte sich, Peter habe einen Sack aufbewahrt, der voll von Zähnen war, die er selbst gezogen hätte.

In seiner Lebensführung liebte Peter der Große die Einfachheit, und er verabscheute jegliches Prachtgebaren. So schlief er nicht selten auf der Diele und begnügte sich mit einfacher Kost. Ebenso konnte man den großen Monarchen, der in den westlichen Hauptstädten als einer der reichsten und mächtigsten Herrscher der Welt galt, häufig in abgetretenen Pantoffeln und Strümpfen einhergehen sehen, die ihm seine Frau Katharina oder die Töchter gestopft hatten. Nach dem Aufstehen und dem Frühstück pflegte er in einem alten verschossenen Schlafrock Mitarbeiter und Gäste zu empfangen. Ging er oder fuhr er aus, so trug er einen schlichten Rock aus grobem Tuch, den er nicht häufig zu wechseln liebte, einen Hut verabscheute er meist ganz. Als Beförderungsmittel diente ihm in der Regel ein zweirädriger Karren, den, wie ein ausländischer Augenzeuge bemerkte, wohl kaum ein Moskauer Kaufmann benutzt haben dürfte, der etwas auf sich gab. Bei feierlichem Anlaß, so gelegentlich der Einladung zu Hochzeiten, lieh er sich die Prachtkutsche seines Generalprokurors Pawel Iwanowitsch Jagushinski, der zugleich ein eleganter Lebemann war. Auch freute sich der Monarch über die bescheidene Summe, die er als Offiziersgehalt monatlich in Empfang nahm, wobei er einmal bemerkt haben soll, daß er sich nun endlich ein neues Schuhwerk, dessen er dringend bedurfte, zulegen könne. Diesen Gewohnheiten blieb der Herrscher bis an sein Lebensende treu. Er hatte eine Abneigung gegen große und hohe Säle, und er vermied bei seinen Auslandsreisen, so gut er konnte, sich in prunkvollen Palästen und Gemächern aufzuhalten.

So sehr Peter den äußeren Pomp der Herrscherwürde und die steife Etikette des regierenden Monarchen verachtete, um so mehr liebte er das Naiv-Kindliche und Einfach-Burleske. Dabei suchte er den Lustbarkeiten, denen er sich zeitlebens mit Inbrunst hingab, eine gewisse Öffentlichkeit zu verleihen. Im Mittelpunkt der vom Herrscher inszensierten Possenspiele, Parodien und Narreteien agierten, wie an anderen Fürstenhöfen auch, Zwerge, Spaßmacher und Hofnarren. Aufsehen erregten insbesondere die Parodien, in deren Mittelpunkt der sogenannte Saufpapst stand und kirchliche Gepflogenheiten verhöhnt wurden. Bei seiner Vorliebe für das Derb-Komische und Groteske, den Vergnügungen an allerlei Mummenschanz und Exzessen befahl Peter auch zahlreichen seiner Mitarbeiter, als handelnde Personen mitzuwirken. So mußten sich nicht nur Hofnarren von Profession, sondern auch staatliche Würdenträger, wie Nikita Moissejewitsch Sotow, Pjotr Iwanowitsch Buturlin, Fürst Fjodor Jurjewitsch Romodanowski und andere, zu unziemlichen Possenspielen hergeben. Der Hang Peters zum Dämonischen und zur Phantastik erinnerte an die Gepflogenheiten Iwans IV., des »Schrecklichen«, dem ebenfalls eine Vorliebe für Narreteien und Possen nachgesagt wurde.

In engem Zusammenhang mit der Neigung Peters I. zu Ausgelassenheit und Lustbarkeiten stand ein übermäßiger Alkoholkonsum. Der Zar war ein Riese von Gestalt. Er maß drei volle Arschin, das heißt etwa 2,1 Meter, und überragte jede Menschenmenge, in der er sich befand. Wenn er zu Ostern die üblichen Küsse austauschte, mußte er sich viele Male bücken, so daß ihm der Rücken schmerzte. Kein Wunder, daß der Monarch ob seiner Länge und Körperstärke auch beim Trinken unvergleichlich mehr vertrug als andere, nach mancher durchzechten Nacht frühmorgens wie sonst bei der Arbeit war und ein Gleiches auch von seinen Trinkgenossen verlangte. Nach der Beobachtung des englischen Ingenieurs und Schleusenmeisters John Perry, der in engem Kontakt zum Herrscher stand, fanden in der zweiten Hälfte von dessen Regierungszeit am Zarenhof jedoch bereits weniger Zechgelage statt, und auf dem Feldzug gegen Persien von 1722/23 soll Peter sich fast gänzlich des Trinkens enthalten haben. Nun hatte sich freilich zu diesem Zeitpunkt das chronische Blasenleiden des Herrschers bereits erheblich verschlimmert.

Ein nicht geringes Aufsehen bei den Zeitgenossen im In- und Ausland erregte die Verbindung, die der russische Zar mit seiner späteren zweiten Gemahlin und Nachfolgerin auf dem Herrscherthron, Kaiserin Katharina I., einging. Martha Skawronskaja, wie Katharina ursprünglich hieß, war 1684 im polnisch-livländischen Kreuzburg geboren und entstammte einer Mischehe zwischen einem aus Litauen zugewanderten katholischen Bauern namens Samuel Skawronski mit seiner aus Kurland gebürtigen lutherischen Ehefrau Dorothea, die wohl lettischer Herkunft war. Mit zwölf Jahren trat Martha Skawronskaja in den Hausdienst beim lutherischen Propst von Marienburg in Schwedisch-Livland, Ernst Glück. Nach Ausbruch des Nordischen Krieges ging sie auf Veranlassung Glücks die Ehe mit einem Dragoner des livländisch-schwedischen Landaufgebots namens Johann Kruse ein. 1702 geriet Martha zusammen mit der Familie Ernst Glücks in russische Gefangenschaft und gelangte mit dieser nach Moskau. Im Herbst 1703 nahm sie Zar Peter als ständige Lebensgefährtin in sein Haus. 1712 erfolgte nach orthodoxem Ritus die offizielle Eheschließung zwischen ihm und ihr. Im Mai 1724 ließ sie der Herrscher zur Kaiserin von Rußland krönen. Durch ihr natürliches Wesen und ihr Einfühlungsvermögen erwarb sich Jekaterina Alexejewna, wie sie sich jetzt nannte, beim russischen Volk Hochachtung und Zuneigung. Auch im Ausland galt Peters zweite Gemahlin, wie Kurfürstin Sophie von Hannover am 3. August 1712 an König Friedrich I. von Preußen schrieb, »obschon von geringer Geburt«, als »eine sehr gute Frau«. Als fürsorgliche Gemahlin begleitete Katharina den Zaren häufig auf seinen Feldzügen und Reisen und wirkte nicht selten mildernd und ausgleichend auf die Handlungen des Herrschers ein. In ihrem Briefwechsel mit Peter I. äußerte sich Katharina Alexejewna als eine Frau voller Lebenskraft, gepaart mit gemütvoller Ausgelassenheit. An den geselligen Veranstaltungen des Zaren nahm sie gerne teil. Katharina schenkte ihrem Gemahl elf Kinder, von denen jedoch nur zwei am Leben blieben: Anna, die spätere Herzogin von Holstein-Gottorf, und Elisabeth, Kaiserin von Rußland 1740 bis 1761.

Ebensolche Verwunderung erregten insbesondere bei den Ausländern immer wieder die Umgangsformen des Zaren, vor allem die sinnliche Nähe seiner Freundschaftsbezeugungen. Sie fiel nicht nur im Verkehr mit Alexander Danilowitsch Menschikow auf, mit dem der Herrscher mehr als häufig Küsse wechselte und den er in vertraulichen Schreiben mit

»Mein Herz« anredete, sondern war auch bei anderer Gelegenheit zu beobachten. So hat der Wolfenbüttler Hofrat Georg Christoph von Braun bei seiner Beschreibung der Zusammenkunft Peters mit dem preußischen König Friedrich I., die im Herbst 1709 stattfand, festgehalten: »Alle Augenblicke drückten sie einander die Hände oder küßten einander, sowohl über die Tafel als anderwärts.« Zur sinnlichen Natur des russischen Monarchen gehörten ebenso die zahlreichen Tränen, die dieser bei verschiedenen Gelegenheiten vergoß. Auch diese Eigenschaft war Hofrat Braun aufgefallen: »Wenn die zarische Majestät dessen gedenken, daß sein Minister Patkul einen so schmählichen Tod erlitten, so kommen ihm fast jedesmal die Tränen in die Augen.« Gemeint war Johann Reinhold von Patkul, ein deutschlivländischer Adliger, der als Militär und Diplomat zuletzt Peter diente und nach seiner Auslieferung an Karl XII., die auf Weisung König Augusts des Starken erfolgte, im Jahre 1707 als schwedischer Reichsverräter gerädert und geköpft wurde.

Schließlich machten die Zeitgenossen immer wieder auf den Gerechtigkeitssinn und die Wärme aufmerksam, mit denen Peter I. Leuten aus dem einfachen Volk begegnete. Auch in dieser Hinsicht wußte Hofrat Braun Lobenswertes vom russischen Herrscher zu berichten. So habe er mit eigenen Augen gesehen, daß der Monarch die Klagen polnischer Bauern, die ihn auf der Straße anhielten, mit großer Geduld angehört, wie überhaupt jedermann freien Zutritt zu ihm gehabt hätte. In Einklang damit steht auch die Anekdote, wonach der Zar nicht duldete, daß das Volk, sobald er sich in der Öffentlichkeit zeigte, auf die Knie niederfiel. So soll Peter für die, die von diesem Brauch nicht abgehen wollten, Knutenstrafe angeordnet haben.

Obwohl die Leibesbeschaffenheit und das Aussehen Peters des Großen mehrmals beschrieben worden sind, fällt es schwer, sich ein genaues Bild von der Statur des russischen Herrschers zu machen. Erwähnt wurden immer wieder seine Größe, die breiten schwarzbraunen Augenbrauen sowie die schönen und gleichmäßigen weißen Zähne. Auch aus den zahlreichen Bildern, die von Zar Peter gemacht wurden, läßt sich keine einheitliche Vorstellung vom Aussehen des russischen Monarchen gewinnen. Demgemäß haben die Forscher bei den von zeitgenössischen Künstlern gemalten Porträts mehrere Typengruppen unterschieden. Zu den wohl besten Bildern, die den jungen Peter zeigen, gehört das Ölporträt von 1697 oder 1698, das aller Wahrscheinlichkeit nach von dem holländischen Maler Pieter van der Werff stammt. Ihm folgt ein 1698 auf Veranlassung des englischen Königs Wilhelm III. von Oranien gemaltes Bild, das von Gottfried Kneller in England ausgeführt wurde. Knellers Bild zeigt den jungen Monarchen mit lockigem Haar und großen runden Augen, die vergnügt in die Welt blicken.

Besonders bekannt sind auch zwei Bilder, auf denen der reife Peter dargestellt ist. Dabei handelt es sich um das Porträt des Holländers Karl Moor aus dem Jahre 1717, entstanden gelegentlich der Reise des Herrschers nach Paris. Auf ihm erscheint der Zar als ein Mensch mit durchdringendem Blick, der gleichermaßen Kühnheit und Sachverstand ausdrücken soll. Den wohl tiefsten Eindruck hinterläßt indes das vom zarischen Hofmaler Iwan Nikititsch Nikitin gemalte Ölbild vom Jahre 1720, das zwar einen nicht mehr jungen Mann darstellt, dessen Züge jedoch noch deutlich erkennbar die ungebrochene Willenskraft Peters I. zum Ausdruck bringen.

Kaiser Peter der Große war noch keine dreiundfünfzig Jahre alt, als er starb. Seine Persönlichkeit und Wirksamkeit wurden bereits von den Zeitgenossen und den unmittelbar nachfolgenden Generationen des 18. Jahrhunderts, und zwar von Russen und Ausländern gleichermaßen, unterschiedlich beurteilt. Auf die Glorifizierung Peters als Erneuerer Rußlands durch Gottfried Wilhelm Leibniz und die gleichzeitige Abwertung in englischen Stellungnahmen folgte eine erneute hohe Ehrung des russischen Imperators durch Christian Wolff. Lobpreisungen Peters wurden auch vom preußischen Kronprinzen Friedrich und Voltaire vorgebracht. Es war die eindrucksvolle Erscheinung Peters des Großen und dessen vielseitige Tüchtigkeit, in der der Kronprinz von Preußen Vorbild und Ansporn für die eigene Leistung erblickte. So schrieb er am 6. März 1737 an Voltaire: »Es hat zu unserer Zeit keinen wirklich kenntnisreicheren Fürsten gegeben, denn er beherrschte vollkommen das Seewesen, war Architekt, Anatom, Chirurg (manchmal allerdings ein gefährlicher), erfahrener Soldat und vollendeter Volkswirt.« Unter dem Eindruck der Rußlandberichte des preußischen Legationssekretärs Johann Gotthilf Vockerodt, der Peters Wirken mit den Augen der gegen den Zaren opponierenden Würdenträger sah, sprach Kronprinz Friedrich dann am 13. November 1737 in einem neuerlichen Brief an denselben Voltaire davon, daß nur ein »Zusammentreffen glücklicher Umstände, günstige Ereignisse und die Unwissenheit der Ausländer« Zar Peter von Rußland, der lediglich »ein von ungewöhnlichen Einfällen beherrschter Mensch« gewesen sei, zu einem Universalgeist gemacht hätten. Jedoch neun Jahre später pries der nunmehrige König Friedrich II. von Preußen in seiner »Histoire de mon temps« ganz im Sinne von Leibniz und fast wörtlich mit dessen Worten Peter den Großen erneut als Heros und überragende Herrschergestalt: »Er war Gesetzgeber und Gründer dieses riesigen Kaiserreiches; er schuf Männer, Soldaten, Minister. Er gründete St. Petersburg; er baute eine beachtliche Marine auf, und es gelang ihm, seiner Nation und ihren besonderen Fähigkeiten in Europa Respekt zu verschaffen.«

Aus Friedrichs II. Urteil über Peter wurde deutlich, daß Vockerodts negative Darstellung der Persönlichkeit des Zaren beim Preußenkönig nur einen vorübergehenden Schatten auf den großen Monarchen zu werfen vermocht hatte. Freilich stand das Rußlandbild Friedrichs II. ansonsten stärkstens im Banne der Berichte Vockerodts, in denen das russische Volk auf das gröbste abgewertet wurde. Dies schloß wiederum nicht aus, daß der preußische Monarch dem Zarenreich als politischer Größe im europäischen Kräftespiel größten Respekt zollte. Im übrigen erwies sich König Friedrichs Meinung von Zar Peter und Rußland in der Folge auch in starkem Maße von der Stellungnahme beeinflußt, die Voltaire über den großen Kaiser abgab. So sah der Franzose im ersten Band seiner 1761 auch in deutscher Ausgabe erschienenen »Geschichte Rußlands unter Peter dem Großen« die Verdienste des aufgeklärten Zaren darin, daß er ein »wildes« Volk zähmte und ein »barbarisches« Reich zu einem zivilisierten Land machte: »So verwandelte ein einziger Mensch das größte Reich der Welt.«

Voltaires Werk über Peter den Großen, dessen zweiter Band 1763 in deutscher Sprache herauskam, galt außerhalb Rußlands als programmatische Schrift der französischen Aufklärungsgeschichtsschreibung. Seine Grundthesen beinhalteten die Einordnung der Abläufe, Ereignisse, Tatsachen und Persönlichkeiten – im vorliegenden Fall der russischen Geschichte unter Peter dem Großen – in eine feststehende geschichtsphilosophische Konzeption mit dem Ziel, die vorgegebene Auffassung zu bestätigen. Eine ähnliche Ansicht wie Voltaire vertrat auch Jean-Jacques Rousseau, der im »Gesellschaftsvertrag« vom Jahre 1762 auch seine Ansichten über das russische Volk und Peter I. darlegte, wobei er ein negatives Bild vom Zaren zeichnete: »Die Russen werden nie richtig zivilisiert sein, weil sie es zu zeitig wurden. Peter hatte einen nachahmenden Geist; er besaß nicht das wahre Genie, das schöpferisch ist und aus nichts alles macht. Manches, was er anfaßte, war gut, das meiste fehl am Platze. Er sah, daß sein Volk barbarisch war, und sah überhaupt nicht, daß es zur Zivilisation nicht reif war; er wollte es zivilisieren, als er es nur kriegstüchtig hätte machen müssen. Er wollte es zuerst zu Deutschen, zu Engländern machen und hätte es doch zuallererst zu Russen machen sollen.«

In dem noch unter Peter I. in Rußland selbst entstandenen Schrifttum wurden die Taten des großen Herrschers als leuchtendes Vorbild hingestellt. In diesem Geist schrieben bereits Pjotr Pawlowitsch Schafirow und Feofan Prokopowitsch. Ihren Auffassungen folgten auch Wassili Nikititsch Tatischtschew und Iwan Kirillowitsch Kirilow. Von den im Zarenreich wirkenden Ausländern bewunderten Heinrich von Huyssen, John Perry, Friedrich Christian Weber und andere den großen Zaren und sein Werk. So

Denkmal Peters I. in St. Petersburg (Leningrad)

schrieb Weber, der als hannoverscher Resident am Zarenhof zu St. Petersburg tätig war, im Vorbericht zu seinem 1721 erschienenen Werk »Das Veränderte Rußland«: »Daß Rußland seit einigen zwanzig Jahren ganz verwandelt und verändert sei, werden nicht allein diejenigen, welche in Rußland gewesen, sondern auch alle, die nur einige Kenntnis von dem jetzigen Zustande der nordischen Sachen haben, gestehen müssen. Die Erweiterung der russischen Grenzen, die Erbauung der Stadt Petersburg und des kronschlössischen Hafens, die auf den deutschen Fuß gesetzte und durch eine unaufhörliche Übung streitbar gemachte Miliz, die aus den kasanischen Hölzern verfertigte und in die Ostsee gesetzte Flotte, die zum Matrosenhandwerk angewiesenen Bauern, die Aufrichtung der See- und anderen Akademien, die ganz umgekehrte und durch Einführung der neuen Reichs-Collegorum verbesserte Justiz- und Regimentsverfassung, die angelegten Künste und Manufakturen, die Begebenheit des Zarewitsch und die veränderte Sukzessionssache, auch endlich und insonderheit die sowohl unter größeren Gehorsam als zu etwa mehrerer Erkenntnis gebrachte Geistlichkeit, sind solche große Neuerungen und die darauf gewendete Zeit so geringe, daß ein jeder, der dieselbe mit Augen gesehen, darüber erstaunen muß.« Die Bewunderer Peters sammelten nach dessen Tod zahlreiche Materialien sowie Berichte und brachten Anekdoten über ihn heraus, so Andrej Konstantinowitsch Nartow, Pjotr Nikoforowitsch Krekschin, Iwan Iwanowitsch Golikow, Jakob von Stählin und andere.

Eine ausführliche Würdigung erfuhr Kaiser Peter durch die erste wissenschaftliche Koryphäe Rußlands, Michail Wassiljewitsch Lomonossow, in dessen »Lobrede auf Peter den Großen« vom Jahre 1755. Nach einer eingehenden Verdeutlichung der Leistungen Peters auf dem Gebiet der inneren und auswärtigen Politik schloß der große Gelehrte seine Rede mit der Frage: »Mit wem vergleiche ich unseren Helden? Oft habe ich darüber nachgedacht, wie derjenige sein möge, der mit einem allmächtigen Wink den Himmel, die Erde und das Meer regiert, dessen Odem die Wasser fließen und dessen Berührung die Berge rauchen läßt. Doch den menschlichen Gedanken sind Grenzen gesetzt. Das Wesen Gottes können sie nicht erfassen. Wenn man also einen Menschen suchen müßte, der nach unseren Begriffen Gott ähnlich ist, würde ich keinen anderen finden als Peter den Großen.«

Unter den russischen Herrschern des 18. Jahrhunderts hat sich insbesondere Kaiserin Katharina II. allzeit die Regentschaft ihres »großen Vorfahren« zum Muster genommen, ohne dadurch Zar Peter freilich in irgendeiner Weise vergleichbar geworden zu sein. So soll sie gern die Wortwendung gebraucht haben: »Jedesmal, wenn ich mich mit einer neuen Institution befassen will, gebe ich Befehl, in den Archiven nachzuforschen, ob von dieser Frage nicht schon unter Peter dem Großen gesprochen worden ist, und fast jedesmal stellt sich heraus, daß er die in Aussicht genommene Sache bereits erwogen hatte.« Zur selben Zeit ließ es sich die Freundin Kaiserin Katharinas II., Fürstin Jekaterina Romanowna Daschkowa, in Wien an der Tafel des Fürsten Wenzel Anton Kaunitz angelegen sein, die Verdienste Peters des Großen nach Kräften herabzusetzen. Ebenso führte der russische Cato der Zeit Katharinas II., Fürst Michail Michajlowitsch Schtscherbatow, die seiner Ansicht in Rußland eingerissene »Sittenverderbnis« auf das Wirken Kaiser Peters zurück. Und als bei der Eröffnungsfeierlichkeit des von Katharina II. gestifteten Peter-Denkmals in St. Petersburg vom Jahre 1782 der Metropolit Platon Lewschin in oratorischem Schwung den großen Toten aufforderte, zu erscheinen und auf seine Schöpfung zu blicken, soll Graf Kirill Grigorjewitsch Rasumowski gesagt haben: »Wozu ruft er ihn? Erschiene Peter, erginge es uns übel!«

Wie immer man Peter den Großen beurteilen mag: »Über diesen Monarchen kann man«, wie Alexander Puschkin bemerkt hat, »mehr schreiben als über die Geschichte Rußlands selbst«, ist er doch »schon allein eine Weltgeschichte«. Das Ergebnis von Peters Lebenswerk war ein »verändertes Rußland«, wie es Friedrich Christian Weber treffend genannt hat, geschaffen freilich auf dem Rücken eines noch mehr belasteten Volkes. Auf diesen Umstand hat der von Kaiserin Katharina II. verfolgte Adelsrevolutionär Alexander Nikolajewitsch Radischtschew in seinem 1782 verfaßten »Brief an einen Freund, der aus dienstlichen Gründen in Tobolsk lebt« hingewiesen.

Durch die Ausprägung des petrinischen Absolutismus verlor das russische Volk zugleich seine letzten Freiheiten. Mit den Worten Radischtschews gesprochen: »Und ich sage, Peters Ruhm könnte größer sein, wenn er sich selbst und sein Vaterland durch Befestigung der persönlichen Freiheit erhöht hätte.«

ZEITTAFEL

1645–1676	**Zar Alexej Michajlowitsch**
1672 (30. Mai / 9. Juni)	**Geburt Peters I.**
1676–1682	**Zar Fjodor Alexejewitsch**
1682 (15.–17. Mai)	**Aufstand in Moskau**
1682–1725	**Zar Peter (Pjotr) I. Alexejewitsch der Große,** seit 1721 Kaiser
1682–1689	**Regentschaftsregierung Sofja Alexejewnas,** der Halbschwester Peters I.
1689	**Vertrag von Nertschinsk** mit China. Absetzung Sofjas. Der 17jährige Peter übernimmt die Regierung. Die Mitregentschaft seines Halbbruders Iwan V. bleibt bis zu dessen Tod im Jahre 1696 bedeutungslos
1695	**1. Feldzug gegen Asow**
1696	**2. Feldzug gegen Asow**
1697/98	**Erste Auslandsreise Peters I.**
1698 (April–Juni)	**Strelitzenerhebung in Moskau**
1699–1725	**Petrinische Reformen** führen zu wichtigen gesellschaftlichen Umgestaltungen, ohne die bestehende Ordnung zu sprengen. Widerstände äußern sich in der **konservativen Opposition.** Peters unfähiger Sohn Alexej (gest. 1718) wird die Hoffnung der Reformgegner.

1700–1721	**Nordischer Krieg** Rußlands gegen Schweden im Bunde mit Dänemark und Sachsen-Polen um den lebenswichtigen Zugang zur Ostsee. 19./30. November 1700. Niederlage der russischen Truppen bei Narwa.
1702/03 (Dezember/Januar)	**Erscheinen der ersten russischen Zeitung**
1703 (16./27. Mai)	**Gründung St. Petersburgs**
1704–1711	**Baschkirenaufstände**
1705–1706	**Erhebung** armer Städter, militärpflichtiger Rekruten und niederer Kosaken **in Astrachan** und Umgebung
1707–1708	**Bewegung unter Kondrati Bulawin** am Don und in der Ukraine
1709	In der **Schlacht von Poltawa** (Ukraine) wird Schweden von Rußland entscheidend geschlagen. Es verliert seine Großmachtstellung in Europa.
1711	König Karl XII. von Schweden veranlaßt die Türkei zum Krieg gegen Rußland, das im **Prutfeldzug** eine Niederlage erleidet.
1721	30. August / 10. September: **Frieden von Nystad** (Finnland) sichert die Vormachtstellung Rußlands an der Ostsee. Rußland wird Kaiserreich, der Zar nimmt den Titel **Imperator** an.
1722–1723	**Krieg Rußlands gegen Persien**
1725 (28. Januar / 8. Februar)	**Tod Peters I.**
1725–1727	**Kaiserin Katharina I.**

STAMMTAFELN

Alexej Michajlowitsch
geb. 19. 3. 1629, Zar von Rußland 1645,
gest. 29. 1. 1676

Verheiratet 1648 in 1. Ehe
mit Marija Iljinitschna
Miloslawskaja,
geb. 1626, gest. 1669

Verheiratet 1671 in 2. Ehe
mit Natalja Kirillowna
Naryschkina,
geb. 1651, gest. 1694

Sofja Alexejewna
geb. 17. (27.) 9. 1657,
Regentin von Rußland 1682–1689,
gest. 3. (14.) 7. 1704

Pjotr I. Alexejewitsch der Große,
geb. 30. 5. (9. 6.) 1672,
Zar von Rußland 27. 4. 1682,
Kaiser 22. 10. 1721,
gest. 28. 1. (8. 2). 1725

Fjodor III. Alexejewitsch,
geb. 30. 5. (9. 6.) 1661,
Zar von Rußland 29. 1. 1676,
gest. 27. 4. (7. 5.) 1682

Iwan V. Alexejewitsch,
geb. 27. 8. (6. 9.) 1666,
Zar von Rußland 26. 5. 1682,
gest. 29. 1. (8. 2.) 1696

Peter (Pjotr) I. Alexejewitsch der Große
geb. 30. 5. (9. 6.) 1672,
Zar von Rußland 27. 4. 1682,
Kaiser 22. 10. 1721,
gest. 28. 1. (8. 2.) 1725

Verheiratet 1689 in 1. Ehe
mit Jewdokija Fjodorowna Lopuchina,
geb. 1669, gest. 1731

Alexej Petrowitsch
geb. 18. 2. 1690,
Zarewitsch, gestorben 26. 6. 1718,
verheiratet 1711
mit Prinzessin Charlotte Christine Sophie
von Braunschweig-Wolfenbüttel,
geb. 1694, gest. 1715

Peter II. Alexejewitsch,
geb. 12. (23.) 10. 1715,
Kaiser von Rußland 18. (29.) 5. 1727,
gest. 18. (29.) 1. 1730

Verheiratet 1712 in 2. Ehe
mit Jekaterina Alexejewna
(Martha Skawronskaja),
geb. 5. (15.) 4. 1684,
als Katharina I. Kaiserin von Rußland
28. 1. (8. 2). 1725,
gest. 6. (17.) 5. 1727

Anna Petrowna
geb. 1708, gest. 1728,
verheiratet mit Herzog Karl Friedrich
von Holstein-Gottorf,
geb. 1700, gest. 1739

Jelisaweta Petrowna,
geb. 18. (29.) 12. 1709,
Kaiserin von Rußland 25. 11. 1741,
gest. 25. 12. 1761 (5. 1. 1762)

Pjotr Petrowitsch
Zarewitsch,
geb. 1715, gest. 1719

Iwan V. Alexejewitsch
geb. 27. 8. (6. 9). 1666,
Zar von Rußland 26. 5. 1682,
gest. 29. 1. (8. 2.) 1696

Verheiratet 1684
mit Praskowja Fjodorowna Saltykowa,
geb. 1664, gest. 1723

Anna I. Iwanowna,
geb. 28. 1. 1693,
verh. 1710 mit Herzog Friedrich Wilhelm
von Kurland und Semgallen,
gest. 1711,
Kaiserin von Rußland 25. 1. 1730,
gest. 17. 10. 1740

Jekaterina Iwanowna,
geb. 1692, gest. 1733,
verh. 1716 mit Herzog Karl Leopold
von Mecklenburg-Schwerin,
gest. 1747

AUSGEWÄHLTE
LITERATURHINWEISE

Auf die Anführung des kaum noch übersehbaren Spezialschrifttums muß verzichtet werden. In der Folge werden insbesondere Werke verzeichnet, die weitere Orientierungen geben und umfangreichere bibliographische Angaben enthalten.

Aigner, R.: Kenntnisse über Rußland in Europa zur Zeit Peters des Großen. Phil. Diss. (Masch.) Innsbruck 1950

Amburger, E.: Beiträge zur Geschichte der deutsch-russischen kulturellen Beziehungen. Gießen 1961

Amburger, E.: Geschichte des Protestantismus in Rußland. Stuttgart 1961

Amburger, E.: Geschichte der Behördenorganisation Rußlands von Peter dem Großen bis 1917. Leiden 1966

Amburger, E.: Die Anwerbung ausländischer Fachkräfte für die Wirtschaft Rußlands vom 15. bis ins 19. Jh. Wiesbaden 1968

Amburger, E.: Ingermanland. Eine junge Provinz Rußlands im Wirkungsbereich der Residenz- und Weltstadt St. Petersburg–Leningrad. 2 Teilbände, Köln–Wien 1980

Amburger, E.: Fremde und Einheimische im Wirtschafts- und Kulturleben des neuzeitlichen Kulturlebens Rußlands. Wiesbaden 1982

Anderson, M. S.: Peter the Great. London 1978

Andersson, I.: Schwedische Geschichte. München 1950

Anisimov, E. V.: Podatnaja reforma Petra I (Steuerreform Peters I.). Leningrad 1982

Anners, E.: Den karolinska militärstraffrätten och Peter den stores krigsartiklar (Das karolinische Militärstrafrecht und die Kriegsartikel Peters des Großen). Stockholm 1961

Archivalische Fundstücke zu den russisch-deutschen Beziehungen. Hg. von H.-J. Krüger. Berlin (West) 1973

Aseev, B. N.: Russkij dramatičeskij teatr XVII–XVIII vekov (Russisches dramatisches Theater im 17. und 18. Jh.). Moskau 1958

Aus dem Briefwechsel König Friedrichs I. von Preußen und seiner Familie. Hg. von E. Berner, Berlin 1901

Avrich, P.: Russian Rebels, 1600–1800. New York 1972

Bagger, H.: Ruslands alliancepolitik efter freden i Nystad (Rußlands Allianzpolitik nach dem Frieden von Nystad). Kopenhagen 1974

Bagger, H.: Peter den Stores Reformer (Reformen Peters des Großen). Aarhus 1979 (russ. Moskau 1985)

Bartel, P.: Der Kosakenstaat und das Osmanische Reich im 17. Jh. und in der ersten Hälfte des 18. Jh., in: Südostforschungen 33 (1974) S. 166–194

Basin, V. Ja.: Rossija i kazachskie chanstva v XVI–XVIII vv (Rußland und die kasachischen Chanate vom 16. bis zum 18. Jh.). Alma-Ata 1971

Bauern und bürgerliche Revolution. Hg. von M. Kossok und W. Loch. Berlin 1985

Beiträge zur Geschichte Peters des Großen. Hg. von H. L. Ch. Bacmeister. 3 Bände, Riga 1774–1784

Benz, E.: Leibniz und Peter der Große. Berlin 1947

Bimberg, G.: Die Oper im russischen Musiktheater des 18. Jahrhunderts. Phil. Diss. B (Masch.) Halle 1981

Bodemann, E.: Briefe der Kurfürstin Sophie von Hannover an die Raugräfinnen und Raugrafen zu Pfalz. Berlin–Leipzig 1927

Borschak, E. / Martel, R.: Vie de Mazeppa. Paris 1931

Brennan, H.-I.: Studien zur Darstellung Karls XII. in der russischsprachigen Geschichtsschreibung. Phil. Diss. Frankfurt (M.) 1969

Brückner, A.: Iwan Possoschkow. Ideen und Zustände in Rußland zur Zeit Peters des Großen. Leipzig 1878

Brückner, A.: Peter der Große. Berlin 1879

Brückner, A.: Der Zarewitsch Alexei. Heidelberg 1880

Bryner, E.: Der geistliche Stand in Rußland. Sozialgeschichtliche Untersuchungen zu Episkopat und Gemeindegeistlichkeit der russischen orthodoxen Kirche im 18. Jahrhundert. Göttingen 1982.

Buganov, V. I.: Krest'janskie vojny v Rossii XVII–XVIII vv. (Bauernkriege in Rußland im 17. und 18. Jh.). Moskau 1976

Buzzi, G.: The life and times of Peter the Great. Verona 1968

Cartier, R.: Peter der Große. Kaiser und Barbar. München 1964

Čerepnin, L. V.: Russkaja istoriografija do XIX veka (Russische Geschichtsschreibung bis zum 19. Jh.). Moskau 1957

Čerepnin, L. V.: Voprosy metodologii istoričeskogo issledovanija. Teoretičeskie problemy istorii feodalizma (Fragen der Methodologie der historischen Forschung. Theoretische Probleme der Geschichte des Feudalismus). Moskau 1981

Čerkasova, A. S.: Social'naja bor'ba na zavodach Urala v pervoj polovine XVIII veka (Soziale Kämpfe in den Uralwerken während der ersten Hälfte des 18. Jh.). Perm 1980

Die Kronprinzessin Charlotte von Rußland, Schwiegertochter Peters des Großen nach ihren noch ungedruckten Briefen 1707–1715. Bonn 1875

Christensen, S. A.: Ruslands historie i det 17 århundrede (Rußlands Geschichte im 17. Jh.). Kopenhagen 1979

Clendenning, P., Bartlett, R.: Eighteenth Century Russia: A Selected Bibliography of works published since 1955. Newtonville 1981

Cornelis de Bruins Reizen over Moskovie, door Persie en Indie. Amsterdam 1711

Cracraft, J.: Church Reform of Peter the Great. London 1971

Cracraft, J.: For God and Peter the Great. The works of Thomas Consett, 1723–1729. New York 1982

Daniels, R.: V. N. Tatishchev. Philadelphia 1973

Deutscher Einfluß auf Bildung und Wissenschaft im östlichen Europa. Hg. von
F. B. Kaiser (†) und B. Stasiewski. Köln–Wien 1984

Die Europäische Fama. Teile 1–300, Leipzig 1702–1727

Döpmann, H. D.: Die Russische Orthodoxe Kirche in Geschichte und Gegenwart.
Berlin 1977

Doerries, H.: Rußlands Eindringen in Europa in der Epoche Peters des Großen.
Königsberg–Berlin 1939

Donelly, A. S.: The Russian Conquest of Bashkiria 1552–1740. New Haven 1968

Donnert, E.: Rußland im Zeitalter der Aufklärung. Leipzig 1983, Köln–Wien 1984
(engl. und franz. Ausgabe Leipzig 1986)

Donnert, E.: Altrussisches Kulturlexikon. Leipzig 1985

Donnert, E.: Neue Wege im russischen Geschichtsdenken des 18. Jahrhunderts.
Berlin 1985

Duchart, H.: Gleichgewicht der Kräfte. Convenance. Europäisches Konzert.
Darmstadt 1976

Dukes, P.: The Making of Russian Absolutism, 1613–1801. London–New York
1982

Dukmeyer, F.: Korbs Diarium itineris in Moscoviam und Quellen, die es ergänzen.
Beiträge zur moskowitisch-russischen, österreichisch-kaiserlichen und branden-
burgisch-preußischen Geschichte aus der Zeit Peters des Großen. 2 Bände, Berlin
1909–1910

Engmann, M.: St. Petersburg och Finland. Migration och Influens 1703–1917.
Bidrag till könnedom av Finlands natur och folk. Helsinki 1983

Erdmann, J.: Der livländische Staatsmann Johann Reinhold von Patkul. Berlin
(West) 1970

Fejgina, S. A.: Alandskij kongress (Der Åland-Kongreß). Moskau 1959

Fenster, A.: Adel und Ökonomie im vorindustriellen Rußland. Die unternehmerische
Betätigung der Gutsbesitzer in der großgewerblichen Wirtschaft im 17. und
18. Jahrhundert. Wiesbaden 1983

Fink, H.: Die Auswirkungen der Reformen Peters des Großen auf das Kirchenrecht
der russischen orthodoxen Kirche. Jur. Diss. Nürnberg 1963

Forstreuter, K.: Preußen und Rußland. Göttingen–Berlin (West)–Frankfurt (M.) 1956

Frederic II.: Histoire de mon temps. Hg. von M. Posner. Leipzig 1879

Friedrich der Große: Briefwechsel mit Voltaire. Hg. von R. Koser und H. Droysen.
Leipzig 1908

Fuhrmann, T.: Tsar Alexis. His reign and his Russia. Gulf Breeze 1981

Gajecky, G.: The Cossack Administration of the Hetmanate. 2 Bände, Cambrigde/
Mass. 1978

Garrard, J. G. (Hg.): The Eigteenth Century in Russia. Oxford 1973

Gasiorowska, X.: The Image of Peter the Great in Russian Fiction. London 1979

Genealogia. Bearbeitet von W. Dworzaczek. 2 Bände, Warschau 1959

Genesis und Entwicklung des Kapitalismus in Rußland. Berlín 1973

Genzel, P.: Studien zur Geschichte des Nordischen Krieges 1714–1720. Phil. Diss. (Masch.) Bonn 1951

Geschichte der UdSSR. Von einem Autorenkollektiv unter Leitung von G. Rosenfeld. Berlin 1976

Gitermann, V.: Geschichte Rußlands. Bd. 2, Hamburg 1949

Glagoleva, A. P.: Oloneckie zavody v pervoj četverti XVIII veka (Die Werke von Olonec im ersten Viertel des 18. Jh.). Moskau 1957

Glazik, I.: Die russisch-orthodoxe Heidenmission seit Peter dem Großen. Münster 1954

Gluecker, J. L.: Die Aufstände in Astrachan und am Don als Protest gegen die Reformen Peters des Großen. Phil. Diss. (Masch.) Wien 1932

Golikova, N. B.: Astrachanskoe vosstanie 1705–1706 gg. (Astrachaner Aufstand 1705/06). Moskau 1975

Golikova, N. B.: Očerki po istorii gorodov Rossii konca XVII– načala XVIII v. (Studien zur Geschichte russischer Städte vom Ende des 17. bis Anfang des 18. Jh.). Moskau 1982

Gordon, P.: Tagebuch. Hg. von M. A. Obolenski und M. C. Poselt. 3 Bände, Moskau 1849

Graßhoff, H.: Russische Literatur in Deutschland im Zeitalter der Aufklärung. Berlin 1973

Grau, C.: Der Wirtschaftsorganisator, Staatsmann und Wissenschaftler Vasilij N. Tatiščev (1686–1750). Berlin 1963

Grau, C.: Petrinische kulturpolitische Bestrebungen und ihr Einfluß auf die Gestaltung der deutsch-russischen wissenschaftlichen Beziehungen im ersten Drittel des 18. Jahrhundert. Phil. Habil. – Schrift Humboldt-Universität, Berlin 1966 (Masch.)

Grey, I.: Peter the Great. Philadelphia–New York 1960

Grönebaum, F.: Frankreich in Ost- und Nordeuropa. Die französisch-russischen Beziehungen von 1648–1689. Wiesbaden 1968

Groh, D.: Rußland und das Selbstverständnis Europas. Ein Beitrag zur europäischen Geistesgeschichte. Neuwied 1961

Haacke, W.: Die politische Zeitschrift 1665–1965. Stuttgart (1975)

Haake, P.: August der Starke. Leipzig 1926

Haake, P.: Christiane Eberhardine und August der Starke. Dresden 1930

Haintz, O.: König Karl XII. von Schweden. 3 Bände, Berlin (West) 1958

Haintz, O.: Peter der Große, Friedrich der Große und Voltaire. Wiesbaden 1962

Härtel, H.-J.: Byzantinisches Erbe und Orthodoxie bei Feofen Prokopovič. Würzburg 1970.

Handbuch der Geschichte Rußlands. Hg. v. M. Hellmann, K. Zernack und G. Schramm. Bd. 2, Stuttgart 1982 ff.

Hartmann, St.: Reval im Nordischen Krieg. Bonn–Bad Godesberg 1973

Hassinger, E.: Brandenburg–Preußen, Schweden und Rußland 1700–1713. München 1953

Hatton, R. M.: Charles XII of Sweden. London 1968

Hauptmann, P.: Die Kathechismen der russisch-orthodoxen Kirche. Göttingen 1971

Heller, K.: Der russisch-chinesische Handel von seinen Anfängen bis zum Ausgang des 19. Jahrhunderts. Erlangen 1980

Hinz, W.: Peters des Großen Anteil an der wissenschaftlichen und künstlerischen Kultur seiner Zeit. Breslau 1933

Hösch, E.: Die Kultur der Ostslaven. Wiesbaden 1977

Huyssen, H. von: Ausführliche Beantwortung des frevelhaften und lügenhaften Pasquills . . ., welches in Narva 1705 herausgekommen, o. O. 1706

Huyssen, H. von: Relation von dem gegenwärtigen Zustand des Moskowitischen Reichs. Frankfurt (M.) 1706

Istorija Moskvy. Period feodalizma (Geschichte Moskaus. Periode des Feudalismus). Bd. 2, Moskau 1953

Istorija SSSR (Geschichte der UdSSR). Bd. 3, Moskau 1967

Istorija SSSR s drevnejšich vremen do konca XVIII veka (Geschichte der UdSSR von den ältesten Zeiten bis zum Ende des 18. Jh.). Hg. v. B. A. Rybakov, 2. Auflage. Moskau 1983

Jacob, I.: Beziehungen Englands zu Rußland und zur Türkei in den Jahren 1718–1727. Phil. Diss. Basel 1940, Basel 1945

Jonge, A. de: Fire and water: A life of Peter the Great. New York 1980

Jucht, A. I.: Gosudarstvennaja dejatel'nost' V. N. Tatiščeva. Moskva 1985

Kämpfer, F.: Das russische Herrscherbild von den Anfängen bis zu Peter dem Großen. Studien zur Entwicklung politischer Ikonographie im byzantinischen Kulturkreis. Recklinghausen 1978

Kafengauz, B. B.: S. T. Pososškov. Žizń i dejatel'nost (S. T. Pososškov, Leben und Werk). Moskau 1951

Kaiser, F.: Der europäische Anteil an der russischen Rechtsterminologie der petrinischen Zeit, in: Forschungen zur osteurop. Gesch. 10 (1965), S. 75–333

Kappeler, A.: Rußlands erste Nationalitäten. Das Zarenreich und die Völker an der Mittleren Wolga vom 16. bis 19. Jahrhundert. Köln–Wien 1982

Klassenkampf und revolutionäre Bewegung in der Geschichte Rußlands. Berlin 1977

Ključevskij, V. O.: Geschichte Rußlands. Bd. 2, Stuttgart–Berlin 1925

Ključevskij, V. O.: Peter der Große. Stuttgart 1953

Ključevskij, V. O.: Neopublikovannye proizvedenija (Unveröffentlichte Schriften). Hg. von M. V. Nečkina. Moskau 1983

Klueting, H. und E.: Heinrich Graf Ostermann. Von Bochum nach St. Petersburg. Bochum 1976

Koch, H.: Die russische Orthodoxie im petrinischen Zeitalter. Ein Beitrag zur Geschichte westlicher Einflüsse auf das ostslawische Denken. Breslau 1929

Komkov, G. D., Levšin, B. V. Semenov, L. K.: Geschichte der Akademie der Wissenschaften der UdSSR. Berlin 1981

Korb, J. G.: Diarium Itineris in Moscoviam. Wien 1700

Korb, J. G.: Tagebuch der Reise nach Rußland. Hg. von G. Korb und E. Leingärtner. Graz 1968

Kozlova, N. V.: Pebegi krest'jan v Rossii v Pervoj troti XVIII veka (Fluchten der Bauern in Rußland im ersten Drittel des 18. Jh.). Moskau 1983

Krasnobaev, B. I.: Očerki istorii russkoj kul'tury XVIII veka (Beiträge zur Geschichte der russischen Kultur im 18. Jh.). Moskau 1972

Krasnobaev, B. I.: Russkaja kul'tura vtoroj poloviny XVII-načala XIX v. (Russische Kultur von der 2. Hälfte des 17. bis zum Anfang des 19. Jh.). Moskau 1983

Krepostnaja manufaktura (Leibeigenschaftliche Manufaktur). 5 Teile, Leningrad 1930, 1931, 1932, 1934. 1934

Krest'janskie vojny v Rossii XVII–XVIII vekov (Bauernkriege in Rußland im 17. und 18. Jh.). Moskau 1974

Krupnyćkyj, B.: Hetman Mazepa und seine Zeit (1687–1709). Leipzig 1942

Krusche, J.: Die Entstehung und Entwicklung der ständigen diplomatischen Vertretung Brandenburg–Preußens am Zarenhof. Phil. Diss. Breslau 1932

Kul'tura i iskusstvo Petrovskojo vremeni (Kultur und Kunst der petrinischen Zeit). Hg. von G. N. Komelova. Leningrad 1977

Kurat, A. N.: Der Prutfeldzug und der Prutfrieden von 1711, in: Jahrbücher für Geschichte Osteuropas 10 (1962), S. 13–66

Lebedev, V. I.: Bulavinskoe vosstanie (Bulawin-Aufstand). Moskau 1967

Locher, Th. G.: Peter de Grote. Amsterdam 1947

Lomonossow, M. W.: Ausgewählte Schriften in zwei Bänden. Berlin 1961

Ludwig, K.: Peter der Große in Karlsbad 1711/12. Karlsbad 1904

Luppov, S. F.: Istorija stroitel'stva Peterburga v pervoj četverti XVIII veka (Geschichte des Baus Petersburgs im ersten Viertel des 18. Jh.). Moskau–Leningrad 1957

Lyscov, V. P.: Persidskij pochod Petra I (Persischer Feldzug Peters I.). Moskau 1951

Mackiw, Th.: Mazepa im Lichte der zeitgenössischen deutschen Quellen. München 1963

Mackiw, Th.: Prince Mazepa, Hetman of Ukraine in Contempory English Publications. Chicago 1967

Mackiw, Th.: Englisch reports on Mazepa: Hetman of Ukraine and Prince of the Holy Roman Empire 1687–1709. New York–Munich–Toronto 1983

Manning, C. A.: Hetman of Ukraine – Ivan Mazepa. New York 1957

Markova, O. P.: Rossija, Zakavkaźe i meždunarodnye otnošenija v XVIII veke (Rußland, Transkaukasien und die internationalen Beziehungen im 18. Jh.). Moskau 1966

Marperger, P.: Moscowitischer Kaufmann. Lübeck 1705, Neudruck Leipzig 1976

Massie, H. K.: Peter der Große. Sein Leben und seine Zeit. Königstein 1982

Matthes, E.: Das Veränderte Rußland. Frankfurt (Main)–Bern 1981

Mavrodin, V. V.: Petr Pervyj (Peter I.). Moskau 1948

Mavrodin, V. V.: Osnovanie Peterburga (Gründung Petersburgs). Leningrad 1978

Mediger, W.: Moskaus Weg nach Europa. Braunschweig 1952

Mediger, W.: Mecklenburg, Rußland und England–Hannover 1706–1721. Ein Beitrag zur Geschichte des Nordischen Krieges. 2 Bände, Hildesheim 1967

Minclov, R.: Petr Velikij v inostrannoj literature (Peter der Große in der ausländischen Literatur). St. Petersburg 1872

Minzloff, H.: Pierre le Grand dans la littérature étrangère. St. Petersburg 1872

Molčanov, N. M.: Diplomatija Petra I (Diplomatie Peters I.). Moskau 1984

Moskau und Umgebung. Ein Bildhandbuch. Hg. von M. Iljin und T. Moissejewa. Leipzig 1978

Mühlpfordt, G.: Deutsch-russische Wissenschaftsbeziehungen in der Zeit der Aufklärung (Christian Wolff und die Gründung der Petersburger Akademie der Wissenschaften), in: 450 Jahre Martin-Luther-Universität Halle–Wittenberg, Halle 1952, S. 169–197

Mühlpfordt, G.: Petersburg und Halle, in: Jahrbuch für Geschichte der sozialistischen Länder Europas 25/2 (1982), S. 155–171

Müller, A. V.: The Spiritual Reglement of Peter the Great. Seattle–London 1972

Müller, E.: Peter der Große und sein Hof. München 1926

Müller, G. F. (Hg.): Sammlung Russischer Geschichte. 9 Bände, St. Petersburg 1732–1764

Müller, K.: Gottfried Wilhelm Leibniz und Niklaas Witsen. Berlin 1955

Murray, J. J.: George I, the Baltic and the Whig Split of 1717. London 1969

Nečkina, M. V.: Vasilij Osipovič Ključevskij. Moskau 1974

Nekrasov, G. A.: Russko-švedskie otnošenija i politika velikich deržav v 1721–1726 gg. (Russ.-schwed. Beziehungen u. Politik d. Großmächte 1721–1726). Moskau 1964

Neubauer, H.: Car und Selbstherrscher. Beiträge zur Geschichte der Autokratie. Wiesbaden 1964

Neumann-Hoditz, H.: Peter der Große in Selbstzeugnissen und Bilddokumenten. Reinbek bei Hamburg 1983

Neuville: Relation curieuse et nouvelle de Moscovie. Paris 1698

Ničik, V. M.: Iz istorii otečestvennoj filosofii konca XVII – načala XVIII v. (Aus der Geschichte der vaterländischen Philosophie vom Ende des 17. bis zum Beginn des 18. Jh.). Kiew 1978

Nikiforow, L. A.: Russisch-englische Beziehungen unter Peter I. Weimar 1954

Nikiforov, L. A.: Vnešnjaja politika Rossii v poslednie gody Severnoj vojny. Ništadtskij mir (Außenpolitik Rußlands in den letzten Jahren des Nordischen Krieges. Friede von Nystad). Moskau 1959

Nordmann, C. J.: Charles XII et l'Ukraine de Mazepa. Paris 1958

O'Brien, C. B.: Russia under two tsars, 1682–1689. The Regency of Sophia. Berkeley 1952

Očerki istorii Leningrada (Abriß der Geschichte Leningrads). Bd. 1, Moskau–Leningrad 1955

Očerki istorii SSSR. Period feodalizma. Rossija v pervoj četverti XVIII v. Preobrazovanija Petra I (Abriß der Geschichte der UdSSR. Periode des Feudalismus. Rußland im ersten Viertel des 18. Jh. Umgestaltungen Peters I.). Moskau 1954

Očerki russkoj kul'tury XVII veka (Beiträge zur russischen Kultur im 17. Jh.). 2 Bände, Moskau 1979

Oliva, L. J. (Hg.): Russia in the Era of Peter the Great. Englewood Cliffs–New Jersey 1969

Olivia, L. J.: Peter the Great. Englewood Cliffs–New Jersey 1970

Onasch, K.: Grundzüge der russischen Kirchengeschichte. Göttingen 1967

Oreškova, S. F.: Russko-tureckie otnošenija v načale XVIII v. (Russisch-türkische Beziehungen zu Beginn des 18. Jh.). Moskau 1971

Ost und West in der Geschichte des Denkens und der kulturellen Beziehungen. Festschrift für Eduard Winter zum 70. Geburtstag. Berlin 1966

Pavlenko, N. I.: Istorija metallurgii v Rossii XVIII veka (Geschichte des Hüttenwesens in Rußland im 18. Jh.). Moskau 1962

Pavlenko, N. I.: Petr Pervyj (Peter I.). Moskau 1975

Pavlenko, N. I.: Aleksandr Danilovič Menšikov. Moskau 1981

Perry, J.: Die ietzige Staat von Rußland. Leipzig 1717

Peštič, S. L.: Russkaja istoriografija XVIII veka (Russische Geschichtsschreibung im 18. Jh.). 3 Teile, Leningrad 1961, 1965, 1971

Peter I. der Große: Tagebuch. Hg. von M. M. Ščerbatov. Berlin–Leipzig 1773

Peter der Große und seine Zeit. Marburg 1972

Peter the Great, Reformer or Revolutionary? Hg. von M. Raeff. Boston 1963

Peterson, C.: Peter the Great's Administrative and Judica Reforms. Stockholm 1979

Piśma i bumagi imperatora Petra Velikogo (Briefe und Papiere Kaiser Peters des Großen). St. Petersburg/Moskau–Leningrad 1887ff.

Pod-japol'skaja, E. P.: Vostanie Bulavina 1707–1709 (Bulavin-Aufstand 1707–1709). Moskau 1962

Poenicke, H.: August der Starke. Ein Fürst des Barock. Göttingen 1972

Poltava. K 250-letiju Poltavskogo straženija (Poltava. Zum 250. Jahrestag der Schlacht von Poltava). Moskau 1959

Portal, R.: L'Oural au XVIIIe siècle. Paris 1950

Portal, R.: Pierre le Grand. Paris 1961

Pososkov, I. I.: Kniga o skudosti i bogatstve i drugie sočinenija (Buch über Armut und Reichtum und andere Werke). Hg. v. B. B. Kafengauz. Moskau 1951

Posselt, M.: Der General und Admiral Franz Lefort. Sein Leben und seine Zeit. 2 Bände, Frankfurt (M.) 1866

Pries, R.: Das Geheime Regierungs-Conseil in Holstein-Gottorf 1716–1773. Neumünster 1955

Prokopovič, F.: Sočinenija (Werke). Moskau–Leningrad 1961

Puschkin, A. S.: Gesammelte Werke in sechs Bänden. Berlin–Weimar 1964–1973

Puškin, A. S.: Polnoe sobranie sočinenij (Gesammelte Werke). Bd. 9, Moskau 1958

Puškarev, L. N.: Obščestvenno-političeskaja mysl' Rossii. Vtoraja polovina XVII veka (Gesellschaftspolitisches Denken in Rußland. 2. Hälfte des 17. Jh.). Moskau 1982

Radištschew, A. N.: Ausgewählte Schriften. Hg. von I. J. Stschipanow. Berlin 1959

Raeff, M.: Imperial Russia 1682–1825. New York 1971

Raeff, M.: Comprendre l' Ancien Régime russe. État et société en Russie impériale. Essai d'interpretation. Paris 1982

Raptschinsky, B.: Peter de Groote in Holland in 1697–1698. Zutphen 1926

Richter, L.: Leibniz und sein Rußlandbild. Berlin 1946

Richter, W. M. von: Geschichte der Medizin in Rußland. Teil 3, Moskau 1817 (Neudruck Leipzig 1965)

Rossija v period reform Petra I (Rußland in der Periode der Reformen Peters I.). Moskau 1973

Rothe, H.: Religion und Kultur in den Regionen des russischen Reiches im 18. Jahrhundert. Opladen 1984

Rousseau J.-J.: Der Gesellschaftsvertrag. Leipzig 1978

Russisch-deutsche Beziehungen von der Kiever Ruś bis zur Oktoberrevolution. Berlin 1976

Russko-germanskie naučnye svjazi meždu Akademiej nauk SSSR i Akademiej nauk GDR 1700–1974 (Russisch-deutsche Wissenschaftsbeziehungen zwischen der Akademie der Wissenschaften der UdSSR und der Akademie der Wissenschaften der DDR 1700–1974). Moskau 1975

Sacharov, A. M.: Istoriografija istorii SSSR. Dosovetskij period (Historiographie zur Geschichte der UdSSR. Vorsowjetische Periode). Moskau 1978

Sarauw, Ch. von: Die Feldzüge Karls XII. Leipzig–Berlin–St. Petersburg– Kopenhagen–Wien–Stockholm 1881

Schirren, C.: Die Kapitulation der livländischen Ritter, der Landschaften und der Stadt Riga. Dorpàt 1865

Semënova, L. E.: Russko-valašskie otnošenija v konce XVII-načale XVIII v. (Russisch-walachische Beziehungen vom Ende des 17. bis ins beginnende 18. Jh.). Moskau 1969

Semënova, L. E.: Očerki istorii byta kul'turnoj žizni Rossii: Pervaja polovina XVIII v. (Beiträge zur Geschichte des Kulturlebens in Rußland in der ersten Hälfte des 18. Jh.). Leningrad 1982

Serczyk, W. A.: Piotr I Wielki (Peter I. der Große). Wrocław–Warszawa–Kraków– Gdańsk 1973

Serczyk, W. A.: Kultura Rosyjska XVIII wieku (Russische Kultur im 18. Jh.). Wrocław–Warszawa–Kraków–Gdansk–Łódź 1984

Sladkovskij, M. I.: Istorija torgovo-èkonomičeskich otnojenij narodov Rossii s Kitaem (Geschichte der Wirtschafts- und Handelsbeziehungen der Völker Rußlands mit China). Moskau 1974

Smolitsch, I.: Geschichte der russischen Kirche 1700–1917. Leiden 1964

Solovëv, S. M.: Istorija Rossii s drevnejšich vremen (Geschichte Rußlands seit den ältesten Zeiten). Bücher 8 und 9, Moskau 1962/63

Solovëv, S. M.: Publičnye čtenija o Petre Velikom (Öffentliche Vorlesungen über Peter den Großen). Moskau 1984

Spasski, I. G.: Das russische Münzsystem. Berlin 1983

Spiridonova, E. V.: Èkonomičeskaja politika i èkonomičeskie vzgljady Petra I (Wirtschaftspolitik und ökonomische Auffassungen Peters I.). Moskau 1952

Spliet, H.: Rußland. Von der Autokratie der Zaren zur imperialen Großmacht. Lüneburg 1979

Stählin, J. von: Originalanekdoten von Peter dem Großen. Leipzig 1785

Stählin, K.: Geschichte Rußlands. Bd. 2, Berlin–Königsberg 1930

Stary, G.: Chinas erste Gesandte in Rußland. Wiesbaden 1976

Steinfeldt, V.: Das russische Medizinalwesen unter Peter dem Großen. Med. Diss. Bonn 1968

Stökl, G.: Russische Geschichte, 4. Auflage. Stuttgart 1983

Stoerk, F.: Das Greifswalder Bündnis zwischen Peter dem Großen und Georg I. Greifswald 1901

Stratij, Ja. M.: Problemy naturfilosofii v filosofskoj mysli Ukrainy XVII veka (Probleme der Naturphilosophie und des philosophischen Denkens in der Ukraine im 17. Jh.). Kiev 1981

Summer, B. H.: Peter the Great and the Emergence of Russia. London 1950

Šutoj, V. E.: Boŕba narodnych mass protiv našestvija armii Karla XII 1700–1709 (Kampf der Volksmassen gegen die Invasion der Armee Karls XII. 1700–1709). Moskau 1958

Šutoj, V. E.: Severnaja vojna 1700–1721 gg. (Nordischer Krieg 1700–1721). Moskau 1970

Tatiščev, V. N.: Izbrannye proizvedenija (Ausgewählte Werke). Leningrad 1979

Tetzner, J.: H. W. Ludolf und Rußland. Berlin 1955

Thaden, E. C.: Russia's Western Borderlands 1710–1870. Princeton/New Jersey 1984

The Reign of Peter I = Canadian-American Slavic Studies / Revue Canadienne-Américaine d' Études Slaves 8, 2 (1974)

Tichonov, Ju. A.: Pomeščiči i krest'jane v Rossii. Feodal'naja renta v XVII-načale XVIII v. (Gutsbesitzer und Bauern in Rußland im 17. und beginnenden 18. Jh.). Moskau 1974

Torke, H.-J.: Die staatsbedingte Gesellschaft im Moskauer Reich. Leiden 1974

Troickij, S. M.: Finansovaja politika russkogo absoljutizma v XVIII veke (Finanzpolitik des russischen Absolutismus im 18. Jh.). Moskau 1966
Troickij, S. M.: Russkij absoljutizm i dvorjanstvo v XVIII v. (Russischer Absolutismus und Adel im 18. Jh.). Moskau 1974
Troickij, S. M.: Rossija v XVIII veke (Rußland im 18. Jh.). Moskau 1982
Troyat, H.: Peter der Große. Düsseldorf 1981

Übersberger, H.: Österreich und Rußland seit dem Ende des 15. Jahrhunderts. Wien–Leipzig 1906
Um die polnische Krone. Sachsen und Polen während des Nordischen Krieges 1700–1721. Bearbeitet von J. Kalisch und J. Gierowski. Berlin 1962
Ustrjalov, N.: Istorija carstvovanija Petra Velikogo. St. Petersburg 1858–63

Vallotton,M.: Peter der Große. Rußlands Aufstieg zur Großmacht. München 1978
Vodarskij, Ja. E.: Naselenie Rossii v konce XVII-načale XVIII veka (Bevölkerung Rußlands am Ende des 17. und zu Beginn des 18. Jh.). Moskau 1977
Volkov, M. Ja.: Očerki istorii promyslov Rossii (Beiträge zur Gewerbegeschichte Rußlands von der zweiten Hälfte des 17. bis zur ersten Hälfte des 18. Jh.). Moskau 1979
Voltaire: Geschichte des Russischen Reiches unter Peter dem Großen. Mit Zusätzen und Verbesserungen herausgegeben von A. F. Büsching, Frankfurt (Main) 1761
Voltaire: Geschichte des Russischen Reiches unter Peter dem Großen. 2 Teile, Leipzig 1761, Frankfurt–Leipzig 1763
Vosstanie Moskovskich strel'cov 1698 god (Aufstand der Moskauer Strelitzen im Jahre 1698). Moskau 1980
Vosstanie v Moskve 1682 goda (Moskauer Aufstand von 1682). Moskau 1976

Waliszewski, K.: Peter der Große. 2 Bände, Berlin 1899
Weber, F. Ch.: Das Veränderte Rußland. 3 Teile, Frankfurt–Leipzig 1721 (1744), 1739, 1740
Wegbereiter der deutsch-slawischen Wechselseitigkeit. Hg. von E. Winter (†) und G. Jarosch. Berlin 1983
Wensheim, G.: Studier kring freden i Nystad (Studien über den Frieden von Nystad). Lund 1973
Widmer, B.: The Russian Ecclesiastical Mission in Peking during the Eighteenth Century. Cambridge/Mass. 1976
Wilk, M.: Piotr I, car-reformator (Peter I., Zar und Reformator). Warschau 1975
Winkelmann, B.: Die Kapitulation der estländischen Ritterschaft und der Stadt Reval. Reval 1865
Winter, E.: Halle als Ausgangspunkt der deutschen Rußlandkunde im 18. Jahrhundert. Berlin 1953
Winter, E.: Frühaufklärung. Berlin 1966
Winter, E.: Rußland und das Papsttum. Teil 2, Berlin 1961
Winter, E.: Ketzerschicksale. Berlin 1979

Wirtschaft und Gesellschaft im vorrevolutionären Rußland. Hg. von D. Geyer. Köln 1975

Witsen, N. C.: Noord en Oost Tartarye. Amsterdam 1699

Wittram, R.: Baltische Geschichte. München 1954

Wittram, R.: Peter der Große. Der Eintritt Rußlands in die Neuzeit. Berlin–Göttingen–Heidelberg 1954

Wittram, R.: Peter I. Czar und Kaiser. 2 Bände, Göttingen 1964

Wolff, Ch.: Briefe aus den Jahren 1719–53. Hg. von A. Kunik. St. Petersburg 1860

Yaney, G. L.: The systematization of Russian government. Chicago 1973

Yßbrants, J. E., Dreyjährige Reise nach China von Moskau ab. Frankfurt (M.) 1707

Zaozerskja, E. I.: U istokov krupnogo proizvodstva v russkoj promyšlennosti XVI–XVII vekov (An den Ursprüngen der Großproduktion in der russischen Industrie des 16. und 17. Jh.). Moskau 1970

Zeitgenössische Berichte zur Geschichte Rußlands. 2 Bände, Hg. von E. Herrmann. Leipzig 1872, 1880

Zernack, K.: Studien zu den schwedisch-russischen Beziehungen in der zweiten Hälfte des 17. Jh. Gießen 1958

PERSONENREGISTER

339

Isbrand-Ides, Ewert, China-Reisender *218*

Ismajlow, Andrej Petrowitsch (gest. 1714), zar. Gesandter am dänischen Hof *299*

Issajew, Ilja Iwanowitsch (gest. um 1742), Moskauer Großkaufmann, Präsident und Oberinspektor des Magistrats von Riga *119, 139*

Issekejew, Aldac, Anführer in der baschkirischen Aufstandsbewegung 1705–1711 *267*

Iwan III. Wassiljewitsch (1440–1505), Großfürst von Moskau (seit 1462) *235*

Iwan IV. Wassiljewitsch Grosny (1530–1584), Großfürst, Zar von Rußland (seit 1547) *32, 36, 42, 50, 233, 235, 307*

Iwan V. Alexejewitsch (1666–1696), Zar von Rußland (seit 1682), Halbbruder Peters I. *17, 19–22, 30, 40, 81, 96*

Iwanow, Tichon (Filatjew, Tichon Iwanowitsch, 1675–1697), Holzschnitzer, in Moskauer Kirchen als Maler tätig *252*

Jacobi, Johann, Gießer *245*

Jagushinski, Pawel (Paul) Iwanowitsch (1683–1736), Mitarbeiter Peters I., Generaladjudant, Generalprokurator des Senats *126, 269, 307*

Jakowlew, Kaufmanns- und Unternehmerfamilie *99*

Jan (Johannes) III. Sobieski (1624–1696), König von Polen (seit 1674) *27, 38*

Jaworsky (Jaworski), Stefan (1658–1722), Ukrainer, kirchlicher Schriftsteller, Metropolit von Rjasan und Murom, Exarch, Präsident des Hl. Synod, Gegner der Petrinischen Reformen *70, 157–160, 162ff, 167, 215*

Jefferies (Jefferyes), James, britischer Ministerresident am zar. Hof (1719) *132*

Jekaterina Alexejewna s. Katharina I.

Jekaterina Iwanowna (1692–1733), Tochter Iwans V. Alexejewitsch, Gemahlin des Herzogs Karl Leopold von Mecklenburg–Schwerin (seit 1716) *89*

Jeropkin, Pjotr Michajlowitsch (1690–1740), Baumeister *247ff*

Jerschow, Wassili Semjonowitsch (gest. 1712), ehemaliger Leibeigener, Mitarbeiter Peters I., Duma-Djak, Moskauer Vizegouverneur, Präsident des Kammerkontors *122, 145*

Jewdokija, Fjodorowna Lopuchina (1669–1731), erste Gemahlin Peters I. (1689–1698) *36, 38, 52, 157, 269, 286f*

Jewreinow, Iwan Michailowitsch (gest. 1724), Markscheider, Forschungsreisender *220*

Joakim, Iwan Sawelow (1620–1690), Patriarch von Moskau (seit 1674) *22, 30, 34, 156*

Joseph I. (1678–1711), römisch-deutscher Kaiser (seit 1690) *48, 274*

Joseph II. (1741–1790), römisch-deutscher Kaiser (seit 1765) *164*

Jussuf Pascha, türkischer Gouverneur von Otschakow und Kommandant der Festung Bender (um 1710) *82*

Kameke, Ernst Boguslaw von (1674–1726), preußischer Sondergesandter bei Zar Peter I. *275*

342

350

VERZEICHNIS DER ABBILDUNGEN

Seite 101   Jekaterinburg. Aquarell, 1735. Staatliches Historisches Museum, Moskau. Nach: Vil'gel'm de Gennin, Opisanie uralskich sibirskich zavodov, 1735, Moskau 1937, S. 77

Seite 109   Ingenieur Generalleutnant Burkhard Christoph von Münnich. Zeitgenössischer Stich. Nach: Otto Spamer, Illustrierte Weltgeschichte, Bd. 7, Leipzig 1894, S. 253, Abb. 186

Seite 120   Alexander Danilowitsch Menschikow. Nach: Die Europäische Fama, 36. Teil (1705), Frontispiz

Seite 128   Oberoffizier und Stabsoffizier des Preobrashenski-Garderegiments. Nach: Istoričeskoe opisanie odeždy i vooruženija rossijskich vo: sk III, St. Petersburg 1843

Seite 131   Trommler des Preobrashenski-Garderegiments. Nach: Istoričeskoe opisanie odeždy i vooruženija rossijskich vojsk III, St. Petersburg 1843

Seite 195   Studenten der Kiewer Mohyla-Akademie. Stich von Innokenti Schtschirski, Anfang des 18. Jahrhunderts. Staatliches Historisches Museum, Moskau

Seite 243   Überschwemmung St. Petersburgs im September 1703. Nach: Ettore Lo Gatto, Il mito di Pietroburgo, Milano 1960, S. 100

Seite 273   Zarewitsch Alexej Petrowitsch. Stich nach Georg Friedrich Dinglingers Emailporträt, vor 1714. Staatliche Kunstsammlungen Dresden. Grünes Gewölbe

Seite 281   Kaiser Peter II., Sohn Alexej Petrowitschs. Nach: Die Europäische Fama, 338. Teil (1732), Frontispiz

Seite 293   Zar Peter I. Emailporträt von Georg Friedrich Dinglinger, vor 1714. Staatliche Kunstsammlungen Dresden, Grünes Gewölbe

Seite 305   Peter I. auf dem Totenbett. Gemälde von Iwan Nikititsch Nikitin, 1725. Staatliche Ermitage, Leningrad

Seite 312   Denkmal Peters I. in St. Petersburg (Leningrad) von Étienne-Maurice Falconet. Bronze, 1775–17777, errichtet 1782

Fotonachweis:

Seite 15: Joachim Petri, Mölkau

Seite 40: Carin Plessing, Leipzig

Alle anderen Aufnahmen stammen aus dem Bildarchiv des Verfassers.

Donnert, Erich:
Peter der Große / Erich Donnert. –
Leipzig: Koehler & Amelang, 1988. –
355 S.: 43 Abb.
ISBN 3–7338–0031–1

ISBN 3–7338–0031–1

1. Auflage © 1988 by Koehler & Amelang, Leipzig
Lizenznummer 295/275/3016/88 · LSV 0258
Printed in the German Democratic Republic
Satz und Druck: Graphischer Betrieb Jütte, Leipzig
Buchbinderische Verarbeitung: Buchbinderei Südwest, Leipzig
Buchgestaltung: Erhard Bellot
698 343 6
01850